新编21世纪远程教育精品教材

• 法学系列 •

税 法

（第三版）

朱大旗　编著

中国人民大学出版社
· 北京 ·

作者简介

朱大旗 法学博士，中国人民大学法学院教授、博士生导师、经济法教研室主任，《法学家》杂志副主编，中国人民大学财税法研究所执行所长，日本一桥大学高级访问学者。兼任中国财税法学研究会副会长，中国法学期刊研究会副会长，中国经济法学研究会理事，中国银行法学研究会常务理事，中国保险法学研究会理事，北京市经济法学会副会长，北京市金融与财税法学研究会副会长，北京市金融服务法学研究会副会长，北京市人大常委会立法咨询专家，北京市法制办法制工作顾问，北京市高级法学法律人才专家库专家，北京市发展和改革委员会法律咨询专家，北京市税收法制建设研究会专家顾问等。研究方向为经济法、财税法、金融法。发表《论税法的基本原则》、《关于完善个人所得税法若干重大问题的法律思考》、《从国家预算的特质论我国〈预算法〉的修订目的和原则》、《析论中央银行独立性的法律确认与实现》、《我对巴塞尔新资本协议的几点看法》等论文百余篇，独著、主编、参编各类著作、教材 30 余部。

内容简介

本书的内容包括税法总论、流转税法、所得税法、辅助税法和程序税法五大部分，具体又分为税法基本原理、增值税法制度、消费税法制度、营业税法制度、关税法律制度、个人所得税法制度、企业所得税法制度、财产税法制度、资源税法制度、行为税法制度、税收征收管理法、税收救济法十二章。在每章中都设有重点问题、知识链接、本章小结、关键概念、思考题等，以引导学员迅速、准确地把握本章的基本知识点。本教材在编写方面，力求简明、准确、实用，做到科学性、系统性与实用性的统一。希望广大学员在阅读本教材的过程中，注意与有关税法课程教学的网络课件等教学手段、材料结合起来，全面、系统、准确地掌握税法学的基本知识和我国现行有效的具体税收法律制度。

总　序

我们正处在教育史、尤其是高等教育史上的一个重大的转型期。在全球范围内，包括在我们中华大地，以校园课堂面授为特征的工业化社会的近代学校教育体制，正在向基于校园课堂面授的学校教育与基于信息通信技术的远程教育相互补充、相互整合的现代终身教育体制发展。一次性学校教育的理念已经被持续性终身学习的理念所替代。在高等教育领域，从1088年欧洲创立博洛尼亚（Bologna）大学以来，21世纪以前的各国高等教育基本是沿着精英教育的路线发展的，这也包括自19世纪末创办京师大学堂以来我国高等教育短短一百多年的发展史。然而，自20世纪下半叶起，尤其在迈进21世纪时，以多媒体计算机和互联网为主要标志的电子信息通信技术正在引发教育界的一场深刻的革命。高等教育正在从精英教育走向大众化、普及化教育，学校教育体系正在向终身教育体系和学习型社会转变。在我国，党的十六大明确了全面建设小康社会的目标之一就是构建学习型社会，即要构建由国民教育体系和终身教育体系共同组成的有中国特色的现代教育体系。

教育史上的这次革命性转型绝不仅仅是科学技术进步推动的。诚然，以电子信息通信技术为主要代表的现代科学技术的进步，为实现从校园课堂面授向开放远程学习、从近代学校教育体制向现代终身教育体制和学习型社会的转型提供了物质技术基础。但是，教育形态演变的深层次原因在于人类社会经济发展和社会生活变革的需求。恰在这次世纪之交，人类社会开始进入基于知识经济的信息社会。知识创新与传播及应用、人力资源开发与人才培养已经成为各国提高经济实力、综合国力和国际竞争力的关键和基础。而这些是仅仅依靠传统学校校园面授教育体制所无法满足的。此外，国际社会面临的能源、环境与生态危机，气候异常，数字鸿沟与文明冲突，对物种多样性与文化多样性的威胁等多重全球挑战，也只有依靠世界各国进一步深化教育改革与创新，促进人与自然的和谐发展才能得到解决。正因为如此，我国党和政府提出了“科教兴国”、“可持续发展”、“西部大开发”、“缩小数字鸿沟”以及“人与自然和谐发展”的“科学发展观”等基本国策。其中，对教育作为经济建设的重要战略地位和基础性、全局性、前瞻性产业的确认，对高等教育对于知识创新与传播及应用、人力资源开发与人才培养的重大意义的关注，以及对发展现代教育技术、现代远程教育和教育信息化并进而推动国民教育体系现代化，构建终身教育体系和学习型社会的决策更得到了教育界和全社会的共识。

在上述教育转型与变革时期，中国人民大学一直走在我国大学的前列。中国人民大学是一所以人文、社会科学和经济管理为主，兼有信息科学、环境科学等的综合性、研究型大学。长期以来，中国人民大学充分利用自身的教育资源优势，在办好全日制高等教育的同时，一直积极开展远程教育和继续教育。中国人民大学在我国首创函授高等教育。1952年，校长吴玉章和成仿吾创办函授教育的报告得到了刘少奇的批复，并于1953年率先招生授课，为新建的共和国培养了一大批急需的专门人才。在20世纪90年代末，中国人民大学成立了网络教育学院，成为我国首批现代远程教育试点高校之一。经过短短几年的探索和发展，中国人民大学网络教育学院创建的“网上人大”品牌，被远程教育界、媒体和社会誉为网络远程教育的“人大模式”，即“面向在职成人，利用网络学习资源和虚拟学习社区，支持分布式学习和协作学习的现代远程教育模式”。成立于1955年的中国人民大学出版社是新中国建立后最早成立的大学出版社之一，是教育部指定的全国高等学校文科教材出版中心。在过去的几年中，中国人民大学出版社与中国人民大学网络教育学院合作创作、设计、出版了国内第一套极富特色的“现代远程教育系列教材”。这些凝聚了中国人民大学、北京大学、北京师范大学等北京知名高校学者、教授、教育技术专家、软件工程师、教学设计师和编辑们广博才智的精品课程系列教材，以印刷版、光盘版和网络版立体化教材的范式探索构建全新的远程学习优质教育资源，实现先进的教育教学理念与现代信息通信技术的有效结合。这些教材已经被国内其他高校和众多网络教育学院所选用。中国人民大学出版社基于“出教材学术精品，育人文社科英才”理念的努力探索及其初步成果已经得到了我国远程教育界的广泛认同，是值得肯定的。

2005年4月，我被邀请出席《中国远程教育》杂志与中国人民大学出版社联合主办的“远程教育教材的共建共享与一体化设计开发”研讨会并做主旨发言，会后受中国人民大学出版社的委托为“21世纪远程教育精品教材”撰写“总序”，这是我的荣幸。近几年来，我一直关注包括中国人民大学网络教育学院在内的我国高校现代远程教育试点工程。这次更有机会全面了解和近距离接触中国人民大学出版社推出的“21世纪远程教育精品教材”及其编创人员。我想将我在上述研讨会上发言的主旨做进一步的发挥，并概括为若干原则作为我对包括中国人民大学出版社、中国人民大学网络教育学院在内的我国网络远程教育优质教育资源建设的期待和展望：

- 21世纪远程教育精品教材的教学内容要更加适应大众化高等教育面对在职成人、定位在应用型人才培养上的需要。
- 21世纪远程教育精品教材的教学设计要更加适应地域分散、特征多样的远程学生自主学习的需要，培养适应学习型社会的终身学习者。
- 在我国网络教学环境渐趋完善之前，印刷教材及其配套教学光盘依然是远程教材的主体，是多种媒体教材的基础和纽带，其教学设计应该给予充分的重视。要在印刷教材的显要部位对课程教学目标和要求做明确、具体、可操作的陈述，要清晰地指导远程学生如何利用多种媒体教材进行自主学习和协作学习。
- 应组织相关人员对多种媒体的远程教材进行一体化设计和开发，要注重发挥多种媒体教材各自独特的教学功能，实现优势互补。要特别注重对学生学习活动、教学交互、学习评价及其反馈的设计和实现。

● 要将对多种媒体远程教材的创作纳入对整个远程教育课程教学系统的一体化设计和开发中，以便使优质的教材资源在优化的教学系统、平台和环境中，在有效的教学模式、学习策略和学习支助服务的支撑下获得最佳的学习成效。

● 要充分发挥现代远程教育工程试点高校各自的学科资源优势，积极探索网络远程教育优质教材资源共建共享的机制和途径。

丁兴富

第三版修订说明

《税法》（第二版）自2010年3月出版以来，国家税收法律制度适应形势发展需要又进行了较大幅度的改革和完善。主要内容包括：国务院于2010年10月18日发布了《关于统一内外资企业和个人城市维护建设税和教育费附加制度的通知》，规定自2010年12月1日起，外商投资企业、外国企业及外籍个人也要缴纳这两种税费；2010年12月20日发布了《关于修改〈中华人民共和国发票管理办法〉的决定》，相应修改经国务院批准、1993年12月23日财政部发布的《中华人民共和国发票管理办法》，自2011年2月1日起施行；为调控房地产市场、调节收入分配、引导社会住房合理消费，同时也为完善地方税收体系，根据国务院第136次常务会议的有关精神，2011年1月27日，上海市、重庆市发布了关于对部分个人住房征收房产税改革试点的暂行办法，决定自同年1月28日起在本辖区范围内进行个人非营业用房（即个人居住用房）征收房产税的试点；2011年2月25日，第十一届全国人大常委会第十九次会议通过了《中华人民共和国车船税法》，相应废止了2006年12月29日国务院发布的《中华人民共和国车船税暂行条例》，自2012年1月1日起施行；2011年6月30日，第十一届全国人大常委会第二十一次会议第六次修订了《中华人民共和国个人所得税法》，自2011年9月1日起施行；2011年9月30日，国务院发布修订后的《中华人民共和国资源税暂行条例》，扩大和明确了我国资源税的征收地域范围，对原油和天然气由从量定额改为从价定率征税，自2011年11月1日起施行；2011年10月28日，财政部、国家税务总局发布了《关于修改〈中华人民共和国增值税暂行条例实施细则〉和〈中华人民共和国营业税暂行条例实施细则〉的决定》，自2011年11月1日起提高增值税、营业税两税的起征点；2011年11月16日，经国务院批准，财政部、国家税务总局联合印发了《营业税改征增值税试点方案》等文件，从2012年1月1日在上海交通运输业和部分现代服务业率先开展营业税改征增值税试点，自同年8月1日起至年底，国务院又扩大“营改增”试点至北京、天津等10省市（直辖市、计划单列市），并于2013年8月1日进一步扩大试点范围至全国；2011年12月5日，国务院发布了《中华人民共和国船舶吨税暂行条例》，自2012年1月1日起相应废止1952年9月16日经政务院财政经济委员会批准、1952年9月29日海关总署发布的《中华人民共和国海关船舶吨税暂行办法》；2012年11月9日国务院发布了《关于修改和废止部分行政法规的决定》，自2013年1月1日起废止1991年4月16日国务院发布的《中华人民共和国固定资产投资方向调节税暂行条例》；等等。本次《税法》的修订主要围绕和针对上述内容而展开。

由于个人能力、修订时间所限，遗漏、缺失在所难免，诚盼广大读者批评、指正，以便今后修订时进一步完善。

作者

2014年7月12日于中国人民大学明德法学楼

第二版修订说明

本书是在第一版的基础上，历时一年多经大幅增删修订而成。第一版于2004年4月出版后，因广大读者的喜爱和好评而多次重印，并经中国人民大学出版社推荐暨北京市教委组织专家评审荣获“2006年北京市高等教育精品教材”。近些年来，我国各方面的改革一日千里，税收法律制度的变革也日益加快——农业税、农业特产税、屠宰税、筵席税的取消，烟叶税的开征，消费税征税范围暨税率的调整，企业所得税、车船税、房产税内外两套税制的统一，增值税的转型，个人所得税、耕地占用税、城镇土地使用税、燃油税费的改革与调整，以及为应对美国次贷危机引发的国际金融危机对我国的冲击而采取的诸多税收法律、政策的调整等，都在客观地、现实地要求对原教材的内容进行广泛而深入的修订。此即为此次修订教材的主要原因。

修订后的本教材，总体结构仍然分为税法总论、流转税法、所得税法、辅助税法、程序税法五大部分，具体章节则有较大调整：删除了外商投资企业和外国企业所得税法制度、农业税法制度两章及筵席税法、屠宰税法两节；对增值税法、消费税法、营业税法、企业所得税法、个人所得税法等章，车船使用税法、耕地占用税法、城镇土地使用税法、税务行政复议等节作了大幅修改。经过前述修订，本教材包括税法基本原理、增值税法制度、消费税法制度、营业税法制度、关税法律制度、个人所得税法制度、企业所得税法制度、财产税法制度、资源税法制度、行为税法制度、税收征收管理法、税收救济法共12章。考虑到本教材主要是为中国人民大学远程教育的学员所写，因此，在教材的编写方面，力求做到简明、准确、实用，达到科学性、系统性与实用性的统一。当然，本教材也涉及税法的一些重要的基本理论问题，如税法的概念、调整对象，税法的基本原则，税收法律关系的性质，税法的分类、体系及法律地位等，对这些问题进行了系统介绍，因而，本教材也可供普通高等院校法学、财税等专业的本科生、研究生学习使用，还可供希望掌握税法学基本知识和我国现行有效税收法律制度的其他读者使用。

在本次修订教材的过程中，我的研究生沈莉菁同学在资料搜集、网络课件修订方面做了大量工作，中国人民大学出版社教育分社的多位编辑也为教材的出版付出了巨大辛劳，对此，作者表示衷心的感谢。

本次修订，虽然力求教材体系、内容的完备、准确、新颖，然而，力有未逮，缺点、错误在所难免，诚请广大读者批评、指正。

作者

2009 年 12 月于北京

目　录

税法总论篇

第一章　税法基本原理 …… 3

第一节　税收与税法概述 …… 4
第二节　税法的渊源及效力 …… 9
第三节　税法的构成要素 …… 12
第四节　税收法律关系 …… 16
第五节　税法的基本原则 …… 20
第六节　税法的分类、体系及法律地位 …… 29

流转税法篇

第二章　增值税法制度 …… 39

第一节　增值税法概述 …… 40
第二节　增值税法的基本内容 …… 45
第三节　增值税的征收管理 …… 55

第三章　消费税法制度 …… 71

第一节　消费税法概述 …… 72
第二节　消费税法的基本内容 …… 74
第三节　消费税的征收管理 …… 85

第四章　营业税法制度 …… 89

第一节　营业税法概述 …… 90

第二节　营业税法的基本内容 …… 92
第三节　营业税的征收管理 …… 100

第五章　关税法律制度 …… 105

第一节　关税法概述 …… 106
第二节　关税法的基本内容 …… 112
第三节　弹性关税制度 …… 129
第四节　船舶吨税 …… 134

所得税法篇

第六章　个人所得税法制度 …… 141

第一节　个人所得税法概述 …… 142
第二节　个人所得税法的基本内容 …… 147
第三节　个人所得税的征收管理 …… 170

第七章　企业所得税法制度 …… 186

第一节　企业所得税法概述 …… 187
第二节　企业所得税法的基本内容 …… 194
第三节　企业应纳所得税税额的计算 …… 214
第四节　企业所得税的征收管理 …… 223

辅助税法篇

第八章　财产税法制度 …… 235

第一节　财产税法概述 …… 236
第二节　房产税法的基本内容 …… 240
第三节　契税法的基本内容 …… 247
第四节　车船税法的基本内容 …… 252
第五节　车辆购置税法的基本内容 …… 258
第六节　遗产及赠与税法的基本内容 …… 260

第九章　资源税法制度 …… 265

第一节　资源税法概述 …… 266
第二节　资源税法的基本内容 …… 269
第三节　耕地占用税法的基本内容 …… 273
第四节　城镇土地使用税法的基本内容 …… 277
第五节　土地增值税法的基本内容 …… 280

第十章 行为税法制度 …… 287

第一节 行为税法概述 …… 288
第二节 印花税法的基本内容 …… 290
第三节 城市维护建设税法的基本内容 …… 296

程序税法篇

第十一章 税收征收管理法 …… 303

第一节 税收征收管理法概述 …… 304
第二节 税务管理 …… 307
第三节 税款征收 …… 312
第四节 税务检查 …… 318
第五节 税务行政处罚 …… 320
第六节 违反税法的法律责任 …… 324

第十二章 税收救济法 …… 334

第一节 税务行政复议 …… 335
第二节 税务行政诉讼 …… 344
第三节 税务行政赔偿 …… 351

参考文献 …… 359

税法总论篇

第一章

税法基本原理

税法是国家法律体系的重要组成部分，是调整税收关系的法律规范的总称。税收是国家凭借政治权力，依法向居民、非居民所作的强制、非罚、无偿性课征，它是国家取得财政收入的主要方式。在近现代民主社会里，税收与税法关系十分密切，税收是税法的实质内容，税法是税收的法律形式，是确保税收征管规范有序的制度保障。“有税必有法，无法必无税”，“税收法定”越来越被奉为税收工作的圭臬。在我国，随着改革开放的深入，税收体制的改革、税收法制的建设和税法学的研究也得到了很大发展。特别在我国建立社会主义市场经济体制、全面建设小康社会的今天，税法在规范税收征纳行为、维护纳税人合法权益、推动依法诚实纳税、确保国家财政收入诸方面的作用日益彰显，税收法律制度也渐趋成熟和完善。本章是税法学这门法学课程中最重要的一章，是学习和掌握税法学的钥匙，是准确把握税法具体制度的基础。因此，大家必须非常认真地加以对待。

重点问题

- 税收的概念、性质及分类。
- 税法的概念、调整对象及特征。
- 税法与税收的关系。
- 税法的渊源及效力。
- 税法的构成要素。
- 税收法律关系的概念、特征及性质。
- 税法的基本原则。
- 税法的分类、体系及税法与其他法律部门的关系。

第一节 税收与税法概述

一、税收与税收关系

（一）税收的概念及性质

税法，依一般法理，是调整税收关系的法律规范的总称。要学习税法，首先就必须了解什么是税收，什么是税收关系。

税收，简称“税”，在古往今来不同国家（或地区）、不同领域（财税界或法律界等）的不同学者的著作中有种种不同的表述。本书倾向于认为：税收是国家为支付其政务支出的财政需要或为实现其他行政目的，凭借政治权力，依法向居民和非居民强制、非罚、无偿课征的货币或者财物，是一种财政收入的形式。① 税收的实质，从宏观上讲是国家对国民收入的再分配，从微观的征纳过程而言是私人的财产权强制、无偿地转移为国家所有。

对税收这一定义的把握，应注意以下几点：

（1）税收课征的唯一主体是国家，而不是其他组织或团体。

（2）国家征税的目的主要是为了支付其政务支出的财政需要，亦即为满足社会公共管理职能的需要，但亦有为其他特定行政目的的征税的存在。

（3）国家征税凭借的是政治权力——公权力，或称公法上的权力，而不是财产权利——私权利，或称私法上的权利。

（4）国家征税的过程，是强制、非罚、无偿转移资财所有权的过程；国家征税的结果，是国家获得了一定价值的货币或者财物的所有权。

（5）国家征税的对象是居民和非居民，包括企业和自然人，而不仅仅是一国的公民。

（6）国家课税应当依法进行。

从税收的定义，我们可以看出其具有以下性质：

（1）财政性。税收的课征，或有其他行政目的，如保护环境，保护国内产业，实现特定的社会、经济政策等，但其原始的、首要的目的是国家为了获得财政收入以支付其政务支出的需要。况且，税收政策本身即是国家财政政策中非常重要的一环。所以，税收具有财政性是毫无疑问的。

（2）无偿性。纳税人缴纳的税款，被汇集起来用于国家政务支出，以提供外交、国防、公共安全、市政管理等公共物品。虽然从社会整体来看，纳税人缴纳的税款与国家提供的服务有共同的报偿性（即所谓“取之于民，用之于民”），但就单个的个别纳税人而言，因公共物品的特殊性，纳税人完纳税款与其从国家公共支出中所得到的利益，并无必

---

① 在这一表述中，将税收定义为“国家依法强制、非罚、无偿课征的货币或者财物”，落脚点是资财，而不是定义为“取得财政收入的活动”或“特定的分配关系”，这是比较符合客观实际的。如果定义为“取得财政收入的活动”，我们就无法理解“税收征收管理法”这一法律，因为大家都知道活动是无法征收的；同时也无法将税收这一财政收入形式与国债、规费、国有企业利润等收入形式加以对比，因为非同类事物是没有可比性的。而如果将税收定义为“特定的分配关系”，那我们日常广泛使用的“税收关系”这一语词，就势必形成“关系”的重复。

然的等值对价关系，不必经由市场进行交换，反映在具体的征纳税过程中，则体现为完全无对价的征收。此即税收的无偿性，或称无个别对价性。

（3）强制性。税收一方面是国家得以施政、存续的必要条件，另一方面税收的征收又必然使纳税人无对价地丧失手中的一定财富，是一种牺牲。所以，国家征税如果不以政治权力进行强制是难以顺利实现的。此即税收的强制性。税收的这种强制，在奴隶社会、封建社会，多是掠夺性的恣意妄为，并常因此而引起政权的更迭。而在近现代民主法治国家中，税收的征收必须按照得到纳税人（或通过其代表——议会）同意的法律的规定进行。此即税收的法定性。并因这一法定性，而使得税收的征收具有固定性、规范性、可预测性等特征。所以，现代国家税收的强制性是与国家的法律密不可分的。

（4）政策性。国家征税的主要目的虽然在于获得财政收入，但这并不是课税的唯一目的，随着社会的发展、财政理论的演变，现代国家的税收在平均社会财富、优化资源配置、促进资本形成、鼓励科技创新、控制通货膨胀（或紧缩）、保护环境等诸多方面也扮演着相当重要的角色，实已成为现代国家实现多种政策目标的最为重要的工具之一。因此，税收的政策性也至为明显。

（二）税收的分类

税收的分类，或称税种的分类，对于了解和分析一国的税收结构、税法体系十分重要。在此，介绍几种重要的分类：

1. 直接税与间接税

按照税收负担是否可以转嫁，即是否由纳税人本人直接负担为标准，可以将税收分为直接税和间接税。凡是由纳税人本人直接承担的，属于对收益额和财产课税的各种税收，如收益税、财产税等，都属于直接税；凡由纳税人垫缴，然后转嫁给消费者承担的，属于对流转额课税的税收，如增值税、消费税、营业税等，都属于间接税。

2. 从价税与从量税

按照税法规定的征税对象的计量标准的不同，税收可以分为从价税和从量税。凡是规定以征税对象的价值形式（价格）为依据来计算应征税额的税收，都属从价税；凡规定以征税对象的重量、面积、容积等为标准来计算应征税额的税收，都属于从量税。

3. 对物税、对人税、对事税

按照税法规定的征税对象的不同，税收可以分为对物税、对人税与对事税。以人或人的综合纳税能力为征税对象的税收，称为对人税或主体税，前者如人头税，后者如个人所得税；以物为征税对象的税收，称为对物税或客体税，如商品税；以某些特定行为为征税对象的税，称为对事税或行为税，如屠宰税、筵席税。

4. 中央税与地方税、共享税

按照税收管理权和税收收入归属的不同，税收可以分为中央税、地方税和共享税。凡由最高权力机关或其授权机关进行税收立法，且税收管理权和收入支配权归属于中央政府的税收，属于中央税，或称国税；凡由地方权力机关进行税收立法，且税收管理权和收入支配权归属于地方政府的税收，属于地方税，简称地税；此外，某些虽由最高权力机关或其授权机关立法课征，但其收入由中央政府与地方政府按分成比例共享的税收，称为共享税。

5. 价内税与价外税

在从价税的税种当中，按照税收与价格的关系，税收可以分为价内税和价外税。凡在征税对象的价格（即计税依据）内包含有所征税种税款的税为价内税，如我国的消费税、营业税等。凡在征税对象的价格内不包含所征税种税款的税为价外税，如我国的增值税、关税。

6. 经常税与临时税

按照税收收入是否有持续性或税收在国家财政收入中的地位为标准，税收可以分为经常税和临时税。凡为保障国家基础性的费用支出而每年持续作有规则课征的税，属于经常税，又称永久税；凡为实现某种特殊目的、或因国家处于非常时期而在较短时期内特别征收的税，属于临时税，又称特别税。现今各国的税收多为经常税。

7. 独立税与附加税

按照征税对象的计税标准是否有依附性，税收可以分为独立税与附加税。凡不需要依附于其他税种而独立课征的税，属于独立税，也称主税。现今各国的税收多为独立税。凡需要附加于其他税种之上，以其计税依据或税额为计税标准课征的税，属于附加税，又称从属税。如我国的城市维护建设税、教育费附加等均属于附加税。

8. 实物税与货币税

按照税法规定的税收收入的形态的不同，税收可以分为实物税和货币税。凡是规定以实物形式缴纳的税，属于实物税，在自给自足自然经济条件下的税收多为实物税；凡是规定以货币形式缴纳的税，属于货币税，在商品经济较高发展的社会里，税收多为货币税。

9. 流转税、收益税、财产税、资源税与行为税

按照税法规定的征税对象性质的不同，税法可以分为：

（1）流转税，或称商品（货物）及劳务税，是以商品流转额和非商品的劳务额为征税对象的税收，目前在我国包括增值税、消费税、营业税、关税、烟叶税[①]等。

（2）收益税，是以纳税人的所得额或利润额为征税对象的税收，包括企业所得税、个人所得税以及已于 2006 年废止的农业税（含牧业税）[②]、农业特产农业税。

（3）财产税，是以纳税人拥有或支配的某些财产作为课税客体而征收的税收，包括房产税、契税、车船税、车辆购置税、遗产税等。

（4）资源税，是对某些特定的自然资源，就其级差收入征收的一类税收，包括狭义资源税、耕地占用税、土地使用税、土地增值税等。

---

① 烟叶税是对在中国境内收购烟叶的单位（指依照《中华人民共和国烟草专卖法》的规定有权收购烟叶的烟草公司或受其委托收购烟叶的单位），按其收购烟叶（包括晾晒烟叶、烤烟叶）的收购金额［按收购价款×（1+10%）计算］和法定的比例税率（20%）依率计征的一种流转税。该税是在我国于 2006 年 2 月 17 日起整体废止国务院 1994 年 1 月 30 日发布的《国务院关于对农业特产收入征收农业税的规定》的同时，保留了对该规定中的烟叶收入的征税。其征税依据主要是 2006 年 4 月 28 日国务院发布的《中华人民共和国烟叶税暂行条例》及财政部、国家税务总局于 2006 年 5 月 18 日发布的《关于烟叶税若干具体问题的规定》。按照这些规定，烟叶税属于地方税，由烟叶收购地的地方税务机关征收。

② 2005 年 12 月 29 日第十届全国人大常委会第 19 次会议通过决定，第一届全国人大常委会第 96 次会议于 1958 年 6 月 3 日通过的《中华人民共和国农业税条例》自 2006 年 1 月 1 日起废止，从而在我国正式取消了延续数千年的农业税。

（5）行为税，是对纳税人的特定行为课征的税收，包括印花税、城市维护建设税及已经明令废止的筵席税①、屠宰税②、固定资产投资方向调节税③等。

此外，还有比例税与累进税、国境税与内地税、财政税与调控税等多种划分。

（三）税收关系

税收关系是因国家组织税收收入所发生的社会关系。这是一种非常复杂的社会关系。由于国家取得税收收入的过程实际上也就是国家政治权力介入私人经济领域、实现一定数量资财的所有权无偿转移的过程，这使得由此而产生的税收关系变得非常复杂，它既非纯粹的经济关系，也非纯粹的公权力关系，而是由税收经济关系、税收征纳程序关系和税收监督保障关系共同构成的复合体。在税收关系中，税收经济关系，即资财无偿从私人转移为国家所有的关系是本体关系，是中心，是出发点，同时也是归宿点；税收征纳程序关系、税收监督保障关系都是因税收经济关系而衍生并为税收经济关系服务的社会关系。因此，我们可以说，税收关系是一种性质复杂的特殊形式的经济关系。

（1）税收经济关系。税收经济关系就微观领域亦即具体的征纳税过程来讲，是私人资财强制无偿地转移为国家所有的关系；而就宏观领域亦即全国范围来看，它是国家对国民收入和社会产品的分配关系。这种关系经由各具体税种税法（税收实体法）的调整，就体现为税法上的债权、债务关系。其中，享有课税权的国家是法定的债权人，私人即税法上的纳税人是法定的债务人。

（2）税收征纳程序关系。是指代表国家行使具体税收征收管理权的征税机关与纳税人及其他税务当事人之间就税收债权、债务的具体履行和实现而发生的程序性关系。在我国一般称之为税收征收管理关系。一般包括日常的税务管理关系、具体的税款征纳关系和定期与不定期的税务检查关系。这类关系主要受税收征收管理法的调整。

（3）税收监督保障关系。是指围绕国家组织税收收入活动的开展而在各有关主体之间发生的监督制约与程序保障关系。具体包括对税收违法当事人的税收处罚关系，为纠正税务行政行为、保障纳税人权益的税收救济关系（包括税务行政复议关系、税务行政诉讼关系、税务行政赔偿关系），以及有关国家课税权划分而产生的税收管理体制关系。其中税收管理体制关系是一种事前性、基础性、制度性的监督保障关系，而税收处罚关系、税收救济关系是侧重于事后的程序性监督保障关系，因而也是一种相对独立的税收关系。

二、税法概述

（一）税法的概念和调整对象

税法是调整税收关系的法律规范的总称。其调整对象是国家税收活动中所发生的税收关系，具体包括以下内容：

---

① 2008年1月15日国务院发布的《关于废止部分行政法规的决定》，明确宣布自即日起1988年9月22日国务院发布的《中华人民共和国筵席税暂行条例》失效。

② 2006年2月17日，温家宝总理签署国务院第459号令，明确宣布自即日起废止1994年1月30日国务院发布的《国务院关于对农业特产收入征收农业税的规定》和1950年12月19日政务院发布的《屠宰税暂行条例》。

③ 根据2012年11月9日国务院令628号公布的《关于修改和废止部分行政法规的决定》，自2013年1月1日起废止1991年4月16日国务院令第82号发布的《中华人民共和国固定资产投资方向调节税暂行条例》。

（1）税收管理体制关系。即国家权力机关及其授权的行政机关之间、中央与地方之间因国家课税权的划分与行使而发生的税收征管权责关系。例如，税种划分、税收立法权限的划分、税种开征和停征决定权、税率调整和税目增减决定权、税收监督权等权责关系。

（2）税收经济关系。即纳税人向国家无偿转移资财的关系，具体表现为代表国家的各征税机关与纳税人之间因征税、纳税而发生的实体权利义务关系。包括国家征税机关与各种企事业单位、其他经济组织、机关、个体工商户、自然人之间的征纳税实体关系。

（3）税收征纳程序关系。即因税收的征收管理而产生的税收征收管理程序关系。

（4）税收处罚关系。即对税收违法当事人的税收处罚关系。

（5）税收救济关系。包括税务行政复议关系、税务行政诉讼关系、税务行政赔偿关系。

其中，（1）、（4）、（5）表达的关系实际上是属于税收监督保障关系的范畴。

（二）税法的特征

税法作为调整税收关系的法律规范，因其调整对象——税收关系的特殊性，而具有不同于其他法律部门的特征。

1. 税法的经济性

税收活动是国家政治权力直接介入私人经济的活动，税收征纳的过程是货币资财强制、无偿转移的过程，税收经济本质上是公共经济，税收关系本质上是一种特殊形式的经济关系。这一切，决定了规范税收活动、调整税收关系的税法，必然具有直接经济性。

2. 税法的成文性

税法是规定纳税人纳税义务的法，税法的实施意味着纳税人资财的无偿转移，是一种牺牲。故税法规范从这个意义上讲是一种侵权性规范。为了维护纳税人的合法权益，同时也为了确保税收收入的实现，按照税收法定主义原则的要求，税法的各课税要素必须要由法律予以明文规定，由此决定了税法的成文性。这一点，即使在英美法系国家也是如此。

3. 税法的强制性

由于税收是一种无偿转移，并且这种无偿转移应在不特定的纳税人之间进行公平分配，如果顾及个别人的意愿而不作统一的对待，那么税收的目的就难以实现。所以，税法规范多为强行性、义务性规范，从而使税法具有明显的强制性特征。并且，依据这一特性，任何机关或者个人都不得无法律依据地任意减税、免税，或者就纳税义务的范围与履行方式达成协议，而排除税法的适用。

4. 税法的政策性

税法的政策性源于税收的政策性。税收工具本质上是政策的工具，无论是取得税收收入、调节分配，还是进行资源的配置，或是其他特定的目的，都体现着收入政策、分配政策、宏观调控政策等方方面面的政策。税法的调整使得税收的政策性更加稳定、更加协调，更具有现实的操作性。直言之，税法是税收政策的法律化。

5. 税法的技术性

由于税收关系的多样性、复杂性，决定了税法的规定，一方面要确保国家的税收收入，另一方面又要维护纳税人的合法权益，谋求与私法秩序的协调；同时，既要调控宏观经济，又要减少对经济运行的不良影响，还要贯彻其他多方面的政策目的。这些需要，决定了税法制度的设计及由此而产生的税法内容具有高度的复杂性、专业性与技术性。

（三）税法与税收的关系

税法与税收既有联系又有区别。首先，税收与税法联系十分密切，税收是税法的实质内容，离开了税收、离开了税收活动，税法就不可能也没有必要存在；税法是税收的法律形式，是进行税收活动的依据，是确保税收活动规范有序的制度保障。在现代法治社会里，税收活动必须严格依照税法的有关规定进行，"有税必有法，无法必无税"，以及"税收法定"越来越被奉为税收工作的圭臬。其次，税收与税法也存在明显的区别，主要表现在，税收在本质上是一种特殊的经济活动，属于经济基础的范畴；而税法则是一种法律制度，属于上层建筑的范畴。国家税收及税收活动的客观需要与存在，决定了与之相对应的税法的存在；反过来，税法的存在又对税收活动的有序进行与税收目的的实现发挥着重要的制度保障作用。

第二节　税法的渊源及效力

一、税法的渊源

税法的渊源，是指税收法律规范的外部存在和表现形态，亦即形式意义上的税法的来源。税法渊源，主要表征的是税法由何种国家机关制定或者认可，具有何种表现形式或效力等级，它对税法的效力和具体适用具有直接的影响。一般认为，我国税法的渊源包括国内法渊源和国际法渊源两大类。

（一）国内法渊源

税法的国内法渊源，是指国家权力机关及其授权的行政机关制定的调整税收关系的规范性法律文件。具体包括：

（1）宪法。宪法是国家根本大法，是国家的总章程，是我国税收法律规范的最高法源。宪法中有关税收的规定，是我国制定税法的最重要的基础，是税收法律规范的最高法源。各具体税法的内容规定必须与宪法的精神相一致，不得含有违反宪法的条款，否则，该税法的具体规定无效。

（2）税收法律。是指由全国人大及其常委会制定的有关税收活动的规范性法律文件。由于税收法定原则是现代民主政治国家最重要的税法基本原则，因而税收法律应该成为税法最主要的渊源。我国要达到这一步，还需要经过非常艰苦的努力。

目前，我国税收法律既包括专门的税收法律，如《中华人民共和国个人所得税法》（以下简称《个人所得税法》）、《中华人民共和国税收征收管理法》（以下简称《税收征收管理法》）；也包括其他法律中涉及税收活动的有关规定，如《中华人民共和国刑法》（以下简称《刑法》）中的"危害税收征管罪"的规定、《中华人民共和国中小企业促进法》（以下简称《中小企业促进法》）中有关税收的规定等。

（3）行政法规。按《中华人民共和国立法法》（以下简称《立法法》）第 8 条的规定，有关税收基本制度的事项属于“法律保留”的事项，但该法第 9 条规定，对其中规定的事项尚未制定法律的，全国人大及其常委会有权作出决定，授权国务院可以根据实际需要，对其中的部分事项先制定行政法规。而在此之前，我国的最高行政机关国务院，根据国家立法机关的有关授权决定，在 1984 年和 1994 年的税制改革中，已制定颁布了大量的税收方面的条例（行政法规）。这在实际上构成了我国税法的一个重要渊源。

（4）地方性法规。在实行分税制的情况下，地方立法机关可以依法就某些地方税制定地方性法规。我国目前立法权高度集中于中央，地方权力机关立法权限很小。因此，这方面的税法渊源相对也就较少。今后，应予以适当增加。

（5）税收规章。包括部门规章和地方政府规章。目前，我国的税收规章主要包括国务院的各个职能部门（如财政部、国家税务总局、海关总署）为实施税收法律、法规而制定的实施细则、办法等规范性文件。这类税法渊源为数众多。另外还有少数税种，由法律授权或者国务院授权省级人民政府制定地方性行政规章，加以实施。

（二）国际法渊源

税法的国际法渊源，主要是指我国缔结和参加的涉及国家间税收问题的国际条约和协定。如关税和贸易总协定（GATT），以及我国与越来越多的国家签订的避免双重征税和防止偷税、漏税的协定。随着世界经济一体化进程的加快和国际税收协调的日益加强，税法的国际法渊源也必然会越来越多。

二、税法的效力

税法的效力，即税法的约束力，是指税法在适用对象、时间、空间三方面的效力范围。税法的效力源于税法的渊源，是和制定税法的机关的权威相关联的。明确税法的效力，是正确适用税法、严格依法治税所必需的。具体而言，税法的效力包括下述三个方面。

（一）税法的对象效力

税法的对象效力，或称税法的对人效力，是指税法的适用对象有哪些，对什么样的人和组织有效。

税法的对象效力，涉及一个国家的税收管辖权的问题。一般来说，一个主权国家主要依据下列原则来确定本国的税收管辖权：

（1）属人原则。以纳税人（包括个人和组织）是否属于本国居民为标准，确定是否征税。如果纳税人是本国居民，则无论其在境内还是在境外，本国税法都对其适用。

（2）属地原则。以纳税人的某种行为或财产、所得是否发生在本国境内作为是否征税的标准。如果发生在本国境内，不论纳税人是本国人还是外国人，本国税法对其都适用。

（3）折中原则。这是兼采属地原则与属人原则的结合性原则，只不过在具体运用时有所侧重而已。这一原则的采用，旨在更彻底地维护本国的税收管辖权，但在相关国家都兼采属地与属人原则的情况下，却经常会带来税收管辖权的冲突。

（二）税法的空间效力

税法的空间效力，是指税法发生效力的地域范围。税法的空间效力范围主要是由国情和税法的形式、效力等级、调整对象或内容等因素决定的。税法的空间效力主要分为中央税法的空间效力和地方税法的空间效力。

（1）中央税法的空间效力，即由国家最高立法机关和行政机关制定的税收法律、法规是统一适用于全国范围的。这里所称的全国是指一个国家主权所及的全部领域，包括领陆、领水、领空以及其他延伸意义上的领域。在我国，全国人大及其常委会制定的税收法律、国务院制定的税收法规、国务院有关部门制定的税收规章在我国全国范围内发生效力。

（2）地方税法的空间效力，是指地方性税收法规、规章仅在本地方行政管辖区域内有效。

另外，由于香港和澳门是我国的特别行政区，按照"一国两制"的方针和港、澳基本法的规定，我国的中央税法并不在这些地区适用；香港和澳门地区的税法在各自的管辖范围内发生法律效力。

（三）税法的时间效力

税法的时间效力，即税法在时间上的适用范围，是指税法生效和失效的时间，以及税法是否具有溯及既往的效力。

税法的生效时间，是指税法从何时开始发生约束力。主要有两种情况：一是自公布之日起生效；二是公布后经过一段时间后生效，这主要是为了让各有关方面有一定的时间了解税法的内容，为税法的实施做好准备。但在少数情况下，亦有新税法颁布后对它生效前所发生的行为和事件可加以适用的效力，此即税法的溯及既往的效力。如《中华人民共和国固定资产投资方向调节税暂行条例》（以下简称《固定资产投资方向调节税暂行条例》）是 1991 年 4 月 16 日由国务院发布的，但却自 1991 年 1 月 1 日起施行。

不过，从税法理论来看，不溯及既往原则（或称禁止溯及课税原则）应为税法适用的一般原则。尤其当新法与旧法相比较，新增或者加重了纳税人纳税义务时，税法的溯及既往更为人们所诟病。这一原则体现了税收法定原则在税法适用方面的要求，也是保障税法的可预测性、稳定性及纳税人财产权利所必需的。另外，应当指出的是，税法的不溯及既往原则主要是针对实体税法适用而言的，至于程序税法的适用则可不受该原则的限制，此即众多学者所主张的"实体从旧，程序从新"原则。另亦有学者主张，如果新税法与旧税法相比，减轻了纳税人负担时，则应允许新法有溯及既往的效力。

税法的失效时间，是指税法的废止时间。税法的废止有明示废止和默示废止两大类。前者是指在新税法中以明文规定对旧税法加以废止；后者是指不以明文规定废止旧税法，而在税收实践中新法与旧法抵触时自动采用新法。在我国具体包括以下几种情况：

（1）以新税法取代旧税法，使旧税法终止生效。有的是新税法公布时，明文宣布同名旧税法作废；有的是新税法公布时，虽然没有宣布同名旧税法作废，但随着新税法的公布，与新税法名称、内容相同的旧税法自然失效；有的是新税法公布时，同名旧税法虽然在整体上失效，但它的有关规定的效力还要延续一定的时间，待这段时间过后再失效。

（2）有的税法因为完成了历史任务，失去其客观存在的条件而自然失效。

（3）发布特别决议、命令，宣布废止某项税法。

（4）新税法规定，以前的规定中与新规定抵触的，相抵触部分的税法规范无效。

第三节　税法的构成要素

一、税法构成要素的概念

税法的构成要素，简称税法构成，即税收法律规范的内部构成。从法律规范的逻辑结构来看，任何法律规范都是由假定（条件）、处理（行为模式）和制裁（法律后果）三个部分构成的。税收法律规范和其他法律规范一样，也是由条件、行为模式和法律后果这三个部分构成。条件是税收法律规范中指出的适用该规范的前提、情况的部分，如纳税人的范围、课税客体、纳税环节等规定；行为模式是具体要求税法主体做什么或者禁止做什么的部分，具体体现为征税主体、纳税主体的权利、义务范围的规定等，它指明纳税人应缴哪种税、缴多少、怎么缴、何时缴等；法律后果是指税法主体的一定行为所产生的法律上的后果，包括对合法行为的保护和奖励、对违法行为的制裁等。

一般来说，税法构成要素应包括税法主体、课税客体、税率、纳税环节、纳税期限、纳税地点、税收特别措施、违法处理八个基本要素。

二、税法构成的基本要素

（一）税法主体

税法主体是指税法规定的享有税收权利（力）和承担税收义务的当事人。即税收法律关系的权利（力）义务承担者。税法主体包括征税主体、纳税主体和其他税务当事人。其中最主要的是征税主体和纳税主体。

征税主体，从理论上讲是国家，但在具体的征纳税关系中是指依法代表国家行使税收征收管理权的国家各级征税机关，包括国家各级税务机关、财政机关和海关及其依法履行征管职责的工作人员。税收法律规定或者税务机关依法委托的代征人（包括单位和个人）在一定意义上讲也属于征税主体的范围。征税主体应具体或者概括性地规定在有关税收法律、法规中。我国目前关于各税种征管机关的规定，有的尚不明确。在 21 世纪“分税制”日益成为潮流的情况下，有必要在税法中明确代表国家征收某一具体税种的征税机关，以便利纳税人纳税，防止重复征收。

纳税主体在我国包括两大类。一类是任何税种税法都必须规定的纳税义务人，简称纳税人。亦即依照税法规定直接负有纳税义务的单位和个人。任何一个税种都必须有纳税人。纳税人包括自然人、法人和非法人单位，具体指全民所有制企业、集体所有制企业、外商投资企业、外国企业、私营企业、联营企业、股份制企业、个体工商户、承包经营户、行政事业单位以及中外公民等。纳税人在税法上根据税收义务的不同，可以分为居民纳税人和非居民纳税人。居民纳税人负绝对纳税义务，非居民纳税人负有限纳税义务。另一类是某些税种税法根据需要规定的扣缴义务人。扣缴义务人是依法负有代扣代缴、代收代缴税款义务的单位和个人，其往往是向纳税人支付价款和报酬的人。税法规定扣缴义务人的目的，主要是为了加强税收的源泉控制、防止税收流失，简化征纳手续，便利纳税人纳税。

知识链接

在此，应特别注意区分纳税人和负税人两个概念。负税人是指实际承担税收负担的单位和个人。它是经济学上的概念，而不是税法上的概念。纳税人和负税人在所得税、财产税中往往是同一的，因而这些税被认定为直接税；而在流转税中，纳税人与负税人则不是同一的，普遍存在税负的转嫁问题，故流转税一般被认定为间接税。

其他税务当事人包括纳税担保人、税务代理人、其他税收管理的相对人等。

（二）课税客体

课税客体或称征税对象、征税客体，是指征纳税主体权利（力）义务指向的对象或者标的，具体指明对什么东西征税。

课税客体在税法构成要素中的地位非常重要，因为它是区别不同税种的主要标志。在税法中明确规定征税对象，关系到对某种税的征税界限，关系到税源的开发和税收负担的调节问题，亦关系到税收的分类和税法的分类。因此，任何税种税法都必须对该种税的课税客体予以明确具体的规定。

课税客体按其性质的不同，分为以下几类：

（1）流转额，指产品的销售额、增值额和各种服务性业务的收入额（营业额）等。对流转额征收的税为流转税。

（2）收益额，指纳税人的所得额和利润额。对收益额征收的税为所得税或收益税。

（3）财产，指税法规定的特定范围的财产。对财产征收的税为财产税。

（4）行为，指税法规定的应予征税的特定行为。对特定行为征收的税为行为税。

（5）资源，指税法规定的应予征税的特定资源。对资源征收的税为资源税。

在税收立法实践中，有些税的征税对象简单、明了，如房产税、筵席税等，没有必要另行规定税目。而绝大多数税种，征税对象范围广而复杂，需要作进一步划分。这种对征税对象进一步划分的规定，即为税目。有的在税目之下还要进一步划分子目、孙目。划分税目的目的，是为了明确征税范围，贯彻税收法定原则，同时也便于制定不同税率，体现有关税收政策。

知识链接

在此，还必须弄清楚与课税客体密切相关的另一个概念——计税依据。计税依据，也称计税标准、计税基数，简称税基，是指计算应纳税额的依据。课税客体体现对什么对象征税，反映的是质的规定性，而计税依据则是从量上来限定征税对象，属于量的规定性。在多数情况下，课税客体和计税依据是一致的，但在某些情况下，课税客体必须按照一定标准计算出计税依据，才能据以计算应纳税额。

（三）税率

税率是指纳税人的应纳税额与征税对象数额之间的比例，是法定的计算应纳税额的尺度。税率的高低直接关系到国家财政收入的多少和纳税人负担的轻重，体现了国家对纳税人征税的深度，是税收制度的核心要素。税率主要有以下三种最基本的形式：

1. 比例税率

比例税率，即对同一征税对象，不论其征税数额的大小，都采取同一比例的税率征税，一般适用于对流转额等征税对象的征税。比例税率的特点是征收效率高，但税率具有累退性，不符合公平原则的要求。

比例税率在具体运用中有单一比例税率、幅度比例税率、差别比例税率（又分为产品差别比例税率、行业差别比例税率、地区差别比例税率）等形式。

2. 累进税率

累进税率，即按照计税依据数额的大小，划分成若干个等级，分别运用不同的税率。其特点是：计税依据数额越大，税率越高；计税依据数额越小，税率越低。一般适用于对所得和财产的征税。累进税率的优点是能体现税收的纵向公平，有利于调节收入分配；其不足是征收管理相对要复杂一些。

累进税率在具体运用时，又分为全额累进税率和超额累进税率两大类。

（1）全额累进税率，是指把征税对象按其数额划分成若干个等级，从低到高每一个等级规定一个税率，当征税对象数额增加到应按高一级税率计税时，其全部数额均按高一级税率计征。这种税率因在税收级距的临界点出现纳税人收入越高，其税后的实质所得反而越小的不合理现象，故现在各国的税法都很少采用。

（2）超额累进税率，是指把征税对象按其数额划分成若干个等级，从低到高每一个等级规定一个税率，当征税对象数额增加到按高一级税率计税时，仅就其超额部分按高一级税率计税。在计征实践中，可以采用速算扣除数（即用全额累进税率计算的应纳税额减去用超额累进税率计算的应纳税额之后的余额）计算。

超额累进税率在实际运用中还有超倍累进税率和超率累进税率两种特殊形式。

3. 定额税率

定额税率，也叫固定税率（税额），是按单位征税对象（如面积、体积、重量等）直接规定其应纳税额，而不是规定应纳税款的比例。定额税率计算简便，适用于从量计征的税种。在通货紧缩或存在商品倾销的情况下，实行定额税率有一定的积极意义。

定额税率在具体运用中有单一定额税率、差别定额税率和幅度定额税率等形式。

另外，税收实践中还有复合税率、滑准税率、复式税率等多种特殊税率形式。税率的不同设计，能够反映政府多方面的政策意图，达到特定的调节目的。

（四）纳税环节

纳税环节是指税法规定的应税商品在流转过程中应当缴纳税款的环节。按纳税环节的多少，可分为：（1）一次征收制，即一种税在商品流转过程中的一个环节征税，如消费税；（2）两次征收制，即一种税在商品流转过程中的两个环节征税；（3）多次征收制，即一种税在商品流转过程中的多个环节征税，如增值税。纳税环节的规定从微观上来说，关系到税收由谁缴纳、税款由谁负担、税收征纳是否便利等；从宏观上来说，则关系到国家的税制结构和整体税负平衡等问题。因此，纳税环节是税法必须加以明确规定的要素之一。

（五）纳税期限

纳税期限是指税法规定的纳税人缴纳应纳税款的具体时间。纳税期限是衡量征税主体是否按时行使征税权力，纳税主体是否按时履行纳税义务的尺度，是税收强制性、固定性的表现。在纳税期限到来之前，征税机关不得提前征税；而在纳税期限到来以后，纳税人不得拖延纳税，否则，要按日加收滞纳金。在税收立法时合理规定纳税期限、在税收实践中严格按时征纳，对保障国家财政收入按时、足额入库意义重大。

在我国，纳税期限分为按期纳税和按次纳税两种形式。在具体运用中又可分为法定纳税期限和核定纳税期限。前者是指由税法直接规定确切的纳税期限；而后者是指税务机关根据税法的授权在法定期限幅度内具体核定的纳税期限。

（六）纳税地点

纳税地点是指纳税人缴纳税款的场所，即纳税人应向何地征税机关申报纳税和缴纳税款。税法明确规定纳税地点，目的有两个方面：一是为了避免对同一应税收入、应税行为重复征税或漏征税款；二是明确各征税机关的税收管辖权，保证各地方财政能够在明确的地域范围内取得财政收入，防止征税机关争抢税源。

就我国税法的规定来看，纳税地点一般是纳税人的住所地，也有规定为营业地、财产所在地或者特定行为发生地的。税法关于纳税地点的规定，应根据具体税种的实际情况，本着适应分税制要求、方便征纳、节省征收缴纳费用的原则加以确定。

（七）税收特别措施

税收特别措施是在普遍征税的税法一般规定的基础上，基于特定的政策目的而对符合特定条件的纳税人作出的特别制度安排。这些制度安排具有优先于一般税法规定适用的效力，它是税收政策性、税法灵活性的体现，目的是为了体现国家的奖限政策。

税收特别措施包括两大类：一是税收优惠措施，是以减轻纳税人税收负担为主要内容的制度安排；二是税收重课措施，是以加重纳税人税收负担为内容的制度安排。各国税法在税收特别措施的安排上，在一般常态下多体现为税收优惠措施的安排。

税收优惠措施的安排包罗很广，如税收减免、税收抵免、加速折旧、再投资退税、出口退税、亏损结转等。在税法中规定最广泛的是税收减免。税收减免或称减免税，是指国家对某些纳税人或征税对象给予支持和鼓励的一种特殊税收规定。其中，减税是指对某一纳税人或征税对象少征一部分税款；免税是指对某一纳税人或征税对象全部免征税款。

减免税的内容主要包括：（1）直接减免。即税法直接规定对某些纳税人或征税对象的减免，如困难性减免、照顾性减免、补贴性减免、鼓励性减免等各种减免税规定。（2）规定起征点。起征点是税法规定开始征税的临界点，征税对象的数额未达到起征点的不予征税，达到或超过起征点的，就征税对象的全部数额征税。如我国增值税、营业税规定有起征点。（3）规定免征额。免征额或称免税额，是指征税对象数额中免予征税的数额，它是按照一定标准从征税对象总额中预先扣除的部分。免征额部分不征税，只对超过免征额部分征税。如我国个人所得税法中工资薪金所得的 3 500 元扣除，即为免征额的规定。

税收重课措施主要是加成征收。加成征收即加成征税，是指在按照税法规定的税率计征应纳税额的基础上，再加征一定成数的税款。加征一成是 10%，加征 10 成是 100%。如我国目前的个人所得税法对一次性劳务报酬畸高的，就实行加征 5 成和加征 10 成的办法。税收重课措施体现的是国家的限制或特别调节政策。

税收特别措施，尤其是税收优惠措施在各国税法中运用都十分普遍。不过，由于这些措施的采取从一定意义上讲是对税法常态的破坏，对国家税收和纳税人之间税负公平都有重大影响。故除非有非常充分的政策理由，在税法中规定税收特别措施应特别慎重。

（八）违法处理

违法处理是税法规定的对征税主体、纳税主体及其他税务当事人违反税法的行为采取的制裁措施，亦即违反税法的法律责任。违法处理是税法强制性的集中表现，是税收处罚法的主要内容。违反税法的行为主要包括逃避缴纳税款、逃避追缴欠税、抗税、骗取出口退税等。制裁措施包括三个方面：（1）经济责任。包括补缴、追缴税款，没收违法所得，停止出口退税，加收滞纳金等。（2）行政责任。包括罚款，税收强制执行措施，税收保全措施，给予行政处分等。（3）刑事责任。对情节严重、构成犯罪的违反税法的行为，由司法机关依法追究其刑事责任。

第四节　税收法律关系

一、税收法律关系的概念和特征

税收法律关系是指国家和纳税人之间，在税法所调整的税收活动中发生的权利和义务关系。它是国家政治权力介入私人经济生活的税收关系在法律上的表现。

税收法律关系作为一种法律关系，具有一般法律关系所共有的本质属性。同时，由于税收关系不同于其他经济关系，它是一种强制无偿的资财转移关系；税法规范亦不同于其他法律规范，这使得税收法律关系具有自己的特征。这些特征表现在：

（1）主体的特定性，即税收法律关系的一方主体必然是以征税机关为代表的国家，另一方则是负有纳税义务的各类纳税人。如果没有国家作为税收法律关系的一方主体，税收法律关系也就不可能存在。

（2）内容的无偿性，即在税收法律关系中，征、纳税双方权利（力）义务内容带有财产所有权或支配权单向转移的性质，纳税人向征税机关无偿地缴纳税款，意味着把这部分金额的所有权或支配权转移给国家，成为国家的财政收入。

（3）权利（力）义务的法定性，即纳税人只要发生了税法规定的行为或事件，就必然产生相应的税收法律后果，征、纳税双方必须依据法律规定行使权利（力）、履行义务。

这与民事法律关系的权利义务可以由当事人自由设定是明显不同的。

二、税收法律关系的构成要素

任何法律关系都包括主体、客体和内容三个方面的要素，税收法律关系也不例外，其构成要素亦包括主体、客体和内容三部分。

（一）税收法律关系的主体

税收法律关系的主体是指税收法律关系的参加者，是在税收法律关系中依法享有权利（力）和承担义务的当事人。具体可分为征税主体和纳税主体。

1. 征税主体

征税主体是指税收法律关系中享有税收课征权的一方当事人。广义的征税主体应该包括国家权力机关、行政机关和代表国家行使具体税收征管权的征税机关。狭义的征税主体仅指代表国家行使税收征管权的征税机关，即税务机关和海关。其中海关负责关税、船舶吨税和进口货物的增值税、消费税的征收；其他各税则由税务机关（含国家税务机关和地方税务机关）按照权限征收。

2. 纳税主体

纳税主体是指税收法律关系中负有缴纳（或扣缴）税款义务的当事人。纳税主体按照《税收征收管理法》等税法的规定，亦有广义和狭义之分。狭义的纳税主体仅指纳税人，亦即税法规定直接负有纳税义务的单位和个人，具体包括全民所有制企业、集体所有制企业、私营企业、联营企业、股份制企业、外商投资企业、外国企业、行政事业单位、城乡个体工商户以及中国公民和外国公民等。而广义的纳税主体除了纳税人之外，尚包括扣缴义务人、纳税担保人及其代理人等。

（二）税收法律关系的内容

税收法律关系的内容是指征纳双方在税收法律关系中所享有的权利（力）和承担的义务。税收法律关系的内容，反映了税收法律关系的实质。从内容上看，税收法律关系的内容包括征税主体的权利（力）义务和纳税主体的权利义务，并且征税主体的权利（力）与纳税主体的义务、征税主体的义务与纳税主体的权利往往是相互对应的。

1. 征税主体的权利（力）和义务

（1）征税主体的权利（力）主要有：1）税务管理权，包括税务登记管理权、账簿凭证管理权和纳税申报管理权等；2）税款征收管理权，包括税款核定权、调整权，减免税批准权，采取税收保全措施、强制执行措施权，税款追征权，税收代位权、撤销权等；3）税务检查权；4）税务违法行为的处罚权、执行权，税务争议复议决定权。

（2）征税主体的义务主要有：1）提供纳税服务的义务。2）依法征税的义务。包括：第一，不得违反税法的规定开征、停征或少征税款等；第二，依法办理减税、免税及退税手续；第三，对不负有代扣、代收税款义务的单位和个人不得要求其履行代扣、代收税款义务；第四，征收税款时，必须给纳税人开具完税凭证。3）依法进行税务检查的义务。4）回避的义务。5）保守纳税人秘密的义务。6）税务机关罚款必须开付收据的义务。7）税务机关应当为检举人保密，并按照规定给予奖励的义务。

2. 纳税主体的权利和义务

（1）纳税主体的权利主要有：1）税收减免请求权；2）延期申报权；3）延期纳税权；4）税收知情权；5）税收秘密权；6）控告、检举权；7）要求回避权；8）取得凭证权；9）退税请求权；10）陈述申辩权；11）税收救济权，包括提起行政复议、行政诉讼、请求国家赔偿等权利。

（2）纳税主体的义务主要有：1）按规定办理税务登记；2）按规定的期限和手续办理纳税申报；3）按期报送纳税申报表、财务会计表以及税务机关要求报送的其他纳税资料；4）按规定的期限保管账簿、记账凭证、完税凭证及其他有关资料，不得伪造、变造或擅自损毁；5）依法缴纳税款；6）接受税务机关依法进行的税务检查，如实反映情况并提供有关资料，不得拒绝、隐瞒。

（三）税收法律关系的客体

税收法律关系的客体是指税收法律关系主体的权利和义务共同指向的对象。税收法律关系的客体是税收法律关系产生的前提、存在的载体，同时也是税收权利（力）和义务联系的中介。税收法律关系的客体包括物和行为两大类。物是指税收法律规范所保护的物，即纳税主体向国家缴纳的货币和实物，通常称为税款；行为是税收法律关系的参加者作出的特定行为，如税收征收管理行为、应纳税的营业行为、纳税登记、纳税申报、缴纳税款等。

三、税收法律关系的保护

税收法律关系的保护，是指严格监督税收法律关系主体正确行使税收权利（力）和切实履行税收义务。对税收法律关系的保护方法，包括税收管理、税收监督、税务处罚、税务行政复议和诉讼等。

四、税收法律关系的性质①

税收关系受到税法调整，就在税法主体之间产生了税收权利与税收义务关系。这种权利义务关系即为税收法律关系。但在税收法律关系的性质上，历史上曾经历了“权力关系说”与“债务关系说”的争论，这场争论对税法理论的发展与税收立法实践都产生了重大的影响。

（一）税收权力关系说

这是以德国著名行政法学家奥特·麦雅（Otto Mayer）为代表的传统学说。该学说把税收法律关系理解为国民对国家课税权的服从关系，在这种关系中，国家以其优越的权力意志主体出现②，并以此为由认为税收法律关系是典型的权力关系的例证。依据该观点，税收的课征原则上可以通过所谓“查定处分”这一行政行为而进行。并且，查定处分是纳

---

① 参见［日］金子宏著：《日本税法原理》，18～24页，北京，中国财政经济出版社，1989。

② 奥特·麦雅在1914年描述国家的时候称：“人们为国家作巨大牺牲……乃为全民族之整个历史之未来发展，此一整体乃个人被赋予完成者。”从而将国家视为超越个人意志的“巨灵”。转引自葛克昌：《平等与适法原则——财税改革之法律基础初论》，载《财税研究》（台北），1990（5）。

税义务的创设行为，而不仅仅是纳税义务内容的确定行为。因此，在税法中，当出现了满足法律确定的抽象要素（课税要素）时，也并不立即产生纳税义务，而是要通过查定处分这一行政行为的行使才产生纳税义务。故此，在税收领域中，国家课税权的行使以税收法规—课税处分—滞纳处分—税务罚则的模式进行，整个税收法律关系就是以课税处分为中心所构成的权力服从关系。以此为依据的逻辑结论就是：税法与其他行政法学的各学科在性质上并无差异，税法只能构成特别行政法的一种，其构成独立部门法的理论必然性并不存在。这种观点与19世纪末期德国社会政策学派①的税收观是一脉相承的，与当时德国特定的历史背景及与此相适应的国家观念也是相吻合的。

（二）税收债务关系说

税收债务关系说是以1919年德国《税收通则法》的制定为契机，根据德国法学家阿尔巴特·亨塞尔（Albert Hensel）的主张而形成的学说。该学说将税收法律关系定性为国家对纳税人请求履行税收债务的关系，国家和纳税人之间的关系是法律上的债权人和债务人之间的对应关系，即是一种公法上的债务关系。这一见解是在课税权被严格限制在法律规定的范围内，税收法律关系中权力的要素正在退居幕后这一认识的背景下产生的。作为实定法的根据，德国《税收通则法》规定，纳税义务不依课税处分而成立，而以满足课税要素而成立。这实际上就是采纳了税收债务关系的理论。

实质上，上述两种观点的分歧是因看待税收法律关系这一复杂关系的角度不同而造成的。权力关系说侧重于从税收的课赋和征收程序来论述问题，而债务关系说则着眼于纳税人对国家的税收债务来论述问题。但如仅从上述任何一个角度来论述税收法律关系的性质，所得出的结论实际上都只能是片面的、不完整的。因为，从税收法律关系的内容来看，税收经济关系（税收资财所有权的无偿转移关系），也即国家对纳税人请求所谓税收这一金钱给付的关系是最实质的、本体性的，税收的征收管理程序关系、有关征纳的监督保障关系都是为这一关系服务的，或者说是围绕这一关系而展开的。因此，把税收法律关系定性为以公法上的债务关系为中心的法律关系是较为妥当的。它对税法理论的研究、税法体系的建设和国家的税收立法都有重要的影响，并因此使税法从行政法中分离出来成为一个相对独立的综合法律部门成为可能。

不过，应当特别注意的是，以税收债务关系为中心的法律关系的论点，并不排斥在某些具体的税收法律关系的认定上，承认其行政法律关系的性质。事实上，税收的征收管理程序关系、税收行政复议关系、税收行政诉讼关系等都是比较典型的行政法律关系。同时，税收债务关系，作为一种公法上的债权、债务关系，也必须关注其与私法上债务关系的种种不同之处。表现在：

（1）税收债务是法定债务，而不是私法上的债务，其债务内容不能如私法之债那样依当事人的意志而自由确定，必须依法进行。

（2）在现行法的结构中，税收法律关系是公法上的法律关系，因它而产生的法律诉讼全部作为行政诉讼，适用行政诉讼法。

---

① 该学派的代表人物瓦格纳当时就把税收视为个人对国家的一种义务。国家为了实现其职能，必须强制征收税收，税收具有强制性和无偿性，纳税是个人的被动义务。

（3）税收作为满足公共需要的手段，不仅具有很强的公益性，而且税收的课赋与征收还必须公平地进行。作为这一特性的反映，税收债权人——国家拥有私法债权人所没有的种种特权。其结果，在税收法律关系中，作为债权人的国家具有优越性，在这种优越性的范围内，税收法律关系表现为不对等的关系，具体表现为税务机关有税收调整权、核定权、质问检查权、自力执行权、税收优先权等。这些权力的法律确认，目的在于确保税收的征收及保持纳税人之间的相互公平。但是，对于这些特权，其范围必须限于法律的明文规定，绝不允许在解释上对其范围加以任意的扩大。

第五节　税法的基本原则

一、税法基本原则的含义及确定标准

（一）税法基本原则的概念

税法的基本原则，是指贯穿于全部税收法律规范、在税收关系的调整中具有普遍价值的、任何税收活动都必须遵循和贯彻的根本准则或标准。它是税法本质、内容和价值目标的最集中的表现，是税收立法的基础、税法解释和适用的依据，是税法发挥作用的根本保证，对税收立法、执法、守法和司法活动具有普遍意义和指导作用。

（二）税法基本原则的确定标准

税法基本原则的确定标准有以下四个方面：

1. 税法基本原则应体现特定社会时期的税收原则

税法是税收关系的法律反映，它是税收经济（实体）关系、税收征纳（程序）关系和税收监督保障关系通过人们有意识的活动在法律领域的折射。而税收关系作为“公权力”（政治权力）干预社会经济生活所产生的结果，它是一种相当复杂的社会关系——既非纯粹的物质关系（经济关系），也非纯粹的思想关系（上层建筑关系），而是物质利益关系和思想意识关系的混合体。因此，调整特定时期税收关系的税法规范不仅要受一定社会经济环境条件的制约，而且深受该条件下居于统治地位的税收思想、税收原则的影响。因此，税法的基本原则既要反映该税法所处的特定社会经济条件，也要体现这一时期主流税收理论、税收原则的要求。换言之，税法基本原则首要的确定标准是特定社会的经济、政治、历史环境条件及因此而体现出来的税收原则。故此，不同社会、不同的历史时期，税法的基本原则是不同的，是在变化发展的，不存在“放之四海而皆准”的税法基本原则。

2. 税法基本原则应源于税收原则而又有别于税收原则

如同税法并不总是被动、机械地反映税收关系一样，税法的基本原则也不能简单地等同于税收原则。它源于税收原则，但又应高于、有别于税收原则。这是因为，税法调整、规范税收关系，除了应反映社会物质生活条件的需要外，还应有法自身的价值标准、自身

的价值取向（目标），如法的正义、合目的性及法的安定性[①]等。作为税法根本准则的基本原则，当然更应反映法的这些自身价值。这是税法基本原则的第二个确定标准——源于税收原则而又有别于税收原则。

根据这一标准，我们虽然可以说“确保财政收入原则”是税收原则首要的原则，但不能说它是税法的首要的基本原则。否则，就有可能使课征税收的“公权力”因缺乏制约而致滥用。税收的原则在保障收入，而税法的基本原则在现代民主法治国家是“税收法定原则”，其实质在确保“经济个体”的财产自由权，防止课税“公权力”的滥用。目前，我国税法的不少教材未对税收原则和税法基本原则加以区分，这种做法，无论在税法理论，还是在税收实践中都是极为有害的。

3. 税法基本原则应是贯穿于全部税法规范并具有普遍意义和指导作用的原则

税法基本原则应该是贯穿于全部税收法律、法规等规范性文件当中，并在税收关系的调整中具有普遍价值的、任何税收活动都必须遵循和贯彻的根本法则或标准。它应对税收立法、执法、守法和司法活动等都具有普遍意义和指导作用。如果仅存在于某一部税法或某一类税法中，或仅对某一方面的税收活动发生作用的原则，则不能称之为“税法的基本原则”。据此，我们不得将单纯的税法立法原则、税法适用原则等同于税法的基本原则，也不得将单一税种如增值税的“中立性课税原则”上升为税法的基本原则。

4. 确定税法的基本原则必须以宪法为标准和依据

宪法是国家的根本大法，是国家的总章程，具有最高法律效力。宪法中关于国家根本政治制度、社会制度的规定，关于国家生活基本原则（如人民主权原则、基本人权原则、法治原则、“三权分立”原则或“议行合一”原则）的规定，是确立一切法律部门原则的依据。对于税法这一部门法来讲，也不例外，税法的基本原则更须直接到宪法中去寻找。因为税法调整对象——税收关系的实质是国家权力（公权力）对“个体”经济生活的直接干预，对人民的基本权利影响非常巨大，非有宪法的根据不得行使。

二、税法基本原则的内容

关于税法的基本原则，国外学者有不同的表述。如日本学者金子宏主张“三原则说”

---

① 关于法的“正义”，学者们有许多观点。古希腊学者柏拉图在其晚年著作《法律论》中认为：正义是国家和法的最高原则，分为国家正义和个人正义，国家正义是统治者能够给被统治者（自由民）提供利益，而不替自己打算；个人正义是公民安于自己在国家中的地位，真诚地履行对国家的义务。柏拉图的学生亚里士多德在其名著《政治学》中则将作为“法治核心”的正义（善德）一分为三：一是法律正义，或称一般正义、普遍正义，即个人对于国家应尽其应尽的义务（如纳税义务、服兵役义务）；二是分配正义，即国家对于个人应依其能力，将公的利益、荣誉等加以适当分配，始合乎正义；三是平均正义，即个人与个人间的给付与对待给付应保持均衡，始合乎正义。此论对后世影响很大。日本学者中川一郎在其所著的《税法解释及其适用》第一章中就认为：税收正义乃指课税的合法性及平等性而言，亦即所谓具体的妥当性、合理性。从而对于税收立法上的税收正义的要求，不外为税收须以法律加以详细的规定及课税的平等性须由立法上实现两者而已。关于前者，对于普遍的条款的设定及行政命令的委任，均须于可能的范围内加以阻止。关于后者，无论对于充足财政需要以外的经济政策的、社会政策的课税目的，以至课税平等性的破坏等，均须坚决地加以阻止始可（参见郑玉波著：《民商法问题研究》（第一册），第554页）。笔者认为可导出税收法定原则与税收公平原则（平等性要求）。关于“合目的性”，指适合法律的目的。对于税法而言则指适合构成税法目的的课税领域中人民财产自由权的保障。若将税法目的加以非民主主义的、国库主义的解释时，则税收收入的确保，或充足财政需要的满足，始为合（税法）目的性。法的“安定性”，是指法律需要具有明确、单一的意义，内容确定，并且具有可预测性。法的这些价值在“税收法定主义原则”中反映最为明显。

（租税法律主义原则、租税公平主义原则、自主财政主义原则），新井隆一提倡“五原则说”（租税法律主义原则、量能课税原则、正当程序原则、实质课税原则及否认租税规避行为原则），田中二郎主张“两论六原则说”（从形式上看，有租税法律主义及租税恒定主义原则；从实质上看，则有公共性原则、公平负担原则、民主主义原则及确保税收与效率原则）。而在我国税法书籍中关于税法基本原则的表述则更不统一，且多以税收原则为税法的基本原则。根据上述关于税法基本原则的含义及确定标准，笔者认为，在近现代国家，因经济自由（市场化）、政治民主、崇尚法治，税法应有下述五个基本原则。

（一）税收法定原则

税收法定原则又称“税收法律主义”或“税收法定主义”，我国学者一般称之为“税收法定主义”①、“税收法定原则”②，其简明含义是指课征税收必须有法律依据且须严格依法征税和依法纳税。税收法定原则是税法中最为重要的、首要的基本原则，它是民主原则、法治原则等现代宪法原则在税法上的体现，对于保障“经济个体”的财产权利及自由，对于维护国家利益和社会公益具有举足轻重的作用。税收法定原则的内容应包括课税要件法定原则、课税要件明确原则、合法性原则等七个方面的要求。

1. 课税要件法定原则

课税要件，即课税构成要件，是指为成立税收债的关系所必备的实体法条件，亦即确定纳税人的纳税义务的必备条件。一般应包括税收主体（课税权利人及税收债务人）、税收客体、计征标准、税率与归属。由于课税要件直接关系到纳税人的纳税义务是否成立及义务的大小，与“经济个体”的利益和国家（财政）利益休戚相关，因此，它必须由法律加以规定，从而形成税收法定主义中的课税要件法定原则。

课税要件法定原则的内容，包括“法律保留原则”③ 和“法律优位原则”。其要求是：（1）税法类如刑法，是对有关主体的自由和财产权利的重大限制，所以应如“罪刑法定”一样，有关纳税人实体权利义务的课税构成要件必须以法律的形式作出规定，非依法律规定不得课征税收。此即“法律保留原则”。据此原则应严格限制立法机关对行政机关的一般性委任授权立法，并且未经授权的行政机关不得在行政法规中对课税要件作出规定。（2）违反法律规定的行政法规、地方性法规、行政规章等，不具有法律效力，此称“法律优位原则”。④

2. 课税要件明确原则

按照税收法定主义的要求，税收法律中有关课税要件的实体规定，其意义必须明确，避免产生歧义，以防止征税机关滥用“公权力”自由裁量。即有关创设税收权利义务的规范的内容、宗旨、范围等都必须由法律明确规定，从而使纳税人可以预测其税收负担。此即“课税要件明确原则”。

课税要件明确原则，是实现课税要件法定原则的前提条件。如果税收法律中有关课税要

---

① 张守文：《论税收法定主义》，载《法学研究》，1996(6)。

② 刘剑文主编：《财税法教程》，118～119页，北京，法律出版社，1995。

③ 意指立法机关根据宪法规定而保留自己的专属税法立法权力，故西方学者也称之为“议会保留原则”。

④ 本段所谓“法律”仅指狭义的法律，即由立法机关按立法程序制定、通过，并经法定程序公布的法律。在我国指全国人民代表大会及其常务委员会制定通过，并经国家主席颁布的法律。

件的实体规定不甚明确，势必形成对行政机关的一般性、空白性的委任，使其在确定纳税人的实体权利义务时有很大的自由裁量的空间，这显然有悖于课税要件法定原则的宗旨。

但是，课税要件的“明确”并非绝对。有时，为实现税法上的公平、正义，或基于立法技术（防止过于烦琐、复杂）的考虑，在税法中运用若干抽象的、不确定的概念，如“在必要时”、“认为明显偏低时”、“按合理方法调整或核定”等，作为课税构成要件的元素，并不认为违反本原则。只是这些不确定概念也不能太过抽象、空洞，应可依据法律的宗旨和目的明了其实质意义。

3. 合法性原则

税法是强行法、命令法，纳税人一旦满足了税法规定的课税构成要件，征税机关不仅没有减免或不减免税收的自由，更没有擅自征税或不予征税的自由，即必须依据税法征收规定的税额。换言之，征税机关有权力依法征税，也有义务依法征税（或不予征税）。由于合法性原则主要是对征税机关而言的，故又称“依法征税原则”。

4. 手续保障原则

或称“程序保障原则”。税收法定主义的内涵，不仅要求有关税收核定、课征的实体条件须有法律依据，而且要求税收的征收程序也必须具有正当性，此即“实体合法，程序正当”。因为税收的课征是“公权力”的行使，是国家公权力介入“经济个体”的生活领域，所以它必须依适当的程序行使，并且对其课征而发生的纠纷也必须依公正的程序加以解决，以维护征纳双方尤其是纳税人的合法权益。

5. 禁止税收协议原则

税法为强行法、命令法，不允许征税机关和纳税义务人之间进行税额的和解或协议。否则，不但在税收征收过程中会造成不公和滥用职权，而且会因纳税人的不同而产生差异，难以维持课税的公平。因此，尽管税收也是一种债权债务，但它是一种基于税法直接规定所生的法定之债，故民法（私法）上关于税收负担的合意，在税法上不具有法律效力。

6. 禁止类推适用原则

按税收法定主义的要求，对纳税人纳税义务的界定应由税法加以明确规定。故对于税法无明文规定的事项，各征税机关、税务法院不得比附援引类似事项的规定，来设定或加重纳税义务人的税收负担；同时，对于对纳税人有利的恣意的税法的类推适用，也要加以禁止，以维护纳税人之间的公平。此即禁止类推适用原则。

7. 禁止溯及既往原则

税法是为征税目的所制定并强制人民遵循的法律规范，这种规范在没有公布实施前，人民应否纳税及如何纳税都无从推测。故就税法的效力而言，应仅及于其公布实施以后所发生的事项，而不得溯及税法公布实施前已发生的事项，以维护纳税人纳税义务的安定。这是税收法定主义“禁止溯及既往原则”的要求。

但“禁止溯及既往的原则”是否仅为税法的适用原则而非基本原则，在税法理论上存在争论。在税法适用上“禁止溯及既往”已普遍得到认同，但在立法上是否可以制定税法，适用上溯公布之前发生的事项，则颇有争议。有赞同者，也有反对者。依笔者观点，对于过去的事实或交易所产生的纳税义务这一内容，对纳税人有利的变更，其溯及立法应被承认，而对纳税人不利的变更，其溯及立法原则上应不予允许。因为纳税人依据现行的税收法规行事，即信赖于现行法规所作的课税规定进行各种经济活动，如果因为财政收入上的原因而对纳税人作出不利的溯及既往的规定，即会导致纳税人丧失对现行税法的信赖，这对于作为税收法定主义目标的可预测性和法的稳定性极为有害。据此，笔者对我国现行立法如《固定资产投资方向调节税暂行条例》等法规中的溯及既往的规定持保留意见。

税收法定原则的确立，是资产阶级革命限制封建王权的一大胜利，它标志着专制君主滥用税收课征权的没落。其渊源以1215年英国《自由大宪章》确定议会取得对国王征税的否定权为发端，在“不出代议士，即不纳税”的口号下，经1628年的《权利请愿书》到1689年的《权利法案》，确立了所谓“国家的课税权非基于国民代表议会所通过的法律则不得行使”的宪法原则，亦即“税收法定原则”。美国1776年的《独立宣言》也以英国殖民者“非经我们同意，随意向我们征税”作为革命独立的口号。自此以后，18世纪、19世纪以后的资本主义各国无不相继仿效，并以宪法或税收基本法的形式明确规定“税收法定原则”。

知识链接

德国《魏玛宪法》第134条规定：“全体公民必须依据其资力，遵照法律上的规定公平负担赋税。”美国《宪法》第1条第7项规定：“征税法案应由众议院提出，但参议院对之有提议权及修改权，与对其他法案同。”加拿大《宪法》第53条规定：“任何有关动用税入或征税的法案应由众议院先议之。”日本明治23年的《宪法》第21条规定：“日本臣民，有依法律纳税的义务。”日本现行《宪法》第30条规定：“国民依法律的规定负有纳税义务。”第84条规定：“赋税的新课或现行赋税的变更，以依据法律或法律确定的条件为必要。”韩国《宪法》第29条规定：“国民有依法纳税的义务。”西班牙《基本法》第9条规定：“西班牙人民有依其经济能力缴纳租税的义务，除议会制定的法律予以规定者外，任何人不得被迫缴纳其他租税。”法国《宪法》第34条规定：“法律由国会投票决之……包括各种赋税之税源、税率及征收方法，货币发行制度。”巴西《联邦宪法》第141条第34项规定：“除法律规定外，不得征收任何税捐，但关税或为战争征收的税捐不在此限。”南非《联邦宪法》第60条规定：“一、有关赋税金钱与征课的法案，仅能先由众议院提出，但有关罚金及特别罚款不在此限；二、参议院不得变更有关课税、拨款与政府经费之法案；三、参议院不得修改法案，增加人民负担或向人民征收租税。”英国国会成文法第1条规定：“下列公共事业，得由众议院议长指定为财政法案，包括赋税之征收、废止与豁免、变更，但不包括地方政府之赋税在内。”（注：英国宪法为不成文法，或称柔性宪法，无统一法典，其宪法内容一般由自由大宪章、权利请愿书、人身保护法、权利法案、大政革法、国会立法、西敏寺法等构成。）

在我国，宪法未就税收从征税权的角度作正面规定①，而是从公民纳税义务的角度规

① 从征税权的角度作正面规定的最早源流当属法国的《人权宣言》。法国的《人权宣言》第13条规定：“为维持国家的武力以及行政上的各种费用，共同的赋税是不可缺的。此种赋税必须由全体人民依据其能力平均负担。”

定的，但《宪法》第56条的规定："中华人民共和国公民有依照法律纳税的义务"，应可解释为"税收法定原则"的宪法依据。因为依本条规定，公民有依法律纳税的义务，其反面解释即是：非依法律，中国公民有不纳税的权利，（相应）国家征税机关则有不征税的义务。笔者认为，在我国现阶段强调"税收法定原则"具有极为重要的现实意义。表现为：

（1）符合市场经济体制以市场为基础力量优化配置资源的要求。在市场经济体制里，市场力量能否充分发挥其效能，关键在于"经济个体"（企业、公司、个人等）的交易自由、财产权益能否得到切实的保障，平等、自由的竞争机制能否形成，价值规律、供求关系能否真正发挥作用。这就需要对广泛而直接介入"经济个体"生活的税收征课予以规范、限制与约束，即法定。

（2）符合依法治国，建设社会主义法治国家的要求。党的"十五大"提出了建设社会主义法治国家的伟大方略，这昭示了"依法治国，建设社会主义法治国家"时代的到来。依法治国最重要的任务就是要依法行政，而依法行政在税收领域的合理延伸就是依法治税，其实质也即税收法定。

（3）有利于增强国家立法机关的立法使命感、紧迫感，规范中央与地方的税收立法权限，建立和完善我国的税法体系。目前，我国有18个税种，而由国家权力机关经立法程序通过的有关税收的实体税法只有三部①，绝大多数税种还停留在行政法规等层次较低的委任立法上，个别税种甚至是无法之税，税法体系相当脆弱，与课税要件法定原则的要求严重不符。并且，在实行中央与地方分税制后，立法权限的划分也无明确的法律规定。因此需要增强"税收法定"观念，明确税收立法权限的划分，增强立法机关的立法使命感、紧迫感，以建立和完善我国的税法体系。

（4）有利于规范税收征管行政行为，防止税收征管权力的滥用。由于税收立法层次低、委任立法多、税法内容过于抽象，在我国形成了行政机关既立法又执法（征税）、支配税款的现象，行政权力缺乏制约，自由裁量的空间太大，出现滥用税权加重税课，擅自越权减免税、退税，以及协商办税、包税等违法现象，对"经济个体"的基本权利和国家财政利益都带来不利影响，也败坏了政府机关的形象，亟须依据"税收法定原则"加以约束。

（5）有利于在充分保障"经济个体"基本财产自由权的基础上，建立起征纳双方的互信，实现财政充裕的目的。从"税收法定原则"的诞生与创制，我们可以归纳出它的实质，在于对课税权力进行约束，以充分保障公民财产权益与自由，从而发展经济，不干扰或尽量少干扰经济资源的自由配置，建立起征纳双方的互信，最终实现财政收入的目的。

（二）税收公平原则

税收公平原则在税法领域的最简明含义就是要对所有的纳税主体"一视同仁"，因此要求在税法制定上应使国家税收在一国负有纳税义务的主体之间公平分配，使所有的纳税主体按其实质负担税收能力，负担其应负的税收。同时，在各种税收法律关系的处理中，各纳税主体的法律地位必须平等，受到平等的对待。

---

① 即《车船税法》、《个人所得税法》、《企业所得税法》。另外还有一部程序税法《税收征收管理法》。

首先，在制定税法、选择税源、确定纳税主体的范围的时候，必须注意课税的普遍性，而不应因地域或者纳税主体的身份的不同而有所差别。但有时绝对的一视同仁反而不能实现真正的公平，需要有少许的例外。税收立法上的例外多表现为税法中对特定纳税主体的减免优惠条款。但此类减免优惠条款应力求合理，除非有非常充足的理由，否则，随意增加减免税规定，则公平负担就很难在纳税主体之间实现。

其次，在制定税法、分配税收负担于纳税主体方面，应力求公平。关于税收负担的公平，一般有纵向公平与横向公平两种看法。前者认为税收负担能力不同的人，必须负担数额不同的税收，即应以不同的课税标准对待税收负担能力不同的人；后者认为税收负担能力相同的人，则应纳同额的税，亦即应以同等的课税标准对待税收负担能力相同的人。所谓“等者等之，不等者不等之”。故又有人称之为量能负担原则。同时，公平原则还表明，凡无税收负担能力的人，就不应让其负担税收。税收负担的公平分配是宪法平等原则在税法上的具体化。其精髓在于它不仅要求法律上形式平等的实现，而且更加强调实质平等的贯彻。

知识链接

衡量税收负担的分配是否公平？主要有两个原则：一是受益原则，即根据纳税主体从政府提供的公共物品中受益的多少来判断其应纳税的多少和税负公平与否，受益多者即应多纳税，受益少者则少纳税。但这一原则仅对少数税种的课税适用。二是能力原则，即根据纳税主体的税收负担能力的强弱来判断其应纳税额的多少和税负公平与否，税收负担能力强的人即应多纳税，税收负担能力弱的人则少纳税。这是20世纪以后，越来越为人们所接受的原则。而如何衡量纳税主体的税收负担能力，又有以纳税主体财富多少为测度的“客观说”和以纳税主体因纳税而产生的牺牲感的强弱为测度的“主观说”之分。不过，多数学者更倾向于以所得或财产等财富的多寡为标准的“客观说”，亦即以纳税主体的经济能力来衡量其税收负担能力。

最后，在税法的实施过程中，在税收的征收管理、税收行政复议与税务行政诉讼方面，各国家机关尤其是税收征管机关对纳税主体在权利的保护与义务的界定方面，应严格依法律予以平等对待，而不应有歧视和差别。

（三）税收效率原则

税收效率原则的一般含义是指国家制定和执行税法进行课税，应力求以最小的税收成本获得最大的税收收入，并利用税收的经济调控作用最大限度地促进经济的发展，或者最大限度地减轻课税对经济发展的妨碍。税收效率原则包括税收的行政效率原则和税收的经济效率原则两个方面。

1. 税收的行政效率原则

税收的行政效率原则是指国家课税应以最小的税收成本获得最大的税收收入，以使税收的名义收入与实际收入的差额最小。在这里，税收成本是指在税收征纳过程中所产生的各种费用，通常分为征税费用和纳税费用两大类。征税费用是指征税部门在征税过程中所产生的各种费用，如税务机关的办公费用及工作人员的工薪支出等。征税费用与所征税额的占比即为征税效率。一般认为，征税效率的高低和税务人员的素质及工作表现密切相关，而且与不同的税种及其制度设计也有很大的关系。纳税费用是指纳税人办理纳税事务所产生的各种费用，包括税务代理费，税务咨询费，申报纳税的时间费用、交通费用等，为逃税、避税而花费的时间、精力、交际费，以及因征税而使纳税人忧虑不安而付出的心理费用。这些费用实际上很难计算，所以，又被称为税收隐蔽费用。正因为难以计算，因此，人们考察税收行政效率更多的是关注税收的征税费用。

要提高税收行政效率，就应尽量减少上述各项征纳费用，降低税收成本。为此，应尽可能科学、简明地制定税法，简化税制和征纳手续，增强税法税制的透明度，建立现代化的征管体系，提高征管人员的素质，从而实现便民利课、征纳费用最省。

2. 税收的经济效率原则

税收的经济效率原则是指国家课税应通过制定税法、优化税制，尽可能地减少征税对社会经济运行的不良影响，或者最大限度地促进社会经济的良性发展。但在具体如何运用这一原则时，处在不同历史时期和不同经济体制背景下的学者有着明显不同的看法。

在市场经济发展较好的社会或者市场运行平稳时期，市场维护论者心目中的效率原则完全被理解为税收中性的同义语。其基本含义是：国家课税时除了使人民因纳税而发生负担以外，最好不要再使人民遭受其他额外负担或经济损失。据此原则，一个良好的税法制度应当对个人的生产和消费决策均无影响，亦即在经济方面不会扭曲对资源的配置。而在市场经济发展不充分的社会或者市场运行波动时期，宏观调控论者（或市场缺陷论者）则强调国家课税应充分发挥税收的“非中性”作用①，以扭曲对扭曲，进行资源的优化配置，弥补市场失灵的缺陷，促进社会的稳定和经济的发展。

综上所述，在税法领域贯彻税收经济效率原则，实即要求各国税法制度的制定者应根据本国的国情、本国经济发展的不同阶段乃至于具体税种税法性质的不同，采取灵活机动的办法，或中性，或非中性，或同时中性和非中性，因地、因时、因税种制定不同的税法制度，借以调控宏观经济，实现资源的优化配置与国家整体经济效率的提高。

（四）税收社会政策原则

税收的社会政策原则，是指税法是国家用以推行各种社会政策，尤其是经济政策的最重要的基本手段之一，它是税收职能的发展、税收的政策性在法律上的必然反映。

税法之所以能够成为贯彻国家社会政策的最基本的手段之一，主要原因有二：一是税法调整对象的经济性，因税收的经济性，通过其经济诱因（税收优惠规定）与经济抑制（税收重课措施）作用，可以比采取其他手段更加顺利、更加有效地引导人们朝着国家鼓励的方向发展，抑制限制的行为发生；二是将有关奖抑政策以税法的形式规定下来，借助于税法的技术性手段与结构，通过税法的实施，可以使国家社会政策的推行更具有普适性、规范性、稳定性、透明性、针对性与公平性。

正因为这样一些原因，当资本主义由自由资本主义步入垄断阶段以后，当社会要求国

① 在各国税法中普遍存在的税收优惠措施与税收重课措施，特别是专门制定的税收特别措施法都体现了这一理论的要求。

家提供更多的服务与职能的时候，税收与税法的政策性作用才越来越被重视和自觉运用，税收也不再仅仅被当作国家筹集财政收入的工具，而且被广泛用来充当实现经济政策、社会政策、教育政策、文化政策、环境保护政策等的手段，从而使税收政策原则成为税法的基本原则。

不过，在制定税法、贯彻税收社会政策原则的同时，应着力处理好两个方面的问题：一是要防止片面夸大税收的政策性作用，步入税收万能的泥潭；二是要处理好税收社会政策原则与税收公平原则的关系，使税收的政策性与税收的公平性能够尽可能协调。

（五）实质课税原则

税法的规定，在于掌握人民的纳税能力，所注重的是足以代表纳税人纳税能力的经济事实，而不是其外观的法律行为形式。因此，在解释和适用税法时，应根据实质的经济事实而非外观的法律行为作出判断，以便按照纳税人的实际纳税能力（经济能力）公平课税。这一原则在日本和我国台湾地区被称为“实质课税原则”，而在德国则被称为“经济的观察方法”。德国《税收调整法》第1条第2项规定：“进行税收法律解释时，必须综合考虑国民思想、税收法律的目的以及经济上的含义和上述诸因素相互关系的发展。”其《税收通则》第42条也规定：“纳税义务人不能藉民法的形式或滥用其形成可能性而规避或减轻税收，如其有滥用情形，仍应依适合其经济上的行为、实事或各相关的法律状态下所应征收的金额予以征收。”即为“经济的观察方法”的法律明文。

日本、韩国税法也有类似的关于实质课税的规定。在我国《税收征管法》第36条规定的税务机关对关联企业不按独立企业往来的行为有权进行纳税调整，实质上是对实质课税原则的运用。

实质课税原则一般适用于违反强行规定与公序良俗的行为、无效的法律行为、虚伪的法律与事实行为、税收规避行为等情况。其在具体运用上多从课税客体和归属（即课税客体与课税主体的关系）两方面加以分析。就课税客体而言，如果课税客体已具体（实质）存在，则不论该客体的存在在形式上是否合法，都应对其课税；课税与否与课税客体是否合法存在并无关联。就归属而言，如果真实课税主体可以辨明，则无论课税客体在名义上的纳税义务人是谁，都应以该真实课税主体为纳税义务人。根据该原则，前者，如违章的建筑、无照行医的所得等（灰、黑收入）都应按房产税法、所得税法予以课税，因为房产税法、所得税法是以建筑物、所得为课税客体的，既有建筑物、所得的存在，就属适当的课税客体，就可以而且应当征税。否则，合法建筑物、合法所得尚应纳税，而非法建筑物、非法所得反不纳税，实在有欠公平。至于该建筑是否合法所建、该所得是否合法所得，则在所不问。同时该违章建筑、违法所得亦不得因纳税而主张成为合法建筑、合法所得；其是否合法，最终如何处理，仍应由各相关主管部门依法予以判明。后者，如累进制的工资薪金所得税的计缴，虚列职工人数（或由高工资者的亲友替代分散）以降低累进税负，则无论工资的名义所得者（名义上的纳税人）是谁，都应将其归属于真实的所得者（即真实课税主体）综合计算纳税。

实行实质课税原则的目的，在于实现量能课税，亦即根据纳税人的税收负担能力（经济能力）而确定其应负的税负，防止纳税人借形式的法律行为或滥用其形成的可能性来规避或减轻税收，以确保税收收入的实现。至于该原则的思想根源，如日本著名税法学者金子宏指出：税收是经济的负担，故税收法规的解释，与其重视行为的方式，莫若重视其实质，与其重视法的评价，莫若重视其实现的经济结果①。

不过，实质课税原则的实施，应当予以较为严格的限制，否则就有可能造成对税收法定原则的破坏，失去其与税收法定原则、量能课税原则相辅相成的作用②。我国台湾学者吴金柱认为："实质课税原则的运用必须要有法律形成可能性的滥用，如并无滥用法律形成可能性的情形时，税捐稽征机关即不可恣意引用实质课税原则加以课税，而应视其情况的不同或为反面解释，或按类推适用，甚或依目的性限缩来加以解释或补充法律之不备，切忌恣意引用实质课税原则以破坏租税法定主义。"③ 这实际上是要求偏重于经济解释的实质课税原则的应用，不得超越税法可能的文义，不得以此来规避法律的适用，而应严格限制在纳税人滥用法律、规避税收的可能性的情形之内。

第六节　税法的分类、体系及法律地位

一、税法的分类

税法作为调整税收关系的法律规范的总称，是由多种单行的税收法律、法规和规章组成的综合体。对此，可以按照不同的标准进行分类。

（1）以税收法律关系的主体为标准，税法可以分为国际税法与国内税法。凡调整国家与国家之间的税收关系的法律，如国际税收协定、国际公约中有关税收的条款等，属于国际税法。凡实施于一国主权范围之内，调整国家与自然人、法人和其他组织之间税收关系的法律规范，属于国内税法。

（2）以税法规定的内容为标准，税法可以分为税收实体法（或称实体税法）和税收程序法（或称程序税法）。凡规定税收法律关系主体权利与义务的法律规范为实体税法。凡规定税收征管程序、救济程序、处罚程序的法律规范为程序税法。程序税法是为保证实体税法权利义务的实现而服务的。

（3）以税法的适用范围为标准，税法可以分为普通税法和特别税法。凡对一般的人、一般的事项在全国范围内普遍适用的税法为普通税法。凡在特定的区域、特定的时间对特定事项、特定人员适用的税法为特别税法。特别税法有优先适用的效力。

（4）以税法规定的征收实体为标准，税法可以分为实物税法和货币税法。凡是规定以实物形式纳税的税法，都属于实物税法，在自给自足自然经济条件下的税法多为实物税

---

① ［日］金子宏：《论租税法律主义》，载日本《税经通讯》；转引自郑玉波：《民商法问题研究》（三），212 页，台北，三民书局，1984。

② 关于两者之间的关系，学者们看法不一，存在税收法定原则优先适用说、实质课税原则优先适用说和折中说，目前折中说渐占上风。折中说认为：税收法定原则与量能课税原则分别是实现税收正义的形式手段和实质手段，税法的解释不应拘泥于个别条文的形式表现，而应合于法律目的与经济意义的解释，因此，实质课税原则可以在税法解释上加以适用，用以填补依据税收法定原则所造成的税法上的欠缺，从而可以防止对于法律规定的固定的、形式的理解而给量能课税造成损害。税收法定原则应以形式课税原则为基础，以实质课税原则为目的和补充。

③ 吴金柱编著：《租税法要论》，22 页，台北，三民书局，1997。

法。凡是规定以货币形式纳税的税法，都属于货币税法，在商品经济较高发展的社会里，税法多为货币税法。

（5）以税法规定的征税对象的计量标准的不同，税法可以分为从价税法和从量税法。凡是规定以征税对象的价值形式（价格）为依据来计算征税额的税法，都属于从价税法。凡是规定以征税对象的重量、面积、容积等为标准来计算应征税额的税法，都属于从量税法。

（6）以各级政府对税收的征收管理和使用权限为标准，税法可以分为中央税法、地方税法、中央和地方共享税法。

（7）以税收负担是否可以转嫁，即是否由纳税人本人直接负担为标准，税法可以分为直接税法和间接税法。凡是由纳税人本人直接承担的，属于对收益额和财产课税的各种税法，如收益税法、财产税法等，都属于直接税法。凡是由纳税人垫缴，然后转嫁给消费者承担的，属于对流转额课税的税法，如增值税法、营业税法、消费税法等，都属于间接税法。

（8）以税法规定的征税对象性质为标准，税法可以分为：1）流转税法，是以商品流转额和非商品的劳务额为征税对象的税法，目前在我国包括增值税法、消费税法、营业税法、关税法、烟叶税法以及证券交易税法。2）收益税法，是以纳税人的所得额或利润额为征税对象的税法，包括企业所得税法、个人所得税法。3）行为税法，包括印花税法、城市维护建设税法。4）财产税法，包括房产税法、契税法、车船税法、车辆购置税法及待立法课征的遗产税法。5）资源税法，包括资源税法、耕地占用税法、土地增值税法、土地使用税法。

自 1994 年税制改革以后，我国形成了以流转税、所得税为主体税种，以财产税、资源税、行为税为辅助税种的复合税制体系。

二、税法体系的概念及结构

税法体系是指在税法的基本原则指导下，调整税收关系不同侧面的税收法律规范，分类组合为不同的税法制度，共同实现税法的任务，而形成的相互联结、和谐统一的有机整体。税法的体系取决于税法的调整对象，以及因此而生的税法的分类。

如前所述，税法调整的对象是税收关系，而税收关系是一种非常复杂的社会关系，它是由税收经济关系、税收征纳程序关系和税收监督保障关系构成的复合体。在税收关系中，税收经济关系，即资财无偿从私人转移为国家所有的关系是本体关系，是中心，是出发点，也是归宿点；税收征纳程序关系、税收监督保障关系都是因税收经济关系而衍生的社会关系。

为了保障国家税收的实现及公平课赋于一国的国民，需要以税收实体法的形式（具体以税法典或分税立法的形式），对各具体税种的课税要素加以明确的规定，从而使税收这种无偿转移的经济关系表现为税法上的债权债务关系。换言之，对税收经济关系的法律调整是税收实体法的任务。具体到我国，由于采用分税立法的模式，所以调整税收经济关系的任务是由各税种税法（主要是税收条例）完成的。这些税种税法依调整的征税对象的性质的不同，可以分为流转税法、所得税法、财产税法、资源税法、行为税法五大类。也就是说，我国的税收实体法由这五类税法构成。

由于税法上的债权债务关系是法定的债权债务关系，而非合意的债权债务关系，故其实现不能由当事人意思自治加以完成，而必须通过设定一定的程序，规定税收征纳的方式、手续、期限等，使法定的、抽象的债权债务关系转化为具体的、现实的债权债务关系，一方面确保国家税收的征收（税法实体法上的债权的实现），另一方面维护纳税人（税收债务人）的合法权益。这就体现为税收征纳程序法的规定。换言之，对税收征纳程序关系的法律调整，是税收程序法的任务。在我国则主要体现为税收征收管理法的法律调整。

并且，由于税收的课征主体名义上是国家，其具体活动毕竟有待于特定的机关和人员来完成，为了切实维护纳税人的利益，同时也为了保障国家税收收入的实现，需要建立一种监督保障机制，对于税收征纳关系所涉及的各具体当事人的行为予以规范和调整。这就体现为税收监督保障法的法律调整。传统上的税收监督保障法，侧重于事后的惩处与救济，由税收处罚法和税收救济法构成。前者是对税收违法、犯罪行为追究经济责任、行政责任和刑事责任的法，而后者是对征税机关及其工作人员税务违法行为造成纳税人等合法权益损害予以救助的法，具体又包括税务行政复议法、税务行政诉讼法和税务行政赔偿法。随着税法理论的深入，特别是随着税收在国民收入中的比重增加和民主法治观念的普及，人们越来越认识到对税收征管的监督保障仅仅停留在事后是远远不够的，是不足以维护纳税人合法权益的，应该把这种监督保障机制作进一步的扩展，这就是有关税收管理体制法的法律规定。通过税收管理体制法的规定，将抽象的国家课税权包括税收征收管理权、税收收益权乃至于税收立法权具体化，并将其在一个主权国家的中央与地方之间以及同级政权的立法、行政与具体征税部门之间作出比较明确的划分，实现税权法定，进而真正实现税收法定。

综合上述所论，税法体系的结构如图1—1所示。

- 税法体系
  - 税收实体法
    - 流转税法
    - 所得税法
    - 财产税法
    - 资源税法
    - 行为税法
  - 税收程序法
  - 税收监督保障法
    - 税收管理体制法
    - 税收处罚法
    - 税收救济法
      - 税务行政复议法
      - 税务行政诉讼法
      - 税务行政赔偿法

图1—1　税法体系结构图

三、税法的地位及税法与其他法律部门的关系

（一）税法的地位

税法的地位，是指税法在法律体系中是否具有不可替代的独立存在的价值和理由。而

这一点，取决于它是否能够成为一个相对独立的法律部门，以及它与其他法律部门之间的关系如何。

按法的一般原理，一个国家的法律体系是由多层次的法律部门分类组合而构成的，而法律部门的判断是由其所调整的对象及调整的方法所决定的。

在税法学界，关于税法是一个法律部门没有争议，所争议的是税法究竟是一个完全独立的法律部门，还是一个综合法律部门。从税法调整对象——税收关系的多样性，以及税法调整方法的多样性来看，本书倾向于认为税法是一个综合法律部门。

（二）税法与其他法律部门的关系

由于国家税收的征收涉及面非常广，几乎涉及社会生活的各个层面。因而，以税收关系为调整对象的税法几乎和所有法律部门都有很密切的联系。

1. 税法与宪法的关系

由于宪法是国家的根本大法，是国家活动的总章程，是制定其他一切法律的依据。因而，宪法中关于公民纳税义务的规定、关于国家享有征税权的规定、关于国家税权分配的规定等，构成了制定具体税收法律、法规的基础。与此相适应，各具体税法的内容不得与宪法规定相抵触，税法的执行也不得违反宪法的规定。此外，现代税法精神、税法价值也与宪法精神、宪法价值密切相关。

2. 税法与行政法的关系

税法与行政法的关系非常密切。税收征收管理、税务行政复议、税收行政诉讼、税收行政赔偿的基本原理与基本制度和一般行政法并无二致。以至于有学者认为，税法即行政法的一部分。不过，如前所述，税法的主体应是调整税收经济关系的税收实体法，而税收程序法和税收监督保障法是为税收实体法而服务、奠基的，并且，即使是税收程序法与税收诉讼法也有许多与一般行政程序、诉讼程序不同之处。所以，税法与一般行政法的区别也较为明显。

3. 税法与经济法的关系

主要有两种观点：一种观点认为，税法是经济法的亚部门法，属于经济法中宏观调控法的范畴。这种观点很有代表性。另一种观点认为，税法并不必然构成经济法的组成部分，“然而近年来把税收用作经济政策手段的趋势日益增强……所以，对（税收）规定进行探讨，还必须参考经济法的理论。在这种意义上，经济法和税法并非毫无联系”①。本书认为，从税法调整对象、调整方法的多样性、综合性等特征来看，税法应属经济法的一个子法律部门。

4. 税法与民商法的关系

税法与民商法的关系很特别。两者之间的关系是既密切联系，又明显有别。说其密切联系，是因为：第一，税法的调整通常是建立在民商法调整的基础之上，税法的调整应尊重民商法确立的私人交易规范，不得对私法秩序构成损害。第二，在税收债务关系说被广泛认同的情况下，税法制度，尤其是税收实体法制度很有借鉴民法债法具体制度的必要。第三，民商法制度的构建，诸如信托制度、保险制度、融资租赁制度，也越来越受到税法

① ［日］金子宏著：《日本税法原理》，31页，北京，中国财政经济出版社，1989。

的影响，要充分考虑税法调整的影响。但两者的区别也很明显，税法为公法，民商法为私法。

5. 税法与刑法的关系

税法与刑法分属于不同的法域，其区别是很明显的。但两者都属于公法，都属于侵权性规范，都能够对国民的财产权产生影响，因此两者亦有共同之处。诸如税收法定原则与罪刑法定原则的确立，即是对这种侵权的限制。特别是，由于严重的税收违法行为构成犯罪，因而在形式意义上的税法和刑法中都有关于税收犯罪方面的规定，对涉税犯罪的刑事制裁成为对税收债权保护的重要方式之一。这说明税法与刑法也有很密切的关系。

6. 税法与社会法的关系

税收负担如何在国民中进行分配，这是税法必须面对的重大的课题。而这一问题的解决必须考虑的一点，就是税法的制定应如何回应社会政策的要求。特别是个人所得税法、遗产税法和社会保障税法的制度设计，无不包含了浓厚的社会政策因素。从这一角度看，税法与社会法的关系也非常密切，都是实现社会政策的有力工具。

7. 税法与民事诉讼法的关系

在通常情况下，税法与民事诉讼法联系较少，而与行政诉讼法密切相关。但在税法中引入了若干私法（民法）制度（比如代位权、撤销权制度）以后，一旦发生争议，这些争议因无具体争讼的行政行为可供审查，而要对税收代位权、税收撤销权等是否存在予以确认，这就不能适用行政诉讼法加以处理，而必须采用民事诉讼的方法予以解决。这样一来，税法与民事诉讼法也就发生了关联。

8. 税法与国际法的关系

如前所述，税法可以分为国际税法与国内税法，而国际税法即为国际法的组成部分之一。特别是在经济全球化发展的今天，国际税收协定、国家税收公约、国与国之间的税收合作与协调变得越来越重要。这些协定与公约要更好地发挥作用，必须得到国内税法的配合，有的还要通过修订国内税法加以实现。因此，税法与国际法也有密切关系。

本章小结

本章向读者介绍了有关税收和税法的基本知识，对于一个初学者而言，本章是学习和掌握税法学的钥匙，是准确把握以后各具体税法制度的基础，因而也是全书最为重要的一章。

第一节重点介绍什么是税收，什么是税收关系，什么是税法及其调整对象，阐释了税收的财政性、无偿性、强制性、政策性四大性质，介绍了税收的主要分类，探讨了税法的特征及税法与税收的联系和区别，从而为学习以后各节内容奠定基础。

第二节分析了税法的国际法渊源与国内法渊源的各种表现形式，指出税收法律应该成为我国最主要的税法渊源，以符合税收法定原则的要求。在税法效力方面，详细介绍了税法的对象效力、空间效力与时间效力，指出税法的效力源于税法的渊源，是和制定税法的机关的权威相关联的；明确税法的效力是正确适用税法、严格依法治税所必需的。在税法的时间效力方面，原则上应禁止溯及既往。

第三节阐述了税法构成要素的概念及基本内容。税法的构成要素，简称税法构成，即税收法律规范的内部构成。税收法律规范和其他法律规范一样，也是由条件、行为模式和法律后果这三个部分构成的。一般来说，税法构成要素应包括税法主体、课税客体、税率、纳税环节、纳税期限、纳税地点、税收特别措施、违法处理八个基本要素。

第四节对税收法律关系的概念、内容及性质进行了介绍和探讨，指出税收法律关系除具有任何法律关系所具有的一般特征外，还具有主体的特定性、内容的无偿性与权利义务的法定性等特征，并就税收法律关系究竟为权力关系、债务关系还是两者兼有进行了介绍。

第五节对税法基本原则的含义及确定标准进行了阐释。本书认为，税法的基本原则是指贯穿于全部税收法律规范、在税收关系的调整中具有普遍价值的、任何税收活动都必须遵循和贯彻的根本准则或标准。税法基本原则的确定标准有四个，其一，税法基本原则应体现特定社会时期的税收原则；其二，税法基本原则应源于税收原则而又有别于税收原则；其三，税法基本原则应是贯穿于全部税法规范并具有普遍意义和指导作用的原则；其四，确定税法的基本原则必须以宪法为标准和依据。税法的基本原则具体包括税收法定原则、税收公平原则、税收效率原则、税收社会政策原则、实质课税原则五大原则。

第六节对税法的基本分类、税法体系的概念及结构、税法的地位及税法与其他法律部门的关系进行了全面介绍。通过本节的学习，使初学者对税法的框架体系及其在整个法律体系中的地位有一个基本的认识，进而为以下各章的学习打下基础。

关键概念

税收　税法　从价税　从量税　对人税　地税　国税　价内税　价外税　经常税　临时税　主税　附加税　流转税　收益税　财产税　资源税　行为税　税法主体　课税客体　税率　比例税率　累进税率　全额累进税率　超额累进税率　定额税率　纳税期限

思考题

1. 如何理解税收的概念及性质？
2. 税收有哪些分类？
3. 税法的调整对象有哪些？其特征如何？
4. 如何理解税法与税收的关系？
5. 税法的渊源包括哪些？其效力有哪些方面的内容？
6. 如何理解税法构成要素？其基本构成要素包括哪些内容？
7. 为什么说税率是税法构成要素的核心要素？
8. 如何理解税收法律关系的概念、特征及构成要素？
9. 如何全面理解税收法律关系的性质？
10. 怎样理解税法基本原则的含义？其确定标准是什么？
11. 如何理解税收法定原则？其包括哪些内容？

12. 什么是税收公平原则？
13. 什么是税收效率原则？
14. 什么是税收社会政策原则？
15. 什么是实质课税原则？
16. 税法的分类有哪些？其体系划分如何？
17. 如何理解税法的地位及税法与其他法律部门的关系？

流转税法篇

第二章 增值税法制度

增值税作为在生产、流转环节对法定价值增值额征收的一种流转税，其产生发展至今不过50多年历史。但由于增值税的种种优越性，它现已被世界上170多个国家所采用，并受到越来越多的国家的重视和青睐。在我国，增值税从1979年引进试行，逐步拓展课征范围，现已成为我国税制结构中最为重要的税种。其收入居各税之首，是我国政府特别是中央政府财政收入中最主要的来源。

我国1994年开始实施的增值税属于生产型增值税——对外购的固定资产所包含的进项税金不允许抵扣。但自2004年7月、2007年5月、2008年7月起我国先后分别在东北老工业基地、中部六省26个老工业基地城市、内蒙古东部五盟市及汶川地震中被确定为极重灾区和重灾区的51个县（市、区）范围内进行增值税转型试点——从生产型增值税改为消费型增值税（即对外购的固定资产所包含的进项税金允许在当期一次性抵扣）。而从2009年1月1日起，为彻底避免重复征税、刺激投资、提高产业结构，我国在全国范围内全面改采消费型增值税。

增值税法是调整增值税征纳关系的法律规范的总称。我国现行有关增值税的征收管理依据，主要是1993年12月13日国务院发布、2008年11月5日修订通过的《中华人民共和国增值税暂行条例》和1993年12月25日财政部发布、2011年10月28日第二次修订的《中华人民共和国增值税暂行条例实施细则》。另外，财政部、国家税务总局发布的《关于有进出口经营权的生产企业自营（委托）出口货物实行免抵退税收管理办法的通知》、《关于进一步推进出口货物实行免抵退办法的通知》、《东北地区扩大增值税抵扣范围若干问题的规定》、《中部地区扩大增值税抵扣范围暂行办法》、《内蒙古东部地区扩大增值税抵扣范围暂行办法》、《汶川地震受灾严重地区扩大增值税抵扣范围暂行办法》，国家税务总局制定发布的《增值税专用发票使用规定》、《出口货物退（免）税管理办法》、《关于出口货物退（免）税实行按企业分类管理的通知》、《出口货物退（免）税清算管理办法》、《出口货物退（免）税若干问题的具体规定》、《生产企业出口货物“免、抵、退”税管理操作规程（试行）》、《成品油零售加油站增值税征收管理办法》等规章，也对增值税的征收管理作出了规定。2011 年 11 月 16 日，经国务院批准，我国于 2012 年 1 月 1 日在上海率先实行营业税改征增值税的试点。2013 年 8 月 1 日起，将交通运输业和部分现代服务业“营改增”试点在全国范围内推开。从长远看，营业税最终将被增值税所取代。

重点问题

- 增值税的概念、类型、特点及作用。
- 增值税的征税范围和纳税人。
- 增值税和消费税、关税的关系。
- 增值税与营业税的关系。
- 增值税应纳税额的计算。
- 增值税专用发票的使用和管理。

第一节 增值税法概述

一、增值税的概念及类型

增值税是以法定增值额为征税对象征收的一种税。所谓法定增值额是相对于理论增值额而言的。理论上的增值额是指企业或个人在生产经营过程中新创造的那部分价值，即相当于商品价值（$C+V+M$）扣除在生产过程中消耗的生产资料的转移价值（C）以后的余额（$V+M$），它主要包括工资、利润、利息、租金和其他属于增值性的费用。理论上的增值额，可以从以下两方面加以理解：

（1）就某一生产单位而言，增值额是这个单位的商品销售额或经营收入额扣除为生产该商品或提供该项劳务而购入的非增值项目（包括外购原材料、机器、设备、燃料、动力、包装物和外购低值易耗品）后的余额，大体上相当于该企业活劳动所创造的价值。

（2）就某一商品生产流通全过程而言，一种商品生产、流通各环节的增值额之和，相当于该商品实现消费时的最后销售总值。

法定增值额是指一国税法规定据以计算应纳增值税的增值额，它并不一定总是等同于理论上的增值额。各国在制定税法时，出于财政收入目的或投资奖限政策的考虑，在确定法定增值额时，除对一般性外购生产资料（指非固定资产项目）普遍实行扣除外，对于某一纳税人的外购生产资料中的固定资产的价值扣除，则往往作出不同的立法规定，从而使法定增值额和理论增值额形成差异，并因此而使增值税的征收形成消费型、收入型和生产型增值税三种课征模式。

（1）消费型增值税。指征收增值税时，允许将纳税期内当期购进的固定资产价值从当期的销售额中一次性全部扣除。这样，纳税人用于生产的全部外购生产资料都不在课税之列。就整个社会而言，课税对象实际上只限于消费资料，故被称为消费型增值税。西方发达国家多实行这种增值税。其优点在于鼓励投资，加速设备更新；其缺点是取得的财政收入较少。

（2）收入型增值税。指征收增值税时，只允许在纳税期内扣除固定资产当期的折旧部分。这样，对整个社会来说，课税对象相当于国民收入，故被称为收入型增值税。这种模式在避免重复征税方面不够彻底，对投资有一定的限制作用，但在取得财政收入方面处于中间状态。拉丁美洲一些国家多选择这种模式。

（3）生产型增值税。指征收增值税时，对于外购的固定资产不允许作任何扣除。对整个社会而言，作为增值税的课税对象既包括消费资料也包括生产资料，相当于国民生产总值，故被称为生产型增值税。与前两种模式相比，生产型增值税不利于避免重复征税，但对确保财政收入和限制投资有一定的作用。

我国的增值税过去一直采取生产型增值税。但依据财政部、国家税务总局发布的《东北地区扩大增值税抵扣范围若干问题的规定》（2004 年 9 月 14 日）、《中部地区扩大增值税抵扣范围暂行办法》（2007 年 5 月 11 日）、《内蒙古东部地区扩大增值税抵扣范围暂行办法》（2008 年 7 月 2 日）、《汶川地震受灾严重地区扩大增值税抵扣范围暂行办法》（2008 年 8 月 1 日）的规定，我国自 2004 年 7 月、2007 年 5 月、2008 年 7 月起先后分别在东北老工业基地、中部六省 26 个老工业基地城市、内蒙古东部五盟市及四川、甘肃和陕西三省被确定为极重灾区和重灾区的 51 个县（市、区）范围内进行增值税转型试点及推广工作——从生产型增值税改为消费型增值税。从 2009 年 1 月 1 日起，为彻底避免重复征税、刺激投资、提高产业结构，我国在全国范围内全面改采消费型增值税。

二、增值税的产生和发展

增值税是在传统流转税的基础上发展起来的。传统流转税以商品流转额全额为计税依据，实行多环节征税。这种课税具有征税普遍、及时，收入稳定、可靠，计算简便等特点，适应于社会分工不发达、专业化程度较低的简单商品社会。而随着商品经济的发展，生产的专业化、社会化程度日益提高，社会分工越来越细，商品交易范围的加大和交易环节的增加，传统流转税按交易全额征税的弊端——台阶式重复征税、税上加税；鼓励大而全、小而全企业，不利于专业化分工协作；不利于拓展贸易范围（尤其是国际贸易的发展）等越来越明显。对此，世界各国都在努力寻找解决之道。

早在第一次世界大战后，德国和美国就有人提出增值税的设想，但未被采纳。1936 年，法国曾尝试在工业生产领域的产成品阶段实行一次性课征的“生产税”，替代过去按流转全额“道道征税”的营业税，也未能成功。1948 年，法国对生产税进行改造，将一次课征制改为分段征收，道道扣税，并允许从应纳税额中扣除购进原材料、零部件或半成品价款中的已纳税款，从而使传统流转税有了实质性的进步，开始具有增值税的特征。1954 年，法国又对生产税作了进一步的改进，将扣除范围扩大到生产经营所用的一切投入物，包括购入的固定资产，同时把征收范围延伸到商业批发环节，并改其名为增值税。所以，现在人们一般认为增值税发端于 1954 年的法国。

由于增值税既保留了传统流转税课征普遍、收入稳定和及时等特点，又有效地防止了重复征税、税上加税的现象发生，适应了专业化分工协作和拓展贸易范围等方面的需要，因而普遍受到各国政府的青睐，被许多国家采用。到目前为止，在增值税产生后仅 50 余年间，已有 170 多个国家和地区实行了增值税，还有不少国家也正准备采用该税。

我国于 1979 年引进增值税并开始在重复课税严重的机器机械行业、农机行业和日用机械产品等行业进行试点。在经过几年试点、积累了一定经验的基础上，国务院于 1984 年 9 月 18 日发布了《中华人民共和国增值税条例（草案）》，自同年 10 月 1 日起实行。这标志增值税作为一个独立的税种在我国正式建立。随着社会主义市场经济体制目标的确立，原增值税的实施范围和增值税条例的内容已不能适应新形势发展的需要，迫切需要进行改革。按照 1993 年 12 月 13 日国务院发布的《中华人民共和国增值税暂行条例》和同年 12 月 25 日财政部发布的《中华人民共和国增值税暂行条例实施细则》的规定，我国增值税自 1994 年 1 月 1 日起进行了六个方面的重大改革：

（1）扩大了增值税的征收范围。由改革前的部分生产环节扩大为在整个生产、批发、零售、进口环节以及工业性加工、修理修配环节全面实施增值税，实行普遍调节。

（2）实行价外计税办法。以不含增值税税额的商品价格为计税依据，纳税人从购货方取得的一切收入均应并入销售收入中，计征增值税。

（3）简化合并税率档次。采用 17%的基本税率加一档 13%的低税率模式，并对出口商品实行零税率。

（4）采行扣税法。统一扣除范围，实行凭发票注明税金进行税款抵扣的制度。

（5）将纳税人分为一般纳税人和小规模纳税人。对小规模纳税人实行国际通行的简易征收办法，按销售收入金额与规定的征收率计征增值税。

（6）实行专业化的征管、稽核制度。对增值税一般纳税人进行专门的税务登记，并使用增值税专用发票。

2011 年 11 月 16 日，经国务院批准，财政部、国家税务总局联合印发《营业税改征增值税试点方案》。据此试点方案，两部局又印发了《交通运输业和部分现代服务业营业税改征增值税试点实施办法》、《交通运输业和部分现代服务业营业税改征增值税试点有关事项的规定》和《交通运输业和部分现代服务业营业税改征增值税试点过渡政策的规定》等文件，从 2012 年 1 月 1 日起，在上海交通运输业和部分现代服务业率先开展营业税改征增值税试点。自 2012 年 8 月 1 日起至年底，国务院又扩大营改增试点至北京、天津等 10 个省市（直辖市、计划单列市）。试点地区先在交通运输业、部分现代服务业等生产性服务业开展试点，然后逐步推广至其他行业。2013 年 8 月 1 日起，该试点工作在全国范围内推广。

营业税改征增值税试点的主要税制安排如下：

（1）税率。在现行增值税 17%标准税率和 13%低税率基础上，新增 11%和 6%两档低税率。租赁有形动产等适用 17%税率，交通运输业、建筑业等适用 11%税率，其他部分现代服务业适用 6%税率。

（2）计税方式。交通运输业、建筑业、邮电通信业、现代服务业、文化体育业、销售不动产和转让无形资产，原则上适用增值税一般计税方法。金融保险业和生活性服务业，原则上适用增值税简易计税方法。

（3）计税依据。纳税人计税依据原则上为发生应税交易取得的全部收入。对一些存在大量代收转付或代垫资金的行业，其代收代垫金额可予以合理扣除。

（4）服务贸易进出口。服务贸易进口在国内环节征收增值税，出口实行零税率或免税制度。

将营业税改征增值税，有利于完善税制，消除重复征税；有利于社会专业化分工，促进三次产业融合；有利于降低企业税收成本，增强企业发展能力；有利于优化投资、消费和出口结构，促进国民经济健康协调发展。从长远看，我国的营业税最终将被增值税所取代。

三、我国增值税的立法原则

我国增值税改革的目标是要建立一个对经济活动具有较强适应性的规范化的增值税制度。为此，自 1994 年 1 月 1 日起进行的改革，本着适应发展社会主义市场经济需要，借鉴国际成功经验，结合我国具体国情的基本精神，在改革中遵循了普遍征收原则，中性、简化原则，多环节、多次征原则。

（1）普遍征收原则。普遍征收是规范增值税的基本要求。没有普遍征收，就谈不上增值税的中性和简化，增值税的优越性就得不到充分发挥。我国增值税改革的终极目标是对所有的经营活动都征收增值税，但这在目前难以完全做到。增值税改革的普遍性体现在：1）扩大了征收范围，将所有货物（不动产、无形资产除外，下同）的生产、流通以及加工、修理修配劳务都纳入了增值税的征收范围；2）扩大了纳税人的范围，在中国境内所有从事货物生产、流通以及加工、修理修配劳务的单位和个人，包括外商投资企业和外国企业，都是增值税的纳税义务人。

（2）中性、简化原则。表现在：1）扩大征收范围、简化合并税率档次；2）扩大税基，规范扣除项目，实行价外税；3）统一实行购进扣税法和凭发票注明税款扣税制度；4）对小规模纳税人实行简易征收方法。

（3）多环节、多次征原则。即增值税对商品产制、批发、零售，以及加工、修理修配环节道道征税。

目前，我国有关增值税的征收管理依据主要是 1993 年 12 月 13 日国务院发布、2008 年 11 月 5 日修订通过的《中华人民共和国增值税暂行条例》（以下简称《增值税暂行条例》）和 1993 年 12 月 25 日财政部发布、2011 年 10 月 28 日第二次修订的《中华人民共和国增值税暂行条例实施细则》（以下简称《增值税暂行条例实施细则》）。另外，财政部、国家税务总局发布的《关于有进出口经营权的生产企业自营（委托）出口货物实行免抵退税收管理办法的通知》（1997 年 5 月 21 日）、《关于进一步推进出口货物实行免抵退办法的通知》（2002 年 1 月 23 日）、《东北地区扩大增值税抵扣范围若干问题的规定》（2004 年 9 月 14 日）、《中部地区扩大增值税抵扣范围暂行办法》（2007 年 5 月 11 日）、《内蒙古东部地区扩大增值税抵扣范围暂行办法》（2008 年 7 月 2 日）、《汶川地震受灾严重地区扩大增值税抵扣范围暂行办法》（2008 年 8 月 1 日）、国家税务总局制定发布的《增值税专用发票使用规定》（1993 年 12 月 27 日发布，2006 年 10 月 17 日修订）、《出口货物退（免）税管理办法》（1994 年 2 月 18 日）、《关于出口货物退（免）税实行按企业分类管理的通知》（1998 年 6 月 8 日）、《出口货物退（免）税清算管理办法》（1999 年 1 月 7 日）、《出口货物退（免）税若干问题的具体规定》（1999 年 6 月 21 日）、《生产企业出口货物“免、抵、退”税管理操作规程（试行）》（2002 年 2 月 6 日）、《成品油零售加油站增值税征收管理办法》（2002 年 4 月 2 日）、《增值税一般纳税人资格认定管理办法》（2010 年 3 月 20 日）等规章，也对增值税的征收管理作出了规定。

四、增值税的特点和作用

（一）增值税的特点

增值税和传统流转税相比，具有以下四个方面的突出特点：

（1）增值税只对商品在生产流通过程中的价值增值额征收，具有税不重征的特点，从而彻底避免了传统流转税“道道征税、税上加税”的税负累积现象，使同一售价的商品，不受流转环节多少的影响，始终保持同等的税收含量。这样有利于生产的专业化分工，不会对资源配置产生不利影响，符合市场经济发展的要求。

（2）增值税具有普遍征收的特点。增值税不但可以对制造业征收，而且可以对服务业征收；不但可以在生产环节征收，而且可以延伸到进口、批发、零售诸环节。一切从事生产经营活动并取得经营收入的单位和个人都要缴纳增值税，故有普遍征收的特点。

（3）增值税具有较强的经济适应性。由于增值税避免了传统流转税与商品经济发展不相适应的矛盾，各生产经营单位和商品不会因生产组织形式、商品生产结构的不同和流转环节的多少而发生税负的变化，国家税收也不会因这些方面的变化而受到影响。因此，该税具有较强的经济适应性。

（4）增值税的计算采用购进扣税法，凭进货发票注明税额抵扣税款，并在出口环节实行零税率征收。这样，在出口退税和税收钩稽方面有着传统流转税无法替代的优点。

（二）增值税的作用

增值税的上述特点决定了其在组织财政收入、促进经济发展、拓展对外贸易等方面具有其他税种不可替代的作用：

（1）增值税具有课税中性，不会干扰资源配置。由于增值税只对增值额征税，纳税人的税负不因商品生产结构的改变和流通环节多少的不同而不同，因而课征增值税对纳税人的生产经营决策影响较小，不会扭曲市场资源的配置。

（2）有利于保障财政收入的稳定增长。1）增值税实行普遍征收，税基较为广阔；2）增值税对商品销售和劳务提供征收，其收入能随消费的增长而自然增长；3）增值税收入不受企业生产组织形式、商品生产结构和流转环节变化的影响；4）增值税实行凭发票注明税额抵扣制度，环环相扣，只要发票印制、管理得法，可以有效地防止偷漏税。

（3）有利于国际贸易的开展。由于只对增值额征税，因此避免了重复征税的因素，且出口环节实行零税率。一方面，对出口国家来说可以准确计算退税，可避免退税不尽或退税过多的现象发生，有利于商品出口；另一方面，对于进口国家来说，可对进口商品足额征税，使其与本国商品负担同等的税收，便于保护本国民族工业的发展。这些都有利于国际贸易的开展。

（4）具有相互钩稽机制，有利于防止偷漏税现象的发生。由于对纳税人的应纳税额实行凭进货发票抵扣税额的办法，据此可以建立起纳税人之间相互钩稽的机制。因为，对增值税来说，只要该商品的最后售价相同，其总体税负就是相同的。因此，上一环节少纳了税，下一环节就要多纳税，而凭发票抵扣可促使购买方向销售者索要发票，从而在买卖双方建立起相互制约关系，税务部门也可以通过发票对纳税人进行交叉审计，防止并及时发现偷漏税。

第二节　增值税法的基本内容

一、增值税的征税范围

按《增值税暂行条例》的规定，我国增值税的征税范围为销售货物，提供加工、修理修配劳务，进口货物等。具体包括：

1. 销售货物

销售货物指有偿转让货物的所有权。这里的“货物”是指有形动产，包括电力、热力和气体在内，不包括不动产和无形资产。销售不动产、转让无形资产不征增值税，而征营业税。

2. 提供加工、修理修配劳务

提供加工、修理修配劳务是指有偿提供加工、修理修配劳务。不包括单位或个体经营者聘用的员工为本单位或雇主提供加工、修理修配劳务。

加工是指受托加工货物，即委托方提供原料及主要材料，受托方按照委托方的要求制造货物并收取加工费的业务；修理修配是指受托方对损伤和丧失功能的货物进行修复，使其恢复原状和功能的业务；有偿是指从购买方取得货币、货物或其他经济利益。

3. 进口货物

4. 视同销售货物的行为

视同销售货物的行为是指单位或个体经营者的下列行为：

（1）将货物交付给他人代销；

（2）销售代销货物；

（3）设有两个以上机构并实行统一核算的纳税人，将货物从一个机构移送其他机构用于销售，但相关机构设在同一县（市）的除外；

（4）将自产或委托加工的货物用于非应税项目、集体福利或个人消费；

（5）将自产、委托加工或购买的货物作为投资，提供给其他单位或个体经营者；

（6）将自产、委托加工或购买的货物分配给股东或投资者，或无偿赠送他人。

5. 混合销售行为

混合销售行为是指一项销售行为既涉及货物又涉及非增值税应税劳务。这里的“非增值税应税劳务”是指属于应缴营业税的交通运输业、建筑业、金融保险业、邮电通信业、文化体育业、娱乐业、服务业税目征收范围的劳务。

混合销售行为由国家税务总局所属征收机关确定。目前，我国对应征增值税的混合销售行为的具体规定有：

（1）除下列（2）的情形外，从事货物生产、批发或零售的企业、企业性单位及个体经营者（包括以从事货物的生产、批发或零售为主，并兼营非增值税应税劳务的企业、企业性单位及个体经营者）所从事的混合销售行为，视为销售货物，征收增值税。其他单位和个人的混合销售行为，视为销售非增值税应税劳务，不征增值税（而征营业税）。

上述以从事货物生产、批发或零售为主，并兼营非增值税应税劳务的企业、企业性单位及个体经营者，是指纳税人的年货物销售额与非增值税应税劳务营业额的合计数中，年货物销售额超过50%，非增值税应税劳务营业额不到50%。

（2）纳税人的下列混合销售行为，应当分别核算货物的销售额和非增值税应税劳务的营业额，并根据其销售货物的销售额计算缴纳增值税，非增值税应税劳务的营业额不缴纳增值税；未分别核算的，由主管税务机关核定其货物的销售额：

1）销售自产货物并同时提供建筑业劳务的行为；

2）财政部、国家税务总局规定的其他情形。

6. 兼营非增值税应税项目

非增值税应税项目是指提供非增值税应税劳务、转让无形资产、销售不动产和不动产在建工程。

纳税人兼营非增值税应税项目的，应分别核算货物或者应税劳务的销售额和非增值税应税项目的营业额；未分别核算的，由主管税务机关核定货物或者应税劳务的销售额。

二、增值税的纳税人

（一）增值税纳税人的一般规定

增值税的纳税人为发生上述应税行为的单位和个人。其中，单位是指企业和行政单位、事业单位、军事单位、社会团体及其他单位；个人是指个体工商户及其他个人。特殊情况下：

（1）单位租赁或承包给其他单位或者个人经营的，以承租人或承包人为纳税人。

（2）报关进口的货物，以其收货人或办理报关手续的单位和个人为纳税人。

（3）代理进口的货物，以海关开具的完税凭证上的纳税人为增值税的纳税人。即凡海关的完税凭证开具给委托方的，对代理方不征增值税；凡海关的完税凭证开具给代理方的，对代理方应按规定征收增值税。

（4）货物期货交易增值税的纳税环节为期货的实物交割环节。交割时采取由期货交易所开具发票的，以期货交易所为纳税人；交割时采取由供货的会员单位直接将发票开给购货会员单位的，以供货的会员单位为纳税人。

（5）非居民（包括非居民企业和非居民个人）在中国境内发生增值税应税行为，在中国境内设立经营机构的，应自行申报缴纳增值税；非居民在中国境内发生增值税应税行为而在境内未设立经营机构的，以代理人为增值税的扣缴义务人；没有代理人的，以发包方、劳务受让方或购买方为扣缴义务人。

（二）一般纳税人与小规模纳税人的划分

我国同其他实行增值税的国家一样，按照纳税人的会计核算是否健全和经营规模的大小为标准，把增值税的纳税人分为一般纳税人和小规模纳税人。

一般纳税人是指年应征增值税销售额（以下简称年应税销售额，包括一个公历年度内的全部应税销售额）超过国务院财政、税务主管部门规定的小规模纳税人标准的纳税人。而小规模纳税人是指经营规模较小、会计核算不健全的纳税人。按现行规定，小规模纳税人的划分标准是：

(1) 从事货物生产或者提供应税劳务的纳税人，以及以从事货物生产或者提供应税劳务为主（是指纳税人的年货物生产或者提供应税劳务的销售额占年应税销售额的比重在50%以上），并兼营货物批发或者零售的纳税人，年应税销售额在 50 万元以下（含本数）的。

(2) 除前（1）规定以外的纳税人，年应税销售额在 80 万元以下（含本数）的。

(3) 年应税销售额超过小规模纳税人标准的其他个人按小规模纳税人纳税；非企业性单位、不经常发生（增值税）应税行为的企业可选择按小规模纳税人纳税。

纳税人应当向主管税务机关申请一般纳税人资格认定，具体认定办法由国务院税务主管部门制定（2009 年 12 月 15 日，国家税务总局第 2 次局务会议通过了《增值税一般纳税人资格认定管理办法》，已于 2010 年 3 月 20 日起施行）。小规模纳税人会计核算健全，能够提供准确税务资料的，也可以向主管税务机关申请一般纳税人资格认定。除国家税务总局另有规定外，纳税人一经认定为一般纳税人后，不得转为小规模纳税人。

一般纳税人按照规定的税率计算纳税，并可凭进货发票进行税款抵扣；小规模纳税人按简易办法计算纳税，即按照销售额和规定的征收率计税，连同销售价款一并向买方收取（不进行税款抵扣），然后上缴税务机关。

三、税率

（一）一般纳税人适用的税率

增值税税率包括：基本税率 17%，低税率 13%，出口适用零税率。就日常征管来看，实际只有前两档税率。税率的具体规定如下：

(1) 基本税率 17%，适用于除实行低税率和零税率以外的所有货物及应税劳务。

(2) 低税率 13%，适用于纳税人销售或进口下列货物：

1) 粮食、食用植物油；

2) 自来水、暖气、冷气、热水、煤气、石油液化气、天然气、沼气、居民用煤炭制品；

3) 图书、报纸、杂志；

4) 饲料、化肥、农药、农机、农膜；

5) 国务院规定的其他货物。

《增值税暂行条例》及其实施细则出台后，国家陆续对一些货物的税率由 17%调整为 13%。主要包括：

1) 农业产品；

2) 经简单加工的粮食制品；

3) 金属矿采选产品和非金属矿采选产品（但原油、人造原油、井矿盐仍按 17%的税率征收增值税）；

4）农用水泵、农用柴油机。

（3）适用零税率的货物是指报关出口的货物，包括：1）报关出境的货物；2）输往海关管理的保税工厂、保税仓库和保税区的货物。但国务院另有规定的货物，如原油、柴油、援外物资和国家禁止出口的货物（目前包括天然牛黄、麝香、铜、铜基合金和白金等）除外。

在此需特别指出的是，零税率和免税是两个迥然不同的概念。免税是指国家对特定纳税人的某一商品或劳务在特定环节（期间）免征全部税款；而零税率的确切含义是指国家在这一环节是要征税的，只是税率非常非常的低，趋近于零，故以零表示，称为零税率。也正因为出口环节实行零税率（即国家征税），所以，按照增值税的一般原理，以前各环节缴纳的增值税税款在出口环节都可以通过税额抵扣，申请出口退税。而对于免税品，除法律另有规定者外，一般是不能进行进项税额抵扣的。也正因为如此，《增值税暂行条例实施细则》规定："纳税人销售货物或者应税劳务适用免税规定的，可以放弃免税，依照条例的规定缴纳增值税。"

（二）小规模纳税人适用征收率

小规模纳税人销售货物或者提供应税劳务，其增值税的征收率按原规定为：小规模商业企业纳税人为4%；小规模生产性企业纳税人为6%。自2009年1月1日起统一规定为3%。

（三）兼营不同税率货物或应税劳务的税率适用

纳税人兼营不同税率的货物或者应税劳务，应当分别核算不同税率货物或者应税劳务的销售额；未分别核算销售额的，从高适用税率。

四、增值税的计算

增值税的计算方法有直接计算法和间接计算法之分。所谓直接计算法是指先直接计算出增值额，再乘以税率，求出应纳增值税的方法。具体运用上又分为加法（将构成增值额的各要素相加）和减法（又称扣额法，以产品销售额扣除法定扣除额后的余额作为增值额）。所谓间接计算法，又叫扣税法，是指并不直接计算增值额，而采用抵扣税款的方法，计算应纳增值税的税额。

目前，我国采用国际上普遍采行的扣税法，在计算纳税人的应纳增值税税额时，可以按照税法规定的范围凭进货发票注明的税额，从当期的销项税额中抵扣购进货物或者应税劳务已缴纳的增值税税额（即进项税额）。其计算公式为：

应纳税额＝当期销项税额－当期进项税额

从计算公式不难看出，增值税的计算取决于当期的销项税额和当期的进项税额两个因素。

（一）销项税额的确定

销项税额是指纳税人销售货物或者提供应税劳务，按照销售额和规定税率计算的增值税税额。该销项税额按照规定在销售额之外一并向购买方收取，其公式为：

销项税额＝销售额×税率

1. 销售额的确定

增值税的应税销售额为纳税人销售货物或者提供应税劳务从购买方收取的全部价款和一切价外费用。

价外费用包括：向购买方收取的手续费、补贴、基金、集资费、返还利润、奖励费、违约金、延期付款利息、包装费、包装物租金、储备费、优质费、运输装卸费、代收款项、代垫款项及其他各种性质的价外收费。凡价外费用，无论其会计制度规定如何核算，均应并入纳税人的销售额计算应纳税额。价外费用不包括以下项目：

（1）向购买方收取的销项税额。

（2）受托加工应征消费税的消费品所代收代缴的消费税。

（3）同时符合承运部门的运费发票开具给购买方和纳税人将该项发票转交给购买方这两个条件的代垫运费。

（4）同时符合以下条件代为收取的政府性基金或行政事业性收费：1）由国务院或者财政部批准设立的政府性基金，由国务院或省级人民政府及其财政、价格主管部门批准设立的行政事业性收费；2）收取时开具省级以上财政部门印制的财政票据；3）所收款项全额上缴财政。

（5）销售货物的同时代办保险等而向购买方收取的保险费，以及向购买方收取的代购买方缴纳的车辆购置税、车辆牌照费。

2. 销售额的计算

（1）销售额以人民币计算。纳税人以外汇结算销售额的，其销售额的人民币折合率可以选择销售额发生的当天或当月 1 日的人民币汇率中间价。纳税人应事先确定折合率，确定后一年内不得变更。

（2）纳税人进口货物，以组成计税价格为计算其应纳增值税的计税依据，公式为：

组成计税价格＝关税完税价格＋关税

如进口属于应征消费税的货物范围的，其组成计税价格还应包括消费税税额，公式为：

组成计税价格＝关税完税价格＋关税＋消费税

（3）一般纳税人销售货物或者提供应税劳务采用销售额和销项税额合并定价的，按以下公式计算销售额：

销售额＝含税销售额÷（1＋税率）

（4）混合销售行为按规定应当征收增值税的，其销售额为货物的销售额与非增值税应税劳务的营业额的合计。

（5）纳税人销售货物或者提供应税劳务的价格明显偏低而无正当理由的，或者视同销售行为而无销售额的，由主管税务机关按下列顺序核定其销售额：

第一，按纳税人最近时期同类货物的平均销售价格确定；

第二，按其他纳税人最近时期同类货物的平均销售价格确定；

第三，按组成计税价格确定，其公式为：

组成计税价格＝成本×（1＋成本利润率）

如该货物属于应征消费税的范围，其组成计税价格还应加上消费税税额。即：

$$组成计税价格=成本\times（1+成本利润率）+消费税税额$$

或

$$组成计税价格=\frac{成本\times（1+成本利润率）}{1-消费税税率}$$

上述公式中的成本，是指销售自产货物的实际生产成本或销售外购货物的实际采购成本；该成本利润率由国家税务总局确定。

（6）对纳税人为销售货物而出租出借包装物收取的押金单独核算的，不并入销售额。但对逾期未收回包装物而不再退还的押金，应并入销售额，按所包装货物的适用税率征税。

（7）对纳税人采取折扣方式销售货物，销售额和折扣额在同一张发票上注明的，可按冲减折扣额后的销售额征收增值税；将折扣额另开发票的，不论在财务上如何处理，在征收增值税时，折扣额不得冲减销售额。

（8）纳税人采取以旧换新方式销售货物，应按新货物的同期销售价格确定销售额（但对金银首饰以旧换新业务，可按销售方实际收取的不含增值税的全部价款征收增值税）；采取还本销售方式销售货物的，不得从销售额中减除还本支出。

（二）进项税额的确定

进项税额是指纳税人购进货物或接受应税劳务时随价所支付或负担的增值税税额。

1. 准予从销项税额中抵扣进项税额的项目

按有关规定，准予从销项税额中抵扣的进项税额，限于下列在增值税扣税凭证上注明的增值税额：

（1）纳税人购进货物或应税劳务，从销售方取得的增值税专用发票上注明的增值税额。

（2）纳税人进口货物，从海关取得的海关进口增值税专用缴款书上注明的增值税额。

（3）购进农产品，除取得增值税专用发票或者海关进口增值税专用缴款书外，按照农产品收购发票或者销售发票上注明的农产品买价和13%的扣除率计算的进项税额。进项税额的计算公式为：

$$进项税额=买价\times扣除率$$

上述所称“买价”，包括纳税人购进农产品在农产品收购发票或者销售发票上注明的价款和按规定缴纳的烟叶税。

（4）购进或销售货物以及在生产经营过程中支付运输费用的，按照运输费用结算单据上注明的运输费用金额和7%的扣除率计算的进项税额。进项税额的计算公式为：

$$进项税额=运输费用金额\times扣除率$$

上述所称“运输费用金额”，是指运输费用结算单据上注明的运输费用（包括铁路临管线及铁路专线运输费用）、建设基金，不包括装卸费、保险费等其他杂费。

（5）混合销售行为依照《增值税暂行条例实施细则》第5条规定应当缴纳增值税的，该混合销售行为所涉及的非增值税应税劳务所用购进货物的进项税额，符合《增值税暂行条例》第8条规定的，准予从销项税额中抵扣。

准予抵扣的项目和扣除率的调整，由国务院决定。

2. 不得从销项税额中抵扣进项税额的项目

下列项目的进项税额按规定不得从销项税额中抵扣：

(1) 纳税人购进货物或者应税劳务取得的增值税扣税凭证不符合法律、行政法规或者国务院税务主管部门有关规定的，其进项税额不得从销项税额中抵扣。

前述所称“增值税扣税凭证”，是指增值税专用发票、海关进口增值税专用缴款书、农产品收购发票和农产品销售发票以及运输费用结算单据。

(2) 用于非增值税应税项目、免征增值税项目、集体福利或者个人消费的购进货物或者应税劳务的进项税额。

此处所称“购进货物”，不包括既用于增值税应税项目（不含免征增值税项目）也用于非增值税应税项目、免征增值税（以下简称免税）项目、集体福利或者个人消费的固定资产。所称“固定资产”，是指使用期限超过12个月的机器、机械、运输工具以及其他与生产经营有关的设备、工具、器具等。所称“非增值税应税项目”，是指提供非增值税应税劳务、转让无形资产、销售不动产和不动产在建工程。

(3) 非正常损失的购进货物及相关的应税劳务的进项税额。

(4) 非正常损失的在产品、产成品所耗用的购进货物或者应税劳务的进项税额。

前列（3）、（4）所称“非正常损失”，是指因管理不善造成被盗、丢失、霉烂变质的损失。

(5) 国务院财政、税务主管部门规定的纳税人自用消费品的进项税额，如纳税人自用的应征消费税的摩托车、汽车、游艇，其进项税额不得从销项税额中抵扣。

(6) 前列第（2）项至第（5）项规定的货物的运输费用和销售免税货物的运输费用计算的进项税额。

(7) 小规模纳税人不得抵扣进项税额。

此外，有下列情形之一者，应按销售额依照增值税税率计算应纳税额，不得抵扣进项税额，也不得使用增值税专用发票：(1) 一般纳税人会计核算不健全，或者不能够提供准确税务资料的；(2) 除《增值税暂行条例实施细则》第29条规定外，纳税人销售额超过小规模纳税人标准，未申请办理一般纳税人认定手续的。

纳税人发生了按规定不允许抵扣而已经抵扣进项税额的行为的，应当将该进项税额从当期发生的进项税额中扣减。无法确定该进项税额的，按当期实际成本计算应扣减的进项税额。

一般纳税人兼营免税项目或非增值税应税劳务而无法划分不得抵扣的进项税额的，按下列公式计算不得抵扣的进项税额：

不得抵扣的进项税额＝当月无法划分的全部进项税额×（当月免税项目销售额、非增值税应税劳务营业额合计÷当月全部销售额、营业额合计）

（三）增值税应纳税额的计算

增值税应纳税额的计算分为以下三种情况：

(1) 一般纳税人销售货物或提供应税劳务，应纳税额为当期销项税额抵扣当期进项税额后的余额。因当期销项税额小于当期进项税额不足抵扣时，其不足的部分可结转下期继续抵扣。计算公式为：

应纳税额＝当期销项税额－当期进项税额

一般纳税人因销售货物退回或者折让而退还给购买方的增值税额，应从发生销售货物退回或者折让当期的销项税额中扣减；因购进货物退出或者折让而收回的增值税额，应从发生购进货物退出或者折让当期的进项税额中扣减。

一般纳税人销售货物或者应税劳务，开具增值税专用发票后，发生销售货物退回或者折让、开票有误等情形，应按国家税务总局的规定开具红字增值税专用发票。未按规定开具红字增值税专用发票的，增值税额不得从销项税额中扣减。

（2）纳税人进口应税货物，按照组成计税价格和规定的增值税税率计算应纳税额。组成计税价格和应纳税额计算公式：

组成计税价格＝关税完税价格＋关税＋消费税

应纳税额＝组成计税价格×税率

（3）小规模纳税人销售货物或者提供应税劳务，按照销售额和规定的征收率，实行简易办法计算应纳税额，不得抵扣进项税额。公式为：

应纳税额＝销售额×征收率

这里的销售额不包括小规模纳税人的应纳税额。对销售货物或提供应税劳务采取销售额和税额合并定价方法的，要计算出不含税的销售额。其计算方法为：

销售额＝含税销售额÷（1＋征收率）

另外，小规模纳税人因销售货物退回或者折让退还给购买方的销售额，应从发生销售货物退回或者折让当期的销售额中扣减。

【例 2—1】

某企业为增值税一般纳税人，2009 年 5 月发生以下业务：

1. 从农业生产者手中收购玉米 40 吨，每吨收购价 3 000 元，共计支付收购价款 120 000元。企业将收购的玉米从收购地直接运往异地的某酒厂生产加工药酒，酒厂在加工过程中代垫辅助材料款 15 000 元。药酒加工完毕，企业收回药酒时取得酒厂开具的增值税专用发票，注明加工费 30 000 元、增值税额 5 100 元，加工的药酒当地无同类产品市场价格。本月内企业将收回的药酒批发售出，取得不含税销售额 260 000 元。另外支付给运输单位的销货运输费用 12 000 元，取得普通发票。

2. 购进货物取得增值税专用发票，注明金额 450 000 元、增值税额 76 500 元；支付给运输单位的购货运输费用 22 500 元，取得普通发票。本月将已验收入库货物的 80%零售，取得含税销售额 585 000 元，另外 20%用作本企业集体福利。

3. 购进原材料取得增值税专用发票，注明金额 160 000 元、增值税额 27 200 元，材料验收入库。本月生产加工一批新产品 450 件，每件成本价 380 元（无同类产品市场价格），全部售给本企业职工，取得不含税销售额 171 000 元。月末盘存发现上月购进的原材料被盗，金额 50 000 元（其中含分摊的运输费用 4 650 元）。

4. 销售使用过的摩托车 4 辆，取得含税销售额 25 440 元。另外，发生逾期押金收入 12 870 元。

设药酒的消费税税率为10%，要求：

(1) 计算业务1中酒厂应代收代缴的消费税。

(2) 计算业务1中应缴纳的增值税。

(3) 计算业务2中应缴纳的增值税。

(4) 计算业务3中应缴纳的增值税。

(5) 计算业务4中应缴纳的增值税。

解析：

本案例涉及的业务比较复杂，其中既有委托加工产品的纳税问题，又有生产企业纳税的问题，既涉及增值税又涉及消费税，要求学生全面了解增值税法和消费税法的相关法律规定。

(1) 业务1中委托加工应税消费品，酒厂应代收代缴的消费税税款：

1) 按增值税法的有关规定，收购免税农产品可以按买价和10%的扣除率计算可抵扣的进项增值税：

购进玉米可抵扣的进项增值税＝120 000×10%＝12 000（元）

故　购进玉米的材料成本＝120 000－120 000×10%＝108 000（元）

2) 按消费税法的规定，受托加工的药酒应由受托方代收代缴消费税；由于该酒厂无同类消费品（药酒）的销售价格，故应按组成计税价格计税。其中，加工费应包括代垫的辅助性材料的费用：

药酒的组成计税价格＝（材料成本＋加工费）÷(1－消费税税率)
＝（108 000＋15 000＋30 000）÷(1－10%)
＝170 000（元）

酒厂应代收代缴药酒的消费税＝组成计税价格×税率
＝170 000×10%
＝17 000（元）

(2) 业务1中该企业本月内发生了销售药酒的行为，依增值税法的规定应当缴纳增值税：

当月销项增值税＝260 000×17%＝44 200（元）

当月可抵扣的进项增值税按增值税法规定包括：运费按运费发票注明金额和7%扣除率计算；加工费按专用发票注明的税额抵扣；购进玉米按购进金额和10%扣除率抵扣。故：

当月进项增值税税额＝12 000×7%＋5 100＋120 000×10%＝17 940（元）

当月应纳增值税＝当期销项税额－当期进项税额
＝44 200－17 940＝26 260（元）

(3) 业务2中该企业应缴纳的增值税：

1) 增值税是价外税，故应将含税销售额换算为不含税的销售额：

销售额＝含税销售额÷（1＋增值税税率）
＝585 000÷（1＋17%）
＝500 000（元）

销项增值税税额＝销售额×税率＝500 000×17%＝85 000（元）

2) 计算可抵扣的进项增值税税额。运费可按7%计算可抵扣的进项税；但外购商品作为本企业福利部分虽然不视同销售，不过其所包含的进项税金与相应运费部分的税金是不能抵扣的，故应在进项中作相应的扣减。

可抵扣进项增值税税金＝（76 500＋22 500×7%）×（1－20%）

＝62 460（元）

3）当期应纳增值税＝85 000－62 460＝22 540（元）

（4）业务 3 中企业应缴纳的增值税：

1）确定销售额。将自产货物出售给企业职工个人消费应视同销售征收增值税，由于是新产品，纳税人无当月或最近时期同类货物的销售价格，也无同类产品市场价格可以参照，故应按组成计税价格计算：

单位组成计税价格＝成本×（1＋成本利润率）＝380×（1＋10%）

＝418（元）

销售额＝单位组成计税价格×数量＝418×450＝188 100（元）

2）计算当期销项税额。

当期销项税额＝销售额×税率＝188 100×17%＝31 977（元）

3）确定当期可抵扣的进项税额。外购已验收入库的货物的进项税额可以抵扣；但被盗货物的进项税额（属于非正常损失）不得抵扣，已经抵扣的应冲减当期进项税额。计算不得抵扣的进项税时，要将被盗货物的进项税与其运费中的进项税分别计算。由于运费是按普通运费发票载明的金额全额（含税）的 7%计算可抵扣的进项税的，故计入成本的运费（即分摊的运输费用 4 650 元）实际上只相当于支付运费全额的 93%，因此，需要注意将计入成本的不含税运费还原为含税运费，再计算被盗物品运费中需要通过进项税转出的进项税。

可抵扣的进项增值税＝27 200－［（50 000－4 650）×17%＋4 650÷（1－7%）×7%］

＝27 200－8 059.5＝19 140.5（元）

4）计算应纳增值税税额。

应纳增值税税额＝当期销项税额－当期进项税额

＝31 977－19 140.5

＝12 836.5（元）

（5）业务 4 中应缴纳的增值税：

纳税人销售自己使用过的摩托车按照 6%的征收率征税；逾期包装物押金收入 12 870 元是含税收入，摩托车销售收入 25 440 元也是含税收入，均需换算为不含税的销售额，按规定税率或者征收率征收增值税。

应纳增值税税额＝逾期包装物押金÷(1＋17%)×17%＋摩托车销售额÷(1＋6%)×6%

＝12 870÷(1＋17%)×17%＋25 440÷(1＋6%)×6%

＝3 310(元)

【例 2—2】

某汽修厂属于小规模纳税人，2000 年 8 月，其修理修配业务收入共计 12 万元，当月购进零配件、工具等共计 3 万元。其应纳增值税为 120 000×6%－30 000×6%＝5 400（元）。请问：该计算是否正确，为什么？

解析：

该计算是错误的。理由如下：

第一，增值税是价外税，计税依据中不包含增值税的税金。而汽修厂是小规模纳税人，其提供修理修配业务取得的收入是含税收入（即应税劳务额与应纳税税额合并收取），需要换算为不含税的价格。

第二，小规模纳税人在计算增值税时，按销售额与 6%的征收率直接计算征收，不得扣除任何进项增值税税额，也不使用增值税专用发票。

所以，汽修厂 8 月份的应纳增值税税额＝120 000÷（1＋6%）×6%≈6 792.45（元）。

其少算的税款＝6 792.45－5 400＝1 392.45（元）。

第三节 增值税的征收管理

一、增值税的起征点与减免规定

（一）起征点

《增值税暂行条例》规定：纳税人销售额未达到国务院财政、税务主管部门规定的增值税起征点的，免征增值税；达到起征点的，依照本条例规定全额计算缴纳增值税。按照财政部 2011 年 10 月 28 日发布、自同年 11 月 1 日起施行的《关于修改〈中华人民共和国增值税暂行条例实施细则〉和〈中华人民共和国营业税暂行条例实施细则〉的决定》的规定：增值税起征点的适用范围仅限于个人，其幅度规定如下：

（1）销售货物的，为月销售额 5 000～20 000 元；

（2）销售应税劳务的，为月销售额 5 000～20 000 元；

（3）按次纳税的，为每次（日）销售额 300～500 元。

前述所称销售额，是指小规模纳税人的销售额，该销售额不包含销售税金。

省、自治区、直辖市财政厅（局）和国家税务局应在规定的幅度内，根据实际情况确定本地区适用的起征点，并报财政部、国家税务总局备案。

（二）减免规定

按有关规定，下列项目免征增值税：

（1）农业（包括种植业、养殖业、林业、牧业、水产业）生产单位和个人销售的自产初级农业产品。

（2）来料加工复出口的货物。

（3）国家鼓励、支持发展的外商投资项目和国内投资项目投资总额内进口的自用设备（国家另有规定者除外）。

（4）利用外国政府贷款和国际金融组织贷款项目进口的设备。

（5）避孕药品和用具。

（6）向社会收购的古旧图书。

（7）国家规定的科研机构和学校，在合理数量范围内，进口国内不能生产的科研和教学用品，直接用于科研或者教学的。

（8）外国政府、国际组织无偿援助的进口物资和设备。

（9）符合国家规定的进口供残疾人专用的物品。

（10）个人（不包括个体经营者）销售自己使用过的物品。

（11）企业生产的黄金、白银。

（12）国有粮食企业销售的政策性粮食和植物油。

（13）军事工业企业、军队和公安、司法等部门所属企业和一般企业生产的规定的军、警用品。

（14）专供残疾人使用的假肢、轮椅、矫形器。

（15）个体残疾劳动者提供的加工和修理修配劳务。

（16）符合国家规定的利用废渣生产的建材产品。

增值税的其他免税、减税项目由国务院规定。

纳税人兼营免税、减税项目的，应当分别核算免税、减税项目的销售额；未分别核算销售额的，不得免税、减税。

纳税人销售货物或者应税劳务适用免税规定的，可以放弃免税，依照《增值税暂行条例》的规定缴纳增值税。放弃免税后，36 个月内不得再申请免税。

二、增值税纳税义务发生时间、纳税地点和纳税期限

增值税由税务机关征收，进口货物的增值税由海关代征。个人携带或邮寄进境自用物品的增值税，连同关税一并计征。增值税纳税义务发生时间、纳税地点和纳税期限规定如下：

（一）纳税义务发生时间

（1）纳税人销售货物或者应税劳务，其增值税纳税义务发生时间为收讫销售款或者取得索取销售款凭据的当天。具体规定如下：

1）采取直接收款方式销售货物，不论货物是否发出，均为收到销售款或者取得索取销售款凭据的当天。

2）采取托收承付和委托银行收款方式销售货物，为发出货物并办妥托收手续的当天。

3）采取赊销和分期收款方式销售货物，为书面合同约定的收款日期的当天，无书面合同的或者书面合同没有约定收款日期的，为货物发出的当天。

4）采取预收货款方式销售货物，为货物发出的当天，但生产销售生产工期超过 12 个月的大型机械设备、船舶、飞机等货物，为收到预收款或者书面合同约定的收款日期的当天。

5）委托其他纳税人代销货物，为收到代销单位的代销清单或者收到全部或者部分货款的当天。未收到代销清单及货款的，为发出代销货物满 180 天的当天。

6）销售应税劳务，为提供劳务同时收讫销售款或者取得索取销售款的凭据的当天。

7）纳税人发生视同销售货物行为，为货物移送的当天。

（2）纳税人进口货物，其增值税纳税义务发生时间为报关进口的当天。

（二）纳税地点

（1）固定业户应当向其机构所在地的主管税务机关申报纳税。总机构和分支机构不在同一县（市）的，应当分别向各自所在地的主管税务机关申报纳税；经国务院财政、税务主管部门或者其授权的财政、税务机关批准，可以由总机构汇总向总机构所在地的主管税务机关申报纳税。

（2）固定业户到外县（市）销售货物或者应税劳务，应当向其机构所在地的主管税务机关申请开具外出经营活动税收管理证明，并向其机构所在地的主管税务机关申报纳税；未开具证明的，应当向销售地或者劳务发生地的主管税务机关申报纳税；未向销售地或者劳务发生地的主管税务机关申报纳税的，由其机构所在地的主管税务机关补征税款。

（3）非固定业户销售货物或者应税劳务，应当向销售地或者劳务发生地的主管税务机关申报纳税；未向销售地或者劳务发生地的主管税务机关申报纳税的，由其机构所在地或者居住地的主管税务机关补征税款。

（4）进口货物，应当向报关地海关申报纳税。

扣缴义务人应当向其机构所在地或者居住地的主管税务机关申报缴纳其扣缴的税款。

（三）纳税期限

增值税的纳税期限分别为 1 日、3 日、5 日、10 日、15 日、1 个月或者 1 个季度（以 1 个季度为纳税期限的规定仅适用于小规模纳税人）。纳税人的具体纳税期限，由主管税务机关根据纳税人应纳税额的大小分别核定；不能按照固定期限纳税的，可以按次纳税。

纳税人以 1 个月或者 1 个季度为 1 个纳税期的，自期满之日起 15 日内申报纳税；以 1 日、3 日、5 日、10 日或者 15 日为 1 个纳税期的，自期满之日起 5 日内预缴税款，于次月 1 日起 15 日内申报纳税并结清上月应纳税款。

扣缴义务人解缴税款的期限，依照前述规定执行。

纳税人进口货物，应当自海关填发海关进口增值税专用缴款书之日起 15 日内缴纳税款。

三、增值税出口退（免）税的管理

出口货物退（免）税是指货物报关出口销售后，将其国内所缴纳的税收（间接税）退还给货物出口企业或对出口企业给予免税的一种制度。在我国，出口货物准予退（免）的税收仅限于已征收的增值税、消费税。

出口产品退（免）税是国际通行的税收规则，一般都是以法定的征税税率确定出口货物的退税率。其目的在于鼓励本国产品出口，以不含税价格进入国际市场，增强产品的竞争能力。1994 年我国实行新税制时，按照规范化的增值税制度，对出口货物增值税实行零税率，即在出口环节对货物按照 13%或 17%的税率全额退税给出口企业。但在执行过程中，由于我国对增值税的征收存在较多的减免优惠规定，加上征管水平有待提高，偷漏税现象较多，所以出口货物增值税的实际税负远远低于法定税率。在这种情况下，如果对出口货物的增值税按法定税率退税，就存在少征多退的问题，造成出口退税规模大幅度增加，超出了国家财政承受能力，同时也致使出口退税难以及时到位。为此，自 1995 年 7 月 1 日起，国务院本着“征多少退多少”的原则，对出口货物根据实际税负情况、进出口情况适时调整出口退税率，从而形成了有中国特色的出口退税制度。

目前，我国办理出口退税的主要依据包括：1994 年 2 月 18 日国家税务总局发布的《出口货物退（免）税管理办法》，1997 年 5 月 21 日财政部、国家税务总局发布的《关于有进出口经营权的生产企业自营（委托）出口货物实行免抵退税收管理办法的通知》，1998 年 6 月 8 日国家税务总局发布的《关于出口货物退（免）税实行按企业分类管理的通知》，1999 年 1 月 7 日国家税务总局发布的《出口货物退（免）税清算管理办法》，1999 年 6 月 21 日国家税务总局发布的《出口货物退（免）税若干问题的具体规定》，2002 年 1 月 23 日财政部、国家税务总局发布的《关于进一步推进出口货物实行免抵退办法的通知》，2002 年 2 月 6 日国家税务总局发布的《生产企业出口货物“免、抵、退”税管理操作规程（试行）》等。

（一）出口货物退（免）税的范围

（1）有出口经营权的企业（以下简称出口企业）出口或代理出口的货物，在报关离境并在财务上作对外销售处理后，除国家明确规定不予退（免）税的货物外，都属于出口退（免）税的范围，可凭有关凭证按月报送税务机关批准退还增值税。

（2）享受出口退税的特准货物。

1）出口企业从小规模纳税人购进并持普通发票的货物出口后，不论是内销还是出口均不得做扣除或退税。但对出口的抽纱、工艺品、香料油、山货、草柳竹藤制品、渔网渔具、松香、五倍子、生漆、鬃尾、山羊板皮、纸制品等 12 种货物，考虑到这些产品出口比重较大及生产、采购的特殊因素，特准予以退税。

2）特定企业的货物特准退还或免征增值税。包括：对外承包工程公司运出境外用于对外承包项目货物；对外承接修理修配业务的企业用于对外修理修配的货物；外轮供应公司、远洋运输供应公司销售给外轮、远洋国轮而收取外汇的货物；利用国际金融组织或者外国政府贷款采取国际招标方式由国内企业中标销售的机电产品、建筑材料；企业在国内采购并运往境外作为在国外投资的货物，都属于特准退增值税的货物。

（3）享受出口免税的货物。包括：来料加工复出口的货物、小规模纳税人出口的货物、1993 年 12 月 31 日以前批准设立的外商投资企业生产出口的货物、军队系统企业出口军需部门调拨的货物，以及出口国家规定的免税货物、国家出口计划内的卷烟和军需品等。

出口享受免税的货物，其耗用的原材料、零部件等支付的进项税额包括准予抵扣的运费所含的进项税额，不能从内销货物的销项税额中抵扣，而应计入产品成本。

（4）不准退（免）税的货物。除经国家批准属于进料加工复出口贸易外，下列出口货物不予退（免）税：1）国家计划外出口原油；2）援外出口物资（自 1999 年 1 月 1 日起，对一般物资援助项下出口货物，仍实行出口不退税政策；对利用中国政府的援外优惠贷款和合作项目基金方式下出口的货物，比照一般贸易出口，实行出口退税政策）；3）国家禁止出口的货物，包括天然牛黄、麝香、铜及铜基合金（电解铜除外）、白金等。

（5）国家指定企业出口原高税率货物（指1994年税制改革前）、贵重货物可以退税，但非指定企业出口原高税率货物和贵重货物不得办理退税。

出口不予退税的货物，应按照出口货物所取得的销售收入征收增值税。计算公式为：

应纳税额＝出口货物销售收入×外汇人民币牌价×规定税率－进项税额

（二）出口货物适用的退税率

出口货物的退税率，是出口货物的实际退税额与退税计税依据的比例。它是出口退税的中心环节，体现着某类货物在一定时期税收的实际征收水平，其高低直接影响和刺激对外贸易活动的开展，刺激和影响国民经济的发展速度，也关系到国家、出口企业的经济利益。

自1994年以来，我国的出口退税率根据形势发展的需要，做了很多次调整，发挥了较好的宏观调控职能，促进了对外贸易活动的开展。

我国对不同税率的货物规定有不同的出口退税率。出口企业应将不同税率的货物分开核算和申报，凡划分不清的，一律从低适用退税率计算退（免）税。

（三）出口货物应退税额的计算

出口货物只有在适用既免税又退税的政策时，才会涉及如何计算应退税额的问题。考虑到各类出口企业对出口货物的会计核算办法不同（如有的企业对出口货物单独核算成本，有的企业对出口货物和内销货物统一核算成本），我国《出口货物退（免）税管理办法》规定了两种出口退税计算办法：一种是“免、抵、退”税办法，主要适用于自营或者委托出口自产货物的生产企业；另一种是“先征后退”办法，主要适用于收购货物出口的外（工）贸企业。

1.“免、抵、退”税的计算方法

按照财政部、国家税务总局发布的《关于进一步推进出口货物实行免抵退税办法的通知》的规定，自2002年度起，生产企业自营或者委托外贸企业代理出口自产货物，除另有规定外，其增值税退税一律实行“免、抵、退”税管理办法。

该通知中所谓生产企业，是指独立核算、经主管税务机关认定为一般增值税纳税人，并且具有实际生产能力的企业和企业集团，比《出口货物退（免）税管理办法》规定的生产企业的范围有明显的扩大。而对增值税的小规模纳税人出口自产货物，继续实行免征增值税办法。生产企业出口自产的属于应征消费税的产品，实行免征消费税的办法。

实行“免、抵、退”税的计算办法中的“免”税，是指对生产企业自营出口或委托外贸企业代理出口的自产货物，免征本企业生产销售环节增值税；“抵”税，是指生产企业自营出口或委托外贸企业代理出口的自产货物所耗用的原材料、零部件、燃料、动力等所含的应予退还的进项税额，抵顶内销货物的应纳税额；“退”税，是指生产企业自营出口或委托外贸企业代理出口的自产货物在当月内应抵顶的进项增值税税额大于应纳的增值税税额而没有抵顶完的时候，经过主管税务机关批准，对没有抵顶完的税额部分予以退税。

具体计算公式为：

（1）当期应纳税额的计算：

$$\text{当期应纳税额}=\text{当期内销货物的销项税额}-\left(\text{当期进项税额}-\text{当期免抵退税不得免征和抵扣的税额}\right)$$

（2）免抵退税额的计算：

$$\text{免抵退税额}=\text{出口货物离岸价}\times\text{外汇人民币牌价}\times\text{出口货物退税率}-\text{免抵退税额抵减额}$$

其中：

1）出口货物离岸价（FOB）以出口发票计算的离岸价为准。出口发票不能如实反映实际离岸价的，企业必须按照实际离岸价向主管税务机关申报，同时主管税务机关有权依照《税收征收管理法》、《增值税暂行条例》等有关规定予以核定。

2）免抵退税额抵减额＝免税购进原材料价格×出口货物退税率。

免税购进原材料包括从国内购进免税原材料和进料加工免税进口料件，其中，进料加工免税进口料件的价格为组成计税价格。公式为：

$$\text{进料加工免税进口料件的组成计税价格}=\text{货物到岸价}+\text{海关实征关税和消费税}$$

（3）当期应退税额和免抵税额的计算：

1）如果当期期末留抵税额≤当期免抵退税额时，则：

当期应退税额＝当期期末留抵税额

当期免抵税额＝当期免抵退税额－当期应退税额

2）如果当期期末留抵税额＞当期免抵退税额时，则：

当期应退税额＝当期免抵退税额

当期免抵税额＝0

当期期末留抵税额根据企业当期《增值税纳税申报表》中“期末留抵税额”确定。

（4）免抵退税不得免征和抵扣税额的计算：

$$\text{当期免抵退税不得免征和抵扣税额}=\text{出口货物离岸价}\times\text{外汇人民币牌价}\times\left(\text{出口货物征税率}-\text{出口货物退税率}\right)-\text{免抵退税不得免征和抵扣税额抵减额}$$

$$\text{免抵退税不得免征和抵扣税额抵减额}=\text{免税购进原材料价格}\times\left(\text{出口货物征税率}-\text{出口货物退税率}\right)$$

【例 2—3】

某自营出口的生产企业为增值税的一般纳税人，出口货物的征税税率为 17%，退税率为 15%。2003 年 4 月的有关业务为：购进一批原材料，取得增值税专用发票注明的价款 200 万元，外购货物准予抵扣的进项税额 34 万元，货已验收入库；上月末留抵税款 6 万元；本月内销货物不含税销售额 100 万元，收款 117 万元存入银行；本月出口货物的销售额折合人民币 200 万元。计算该企业当期的“免、抵、退”税额。

（1）当期免抵退税不得免征和抵扣税额＝出口货物销售额×（出口货物征税率－出口退税率）＝200×（17%－15%）＝4（万元）。

（2）当期应纳税额＝当期内销货物的销项税额×税率－（当期进项税额－当期免抵退

税不得免征和抵扣税额）－上月留抵税款＝100×17%－（34－4）－6＝－19（万元）[①]。

(3) 出口货物免抵退税额＝出口货物销售额×出口货物退税率＝200×15%＝30（万元）。

(4) 按规定，如果当期期末留抵税额（即19万元）≤当期免抵退税额时（30万元），则：当期应退税额＝当期期末留抵税额。即该企业当期应退税额为19万元。

(5) 当期抵免税额＝当期免抵退税额－当期应退税额＝30－19＝11（万元）

【例2—4】

某自营出口的生产企业为增值税一般纳税人，出口货物的征税税率为17%，退税率为15%。2003年5月的有关业务为：购进一批原材料，取得增值税专用发票注明的价款400万元，外购货物准予抵扣的进项税额68万元，货已验收入库；上月末留抵税款7万元；本月内销货物不含税销售额100万元，收款117万元存入银行；本月出口货物的销售额折合人民币200万元。计算该企业当期的“免、抵、退”税额。

(1) 当期免抵退税不得免税和抵扣税额＝出口货物销售额×（出口货物征税率－出口退税率）＝200×（17%－15%）＝4（万元）。

(2) 当期应纳税额＝当期内销货物的销项税额－（当期进项税额－当期免抵退税不得免征和抵扣税额）－上月留抵税款＝100×17%－（68－4）－7＝－54（万元）。

(3) 出口货物免抵退税额＝出口货物销售额×出口货物退税率＝200×15%＝30（万元）。

(4) 按规定，如果当期期末留抵税额（即54万元）＞当期免抵退税额（即30万元）时，则：当期应退税额＝当期免抵退税额，即该企业当期应退税额为30万元。

(5) 当期免抵税额＝当期免抵退税额－当期应退税额＝30－30＝0（万元），即该企业当期免抵税额为0。

故该企业5月末留抵结转下期（6月）继续抵扣的增值税税额为24（54－30）万元。

【例2—5】

某自营出口的生产企业为增值税一般纳税人，出口货物的征税税率为17%，退税率为15%。2003年7月的有关业务为：购进一批原材料，取得增值税专用发票注明的价款200万元，外购货物准予抵扣的进项税额34万元，货已验收入库；当月进料加工免税进口料件的组成计税价格100万元；上月末留抵税款7万元；本月内销货物不含税销售额100万元，收款117万元存入银行；本月出口货物的销售额折合人民币200万元。计算该企业当期的“免、抵、退”税额。

(1) 免抵退税不得免征和抵扣税额抵减额＝免税购进原材料价格（即免税进口料件的组成计税价格）×（出口货物征税率－出口货物退税率）＝100×（17%－15%）＝2（万元）。

---

① 当期应纳税额为“－19万元”，体现在其当期《增值税纳税申报表》中，该19万元即为“期末留抵税额”。

（2）当期免抵退税不得免征和抵扣税额＝出口货物离岸价×外汇人民币牌价×（出口货物征税率－出口货物退税率）－免抵退税不得免征和抵扣税额抵减额＝200×（17%－15%）－2＝2（万元）。

（3）当期应纳税额＝当期内销货物的销项税额－（当期进项税额－当期免抵退税不得免征和抵扣税额）－上月留抵税款＝100×17%－（34－2）－7＝－22（万元）。

（4）免抵退税额抵减额＝免税购进原材料价格×出口货物退税率＝100×15%＝15（万元）。

（5）出口货物免抵退税额＝出口货物价格×出口货物退税率－免抵退税额抵减额＝200×15%－15＝15（万元）。

（6）按规定，如果当期期末留抵税额（即22万元）＞当期免抵退税额（即15万元）时，则：当期应退税额＝当期免抵退税额，即该企业当期应退税额为15万元。

（7）当期免抵税额＝当期免抵退税额－当期应退税额＝15－15＝0（万元），即该企业当期免抵税额为0。

故该企业7月末留抵结转下期（8月）继续抵扣的增值税税额为7（22－15）万元。

2. 出口退税“先征后退”的计算方法

这种方法主要适用于外贸企业，具体分为以下三种情况：

（1）外贸企业及实行外贸企业财务制度的工贸企业从增值税一般纳税人手中收购货物出口的退税规定。

对这些企业收购货物出口，其出口销售环节的增值税免征；其收购货物的成本部分，因外贸企业在支付收购货款的同时也支付了生产经营该类商品的企业已纳的增值税税款（此即相当于对外贸企业先征税），因此，在货物出口后按照收购成本与退税率计算退税退还给外贸企业（即退税），征退税之间的差额计入企业成本。外贸企业出口货物增值税的计税依据依照购进出口货物增值税专用发票上所注明的进项金额和退税率计算。公式为：

应退税额＝外贸收购不含增值税购进金额×退税率

【例2—6】

某进出口公司于2003年5月购进3 000米平纹布出口加拿大，其进货增值税专用发票列明单价30元/米，计税金额75 000元，平纹布的退税率为15%，则其应退税额为：

3 000×30×15%＝13 500（元）

（2）外贸企业收购小规模纳税人货物出口的退税规定。分为以下两种情况：

1）凡从小规模纳税人购进持普通发票特准退税的抽纱、工艺品等12类出口货物，同样实行销售出口货物的收入免税，并退还出口货物进项税额的办法。因为小规模纳税人使用的是普通发票，其销售额和应纳税额没有单独计价，所以必须先将含税价换算为不含税价，然后据以计算出口货物的应退税额。公式为：

$$应退税额=\frac{购进货物取得的普通发票所列含增值税的销售金额}{1+征收率}\times 出口退税率（6\%或5\%）$$

需要注意的是，对出口企业购进小规模纳税人特准的12类货物出口，提供的普通发票应符合《中华人民共和国发票管理办法》的有关使用规定，否则，不予办理退税。

2）凡从小规模纳税人购进税务机关代开的增值税专用发票的出口货物，按照以下公式计算退税：

应退税额＝增值税专用发票注明的金额×出口退税率（6%或5%）

【例2—7】

某进出口公司于2003年3月从某小规模纳税人处购得300套工艺品全部出口，取得普通发票注明金额12 000元，获出口收入折合人民币20 000元；购进另一小规模纳税人500套服装全部出口，取得税务机关代开的增值税专用发票，发票注明金额为10 000元，则其应退税额为：

12 000÷（1＋征收率6%）×退税率6%＋10 000×6%≈1 279.25（元）

（3）外贸企业委托生产企业加工出口货物的退税规定。外贸企业委托生产企业加工收回后报关出口的货物，按照购进国内原辅材料的增值税专用发票上注明的进项金额，依原辅材料的退税率计算原辅材料应退税额。支付的加工费，凭受托方开具货物的退税率计算加工费的应退税额。

【例2—8】

某进出口企业于2003年2月购进布匹委托加工成服装后全部出口，其取得一张布匹增值税发票，注明计税金额20 000元（布匹出口退税率为15%），取得服装加工费的计税金额为4 000元（退税率为17%），则该企业的应退税额为：

20 000×15%＋4 000×17%＝3 680（元）

（四）出口货物退（免）税的管理

出口货物退（免）税的管理主要包括登记管理、出口退税的申报和审批三个方面。

1. 登记管理

（1）凡是经批准有出口经营权的企业，应持商务部及其授权单位批准该企业出口经营权的批件和工商营业执照，于批准之日起30日内向所在地主管退税业务的税务机关办理退税登记证。未办理退税登记证或没有重新认定的出口企业，一律不予办理出口货物退（免）税。出口企业如发生撤并、变更情况，应于批准撤并、变更之日起30日内向所在地主管出口退税业务的税务机关办理注销或变更登记手续。

（2）设置出口退税专职办税员和稽核员。为加强出口货物退（免）税管理，各企业应设专职办税员负责办理本企业的出口退税工作。为防止骗税等问题的发生，保证出口退税及时、准确，各地经贸主管部门、各外贸、工贸专业总公司都必须设立主管出口退税工作的专职稽核员。

2. 出口退税的申报

出口企业应在货物报关出口并在财务上作销售处理后，按月填报《出口货物退（免）税申请表》，并据实填报出口货物的名称、出口货物报关单编号、出口销售数量、销售金额、进项金额、税额、退税税种、税率及退税金额，并提供办理出口退税所必需的购进出口货物的增值税专用发票（税款抵扣联）或普通发票、增值税专用缴款书、出口货物销售明细账、盖有海关验讫章的出口货物报关单（出口退税联）、出口收汇核销单等凭证，先报外经贸部主管部门稽核盖章后，再报主管出口退税的税务机关申请退税。

3. 出口退税的审批

负责审核出口退税的税务机关在接到企业退税申请表后，必须严格按照出口货物退税规定审核无误后，逐级报请负责出口退税审批的税务机关审查批准后，才可填写《收入退还书》，送当地银行（国库）办理退税手续。对一些出口货物，退税机关在审批退税时，必须实施税收函调制度，经调查核实，确认无误后，退税机关方可给予退税。出口货物办理退税手续后，如发生退关、国外退货或转为内销等情形时，企业必须向所在地主管出口退税的税务机关办理申报手续，补交已退（免）的税款。

为了更好地支持出口企业出口创汇，促进我国国民经济的发展，本着既保证出口退税及时、足额到位，又有效防范和打击骗取出口退税违法犯罪行为的原则，国家税务总局于1998年6月8日发布了《关于出口货物退（免）税实行按企业分类管理的通知》，自1998年7月1日起对出口货物退（免）税实行按企业分类管理、简化退税申报凭证的办法。其内容包括：

（1）企业的分类标准及相应管理办法。

各主管出口退税的税务机关应对本地区所辖出口企业（包括外商投资企业）进行分类管理，依据其近年来出口退（免）税的实际情况，将出口企业划分为A、B、C、D四类，并实施不同的管理办法。

1）A类企业须同时具备以下条件：必须是生产船舶、大型成套机电设备等生产周期通常在1年以上产品的具有进出口经营权的生产企业；年创汇额在3 000万美元以上；从未发生过骗税问题；企业拥有一定规模的资产，如发生骗税案件或错退税款问题，可抵押所退（免）税款；企业财务制度健全。

对A类企业实行先预退税后核销的管理办法。A类企业出口的货物，在其退税凭证尚未收集齐全的情况下，可凭出口合同、销售明细账、按季填具《生产企业自营（委托）出口货物免、抵、退税申报表》或《生产企业出口货物退（免）税申报表》申报退（免）税。经审核无误，主管税务机关可据此办理退（免）税的审核、审批手续。待该企业将有关退税凭证收集齐全后，再予逐笔复审（包括凭证审核、电子信息对审）核销已退（免）税款。所退（免）税款在年度终了后，按出口退税清算的规定进行清算，多退（免）税款予以补缴入中央库，少退（免）税款予以补退。

2）B类企业须同时具备以下条件：连续年创汇额在3 000万美元以上（生产企业可放宽为2 000万美元以上）；近3年来未发生过骗税或涉嫌骗税问题；企业拥有一定规模的资产，如发生骗税案件或错退税款问题，可抵押所退（免）税款；企业财务制度健全。

对B类企业实行按简化凭证申报办理退税的管理办法。B类企业出口的货物，在货物报关出口后，可凭出口货物报关单（出口退税专用联）、增值税税收缴款书（出口货物专用）申报退（免）税。其他凭证（即出口收汇核销单、增值税专用发票、出口发票等辅助凭证）可不按月附送，但须装订成册备查。主管出口退税的税务机关经审核（包括凭证审核、电子信息对审）无误，即可办理退（免）税的审批手续。

3）C类企业须同时具备以下条件：近3年来未发生过骗税问题；企业财务制度健全。

对C类企业实行单证齐全方可申报办理退税的管理办法。C类企业出口的货物，在货物报关出口后，须将出口货物报关单（出口退税专用联）、增值税税收缴款书（出口货物专用）、出口收汇核销单、增值税专用发票等退税凭证收集齐全后，方可申报退税。主管出口退税的税务机关在认真审核其退税凭证、电子信息的基础上审批退税。

4）D类企业是指近3年来曾发生过骗税问题的出口企业。

对D类企业实行严格的退税申报、审核、审批管理办法。D类企业出口货物退税的申报审批，除按C类企业办法管理外，主管出口退税的税务机关对其退税申报资料须进行严格审核，经调查核实，在确定出口货物的货款确已直接付给销货方且退税凭证和电子信息真实、齐全、无误的基础上审批退税。

（2）各类企业名单的审定与调整。

A类企业名单由各省、自治区、直辖市和计划单列市国家税务局上报国家税务总局，国家税务总局会商商务部后审批下达。B类、C类、D类企业名单的确定由各省、自治区、直辖市和计划单列市国家税务局会商同级商务厅、局后依据本地实际情况自定。如在一定省、市、自治区范围内符合本通知条件的B类企业不足10户的，可在年出口额3 000万美元以下的企业中选定，补足10户。

出口企业的分类实行一年一审制。每年年度退税清算结束1个月内，各主管出口退税的税务机关应依上年出口退（免）税实际，对出口企业的分类重新进行调整。其中对建议为A类企业的企业名单，由各省、自治区、直辖市和计划单列市国家税务局于当年6月底前上报国家税务总局审批。

（3）骗税的惩罚。

被确定为A类、B类的出口企业，如有从事骗税业务的，一经发现，自动丧失A类、B类企业申报退税的优惠待遇，除立即转为D类企业管理外，主管出口退税的税务机关还要依据现行有关规定对其进行处罚。出口企业一经确定为D类企业，3年内不得转定为A类、B类、C类企业。

四、增值税专用发票的使用和管理

我国对增值税实行国际通行的“扣税法”，即凭进项发票注明税款进行抵扣。现行增值税的扣税凭证包括增值税专用发票、从海关取得的完税凭证、购进免税农产品取得的经主管税务机关批准使用的收购凭证和普通发票、收购废旧物资取得的经主管税务机关批准使用的收购凭证、支付运输费取得的由运输部门和运输单位开具的结算单据（普通发票）。其中，最主要、最重要的扣税凭证是增值税专用发票。

增值税专用发票（以下简称专用发票），是增值税一般纳税人销售货物或者提供应税劳务开具的发票，是购买方支付增值税额并可按照增值税有关规定据以抵扣增值税进项税额的凭证。它不仅是纳税人经济活动中的重要商业凭证，而且是兼记销货方纳税义务和购货方进项税额的合法凭证，对增值税的计算和管理起着决定性的作用。为此，1993 年 12 月 27 日国家税务总局发布了《增值税专用发票使用规定（试行）》，自 1994 年 1 月 1 日起实行。此后，国家税务总局又相继发布了一系列有关增值税专用发票方面的管理规定，如《关于增值税专用发票使用问题的补充通知》（国税发［1994］056 号）、《关于由税务所为小规模企业代开增值税专用发票的通知》（国税发［1994］058 号）、《关于印发〈关于商业零售企业开具增值税专用发票的通告〉的通知》（国税发［1994］081 号）、《关于修改〈国家税务总局关于严格控制增值税专用发票使用范围的通知〉的通知》（国税发［2000］075 号）、《关于加强防伪税控开票系统最高开票限额管理的通知》（国税发明电［2001］57 号）、《关于增值税一般纳税人丢失防伪税控系统开具的增值税专用发票有关税务处理问题的通知》（国税发［2002］010 号）、《关于进一步加强防伪税控开票系统最高开票限额管理的通知》（国税发明电［2002］33 号）等。为适应增值税专用发票管理需要，规范增值税专用发票使用，进一步加强增值税征收管理，国家税务总局对现行的《增值税专用发票使用规定》进行了修订，修订后的《增值税专用发票使用规定》自 2007 年 1 月 1 日起施行，并相应废止了前述系列规定。

《增值税专用发票使用规定》的主要内容包括：

（一）增值税专用发票的使用要求与联次

一般纳税人应通过增值税防伪税控系统（以下简称防伪税控系统）使用专用发票。这里所称的“使用”，包括领购、开具、缴销、认证纸质专用发票及其相应的数据电文。所称“防伪税控系统”，是指经国务院同意推行的、使用专用设备和通用设备、运用数字密码和电子存储技术管理专用发票的计算机管理系统。所称“专用设备”，是指金税卡、IC 卡、读卡器和其他设备。所称“通用设备”，是指计算机、打印机、扫描器具和其他设备。

增值税专用发票由基本联次或者基本联次附加其他联次构成。其中，基本联次为三联：发票联、抵扣联和记账联。发票联，作为购买方核算采购成本和增值税进项税额的记账凭证；抵扣联，作为购买方报送主管税务机关认证和留存备查的凭证；记账联，作为销售方核算销售收入和增值税销项税额的记账凭证。其他联次用途，由一般纳税人自行确定。

（二）增值税专用发票的最高限额管理与初始发行

我国对专用发票实行最高开票限额管理。最高开票限额是指单份专用发票开具的销售额合计数不得达到的上限额度。最高开票限额由一般纳税人申请，税务机关依法审批。最高开票限额为 10 万元及以下的，由区县级税务机关审批；最高开票限额为 100 万元的，由地市级税务机关审批；最高开票限额为1 000万元及以上的，由省级税务机关审批。税务机关审批最高开票限额应进行实地核查。一般纳税人申请最高开票限额时，需填报《最高开票限额申请表》。

增值税防伪税控系统的具体发行工作由区县级税务机关负责。一般纳税人领购专用设备后，凭《最高开票限额申请表》、《发票领购簿》到主管税务机关办理初始发行——即由主管税务机关将一般纳税人的下列信息载入空白金税卡和 IC 卡的行为：（1）企业名称；

(2) 税务登记代码；(3) 开票限额；(4) 购票限量；(5) 购票人员姓名、密码；(6) 开票机数量；(7) 国家税务总局规定的其他信息。

一般纳税人发生上列第 (1)、(3)、(4)、(5)、(6)、(7) 项信息变化，应向主管税务机关申请变更发行；发生第 (2) 项信息变化，应向主管税务机关申请注销发行。

(三) 增值税专用发票的领购、使用范围与开具的基本要求

增值税一般纳税人凭《发票领购簿》、IC 卡和经办人身份证明领购专用发票。但一般纳税人有下列情形之一的，不得领购开具专用发票：

(1) 会计核算不健全，不能向税务机关准确提供增值税销项税额、进项税额、应纳税额数据及其他有关增值税税务资料的。

(2) 有《税收征管法》规定的税收违法行为，拒不接受税务机关处理的。

(3) 有下列行为之一，经税务机关责令限期改正而仍未改正的：1) 虚开增值税专用发票。2) 私自印制专用发票。3) 向税务机关以外的单位和个人买取专用发票。4) 借用他人专用发票。5) 未按《增值税专用发票使用规定》第 11 条开具专用发票。6) 未按规定保管专用发票和专用设备，包括：第一，未设专人保管专用发票和专用设备；第二，未按税务机关要求存放专用发票和专用设备；第三，未将认证相符的专用发票抵扣联、《认证结果通知书》和《认证结果清单》装订成册；第四，未经税务机关查验擅自销毁专用发票基本联次。7) 未按规定申请办理防伪税控系统变更发行。8) 未按规定接受税务机关检查。

一般纳税人销售货物或者提供应税劳务应向购买方开具专用发票，但商业企业一般纳税人零售的烟、酒、食品、服装、鞋帽 (不包括劳保专用部分)、化妆品等消费品不得开具专用发票；增值税小规模纳税人需要开具专用发票的，可向主管税务机关申请代开；销售免税货物，除法律、法规及国家税务总局另有规定者外不得开具专用发票。

增值税专用发票应按下列要求开具：(1) 项目齐全，与实际交易相符；(2) 字迹清楚，不得压线、错格；(3) 发票联和抵扣联加盖财务专用章或者发票专用章；(4) 按照增值税纳税义务的发生时间开具。对不符合前述要求的专用发票，购买方有权拒收。

一般纳税人销售货物或者提供应税劳务，也可汇总开具专用发票。汇总开具专用发票，应同时使用防伪税控系统开具《销售货物或者提供应税劳务清单》，并加盖财务专用章或者发票专用章。

(四) 发生销货退回、开票有误等情形的处理

一般纳税人在开具专用发票当月，发生销货退回、开票有误等情形，收到退回的发票联、抵扣联符合作废条件的①，按作废处理；开具时发现有误的，可即时作废。作废专用发票须在防伪税控系统中将相应的数据电文按“作废”处理，在纸质专用发票 (含未打印的专用发票) 各联次上注明“作废”字样，全联次留存。

一般纳税人取得专用发票后，发生销货退回、开票有误等情形但不符合作废条件的，

---

① 符合作废条件是指同时具有下列情形：(1) 收到退回的发票联、抵扣联时间未超过销售方开票当月；(2) 销售方未抄税并且未记账；(3) 购买方未认证或者认证结果为“纳税人识别号认证不符”、“专用发票代码、号码认证不符”。

或者因销货部分退回及发生销售折让的，购买方应向主管税务机关填报《开具红字增值税专用发票申请单》（以下简称《申请单》）。《申请单》所对应的蓝字专用发票应经税务机关认证。经认证结果为“认证相符”并且已经抵扣增值税进项税额的，一般纳税人在填报《申请单》时不填写相对应的蓝字专用发票信息；经认证结果为“纳税人识别号认证不符”、“专用发票代码、号码认证不符”的，一般纳税人在填报《申请单》时应填写相对应的蓝字专用发票信息。

主管税务机关对一般纳税人填报的《申请单》进行审核后，出具《开具红字增值税专用发票通知单》（以下简称《通知单》）。《通知单》一式三联：第一联由购买方主管税务机关留存；第二联由购买方送交销售方留存；第三联由购买方留存。《通知单》应按月依次装订成册，并比照专用发票保管规定管理。主管税务机关出具的《通知单》应与《申请单》一一对应，并应加盖其印章。

购买方必须暂依《通知单》所列增值税税额从当期进项税额中转出，未抵扣增值税进项税额的可列入当期进项税额，待取得销售方开具的红字专用发票后，与留存的《通知单》一并作为记账凭证。属于《增值税专用发票使用规定》第 14 条第 4 款所列情形的（即经认证结果为“纳税人识别号认证不符”、“专用发票代码、号码认证不符”的），不作进项税额转出。销售方凭购买方提供的《通知单》开具红字专用发票，在防伪税控系统中以销项负数开具。红字专用发票应与《通知单》一一对应。

（五）增值税的报税、专用发票的认证与缴销

1. 增值税的报税

报税，是指纳税人持 IC 卡或者 IC 卡和软盘向税务机关报送开票数据电文的行为。按规定，一般纳税人开具专用发票应在增值税纳税申报期内向主管税务机关报税，在申报所属月份内可分次向主管税务机关报税。因 IC 卡、软盘质量等问题无法报税的，应更换 IC 卡、软盘；因硬盘损坏、更换金税卡等原因不能正常报税的，应提供已开具未向税务机关报税的专用发票记账联原件或者复印件，由主管税务机关补采开票数据。

2. 专用发票的认证

认证，是指税务机关通过防伪税控系统对专用发票所列数据进行识别、确认。用于抵扣增值税进项税额的专用发票，除国家税务总局另有规定者外均应经税务机关认证相符[①]；认证相符的专用发票应作为购买方的记账凭证，不得退还销售方。

经认证有下列情形之一的，不得作为增值税进项税额的抵扣凭证，税务机关退还原件，购买方可要求销售方重新开具专用发票：（1）无法认证，即专用发票所列密文或者明文不能辨认，无法产生认证结果；（2）纳税人识别号认证不符，即专用发票所列购买方纳税人识别号有误；（3）专用发票代码、号码认证不符，即专用发票所列密文解译后与明文的代码或者号码不一致。

经认证有下列情形之一的，暂不得作为增值税进项税额的抵扣凭证，税务机关扣留原件，查明原因，分别情况进行处理：（1）重复认证，即已经认证相符的同一张专用发票再次认证；（2）密文有误，即专用发票所列密文无法解译；（3）认证不符，即纳税人识别号

① 认证相符是指纳税人识别号无误，专用发票所列密文解译后与明文一致。

有误，或者专用发票所列密文解译后与明文不一致；(4) 列为失控专用发票，即认证时的专用发票已被登记为失控专用发票。

一般纳税人丢失已开具专用发票的发票联和抵扣联，如果丢失前已认证相符的，购买方凭销售方提供的相应专用发票记账联复印件及销售方所在地主管税务机关出具的《丢失增值税专用发票已报税证明单》，经购买方主管税务机关审核同意后，可作为增值税进项税额的抵扣凭证；如果丢失前未认证的，购买方凭销售方提供的相应专用发票记账联复印件到主管税务机关进行认证，认证相符的凭该专用发票记账联复印件及销售方所在地主管税务机关出具的《丢失增值税专用发票已报税证明单》，经购买方主管税务机关审核同意后，可作为增值税进项税额的抵扣凭证。

一般纳税人丢失已开具专用发票的抵扣联，如果丢失前已认证相符的，可使用专用发票发票联复印件留存备查；如果丢失前未认证的，可使用专用发票发票联到主管税务机关认证，以专用发票发票联复印件留存备查。

一般纳税人丢失已开具专用发票的发票联，可将专用发票抵扣联作为记账凭证，专用发票抵扣联复印件留存备查。

专用发票抵扣联无法认证的，可使用专用发票发票联到主管税务机关认证，专用发票发票联复印件留存备查。

3. 专用发票的缴销

缴销，是指主管税务机关在纸质专用发票监制章处按“V”字剪角作废，同时作废相应的专用发票数据电文的行为。按规定，一般纳税人注销税务登记或转为小规模纳税人时，应将专用设备和结存未用的纸质专用发票送交主管税务机关，由其缴销该专用发票并按有关安全管理的要求处理专用设备，该被缴销的纸质专用发票应退还纳税人。

(六) 处罚规定

《增值税专用发票使用规定》未就违反增值税专用发票管理规定的行为作出处罚方面的规定，但依据其他相关法律、法规有以下规定：(1) 凡违反专用发票使用规定的，应按照《中华人民共和国发票管理办法》及《中华人民共和国税收征收管理法》及其实施细则的有关处罚规定办理；(2) 虚开、伪造和非法出售增值税专用发票，情节严重，构成犯罪的，依照《中华人民共和国刑法》的有关规定追究其刑事责任。

本章小结

本章对增值税法的基本原理、我国增值税法的基本内容及增值税的征收管理进行了较为系统的介绍。由于增值税在我国现行税种中是第一大税，并且是国际上普遍实行的税种。因此，本章的学习是非常重要的。

第一节重点介绍了增值税的概念及类型、增值税的产生及发展、我国增值税法的立法原则、增值税的特点及作用等增值税法的基本理论问题，阐述了理论增值额与法定增值额的区别，指出了各类型增值税的优劣所在。

第二节依据我国现行增值税法的规定，介绍了增值税的征税范围、增值税一般纳税人与小规模纳税人的划分、增值税的税率及增值税应纳税额的计算等方面的规定，重点剖析了混合销售行为与兼营行为之间的差别，并以案例形式说明如何确定增值税一般纳税人的销售额、进项税额、销项税额及应纳增值税的计算等问题。

第三节对增值税的起征点与减免规定、增值税纳税义务发生时间、纳税地点和纳税期限进行了一般性的介绍，重点对增值税的出口退（免）税问题进行了阐释，介绍了增值税出口退税计算的若干案例，并对增值税的出口退税的分类管理与增值税专用发票的使用和管理进行了系统说明。

税法学习者对以上问题必须全面掌握，并通过掌握以上问题，弄清增值税和营业税、消费税及关税的联系和区别。

关键概念

增值税法　增值税　法定增值额　理论增值额　消费型增值税　收入型增值税　生产型增值税　一般纳税人　小规模纳税人　混合销售行为　兼营行为　销售额　销项税额　进项税额　零税率　征收率　出口退税　退税率

思考题

1. 什么是增值税？其类型有哪些？
2. 什么是法定增值额？什么是理论增值额？区分法定增值额和理论增值额有什么意义？
3. 增值税为何受到各国政府的普遍重视和广泛采用？
4. 我国增值税的立法原则有哪些？
5. 增值税的征收范围和营业税、消费税的征收范围有何关联？
6. 区分一般纳税人和小规模纳税人的标准和意义是什么？
7. 增值税的税率（包括征收率）规定有哪些？
8. 什么是退税率？我国政府为什么要规定退税率而不按法定税率退税？
9. 对出口货物退（免）税实行按企业分类管理、简化退税申报凭证有何意义？
10. 增值税专用发票的领购使用规定有哪些？
11. 我国现行增值税的有关法律规定符合中性、简化、普遍原则的要求吗？应从哪些方面予以改进？
12. 我国为什么要实行增值税的转型改革？
13. 我国为什么要实行营业税改征增值税的改革？

第三章

消费税法制度

消费税法是调整消费税征纳关系的法律规范的总称。消费税是对税法规定的特定消费品或者消费行为的流转额征收的一种税。消费税曾经在各国的财政收入中占有重要地位，现在它仍然是世界各国普遍开征的一个税种，据统计有 120 多个国家课征此税。

在我国，消费税的课征源远流长。现行课征的消费税是 1994 年税制改革中新设立的一种税，是对在我国境内从事生产、委托加工和进口应税消费品的单位和个人，就其销售额或销售量征收的一种税，是在原产品税、增值税、工商统一税的基础上形成的。它是在普遍征收增值税的基础上，根据消费政策、产业政策的要求，有选择地对部分消费品征收，从而在商品流转领域使消费税的特殊调节和增值税的普遍调节相配合，形成我国流转税的双层调节机制。我国的消费税作为中央税，为保障中央财政收入、调节消费行为起到了重要的作用。

重点问题

- 消费税的概念、特点及作用。
- 消费税的征收范围及纳税人。
- 消费税的税目和税率。
- 消费税的计算。
- 消费税的征收管理。
- 消费税与增值税、关税的关系。

第一节　消费税法概述

一、消费税的概念、特点及作用

消费税是对税法规定的特定消费品或者消费行为的流转额征收的一种税。它是世界各国普遍征收的一种税，在各国的财政收入、尤其是在发展中国家财政收入中占有相当大的比重。在我国现行税制中，消费税属于中央税，是中央财政收入的重要来源，2012 年国内消费税收入（不含进口环节海关代征消费税部分）就达 7 872.14 亿元。

消费税与增值税、营业税等税种同属于对流转额课征的税种，但和这些流转税相比，消费税具有以下显著特点：

（1）课征范围具有选择性。消费税的课税品目一般是有选择的，表现出明显的调节目的和政策导向性。

（2）征税环节具有单一性。消费税不是在生产、流通、消费全过程的各个环节征收，而只是选择在生产或零售的单一环节征收。出于节省征收成本、提高征收效率、防止税源流失的考虑，各国对多数产品一般选择在生产环节征税。

（3）税率设计具有灵活性、差别性。消费税的平均税率较高，而且往往针对不同品目的商品设置高低不同的税率，以体现消费税的调节作用。

（4）征收方法具有多样性。消费税既可从价定率征收，又可从量定额征收，还可复合征税，计税准确、管理简便、易于操作。

（5）税款征收具有重叠性。消费税的课税品目同时也往往是进口关税和增值税的课税品目，是在普遍征收增值税的基础上，再加征一道消费税。因而，这些流转税之间具有重叠课征的性质。

（6）税收负担具有转嫁性。消费税是间接税，尽管立法确定在产制环节征收，但其立法预期是纳税人可以通过销售价格的调整将所纳的消费税转嫁给消费者，从而达到调节消费的目的。

消费税的上述特点，决定了消费税具有两大作用。一是调节作用，通过课税范围的选择、税率高低不同的设计和征收环节的确定，可以起到调整产业结构、调整消费结构、调节收入分配的作用。二是收入作用，通过选择税源集中、收入比较稳定的高档消费品作为征税对象，以及设计较高的税率等，可以为政府筹措稳定的财政收入。

二、消费税的产生和发展

消费税的历史源远流长，欧洲古希腊雅典时期的内陆关税、古罗马时期的盐税，实质上都是对货物征收的消费税。封建社会中后期，商品经济日渐发达，消费税的课征范围也就随之扩大，到资本主义初期达到鼎盛阶段，成为政府财政收入的支柱。20 世纪以后，随着累进所得税的推行，消费税的主体税种地位在西方许多发达资本主义国家受到削弱，被所得税所替代。但因消费税的独特调节作用，在这些国家的税制中，消费税仍然是一个不可缺少的辅助税种。而在广大的发展中国家，消费税至今仍是国家税制中十分重要的税种。

在我国，早在春秋战国时期，就已开征过“关市之赋”、“山泽之赋”，皆不外是对特定的物品征收的消费税。其后，各朝代又较为普遍地征收过盐税、酒税和茶税。国民党政府时期，为取得财政收入，更开征了专门的货物税。

新中国成立初期我国征收的货物税，20世纪50年代征收的商品流通税，1958—1973年征收的工商统一税，1973—1983年征收的工商税中相当于货物税的部分，1983—1993年征收的产品税、增值税，实际上都相当或部分相当于消费税，只是未以“消费税”命名罢了。而我国在1983年开征的烧油特别税，1988年曾对彩色电视机和小轿车征收的特别消费税，更是一种选择性消费税。作为独立税种的消费税的正式确立和开征是从1994年1月1日开始的，是在原产品税、增值税、工商统一税的基础上形成的。它是在普遍征收增值税的基础上，根据消费政策、产业政策的要求，有选择地对部分消费品征收，故我国的消费税属于选择性消费税。消费税的特殊调节和增值税的普遍调节相配合，构成我国流转税的双层调节机制。

目前，我国调整消费税征纳关系的依据除了《中华人民共和国消费税暂行条例》（1993年12月13日国务院发布，2008年11月5日修订）、《中华人民共和国消费税暂行条例实施细则》（1993年12月25日财政部发布，2008年12月15日修订）外，尚包括国务院发布的《关于实施成品油价格和税费改革的通知》（2008年12月18日），财政部、国家税务总局发布的《关于调整金银首饰消费税纳税环节有关问题的通知》（1994年12月24日）、《关于调整酒类产品消费税政策的通知》（2001年5月11日）、《关于调整烟类产品消费税政策的通知》（2001年6月4日）、《关于钻石及上海钻石交易所有关税收政策的通知》（2001年11月3日）、《关于铂金及其制品税收政策的通知》（2003年4月28日）、《关于调整和完善消费税政策的通知》（2006年3月20日）、《关于进口环节消费税有关问题的通知》（2006年3月30日）、《关于消费税若干具体政策的通知》（2006年8月30日）、《关于调整乘用车消费税政策的通知》（2008年8月1日）、《关于调整部分乘用车进口环节消费税的通知》（2008年8月11日），以及国家税务总局发布的《消费税征收范围注释》（1993年12月27日）、《消费税若干具体问题的规定》（1993年12月28日）、《金银首饰消费税征收管理办法》（1994年12月26日）、《关于用外购和委托加工收回的应税消费品连续生产应税消费品征收消费税问题的通知》（1995年5月19日）、《关于消费税若干征税问题的通知》（1997年5月21日）、《调整和完善消费税政策征收管理规定》（2006年3月31日）、《葡萄酒消费税管理办法（试行）》（2006年5月14日）、《增值税小规模纳税人出口货物免税管理办法（暂行）》（2007年12月3日）、《石脑油消费税免税管理办法》（2008年4月30日）、《关于提高成品油消费税税率的通知》（2008年12月19日）等部门规章和规范性文件。

第二节　消费税法的基本内容

一、消费税的征税范围与纳税人

（一）征税范围

消费税的征税范围限于在中国境内生产、委托加工和进口《中华人民共和国消费税暂行条例》（以下简称《消费税暂行条例》）规定的应税消费品，以及国务院确定的销售《消费税暂行条例》规定的应税消费品。

这些“应税消费品”是根据我国现阶段经济发展状况，居民的消费水平和消费结构及财政的需要，并借鉴国外成功的经验和通行做法，以正列举的方法加以确立的，一般生活必需品未列入征税范围。1994 年列入消费税征税范围的消费品分为以下五类：

（1）过度消费会对人类健康、社会秩序、生态环境等方面造成危害的特殊消费品，如烟、酒及酒精、鞭炮和焰火等。

（2）奢侈品和非生活必需品，如贵重首饰及珠宝玉石、化妆品等。

（3）高能耗及高档消费品，如小汽车、摩托车。

（4）不能再生和替代的石油类消费品，如汽油、柴油。

（5）具有一定财政意义的产品，如护肤护发品、汽车轮胎。

消费税的征税范围，可以根据国家经济发展变化和消费结构的变化情况作适当调整。消费税税目（即征税范围）的调整，由国务院决定；但《消费税税目税率表》中所列应税消费品的具体征税范围，则由财政部、国家税务总局确定。

（二）纳税人

消费税的纳税人是在中国境内生产、委托加工和进口《消费税暂行条例》规定的消费品的单位和个人，以及国务院确定的销售《消费税暂行条例》规定的消费品的其他单位和个人。

所称“在中国境内”，是指生产、委托加工和进口属于应当缴纳消费税的消费品的起运地或者所在地在境内。所称“单位”，是指企业、行政单位、事业单位、军事单位、社会团体及其他单位。所称“个人”，是指个体工商户及其他个人。

具体而言，消费税的纳税人为：

（1）生产销售（包括自产自用）的应税消费品，以生产销售的单位和个人为纳税人，由生产者销售时直接纳税。

（2）委托加工的应税消费品，以委托加工的单位和个人为纳税人，由受托方代收代缴税款（但委托加工的应税消费品，受托方为个人时，则应由委托方收回应税消费品后在委托方所在地缴纳消费税）。

（3）进口应税消费品，以进口的单位和个人为纳税人，由海关代征进口环节的消费税。

此外，也有一些在销售环节缴纳消费税的特别规定。如：自 1995 年 1 月 1 日起，金银首饰消费税由生产销售环节（亦包括进口环节）改为零售环节征收，相应的金银首饰消费税的纳税人，是在我国境内从事金银首饰零售业务或受托加工（另有规定者除外）、受托代销金银首饰的受托方（包括单位和个人）。自 2002 年 1 月 1 日起，钻石及钻石饰品也由生产、进口环节改为零售环节纳税，相应的钻石及钻石饰品消费税的纳税人，是在我国境内从事钻石及钻石饰品零售业务的单位和个人。自 2003 年 5 月 1 日起铂金首饰消费税的征收环节也由原来在生产环节和进口环节征收改为在零售环节征收。

知识链接

需要注意的是，由生产环节改为零售环节征收消费税的金银首饰仅限于金、银和金基、银基合金首饰，以及金、银和金基、银基合金的镶嵌首饰，而镀金（银）、包金（银）首饰，以及镀金（银）、包金（银）的镶嵌首饰则不包括在内。对非金银首饰仍然在生产销售环节征收消费税。并且，这里的“金银首饰零售业务”有其特定的含义，它是指纳税人将金银首饰销售给中国人民银行批准的金银首饰生产、加工、批发、零售单位（以下简称经营单位）以外的单位和个人的业务（另有规定者除外）。此外，为经营单位以外的单位和个人加工金银首饰（加工包括带料加工、翻新改制、以旧换新等业务，不包括修理、清洗业务），经营单位将金银首饰用于馈赠、赞助、集资、广告、样品、职工福利、奖励等方面，以及未经中国人民银行总行批准经营金银首饰批发业务的单位将金银首饰销售给经营单位的，均视同金银首饰的零售业务。

二、消费税的税目及税率

消费税税目采取正列举方式，即凡征税的消费品才列入税目，不征税的不列入。1994 年开征消费税时一共设置了 11 个税目、13 个子目。这些应税项目都是在原产品税和增值税的基础上经过选择、修改后确定的。通过税目的设计界定了征与不征的范围，并可根据不同的税目（子目）设计高低不等的税率，以确定各种应税消费品的税负，体现国家在消费方面的奖限政策。

1994 年税制改革时，消费税的税率采取比例税率和定额税率两种形式。对于那些供求基本平衡、价格差异和变化不大、计量单位规范的消费品，实行计税简便的定额税率。如黄酒、啤酒、汽油、柴油。对于那些供求矛盾突出，价格差异较大、变化大，且计量单位不规范的消费品，采用税价联动的比例税率。如烟、白酒、化妆品、护肤护发品、鞭炮、焰火、汽车轮胎、贵重首饰、珠宝玉石、摩托车、小汽车等。消费税税率共有 14 档。其中，比例税率为 10 档，最低 3%，最高 45%；定额税率为 4 档，最高为每征税单位 240 元，最低为每征税单位 0.1 元。

消费税的税率（税额）设计主要考虑五个方面：第一，能够体现国家的产业政策和消费政策；第二，能够正确引导消费方向，抑制超前消费，起到调节供求关系的作用；第三，能够适应消费者的货币支付能力和心理承受能力；第四，要有一定的财政意义；第五，适当考虑消费品原有的负担水平。

按《消费税暂行条例》的规定，消费税税目、税率（税额标准）的调整权在国务院。

据此，在《消费税暂行条例》的实施过程中，国家根据形势的变化，对消费税的征税税目和税率作了多次调整。如：1996 年 1 月 1 日起对摩托车胎减按 5%的税率征税；1998 年将甲类卷烟的税率调整为 50%，雪茄烟、烟丝调整为 25%等。特别是 2001 年，经报国务院批准，财政部、国家税务总局发布《关于调整酒类产品消费税政策的通知》（2001 年 5 月 11 日财税［2001］84 号）、《关于调整烟类产品消费税政策的通知》（2001 年 6 月 4 日财税［2001］91 号），决定分别自 2001 年 5 月 1 日和 6 月 1 日起，对酒类产品和卷烟的税率再次进行调整。内容是：

（1）酒类产品税率的调整。包括：1）对白酒实行从价和从量相结合的复合计税方法。即对粮食白酒和薯类白酒在仍维持现行按出厂价依 25%和 15%的税率从价征收消费税办法不变的前提下，再对每斤（500g）白酒按 0.5 元从量征收一道消费税。2）适当调整啤酒的单位税额。按照产品的出厂价格划分两档定额税率：每吨啤酒出厂价格（含包装物及包装物押金）在 3 000 元（含 3 000 元，不含增值税）以上的，单位税额 250 元/吨；每吨啤酒出厂价格在 3 000 元（不含 3 000 元，不含增值税）以下的，单位税额 220 元/吨。3）娱乐业、饮食业自制啤酒，单位税额 250 元/吨。

（2）对卷烟消费税政策的调整。主要是将从价定率的计税方法改为从量定额与从价定率相结合的复合计税方法，同时对税率进行适当调整。即对卷烟首先征收一道从量定额税，单位税额为每标准箱（5 万支）150 元，然后按照调拨价格（或者核定价格）再从价征税：每标准条（200 支，下同）调拨价格在 50 元（不含 50 元，不含增值税）以下的卷烟，税率为 30%；每标准条调拨价格在 50 元（含 50 元，不含增值税）以上的卷烟和进口卷烟、白包卷烟、手工卷烟等，税率为 45%。

此外，2001 年 11 月 15 日、2003 年 4 月 28 日，经报国务院批准，财政部、国家税务总局先后联合发布了《关于钻石及上海钻石交易所有关税收政策的通知》、《关于铂金及其制品税收政策的通知》，将钻石及钻石饰品、铂金首饰的消费税税率由 10%调整为 5%。

2006 年 3 月 20 日，为适应社会经济形势的客观发展需要，进一步完善消费税制，经国务院批准，财政部、国家税务总局发布了《关于调整和完善消费税政策的通知》，对消费税的税目、税率及相关政策进行了非常重大的调整，该通知自 2006 年 4 月 1 日起施行。此次调整总的精神是调节高档消费、鼓励环保节能，主要内容包括：

（1）新增高尔夫球及球具、高档手表、游艇、木制一次性筷子、实木地板税目。

（2）取消汽油、柴油税目，增列成品油税目。汽油、柴油改为成品油税目下的子目（税率不变），另外新增石脑油、溶剂油、润滑油、燃料油、航空煤油五个子目。

（3）取消护肤护发品税目，将原属于护肤护发品征税范围的高档护肤类化妆品列入化妆品税目。

（4）对小汽车的税目、税率以及摩托车、汽车轮胎、白酒的税率进行了调整。

调整后的消费税税目有 14 个，包括：烟（含卷烟、雪茄烟、烟丝 3 个子目）、酒及酒精（含粮食和薯类白酒、黄酒、啤酒、其他酒、酒精 5 个子目）、化妆品、贵重首饰及珠宝玉石、鞭炮和焰火、成品油、汽车轮胎、小汽车、摩托车、高尔夫球及球具、高档手表、游艇、木质一次性筷子、实木地板。

2008 年 8 月，经国务院批准，财政部、国家税务总局又先后发布了《关于调整乘用车消费税政策的通知》、《关于调整部分乘用车进口环节消费税的通知》，决定自 2008 年 9 月 1 日起对部分乘用车的消费税进行调整，主要是调低了气缸容量在 1.0 升以下（含 1.0 升）的乘用车的消费税税率，大幅提高了气缸容量在 3.0 升以上的乘用车的税率。

2008 年 12 月 18 日，国务院发布了《关于实施成品油价格和税费改革的通知》，决定取消公路养路费等收费，逐步有序取消政府还贷二级公路收费，相应提高成品油消费税单位税额。据此，财政部、国家税务总局于次日发布了《关于提高成品油消费税税率的通知》，就成品油消费税税目、税率作出了具体规定，该通知自 2009 年 1 月 1 日起执行。

目前，根据 2009 年 1 月 1 日开始实施的《消费税暂行条例》及其实施细则的规定，我国除酒类中的黄酒、啤酒以及成品油实行定额税率、从量计征，粮食和薯类白酒、卷烟实行复合征税外，大部分应税消费品采取比例税率，从价计征，最高税率为 45%，最低税率为 1%。消费税的税目、税率见表 3—1。

表 3—1　消费税税目税率表[①]

税　　目	税　　率
一、烟	
1. 卷烟	
（1）甲类卷烟	45%加 0.003 元/支
（2）乙类卷烟	30%加 0.003 元/支
2. 雪茄烟	25%
3. 烟丝	30%
二、酒及酒精	
1. 白酒	20%加 0.5 元/500 克（或者 500 毫升）
2. 黄酒	240 元/吨
3. 啤酒	
（1）甲类啤酒	250 元/吨
（2）乙类啤酒	220 元/吨
4. 其他酒	10%
5. 酒精	5%
三、化妆品	30%
四、贵重首饰及珠宝玉石	
1. 金银首饰、铂金首饰和钻石及钻石饰品	5%
2. 其他贵重首饰和珠宝玉石	10%
五、鞭炮、焰火	15%

① 本表系综合 2008 年 11 月 5 日国务院修订发布的《中华人民共和国消费税暂行条例》所附《消费税税目税率表》和财政部、国家税务总局 2008 年 12 月 19 日发布的《关于提高成品油消费税税率的通知》中所附《成品油消费税税目税率表》的内容而成。

续前表

税　　目	税　　率
六、成品油	
1. 汽油	
（1）含铅汽油	1.4 元/升
（2）无铅汽油	1.0 元/升
2. 柴油	0.8 元/升
3. 航空煤油	0.8 元/升
4. 石脑油	1.0 元/升
5. 溶剂油	1.0 元/升
6. 润滑油	1.0 元/升
7. 燃料油	0.8 元/升
七、汽车轮胎	3%
八、摩托车	
1. 气缸容量（排气量，下同）在 250 毫升（含 250 毫升）以下的	3%
2. 气缸容量在 250 毫升以上的	10%
九、小汽车	
1. 乘用车	
（1）气缸容量（排气量，下同）在 1.0 升（含 1.0 升）以下的	1%
（2）气缸容量在 1.0 升以上至 1.5 升（含 1.5 升）的	3%
（3）气缸容量在 1.5 升以上至 2.0 升（含 2.0 升）的	5%
（4）气缸容量在 2.0 升以上至 2.5 升（含 2.5 升）的	9%
（5）气缸容量在 2.5 升以上至 3.0 升（含 3.0 升）的	12%
（6）气缸容量在 3.0 升以上至 4.0 升（含 4.0 升）的	25%
（7）气缸容量在 4.0 升以上的	40%
2. 中轻型商用客车	5%
十、高尔夫球及球具	10%
十一、高档手表	20%
十二、游艇	10%
十三、木制一次性筷子	5%
十四、实木地板	5%

纳税人兼营不同税率的应纳消费税的消费品（以下简称应税消费品），应分别核算不同税率应税消费品的销售额、销售数量；未分别核算销售额、销售数量，或者将不同税率的应税消费品组成成套消费品销售的，从高适用税率。

三、消费税的计算

（一）消费税的一般计税方法

消费税主要采用从价定率计税和从量定额计税的方法计算应纳税额。前者以应税消费品的销售额（含消费税而不含增值税的销售额）为计税依据，按照规定的税率计算应纳税额；后者以应税消费品的销售数量为计税依据，按照规定的单位税额计算应纳税额。但自 2001 年 5 月 1 日和 6 月 1 日起，先后对粮食白酒、薯类白酒和卷烟实行从价定率和从量定额复合计税的办法计算应纳税额。消费税的计算公式为：

从价定率计征消费税消费品的应纳税额＝销售额×适用税率

从量定额计征消费税消费品的应纳税额＝销售数量×单位税额

复合计税计征消费税消费品的应纳税额＝销售额×适用税率＋销售数量×单位税额

1. 应税消费品销售额的确定

应税消费品的销售额是指纳税人销售应税消费品向购买方收取的全部价款和价外费用。

所称“价外费用”，是指纳税人价外向购买方收取的手续费、补贴、基金、集资费、返还利润、奖励费、违约金、滞纳金、延期付款利息、赔偿金、代收款项、代垫款项、包装费、包装物租金、储备费、优质费、运输装卸费以及其他各种性质的价外收费。但下列项目不包括在内：

（1）同时符合以下条件的代垫运输费用：1）承运部门的运输费用发票开具给购买方的；2）纳税人将该项发票转交给购买方的。

（2）同时符合以下条件代为收取的政府性基金或者行政事业性收费：1）由国务院或者财政部批准设立的政府性基金，由国务院或者省级人民政府及其财政、价格主管部门批准设立的行政事业性收费；2）收取时开具省级以上财政部门印制的财政票据；3）所收款项全额上缴财政。

根据不同情况，销售额的确定还有以下问题应予注意：

第一，应税消费品的销售额不包括应向购货方收取的增值税税款。如果纳税人应税消费品的销售额中未扣除增值税税款或因不得开具增值税专用发票而发生价款和增值税税款合并收取的，在计算消费税时，应换算为不含增值税税款的销售额（即消费税的计税依据和增值税的计税依据是一样的）。其换算公式为：

$$\text{应税消费品的销售额}=\frac{\text{含增值税的销售额}}{1+\text{增值税税率或者征收率}}$$

第二，应税消费品连同包装物销售的，无论包装物是否单独计价以及在会计上如何核算，均应并入应税消费品的销售额中缴纳消费税。如果包装物不作价随同产品销售，而是收取押金，此项押金则不应并入应税消费品的销售额中征税。但对因逾期未收回的包装物不再退还的或者已收取的时间超过 12 个月的押金，应并入应税消费品的销售额，按照应税消费品的适用税率缴纳消费税。另外，对于酒类产品生产企业销售酒类产品而收取的包装物押金，无论包装物是否返还和在会计上如何核算，均需并入酒类产品销售额中，依酒类产品的适用税率征收消费税。

对既作价随同应税消费品销售，又另外收取押金的包装物的押金，凡纳税人在规定的期限内没有退还的，均应并入应税消费品的销售额，按照应税消费品的适用税率缴纳消费税。

第三，纳税人销售的应税消费品，以人民币以外的货币结算销售额的，其销售额的人民币折合率可以选择销售额发生的当天或当月 1 日的人民币汇率中间价。纳税人应在事先确定采用何种折合率，确定后 1 年内不得变更。

2. 应税消费品销售数量的确定

应税消费品的销售数量分别按以下情况确定：

（1）销售应税消费品的，为应税消费品的销售数量；

（2）自产自用应税消费品的，为应税消费品的移送使用数量；

（3）委托加工应税消费品的，为纳税人收回的应税消费品的数量；

（4）进口的应税消费品，为海关核定的应税消费品进口征税的数量。

实行从量定额办法计算应纳税额的应税消费品，其计量单位的换算标准如下：

（1）黄酒：1 吨＝962 升；

（2）啤酒：1 吨＝988 升；

（3）汽油：1 吨＝1 388 升；

（4）柴油：1 吨＝1 176 升；

（5）航空煤油：1 吨＝1 246 升；

（6）石脑油：1 吨＝1 385 升；

（7）溶剂油：1 吨＝1 282 升；

（8）润滑油：1 吨＝1 126 升；

（9）燃料油：1 吨＝1 015 升。

（二）自产自用应税消费品的计税方法

纳税人自产自用的应税消费品，用于连续生产应税消费品（是指纳税人将自产自用的应税消费品作为直接材料生产最终应税消费品，自产自用应税消费品构成最终应税消费品的实体）的，不纳消费税；用于其他方面（是指纳税人将自产自用应税消费品用于生产非应税消费品、在建工程、管理部门、非生产机构、提供劳务、馈赠、赞助、集资、广告、样品、职工福利、奖励等方面）的，在移送使用时应缴纳消费税。

纳税人自产自用的应税消费品，按照纳税人生产的同类消费品的销售价格计算纳税。即按纳税人当月销售的同类消费品的销售价格计算纳税；如果当月无销售或者当月未完结，则应按照同类消费品上月或者最近月份的销售价格计算纳税。

上述“同类消费品的销售价格”，是指纳税人当月销售的同类消费品的销售价格。如果当月同类消费品各期销售价格高低不同的，应按照销售数量加权平均计算；但销售的应税消费品如果销售价格明显偏低又无正当理由，或无销售价格的，不得列入加权平均计算。

如果没有同类消费品销售价格的，则可按照下列组成计税价格计算纳税：

（1）实行从价定率办法计算纳税的组成计税价格，其计算公式为：

$$组成计税价格=\frac{成本+利润}{1-比例税率}$$

（2）实行复合计税办法计算纳税的组成计税价格，其计算公式为：

$$组成计税价格=\frac{成本+利润+自产自用数量\times定额税率}{1-比例税率}$$

公式中所称“成本”，是指应税消费品的产品生产成本；所称“利润”，是指根据应税消费品的全国平均成本利润率计算的利润。应税消费品全国平均成本利润率由国家税务总局确定。

（三）委托加工应税消费品的计税方法

委托加工的应税消费品，是指由委托方提供原料和主要材料，受托方只收取加工费和代垫部分辅助材料加工的应税消费品。这种应税消费品虽然没有实现销售，但为了平衡税收负担，也应按照受托方同类消费品的销售价格计算纳税，并由受托方在向委托方交货时代收代缴（但委托个人加工的应税消费品，由委托方收回后缴纳消费税）；没有同类消费品销售价格的，则应按照组成计税价格计算纳税。

实行从价定率办法计算纳税的组成计税价格，其计算公式为：

$$组成计税价格=\frac{材料成本+加工费}{1-比例税率}$$

实行复合计税办法计算纳税的组成计税价格，其计算公式为：

$$组成计税价格=\frac{材料成本+加工费+委托加工数量\times 定额税率}{1-比例税率}$$

公式中的“材料成本”，是指委托方所提供加工材料的实际成本。委托加工应税消费品的纳税人必须在委托加工合同上注明（或以其他方式提供）材料成本，凡未提供材料成本的，受托方所在地的主管税务机关有权核定其材料成本。

公式中的“加工费”，是指受托方加工应税消费品向委托方所收取的全部费用（包括代垫辅助材料的实际成本，但不包括收取的增值税税额）。

对于由受托方提供原材料生产的应税消费品，或者受托方先将原材料卖给委托方，然后再接受加工的应税消费品，以及由受托方以委托方名义购进原材料生产的应税消费品，不论纳税人在财务上是否作销售处理，都不得作为委托加工应税消费品，而应当按照销售自制应税消费品缴纳消费税。

委托方将收回的应税消费品以不高于受托方的计税价格出售的，为直接出售，不再缴纳消费税；委托方以高于受托方的计税价格出售的，不属于直接出售，需按照规定申报缴纳消费税，在计税时准予扣除受托方已代收代缴的消费税。

（四）进口应税消费品的计税方法

进口的应税消费品按照组成计税价格计算纳税。

实行从价定率办法计算纳税的组成计税价格，其计算公式为：

$$组成计税价格=\frac{关税完税价格+关税}{1-消费税比例税率}$$

实行复合计税办法计算纳税的组成计税价格，其计算公式为：

$$组成计税价格=\frac{关税完税价格+关税+进口数量\times 消费税定额税率}{1-消费税比例税率}$$

公式中所称“关税完税价格”，是指海关核定的关税计税价格。

如果纳税人申报的应税消费品的计税价格明显偏低且无正当理由的，由主管税务机关核定其计税价格。该计税价格的核定权限规定如下：(1) 卷烟、白酒和小汽车的计税价格由国家税务总局核定，送财政部备案；(2) 其他应税消费品的计税价格由省、自治区和直辖市国家税务局核定；(3) 进口的应税消费品的计税价格由海关核定。

（五）其他特殊情况下应纳消费税的计算

(1) 纳税人通过自设非独立核算门市部销售实行从量定额征收的自产应税消费品，应当按照门市部对外销售数量计算征收消费税。

（2）外购或委托加工收回的下列应税消费品，用于连续生产应税消费品的，已缴纳的消费税税款准予从应纳的消费税额中抵扣：

1）以外购或委托加工收回的已税酒及酒精（黄酒、啤酒除外）为原料生产的酒①；

2）以外购或委托加工收回的已税化妆品为原料生产的化妆品；

3）以外购或委托加工收回的已税烟丝为原料生产的烟；

4）以外购或委托加工收回的已税的护肤护发品为原料生产的护肤护发品；

5）以外购或委托加工收回的已税珠宝玉石为原料生产的贵重首饰及珠宝玉石；

6）以外购或委托加工收回的已税鞭炮、焰火为原料生产的鞭炮、焰火；

7）以外购或委托加工收回的已税汽车轮胎（内胎和外胎）为原料生产的汽车轮胎；

8）以外购或委托加工收回的已税摩托车为原料生产的摩托车（如将两轮摩托车改为三轮摩托车）；

9）以外购或委托加工收回的已税杆头、杆身和握把为原料生产的高尔夫球杆；

10）以外购或委托加工收回的已税木制一次性筷子为原料生产的木制一次性筷子；

11）以外购或委托加工收回的已税实木地板为原料生产的实木地板；

12）以外购或委托加工收回的已税石脑油为原料生产的应税消费品；

13）以外购或委托加工收回的已税润滑油为原料生产的润滑油。

当期准予扣除的外购或委托加工收回的应税消费品的已纳消费税税款，应当按当期生产领用数量计算。计算公式依据不同情形而有不同，具体如下：

1）外购应税消费品连续生产应税消费品的抵扣。

A. 实行从价定率办法计算应纳税额的。

$$\begin{matrix}\text{当期准予扣除外购}\\ \text{应税消费品已纳税款}\end{matrix}=\begin{matrix}\text{当期准予扣除外购}\\ \text{应税消费品买价}\end{matrix}\times\begin{matrix}\text{外购应税消费品}\\ \text{适用税率}\end{matrix}$$

$$\begin{matrix}\text{当期准予扣除外购}\\ \text{应税消费品买价}\end{matrix}=\begin{matrix}\text{期初库存外购}\\ \text{应税消费品买价}\end{matrix}+\begin{matrix}\text{当期购进的外购}\\ \text{应税消费品买价}\end{matrix}-\begin{matrix}\text{期末库存的外购}\\ \text{应税消费品买价}\end{matrix}$$

外购应税消费品买价为纳税人取得的符合规定要求的发票（含销货清单）注明的应税消费品的销售额（不含增值税税款）。

B. 实行从量定额办法计算应纳税额的。

$$\begin{matrix}\text{当期准予扣除的外购}\\ \text{应税消费品已纳税款}\end{matrix}=\begin{matrix}\text{当期准予扣除外购}\\ \text{应税消费品数量}\end{matrix}\times\begin{matrix}\text{外购应税}\\ \text{消费品单位税额}\end{matrix}\times 30\%$$

$$\begin{matrix}\text{当期准予扣除外购}\\ \text{应税消费品数量}\end{matrix}=\begin{matrix}\text{期初库存外购}\\ \text{应税消费品数量}\end{matrix}+\begin{matrix}\text{当期购进外购}\\ \text{应税消费品数量}\end{matrix}-\begin{matrix}\text{期末库存外购}\\ \text{应税消费品数量}\end{matrix}$$

---

① 对外购或委托加工收回的应税消费品，用于连续生产应税消费品，其已缴纳的消费税税款准予从应纳的消费税额中抵扣的政策，是依照国家税务总局于1993年12月28日、1994年5月26日、1995年5月19日先后发布的《消费税若干具体问题的规定》、《关于消费税若干征税问题的通知》、《关于用外购和委托加工收回的应税消费品连续生产应税消费品征收消费税问题的通知》的规定确立的。但按2001年5月11日财政部、国家税务总局发布的《关于调整酒类产品消费税政策的通知》的规定，自2001年5月1日起，停止执行外购或委托加工已税酒和酒精生产的酒的外购酒及酒精已纳税款或受托方代收代缴税款准予抵扣的政策。此外，根据2006年3月20日财政部、国家税务总局发布的《关于调整和完善消费税政策的通知》的规定，自2006年4月1日起，一次性筷子、实木地板等五类应税消费品也准予从消费税应纳税额中扣除原料已纳的消费税税款，其征收管理办法按国家税务总局2006年3月31日发布的《调整和完善消费税政策征收管理规定》执行。

外购应税消费品数量为纳税人取得的符合规定要求的发票（含销货清单）注明的应税消费品的销售数量。

2）委托加工收回的应税消费品用于连续生产应税消费品的抵扣。

$$\text{当期准予扣除的委托加工应税消费品已纳税款}=\text{期初库存的委托加工应税消费品已纳税款}+\text{当期收回的委托加工应税消费品已纳税款}-\text{期末库存的委托加工应税消费品已纳税款}$$

委托加工应税消费品已纳税款为代扣代收税款凭证注明的受托方代收代缴的消费税。

3）进口应税消费品已纳税的抵扣。

$$\text{当期准予扣除的进口应税消费品已纳税款}=\text{期初库存的进口应税消费品已纳税款}+\text{当期进口应税消费品已纳税款}-\text{期末库存的进口应税消费品已纳税款}$$

进口应税消费品已纳税款为《海关进口消费税专用缴款书》注明的进口环节消费税。

（3）纳税人用于换取生产资料和消费资料，投资入股和抵偿债务等方面的应税消费品，应当以纳税人同类应税消费品的最高销售价格作为计税依据计算纳税。

【例 3—1】

某化妆品生产企业为增值税一般纳税人，2000 年 10 月上旬从国外进口一批散装化妆品，支付给国外的货价 120 万元、相关税金 10 万元、卖方佣金 2 万元、运抵我国海关前的运杂费和保险费 18 万元；进口一套机器设备，支付给国外的货价 35 万元、运抵我国海关前的运杂费和保险费 5 万元。散装化妆品和机器设备均验收入库。本月内企业将进口的散装化妆品的 80％生产加工为成套化妆品 7 800 件，对外批发销售 6 000 件，取得不含税销售额 290 万元；向消费者零售 800 件，取得含税销售额 51.48 万元。已知化妆品的进口关税税率 40％、消费税税率 30％、机器设备的进口关税税率 20％，要求：

1. 计算该企业在进口环节应缴纳的消费税、增值税。

2. 计算该企业国内生产销售环节应缴纳的增值税、消费税。

解析：

本案例的分析表面上是要大家计算消费税和增值税，实际上要求大家全面系统地把握消费税法、增值税法甚至关税法的内容，全面了解消费税、增值税和关税的重叠征税关系。

1. 进口环节应缴纳的消费税、增值税

（1）进口化妆品属于特殊消费品，故进口时应纳消费税、增值税。

1）首先应确定进口化妆品关税的完税价格。进口货物在一般情况下是以海关审定的成交价格为基础的到岸价格作为关税的完税价格，包括货物的货价，货物运抵我国关境内输入地点起卸前的包装费、运费、保险费和其他劳务费用等费用，以及进口商在成交价格外另行支付给卖方的佣金。故：

关税的完税价格＝120＋10＋2＋18＝150（万元）

2）进口化妆品关税税额：

关税税额＝关税完税价格×关税税率＝150×40％＝60（万元）

3）进口化妆品消费税的组成计税价格：

组成计税价格＝（关税完税价格＋关税）÷（1－消费税税率）

＝（150＋60）÷（1－30％）＝300（万元）

4）进口化妆品应纳的消费税：

化妆品应纳的消费税＝组成计税价格×消费税税率＝300×30％＝90（万元）

5）进口化妆品应纳的增值税：

化妆品应纳增值税＝（关税的完税价格＋关税＋消费税）×增值税税率

＝（150＋60＋90）×17％＝51（万元）

（2）进口设备属于普通货物，不需要缴纳消费税，但应缴纳增值税：

1）进口设备关税的完税价格：

关税完税价格＝35＋5＝40（万元）

2）进口设备应纳的关税：

应纳关税＝关税完税价格×关税税率＝40×20％＝8（万元）

3）进口设备应纳的增值税税额：

进口设备应纳的增值税税额＝（关税完税价格＋关税）×增值税税率

＝（40＋8）×17％＝8.16（万元）

（3）该企业进口环节应向海关缴纳的消费税为 90 万元；应纳的增值税为 59.16（51＋8.16）万元。

2. 国内生产销售环节应缴纳的增值税、消费税

（1）确定生产销售货物的销售额。增值税是价外税，其计税依据是不含税的销售额，如为含税销售额，则应换算为不含税销售额。其计算公式为：

销售额＝含税销售额÷（1＋增值税税率）

本企业当期销售额＝290＋51.48÷（1＋17％）＝334（万元）

（2）确定生产销售的销项增值税税额：

销项税额＝销售额×增值税税率＝334×17％＝56.78（万元）

（3）确定当期可抵扣的进项税仅限于进口化妆品所包含的增值税税金 51 万元，进口设备所包含的增值税税金 8.16 万元由于属于固定资产，因而不允许抵扣。

（4）生产销售环节应向当地国税局缴纳的增值税：

应纳税额＝当期销项税额－当期进项税额＝56.78－51＝5.78（万元）

（5）生产销售成套化妆品应纳的消费税。其计算公式为：

消费税应纳税额＝销售额×消费税税率

注意此处的销售额是不含增值税税款的销售额，即（1）中的 334 万元。同时，消费税法规定，对企业用外购的已税消费品继续生产应税消费品的，可扣除外购消费品已纳的消费税税款，以避免重复征税。但该种扣除与增值税进项税额只要发生在当期即可全额扣除不同，消费税的税款扣除只能按照当期生产领用的数量扣除外购消费品中的已纳税款。因此，在计算消费税时，只能将进口环节缴纳的消费税的 80％予以扣除。故：

成套消费品应纳消费税税额＝334×30％－90×80％＝28.2（万元）

第三节　消费税的征收管理

消费税由税务机关征收，进口的应税消费品的消费税由海关代征，个人携带或者邮寄进境的应税消费品的消费税连同关税一并计征。有关消费税的纳税环节、纳税义务发生时间、纳税地点等征收管理内容规定如下。

一、消费税的纳税环节

消费税最终虽然是由消费者负担，但其纳税环节除特殊情况外，一般都确定在生产环节。这样做的原因是生产环节的纳税人较消费环节要少得多，选择在该环节纳税，可以降低征收费用，减少征税的阻力。而且采用源泉控制，可以减少税款流失的风险，保证国家的财政收入。

我国现行法规关于纳税环节的具体规定如下：

（1）纳税人生产的应税消费品，于销售时纳税。

（2）纳税人自产自用的，除用于连续生产外，用于其他方面的应税消费品，于移送使用时纳税。

（3）委托加工的应税消费品，由受托方在向委托方交货时代收代缴税款（但受托人为个人时，则应由委托方收回应税消费品后在委托方所在地缴纳消费税）。

（4）进口的应税消费品，于报关进口时纳税。

（5）纳税人零售的金银首饰（含以旧换新），于零售时纳税；用于馈赠、赞助、集资、广告、样品、职工福利、奖励等方面的金银首饰，于移送时纳税；带料加工、翻新改制的金银首饰，于受托方交货时纳税。

（6）钻石及钻石饰品的纳税环节自 2002 年 1 月 1 日起由生产环节、进口环节改为零售环节纳税。

（7）铂金首饰的纳税环节自 2003 年 5 月 1 日起也由原来在生产环节和进口环节改为在零售环节纳税。

二、消费税的纳税义务发生时间

（1）纳税人销售应税消费品的，按不同的销售结算方式确定其纳税义务发生时间。

1）采取赊销和分期收款结算方式的，为书面合同约定的收款日期的当天，书面合同没有约定收款日期或者无书面合同的，为发出应税消费品的当天；

2）采取预收货款结算方式的，为发出应税消费品的当天；

3）采取托收承付和委托银行收款方式的，为发出应税消费品并办妥托收手续的当天；

4）采取其他结算方式的，为收讫销售款或者取得索取销售款凭据的当天；

5）纳税人零售金银首饰，为收讫销货款或者取得索取销货凭据的当天；用于馈赠、赞助、集资、广告、样品、职工福利、奖励等方面的金银首饰，为移送的当天；带料加工、翻新改制的金银首饰，为受托方交货的当天。

（2）纳税人自产自用应税消费品的，为移送使用的当天。

（3）纳税人委托加工应税消费品的，为纳税人提货的当天。

（4）纳税人进口应税消费品的（含个人携带、邮寄金银首饰进境），为报关进口的当天。但经营单位进口金银首饰于零售环节征收。

三、消费税的纳税期限

消费税的纳税期限分别为1日、3日、5日、10日、15日、1个月或者1个季度。纳税人的具体纳税期限，由主管税务机关根据纳税人应纳税额的大小分别核定；不能按照固定期限纳税的，可以按次纳税。

纳税人以1个月或者1个季度为1个纳税期的，自期满之日起15日内申报纳税；以1日、3日、5日、10日或者15日为1个纳税期的，自期满之日起5日内预缴税款，于次月1日起15日内申报纳税并结清上月应纳税款。

纳税人进口应税消费品，应当自海关填发《海关进口消费税专用缴款书》之日起15日内缴纳税款。

四、消费税的纳税地点

（1）纳税人销售的应税消费品，以及自产自用的应税消费品，除国务院财政、税务主管部门另有规定外，应当向纳税人机构所在地或者居住地的主管税务机关申报纳税。

（2）纳税人到外县（市）销售或者委托外县（市）代销自产应税消费品的，应于应税消费品销售后，向机构所在地或者居住地主管税务机关申报纳税。

但到外县（市）临时零售金银首饰的固定业户，应当向其机构所在地主管税务局申请开具外出经营活动税收管理证明，回其机构所在地向主管税务局申报纳税；如未持有其机构所在地主管税务局核发的外出经营活动税收管理证明的，销售地主管税务局一律按规定征收消费税；其在销售地发生的销售额，回机构所在地后仍应按规定申报纳税，在销售地缴纳的消费税税款不得从已纳税额中扣减。

（3）纳税人的总机构与分支机构不在同一县（市）的，应当分别向各自机构所在地的主管税务机关申报纳税；经财政部、国家税务总局或者其授权的财政、税务机关批准，也可以由总机构汇总向总机构所在地的主管税务机关申报纳税。

（4）委托加工的应税消费品，一般由受托方向机构所在地或者居住地的主管税务机关解缴消费税税款；但委托个人加工的应税消费品，应由委托方向其机构所在地或者居住地主管税务机关申报纳税。

（5）进口的应税消费品，由进口人或其代理人向报关地海关申报缴纳消费税。

五、消费税的减免与退税规定

由于应纳消费税的消费品一般为非生活必需品，故其购买者一般都具有较高的消费水平，也就是说消费税是由具有相应消费能力的消费者负担的一种税。没有相应的负担能力，一般就不会发生应税消费品的消费行为。故对消费税原则上不存在需要减免的问题，不能以减税、免税来满足特殊的消费需求。但是，为鼓励出口，提高本国产品在国际市场上的竞争能力，国际上的通行做法是对出口产品免税，如果出口产品已征消费税，则应退税。另外，对纳税人销售的应税消费品，如因质量等原因由购买者退回时，经纳税人机构所在地或者居住地主管税务机关审核批准后，也可退还已缴纳的消费税税款。

我国借鉴国际惯例，对纳税人出口的应税消费品免征消费税，但国家限制出口的产品除外。按《出口货物退（免）税管理办法》等法规的规定，免税的办法可实行先征后退或者在生产环节免税。具体有如下规定：

（1）有出口经营权的生产企业自营出口的应税消费品，可以按照实际出口数量免征消费税。

（2）外贸企业出口和代理出口的应税消费品，可以退还已经征收的消费税。其中，从价定率计征消费税的货物，按照外贸企业从生产企业购进货物时征收消费税的价格计算；从量定额计征消费税的货物，按照外贸企业购进货物和报关出口的数量计算。但出口金银首饰在出口环节不退税。应退消费税的计算公式为：

应退税额＝出口货物工厂的销售额（出口数量）×税率（单位税额）

（3）国家特准可以退还或者免征消费税的消费品主要有：

1）对外承包工程公司运出境外，用于对外承包项目的消费品；

2）企业在国内采购之后运出境外，作为境外投资的消费品；

3）对外承接修理、修配业务的企业用于对外修理、修配业务的消费品；

4）外轮供应公司、远洋运输供应公司销售给外轮和远洋国轮，并收取外汇的消费品；

5）经国务院批准设立，享有进出口经营权的中外合作商业企业收购自营出口的国产应税消费品。

（4）外商投资企业以“来料加工”、“进料加工”贸易方式进口的应税消费品，可以免征进口环节的消费税，加工的应税消费品出口之后，可以免征加工或委托加工应税消费品及加工费的消费税。

（5）出口退还消费税的应税消费品的退税率，按照《消费税税目（税额）表》规定的税率或税额标准执行。

办理出口退（免）消费税的企业，应将其适用不同税率或税额标准的应税消费品分别核算、申报。否则，税务机关将从低适用税率或税额计算退（免）的消费税税额。

（6）出口的应税消费品办理退税后，发生退关，或者国外退货进口时予以免税的，报关出口者必须及时向其机构所在地或者居住地主管税务机关申报补缴已退的消费税税款。

纳税人直接出口的应税消费品办理免税后，发生退关或者国外退货，进口时已予以免税的，经机构所在地或者居住地主管税务机关批准，可暂不办理补税，待其转为国内销售时，再申报补缴消费税。

本|章|小|结

消费税法是调整消费税征纳关系的法律规范的总称。消费税作为对特定消费品或者消费行为征收的一种税，由于其具有独特的调节作用，而在当今世界受到普遍重视。目前美、英、日、法等主要发达国家都开征该税。在我国，消费税是 1994 年税制改革新开征的一个税种，是我国目前的主体税种之一，是中央财政收入的重要来源。因此，本章是税法课程学习的重点内容之一。

第一节重点阐明了消费税的概念及特点，揭示了消费税的调节作用与收入作用，描述了消费税的产生及发展过程，较为详细地列举了我国有关消费税课征的法律、法规、规章，使读者对消费税的调节机能及课征依据有一个初步的了解。大家应予以特别注意的是，消费税仅对特定消费品征税，并且是单一环节征税。

第二节具体介绍了消费税的征收范围及纳税人、消费税的税目税率、消费税的计算等内容。消费税纳税人的确定，必须结合特定的消费品与特定的纳税环节这两个因素来综合考虑。原则上讲，消费税是在生产环节向生产厂商征税，但在例外情况下亦有可能在零售环节由零售商纳税。同时，有关消费税销售额的确定与应纳税额的计算，应结合法律规定与案例示例予以把握。

第三节依据现行法律规定，介绍了消费税的纳税环节、纳税义务发生时间、纳税期限、纳税地点、消费税的减免与退税规定等消费税的征管内容。大家在学习中应特别注意消费税征收管理规定与增值税征收管理规定的异同。

通过本章的学习，应着重掌握消费税的概念、特点及作用，弄清我国消费税的征收范围，明确单一环节课征的消费税是如何同多环节“道道征税”的增值税相互配合、实现双层调节的。

关键概念

消费税　消费税法　复合计税

思考题

1. 什么是消费税？它有哪些特征？
2. 消费税的纳税人如何确定？
3. 消费税的作用主要有哪些？
4. 消费税的税率规定有哪些内容？在税率设计时考虑了哪些因素？
5. 我国实行复合计税的税种有哪些？实行从量征收的税种有哪些？
6. 消费税的计税依据和增值税的计税依据有何关系？
7. 零售商销售白酒要不要缴纳消费税？为什么？
8. 消费税、增值税、关税的关系如何？
9. 消费税的纳税环节是如何规定的？
10. 金银首饰消费税的征收管理有哪些特殊规定？
11. 消费税的纳税义务发生时间和纳税地点有哪些规定？
12. 为什么要对纳税人外购或委托加工收回的特定消费品，用于连续生产应税消费品的，其已纳的消费税税款准予从应纳的消费税税额中抵扣？

第四章

营业税法制度

营业税法是调整营业税征纳关系的法律规范的总称。我国现行的营业税是对我国境内提供应税劳务、转让无形资产或销售不动产的单位和个人就其营业额征收的一种流转税。营业税是世界各国普遍征收的一种税，也是我国现行税制中的一个重要税种。营业税和增值税、消费税、关税等共同构成了我国的流转税制体系。

我国现行营业税是在1994年税制改革中经调整重新确立的，它主要针对提供应税劳务的单位和个人（第三产业）征收。作为中央和地方共享税，其收入大部分划归地方，成为我国地方政府财政收入最主要的来源之一。目前，我国调整营业税征纳关系的法规依据主要有1993年12月13日国务院发布、2008年11月5日修订通过的《中华人民共和国营业税暂行条例》，1993年12月25日财政部发布、2011年10月28日第二次修订的《中华人民共和国营业税暂行条例实施细则》。此外，还有国家税务总局发布的《营业税税目注释（试行稿）》、《关于人民银行贷款业务不征收营业税的具体范围的通知》、《关于营业税若干征税问题的通知》、《营业税问题解答（之一）的通知》、《关于营业税若干问题的通知》、《金融保险业营业税申报管理办法》、《关于交通运输企业征收营业税问题的通知》、《关于贷款业务征收营业税问题的通知》、《关于纳税人销售自产货物提供增值税劳务并同时提供建筑业劳务征收流转税问题的通知》、《关于对已缴纳过营业税的递延收入不再征收营业税问题的通知》，财政部、国家税务总局联合发布的《关于对若干项目免征营业税的通知》、《关于营业税几个政策问题的通知》、《关于修改〈中华人民共和国增值税暂行条例实施细则〉和〈中华人民共和国营业税暂行条例实施细则〉的决定》、《关于金融业征收营业税有关问题的通知》、《关于对社会团体收取的会费收入不征收营业税的通知》、《关于调整行政事业性收费（基金）营业税政策的通知》、《关于降低金融保险业营业税税率的通知》、《关于调整部分娱乐业营业税税率的通知》、《关于下岗失业人员再就业有关税收政策问题的通知》、《关于建筑业营业税若干政策问题的通知》等部门规章和规范性文件。

2011年11月16日，经国务院批准，财政部、国家税务总局联合印发《营业税改征增值税试点方案》。根据此试点方案，两部局又印发了《交通运输业和部分现代服务业营业税改征增值税试点实施办法》、《交通运输业和部分现代服务业营业税改征增值税试点有关事项的规定》和《交通运输业和部分现代服务业营业税改征增值税试点过渡政策的规定》等文件，从2012年1月1日起，在上海交通运输业和部分现代服务业率先开展营业税改征增值税试点。自2012年8月1日起至年底，国务院又扩大营改增试点至北京市、天津市、江苏省、安徽省、浙江省（含宁波市）、福建省（含厦门市）、湖北省、广东省（含深圳市）等10个省市（直辖市、计划单列市）。试点地区先在交通运输业、部分现代服务业等生产性服务业开展试点，再逐步推广至其他行业。2013年8月1日起，该项试点工作向全国推开。将营业税改征增值税，有利于完善税制，消除重复征税；有利于社会专业化分工，促进三次产业融合；有利于降低企业税收成本，增强企业发展能力；有利于优化投资、消费和出口结构，促进国民经济健康协调发展。从长远看，我国的营业税最终将被增值税取代。

重点问题

- 营业税的概念及法律特征。
- 营业税的征税范围及纳税人。
- 营业税的税目与税率。
- 营业税与增值税的关系。
- 营业税计税依据（营业额）的确定。
- 营业税的减免规定。
- 营业税的征收管理。

第一节　营业税法概述

一、营业税的概念及特点

营业税，或称销售税，是以纳税人从事生产经营活动的营业额（销售额）为课税对象征收的一种流转税。营业税一般不区分商品或劳务，而着眼于营业行为（销售行为），只要纳税人发生了营业行为（销售行为），就要对其营业收入额（销售收入额）征税。我国现行的营业税是对我国境内提供应税劳务、转让无形资产或销售不动产的单位和个人就其营业额征收的一种流转税。

历史上，营业税因具有征税对象广泛、多环节课征、平均税负较低、征收简便易行等特点，曾成为世界各国普遍征收的一种重要税收。但由于它是一种传统的流转税，故和产品税、货物税一样也存在税负累积的弊端，因此，在实行增值税的国家，营业税大多已被增值税取代，保留下来的营业税，其征收范围也大大缩小，一般只对一些第三产业征收。

我国现行的营业税和增值税、消费税相配合，共同构成我国新的流转税体系。表现为：在工业生产领域和商业批发零售环节普遍征收增值税，选择少数消费品交叉征收消费税，对不实行增值税的劳务征收营业税。在建立营业税制的过程中贯彻了不增加税负、公平税负、鼓励竞争、统一税政、简化税制的原则。因此，我国现行的营业税具有以下特点：

（1）征收范围有较大程度的缩小。1994 年税制改革前，营业税是对商品批发、零售环节的商品流转额和服务性营业收入普遍征收的一种税。改革后，缩小了营业税的征收范围，将商品批发和零售业务以及工业加工、修理修配业务都划入了增值税的征收范围，营业税则对转让无形资产、销售不动产和提供七大类劳务服务征税。这样，营业税实际已成为主要对提供劳务所取得的营业收入（亦即对第三产业）征收的一种税。

（2）简并和调整了税目税率，均衡税负。改革前的营业税税目有 12 个，税率分为 3%、5%、10%、15%和按进销差价征税的 10%五档，税率差距较大。改革后经调整只设置了 9 个税目，税率档次也简并为 3 档（1997—2000 年金融保险业税率由 5%提高至 8%，从而使税率档次增为 4 档，但自 2001 年起每年下调一个百分点，至 2003 年恢复为 5%），大部分税目实行 3%、5%的税率，对娱乐业设计了 5%～20%的幅度税率，授权地方政府在幅度范围内确定当地适用的税率。这样，税目得以简化，税负相对减轻且各行业间较为均衡，有利于开展公平竞争。

（3）税收收入比较稳定可靠。营业税主要对服务业（第三产业）征税，且纳税人一旦取得营业收入，不论成本高低、盈亏与否，均需按照规定税率纳税，税额随第三产业的发展、营业额的增加而同步增长。因而具有收入稳定可靠的特点，是我国地方政府财政收入中最主要的来源之一。

（4）改革了营业税的优惠政策。针对过去营业税法规减税、免税规定较多，越权减免、擅自减免屡禁不止的现象，改革后的《中华人民共和国营业税暂行条例》规定，除税法统一规定的减税免税（包括起征点规定）项目外，任何部门和地区都无权减免税，税务机关也不再办理临时性、困难性减免事项。营业税的税目、税率调整要由国务院决定。

二、营业税的产生和发展

营业税是世界各国较为普遍实行的一个税种，在我国也是一个古老的税种。但在各个不同时期，营业税的征收范围是在不断调整的。早在建国初期，营业税就是工商税的一个组成部分，征税范围较为普遍。1958 年进行工商税制改革，将工商业营业税和货物税、商品流通税、印花税合并简化为工商统一税。1973 年又将国营和集体企业缴纳的工商统一税及其附加、城市房地产税、车船使用牌照税、屠宰税以及盐税、临时商业税合并为工商税，营业税作为单独的税种不复存在。1984 年进行第二步利改税和工商税制全面改革时，为适应在改革开放过程中形成的商品流通领域出现多种经济成分、多种流通渠道、多种经济方式的新情况，又把工商税中对商品、服务业征税的部分划分出来，征收营业税，恢复成为一个独立的税种。从 1994 年开始实施的税制改革，适应建立社会主义市场经济体制的要求，对我国的流转税制又作了进一步的重大改革和调整，在工业生产领域和商业批发、零售环节普遍征收增值税，选择少数消费品交叉征收消费税，对不实行增值税的劳务和第三产业征收营业税。营业税的实施，对于更好地发挥税收的调节作用，保证国家财政收入尤其是地方政府收入，繁荣第三产业，促进市场的发育和完善具有重要的意义。

目前，我国调整营业税征纳关系的法规依据主要有：1993 年 12 月 13 日国务院发布、2008 年 11 月 5 日修订通过的《中华人民共和国营业税暂行条例》（以下简称《营业税暂行条例》），1993 年 12 月 25 日财政部发布、2011 年 10 月 28 日第二次修订的《中华人民共和国营业税暂行条例实施细则》（以下简称《营业税暂行条例实施细则》），国家税务总局于 1993 年 12 月 27 日发布的《营业税税目注释（试行稿）》、1994 年 4 月 30 日发布的《关于人民银行贷款业务不征收营业税的具体范围的通知》、1994 年 7 月 18 日发布的《关于营业税若干征税问题的通知》、1995 年 4 月 17 日印发的《营业税问题解答（之一）的通知》、1995 年 4 月 26 日发布的《关于营业税若干问题的通知》、2002 年 1 月 30 日发布的《金融保险业营业税申报管理办法》、2002 年 2 月 10 日发布的《关于交通运输企业征收营业税问题的通知》、2002 年 5 月 12 日发布的《关于贷款业务征收营业税问题的通知》、2002 年 9 月 11 日发布的《关于纳税人销售自产货物提供增值税劳务并同时提供建筑业劳务征收流转税问题的通知》、2002 年 11 月 5 日发布的《关于对已缴纳过营业税的递延收入不再征收营业税问题的通知》，财政部、国家税务总局 1994 年 3 月 29 日发布的《关于对若干项目免征营业税的通知》、1995 年 6 月 2 日发布的《关于营业税几个政策问题的通知》、1995 年 8 月 11 日发布的《关于金融业征收营业税有关问题的通知》、1997 年 5 月 21 日发布的《关于对社会团体收取的会费收入不征收营业税的通知》、1997 年 5 月 22 日发布的《关于调整行政事业性收费（基金）营业税政策的通知》、2001 年 3 月 7 日发布的《关于降低金融保险业营业税税率的通知》、2001 年 4 月 19 日发布的《关于调整部分娱乐业营业税税率的通知》、2002 年 12 月 27 日发布的《关于下岗失业人员再就业有关税收政策问题的通知》、2006 年 12 月 22 日发布的《关于建筑业营业税若干政策问题的通知》、2011 年 10 月 28 日公布的《关于修改〈中华人民共和国增值税暂行条例实施细则〉和〈中华人民共和国营业税暂行条例实施细则〉的决定》等。

第二节　营业税法的基本内容

一、营业税的征税范围

按照《营业税暂行条例》的规定，中国的营业税是对在中国境内提供应税劳务、转让无形资产和销售不动产的单位和个人，就其业务收入额课征的一种税。因此，我国营业税的征税范围是在中国境内有偿提供应税劳务、转让无形资产或者销售不动产的行为。

所谓“在中国境内”，是指：（1）提供或者接受规定劳务的单位或者个人在境内；（2）所转让的无形资产（不含土地使用权）的接受单位或者个人在境内；（3）所转让或者出租土地使用权的土地在境内；（4）所销售或者出租的不动产在境内。

所谓“应税劳务”是指属于交通运输业、建筑业、金融保险业、邮电通信业、文化体育业、娱乐业、服务业税目征收范围的劳务。加工、修理修配劳务不属于营业税的应税劳务，对这两类劳务征收增值税而不征收营业税。单位或个体经营者聘用的员工为本单位或雇主提供应税劳务，不属于有偿提供应税劳务的范围，按规定不征收营业税。

所谓“提供应税劳务、转让无形资产或者销售不动产”是指有偿提供应税劳务、有偿转让无形资产、有偿销售不动产。所谓“有偿”，是指提供应税劳务、转让无形资产、销售不动产时是有偿的，即以取得货币、货物或者其他经济利益为条件。但是，纳税人有下列情形之一的，亦视为有偿，视同发生应税行为，应征收营业税：

（1）单位或者个人将不动产或者土地使用权无偿赠送其他单位或者个人；

（2）单位或者个人自己新建（以下简称自建）建筑物后销售，其所发生的自建行为；

（3）财政部、国家税务总局规定的其他情形。

此外，营业税的征收范围还有以下特殊规定：

（1）金融机构（包括银行和非银行金融机构）从事的外汇、有价证券、期货买卖业务应征营业税；非金融机构和个人买卖外汇、有价证券或期货不征收营业税。

其中，此处的期货是指非货物期货，货物期货不征收营业税，而征收增值税。

（2）一项销售行为如果既涉及应税劳务又涉及货物，为混合销售行为。除另有规定者外，从事货物（此处的货物是指有形动产，包括电力、热力、气体在内）的生产、批发或者零售的企业、企业性单位和个体工商户（包括以从事货物的生产、批发或者零售为主，并兼营应税劳务的企业、企业性单位和个体工商户）的混合销售行为，视为销售货物，不缴纳营业税（应缴纳增值税）；其他单位和个人的混合销售行为，视为提供应税劳务，缴纳营业税。

纳税人的下列混合销售行为，应当分别核算应税劳务的营业额和货物的销售额，其应税劳务的营业额缴纳营业税，货物销售额不缴纳营业税（应缴纳增值税）；未分别核算的，由主管税务机关核定其应税劳务的营业额：

1）提供建筑业劳务的同时销售自产货物的行为；

2）财政部、国家税务总局规定的其他情形。

（3）纳税人兼营应税行为和货物或者非应税劳务的，应当分别核算应税行为的营业额和货物或者非应税劳务的销售额，其应税行为营业额缴纳营业税，货物或者非应税劳务销售额不缴纳营业税（应缴纳增值税）；未分别核算的，由主管税务机关核定其应税行为营业额。

二、纳税人

营业税的纳税人是在中国境内提供应税劳务、转让无形资产或者销售不动产的单位和个人。

单位，是指企业、行政单位、事业单位、军事单位、社会团体及其他单位；个人，是指个体工商户和其他个人。除另有特殊规定者外，负有营业税纳税义务的单位原则上为发生应税行为并收取货币、货物或者其他经济利益的单位，不包括单位依法不需要办理税务登记的内设机构。

此外，营业税的纳税人尚有以下特殊规定：

（1）铁路运输的纳税人：1）中央铁路运营业务的纳税人为铁道部；2）合资铁路运营业务的纳税人为合资铁路公司；3）地方铁路运营业务的纳税人为地方铁路管理机构；4）基建临管线运营业务的纳税人为基建临管线管理机构。

（2）单位以承包、承租、挂靠方式经营的，承包人、承租人、挂靠人（以下统称承包人）发生应税行为，承包人以发包人、出租人、被挂靠人（以下统称发包人）名义对外经营并由发包人承担相关法律责任的，以发包人为纳税人；否则以承包人为纳税人。

（3）非居民（包括非居民企业和非居民个人）在中国境内发生营业税应税行为，在中国境内设立经营机构的，应自行申报缴纳营业税；在境内未设立经营机构的，以代理人为营业税的扣缴义务人；没有代理人的，以发包方、劳务受让方或购买方为扣缴义务人。

三、营业税的税目与税率

（一）营业税的税目

营业税的税目是征收范围的具体化。我国营业税的税目是按行业设计的，共有 9 个税目，为便于执行，有的税目下还设有若干子目。具体包括：

1. 交通运输业

交通运输业，是指使用运输工具或人力、畜力将货物或旅客送达目的地，使其空间位置得到转移的劳务活动。征收范围包括陆路（包括铁路、公路、缆车、索道）运输、水路（包括江、河、湖、海）运输、航空运输、管道运输、装卸搬运。

凡与运输业务有关的各项劳务活动，均属本税目的征收范围。如远洋运输企业从事程租业务、期租业务和航空运输企业从事湿租业务取得的收入，亦按此税目征税。

知识链接

程租业务，是指远洋运输企业为租船人完成某一特定航次的运输任务并收取租赁费的业务。期租业务，是指远洋运输企业将配备有操作人员的船舶承租给他人使用一定期限，承租期内听候承租人调遣，不论是否经营，均按天向承租人收取租赁费，发生的固定费用（如人员工资、维修费用等）均由船东负担的业务。湿租业务，是指航空运输企业将配备有机组人员的飞机承租给他人使用一定期限，承租期内听候承租人调遣，不论是否经营，均按一定标准向承租人收取租赁费，发生的固定费用（如人员工资、维修费用等）均由承租方负担的业务。

2. 建筑业

建筑业是指建筑安装工程作业。征收范围包括建筑、安装、修缮、装饰和其他工程作业等业务。管道煤气集资费（初装费）亦按此税目征税。

3. 金融保险业

金融保险业是指经营金融、保险的业务。征收范围包括金融（包括贷款、融资租赁、金融商品转让、金融经纪业和其他金融业务，但人民银行的贷款业务除外）和保险业务。对我国境内外资金融机构从事离岸银行业务①，属于在我国境内提供应税劳务的，征收营

① 离岸银行业务，是指银行吸收非居民的资金，服务于非居民的金融活动。包括外汇存款、外汇贷款、同业外汇拆借、国际结算、发行大额可转让存款证、外汇担保、咨询、见证业务、国家外汇管理局批准的其他业务。

业税。

4. 邮电通信业

邮电通信业是指专门办理信息传递的业务活动。征收范围包括：（1）邮电，包括传递函件和包件、邮汇、报刊发行、邮务物品销售、邮政储蓄等；（2）电信，包括电报、电传、电话、电话机安装、电信物品销售等。

5. 文化体育业

文化体育业是指经营文化、体育活动的业务。征收范围包括：（1）文化业，包括表演、播映、展览、培训、讲座、图书（资料）借阅、经营游览场所等；（2）体育业，包括举办体育比赛和为体育活动提供场所。

6. 娱乐业

娱乐业是指为娱乐活动提供场所和服务的业务。征收范围包括经营歌厅、舞厅、卡拉OK歌舞厅、音乐茶座、台球室、高尔夫球场、保龄球场、游艺场等娱乐场所，以及娱乐场所为顾客进行娱乐活动提供服务的业务。娱乐场所为顾客提供的饮食服务及其他各项服务也按照娱乐业征税。

7. 服务业

服务业是指利用设备、工具、场所、信息或技能为社会提供服务的业务。征收范围包括代理业、旅店业、饮食业、旅游业、仓储业、租赁业、广告业及其他服务业。

此外，对远洋运输企业从事光租业务和航空运输企业从事干租业务取得的收入，按照“服务业”税目中的“租赁业”项目征收营业税。

知识链接

光租业务，是指远洋运输企业将船舶在约定的时间内出租给他人使用，不配备操作人员，不承担运输过程中发生的各种费用，只收取固定租赁费的业务。干租业务，是指航空运输企业将飞机在约定的时间内出租给他人使用，不配备机组人员，不承担运输过程中发生的各种费用，只收取固定租赁费的业务。

8. 转让无形资产

转让无形资产是指转让无形资产的所有权或使用权的行为。征收范围包括转让土地使用权、专利权、非专利技术、商标权、著作权、商誉。

以无形资产投资入股，参与接受投资方的利润分配、共同承担风险的行为，不征收营业税；对该项股权转让也不征收营业税。

土地租赁不按本税目征税。

9. 销售不动产

销售不动产是指有偿转让不动产所有权的行为。征收范围包括销售建筑物或构筑物、销售其他土地附着物。

单位将不动产无偿赠与他人，视同销售不动产，征收营业税。对个人无偿赠送不动产的行为，不征营业税。

在销售不动产时连同不动产所占土地的使用权一并转让的行为，比照销售不动产征税。

以不动产投资入股，参与接受投资方的利润分配、共同承担风险的行为，不征收营业税；对该项股权转让也不征收营业税。

不动产租赁不按本税目征税。

（二）营业税的税率

营业税实行行业差别比例税率，共有三档税率。具体规定是：

（1）交通运输业、建筑业、文化体育业、邮电通信业的税率为3%。

（2）转让无形资产、销售不动产和服务业税率为5%。

（3）1994年税制改革时，金融保险业税率为5%。但自1997年1月1日至2000年12月31日止统一执行8%的税率。自2001年起，每年下调1个百分点，分3年将税率从8%降低到5%。故现行金融保险业的税率亦为5%。

（4）娱乐业实行5%～20%的幅度税率。纳税人经营娱乐业具体适用的税率，由省、自治区、直辖市人民政府在《营业税暂行条例》规定的幅度内决定。

从2001年5月1日起，对夜总会、歌厅、舞厅、射击、狩猎、跑马、游戏、高尔夫球、保龄球、台球、游艺、电子游戏厅等娱乐行为，一律按20%的税率征收营业税。

纳税人兼有不同税目的应当缴纳营业税的劳务（以下简称应税劳务）、转让无形资产或者销售不动产，应当分别核算不同税目的营业额、转让额、销售额（以下统称营业额）；未分别核算营业额的，从高适用税率。

营业税的税目、税率，依照《营业税暂行条例》所附的《营业税税目税率表》执行，其调整由国务院决定。

四、营业税的计税依据及计算

（一）营业税的计税依据

营业税的计税依据为纳税人提供应税劳务、转让无形资产或者销售不动产所取得的营业额（包括营业额、转让额、销售额，下同）。

1. 确定营业额的一般规定

在一般情况下，营业额为纳税人提供应税劳务、转让无形资产或者销售不动产向对方收取的全部价款和价外费用。

其中，价外费用包括收取的手续费、补贴、基金、集资费、返还利润、奖励费、违约金、滞纳金、延期付款利息、赔偿金、代收款项、代垫款项、罚息及其他各种性质的价外收费。但不包括同时符合以下条件代为收取的政府性基金或者行政事业性收费：

（1）由国务院或者财政部批准设立的政府性基金，由国务院或者省级人民政府及其财政、价格主管部门批准设立的行政事业性收费；

（2）收取时开具省级以上财政部门印制的财政票据；

（3）所收款项全额上缴财政。

此外，确定营业额还应注意以下几点：

（1）纳税人发生应税行为，如果将价款与折扣额在同一张发票上注明的，以折扣后的价款为营业额；如果将折扣额另开发票的，不论其在财务上如何处理，均不得从营业额中扣除。

（2）除《营业税暂行条例实施细则》第 7 条规定外，纳税人提供建筑业劳务（不含装饰劳务）的，其营业额应当包括工程所用原材料、设备及其他物资和动力价款在内，但不包括建设方提供的设备的价款。

（3）娱乐业的营业额为经营娱乐业收取的全部价款和价外费用，包括门票收费、台位费、点歌费、烟酒、饮料、茶水、鲜花、小吃等收费及经营娱乐业的其他各项收费。

2. 特殊情况下营业额的确定

（1）下列情况下以营业额余额为计税依据：

1）纳税人将承揽的运输业务分给其他单位或个人的，以其取得的全部价款和价外费用扣除其支付给其他单位或个人的运输费用后的余额为营业额；

2）纳税人从事旅游业务的，以其取得的全部价款和价外费用扣除替旅游者支付给其他单位或个人的住宿费、餐费、交通费、旅游景点门票和支付给其他接团旅游企业的旅游费后的余额为营业额；

3）纳税人将建筑工程分包给其他单位的，以其取得的全部价款和价外费用扣除其支付给其他单位的分包款后的余额为营业额；

4）纳税人从事的外汇、有价证券、非货物期货和其他金融商品买卖业务，以卖出价减去买入价后的余额为营业额；

5）国务院财政、税务主管部门规定的其他情形。

纳税人在扣除前述有关项目费用时，取得的凭证不符合法律、行政法规或者国务院税务主管部门有关规定的，即取得的有关发票、财政票据、签收单据不是合法有效凭证时，该项目金额不得扣除。

（2）在下列情况下，税务机关有权核定纳税人的营业额：

1）纳税人提供应税劳务、转让无形资产或者销售不动产的价格明显偏低且无正当理由的；

2）单位或者个人将不动产或者土地使用权无偿赠送其他单位或者个人；

3）单位或者个人自己新建（以下简称自建）建筑物后销售，其所发生的自建行为。

主管税务机关按以下顺序核定纳税人的营业额：第一，按纳税人最近时期发生同类应税行为的平均价格核定；第二，按其他纳税人最近时期发生同类应税行为的平均价格核定。

主管税务机关按下列公式核定纳税人的营业额：

营业额＝营业成本或者工程成本×（1＋成本利润率）÷(1－营业税税率)

公式中的成本利润率，由省、自治区、直辖市税务局确定。

3. 其他规定

营业额以人民币计算。纳税人以人民币以外的货币结算营业额的，应当折合成人民币计算。其营业额的人民币折合率可以选择营业额发生的当天或当月 1 日的人民币汇率中间价。

但金融企业以外汇结算营业额的，按照其收到的外汇的当天或者当季季末中国人民银行公布的基准汇价折算；保险企业以外汇结算营业额的，按照其收到的外汇的当天或者当月月末中国人民银行公布的基准汇价折算。

不论以什么时候的汇价折算，纳税人都应当事先确定，且确定以后 1 年之内不能变更。

（二）营业税应纳税额的计算

纳税人提供应税劳务、转让无形资产或销售不动产，按照营业额和规定的税率计算应纳税额。计算公式为：

应纳税额＝营业额×适用税率

纳税人缴纳营业税后因发生退款减除营业额的，应当退还已缴纳营业税税款或者从纳税人以后应缴纳的营业税税额中减除。

【例 4—1】

某运输公司 2003 年 7 月运营售票收入总额为 800 万元，从中支付其他运输企业联运业务的金额为 200 万元。则该运输公司当月应缴纳的营业税税额为：

应纳税额＝（售票收入额－联运业务支出）×适用税率

＝（800－200）×3%＝18（万元）

【例 4—2】

某卡拉 OK 歌舞厅 2003 年 6 月的门票收入为 80 万元，台位费收入 40 万元，相关的烟酒和饮料费收入为 40 万元，其适用税率为 20%。则该歌舞厅当月应缴纳的营业税税额为：

应纳税额＝营业额×适用税率

＝（80＋40＋40）×20%＝32（万元）

【例 4—3】

某房地产开发公司 2003 年 4 月销售各方面条件都相同的 10 套居住用房，其中 6 套的售价为 75 万元，3 套的售价为 80 万元，1 套销售给该公司的法律顾问，售价为 50 万元，税务机关认为该套住房价格明显偏低。不考虑其他因素，请计算该公司本月的应纳税额。

按照税法的规定，对于纳税人提供应税劳务、转让无形资产或者销售不动产，价格明显偏低且无正当理由的，税务机关有权按规定核定其营业额。本案例应按纳税人销售的当月同类不动产的平均价格核定。即：

销售给法律顾问的住房的核定价格＝(6×75＋3×80)÷(6＋3)

≈76.67(万元)

应纳税额＝(6×75＋3×80＋1×76.67)×5%≈38.33(万元)

五、营业税的减免优惠

（一）免税项目

按照规定，下列项目可以免征营业税：

（1）托儿所、幼儿园、养老院、残疾人福利机构等提供的养育服务、婚姻介绍、殡葬服务。

（2）残疾人员个人为社会提供的劳务。

（3）医院、诊所和其他医疗机构（含工会疗养院）提供的医疗服务。

（4）普通学校以及经地、市以上人民政府或者同级政府的教育行政部门批准成立，国家承认其学员学历的各类学校提供的教育劳务，学生勤工俭学提供的劳务。

（5）农业机耕、排灌、病虫害防治、植物保护、农牧业保险以及相关的技术培训业务，家禽、牲畜、水生动物的配种和疾病防治。

（6）纪念馆、博物馆、文化馆、美术馆、展览馆、书画院、图书馆、文物保护单位举办文化活动的门票收入（指第一道门票销售收入），宗教场所举办文化、宗教活动的门票收入。

（7）境内保险机构为出口货物提供的保险产品，包括出口货物保险和出口信用保险。

（8）保险公司开办的一年期以上、到期返还本利的普通人寿保险、养老金保险、健康保险等保险业务的保费收入。

（9）个人转让著作权收入。

（10）单位和个人从事技术转让、技术开发业务及与之相关的技术咨询、技术服务业务取得的收入。

（11）将土地使用权转让给农业生产者用于农业生产的。

（12）经过中央和省级财政部门批准，纳入财政预算管理或者财政专户管理的行政事业性收费和基金。

（13）在中国境内经过国家社团主管部门批准成立的非营利性的社会团体（如协会、学会、联合会、研究会、基金会、联谊会、促进会、商会等），按照财政部门或者民政部门规定的标准收取的会费。各党派、工会、共青团、妇联等组织收取的党费、会费、团费等，可以比照上述规定，免征营业税。

（14）金融企业联行、金融企业与人民银行及同业之间的资金往来，暂不征收营业税。

（15）在经济特区内设立的外商投资和外国金融企业来源于特区内的营业收入，从注册之日起，可以免征营业税 5 年。

（16）高校后勤实体为本校教学、科研提供的应税劳务（不包括旅店业、饮食业、娱乐业），可以暂免征收营业税。

（17）从事服务业（不包括广告业）的民政福利企业，安置残疾人员占企业生产人员35%以上的，可以暂免征收营业税。

（18）下岗职工从事社区居民服务业取得的营业收入，3 年内免征营业税。

（19）对住房公积金管理中心用住房公积金在指定的委托银行发放个人住房贷款取得的收入，免征营业税。

（20）对按政府规定价格出租的公有住房和廉租住房暂免征营业税；对个人按照市场价格出租的居民住房，暂按 3%的税率征收营业税。

（21）保险公司的摊回分保费用、金融机构的出纳长款收入，不征收营业税。

（22）中国人民银行对金融机构的贷款业务，不征收营业税；中国人民银行对企业贷款或委托金融机构贷款的业务应当征收营业税。

（23）个人将购买超过5年（含5年）的普通住房对外销售的，免征营业税；个人将购买超过5年（含5年）的非普通住房对外销售的，按其销售收入减去购买房屋的价款后的余额征收营业税。个人将购买不足5年的住房（无论普通还是非普通住房）对外销售的，全额征收营业税。

个人自建自用住房，销售时免征营业税。对企业、行政事业单位按房改成本价、标准价出售住房的收入，暂免征收营业税。

（24）整体转让企业产权的行为，不征收营业税。

（25）对地方商业银行转贷用于清偿农村合作基金会债务的专项贷款利息收入免征营业税。专项贷款是指由中国人民银行向地方商业银行提供，并由商业银行转贷给地方政府，专项用于清偿农村合作基金会债务的贷款。

（26）对纳入全国试点范围的非营利性中小企业信用担保、再担保机构，可由地方政府确定，对其从事担保业务收入，3年内免征营业税。

（27）对社保基金理事会、社保基金投资管理人运用社保基金买卖证券投资基金、股票、债券的差价收入，暂免征收营业税。

（28）自2002年1月1日起，福利彩票机构发行销售福利彩票取得的收入，不征收营业税；但对福利彩票机构以外的代销单位销售福利彩票取得的手续费收入应按规定征收营业税。

（二）起征点规定

根据规定，纳税人营业额未达到国务院财政、税务主管部门规定的营业税起征点的，免征营业税；达到起征点（指纳税人营业额合计达到起征点）的，依照规定全额计算缴纳营业税。起征点的适用范围仅限于个人纳税人。

我国现行营业税起征点按照财政部2011年10月28日发布、自同年11月1日起施行的《关于修改〈中华人民共和国增值税暂行条例实施细则〉和〈中华人民共和国营业税暂行条例实施细则〉的决定》的规定如下：

（1）按期纳税的，为月营业额5 000元～20 000元；

（2）按次纳税的，为每次（日）营业额300～500元。

省、自治区、直辖市财政厅（局）、税务局应当在规定的幅度内，根据实际情况确定本地区适用的起征点，并报财政部、国家税务总局备案。

营业税的其他免税、减税项目由国务院规定。任何地区、部门均不得规定免税、减税项目。

纳税人兼营免税、减税项目的，应当分别核算免税、减税项目的营业额；未分别核算营业额的，不得免税、减税。

第三节　营业税的征收管理

一、营业税的扣缴义务人

扣缴义务人是指税法规定负有扣缴纳税人应纳税款义务的单位和个人。营业税扣缴义务人的规定包括：

（1）委托金融机构发放贷款，以受托发放贷款的金融机构为扣缴义务人。金融机构接受其他单位或个人的委托，为其办理委托贷款业务时，如果将委托方的资金转给经办机构，由经办机构将资金贷给使用单位或个人的，由最终将贷款发放给使用单位和个人并取得贷款利息的经办机构代扣委托方应纳的营业税。

（2）建筑安装业务实行分包或转包的，以总承包人为扣缴义务人。

纳税人提供建筑业应税劳务，符合以下情形之一的，无论工程是否实行分包，税务机关可以建设单位和个人作为营业税的扣缴义务人：1）纳税人从事跨地区（包括省、市、县，下同）工程提供建筑业应税劳务的；2）纳税人在劳务发生地没有办理税务登记或临时税务登记的。

（3）中国境外的单位或者个人在境内提供应税劳务、转让无形资产或者销售不动产，在境内未设有经营机构的，以其境内代理人为扣缴义务人；在境内没有代理人的，以受让方或者购买方为扣缴义务人。

（4）单位或者个人演出由他人售票的，其应纳税款以售票者为扣缴义务人；演出经纪人为个人的，其办理演出业务的应纳税款也以售票者为扣缴义务人。

（5）分保险业务，以初保人为扣缴义务人。

（6）个人转让专利权、非专利技术、商标权、著作权、商誉等无形资产，其应纳税款以受让人为扣缴义务人。

（7）财政部规定的其他扣缴义务人。

二、营业税的纳税义务发生时间

营业税纳税义务发生时间，为纳税人提供应税劳务、转让无形资产或者销售不动产并收讫营业收入款项，或者取得索取营业收入款项凭据的当天（即书面合同确定的付款日期的当天；未签订书面合同或者书面合同未确定付款日期的，为应税行为完成的当天）。国务院财政、税务主管部门另有规定的，从其规定。具体规定为：

（1）纳税人转让土地使用权或者销售不动产，采用预收款方式的，其纳税义务发生时间为收到预收款的当天。

（2）纳税人自建建筑物销售，其纳税义务发生时间为其销售自建建筑物并收讫营业额或者取得索取营业额的凭据的当天。纳税人将自建建筑物对外赠与，其建筑业应税劳务的纳税义务发生时间为该建筑物产权转移的当天。

（3）纳税人将不动产或者土地使用权无偿赠送其他单位或者个人的，其纳税义务发生时间为不动产所有权、土地使用权转移的当天。

（4）会员费、席位费和资格保证金纳税义务发生时间为会员组织收讫会员费、席位费、资格保证金和其他类似费用款项或者取得索取这些款项凭据的当天。

（5）营业税的扣缴义务发生时间为扣缴义务人代纳税人收讫营业收入款项或者取得索取营业收入款项凭据的当天。

（6）建筑业的纳税义务发生时间分为以下几种情况：1）纳税人提供建筑业应税劳务，施工单位与发包单位签订书面合同，如合同明确规定付款（包括提供原材料、动力和其他物资，不含预收工程价款）日期的，按合同规定的付款日期为纳税义务发生时间；合同未明确付款（同上）日期的，其纳税义务发生时间为纳税人收讫营业收入款项或者取得索取营业收入款项凭据的当天。所谓“预收工程价款”是指工程项目尚未开工时收到的款项。对预收工程价款，其纳税义务发生时间为工程开工后，主管税务机关根据工程形象进度按月确定的纳税义务发生时间。2）纳税人提供建筑业应税劳务，施工单位与发包单位未签订书面合同的，其纳税义务发生时间为纳税人收讫营业收入款项或者取得索取营业收入款项凭据的当天。

（7）贷款业务。自 2003 年度起，金融企业发放的逾期贷款（含展期）90 天（含 90 天）尚未收回的，纳税义务发生时间为纳税人取得利息收入权利的当天。原有的应收未收贷款利息逾期 90 天以上的，该笔贷款新发生的应收未收利息，其纳税义务发生时间为实际收到利息的当天。

（8）金融商品转让业务，纳税义务发生时间为金融商品所有权转移之日。

（9）融资租赁业务，纳税义务发生时间为取得租金收入或取得索取租金收入价款凭据的当天。

（10）金融经纪业和其他金融业务，纳税义务发生时间为取得营业收入或取得索取营业收入价款凭据的当天。

（11）保险业务，纳税义务发生时间为取得保费收入或取得索取保费收入价款凭据的当天。

（12）金融企业承办委托贷款业务营业税的扣缴义务发生时间，为受托发放贷款的金融机构代委托人收讫贷款利息的当天。

（13）电信部门销售有价电话卡的纳税义务发生时间，为售出电话卡并取得售卡收入或取得索取售卡收入凭据的当天。

营业税扣缴义务发生时间为纳税人营业税纳税义务发生的当天。

三、营业税的纳税期限

营业税的纳税期限分别为 5 日、10 日、15 日、1 个月或者 1 个季度。纳税人的具体纳税期限，由主管税务机关根据纳税人应纳税额的大小分别核定；不能按照固定期限纳税的，可以按次纳税。银行、财务公司、信托投资公司、信用社、外国企业常驻代表机构的纳税期限按规定为 1 个季度。

纳税人以 1 个月或者 1 个季度为一个纳税期的，自期满之日起 15 日内申报纳税；以 5 日、10 日或者 15 日为一个纳税期的，自期满之日起 5 日内预缴税款，于次月 1 日起 15 日内申报纳税并结清上月应纳税款。

扣缴义务人解缴税款的期限，依照前述规定执行。

此外，按照规定，纳税人应当向应税劳务发生地、土地或者不动产所在地的主管税务机关申报纳税而自应当申报纳税之月起超过 6 个月没有申报纳税的，由其机构所在地或者居住地的主管税务机关补征税款。

四、营业税的纳税地点

营业税的纳税地点，根据纳税人的不同情况和便于征收管理的原则确定。具体规定如下：

（1）纳税人提供应税劳务应当向其机构所在地或者居住地的主管税务机关申报纳税。但是，纳税人提供的建筑业劳务以及国务院财政、税务主管部门规定的其他应税劳务，应当向应税劳务发生地的主管税务机关申报纳税。

（2）纳税人转让无形资产应当向其机构所在地或者居住地的主管税务机关申报纳税。但是，纳税人转让、出租土地使用权，应当向土地所在地的主管税务机关申报纳税。

（3）纳税人销售、出租不动产应当向不动产所在地的主管税务机关申报纳税。

扣缴义务人应当向其机构所在地或者居住地的主管税务机关申报缴纳其扣缴的税款。

本章小结

营业税法是调整营业税征纳关系的法律规范的总称。营业税是我国现行税种中比较重要的税种之一，它是地方财政收入的重要来源。故此，本章的学习也比较重要。但与增值税法和所得税法的内容相比，本章的内容较为简单。只要掌握了营业税的纳税人范围、营业税的营业额的特殊规定及营业税的税率，其他问题可迎刃而解。

第一节重点阐明了营业税的概念及特征，指出：我国现行的营业税是对我国境内提供应税劳务、转让无形资产或销售不动产的单位和个人就其营业额征收的一种流转税。营业税和增值税、消费税相配合，共同构成我国新的国内流转税体系。表现为：在工业生产领域和商业批发零售环节普遍征收增值税，选择少数消费品交叉征收消费税，对不实行增值税的劳务和特定领域的销售活动征收营业税。借此使读者对营业税与增值税的关系有一个较为清晰的认识。

第二节根据我国现行有关法规、规章的规定，系统、简明地介绍了我国营业税的征税范围和纳税人、营业税的税目税率、营业税应纳税额的计算、营业税的免税规定和起征点规定等问题。大家应重点把握营业税的征税范围与纳税人、营业税营业额确定的特殊规定。

第三节介绍了营业税的纳税义务发生时间、纳税期限、纳税地点和扣缴义务人的有关规定。其中，扣缴义务人的规定应予以特别关注。

通过本章的学习，应重点掌握营业税的概念、营业税的征收范围、营业税与增值税的关系、营业税计税依据（营业额）的确定、营业税的减免规定等。

关键概念

营业税　应税劳务　营业额　扣缴义务人　营业税的纳税人

思考题

1. 什么是营业税？它有哪些特征？
2. 营业税的征税范围包括哪些？其纳税人与增值税的纳税人如何加以区分？

3. 营业税的计税依据是怎样确定的?
4. 营业税的减免规定包括哪些内容?
5. 有关营业税的扣缴义务人的规定有哪些?
6. 营业税的纳税期限是怎样规定的?
7. 如何确定营业税纳税义务发生时间?
8. 关于营业税的纳税地点有哪些法律规定?
9. 营业税的应税劳务与增值税的应税劳务有何区别?
10. 营业税的纳税地点如何确定?

第五章

关税法律制度

关税法是调整关税征纳关系的法律规范的总称。关税是对进出关境或国境的货物和物品征收的一种税，属于流转税的范畴。关税有进口关税、出口关税和过境关税之分，但现在世界各国普遍征收的是进口关税，出口关税只对极少数货品征收，而过境关税因阻碍转口贸易的进行，故自19世纪末叶以来，各国多已放弃征收这种关税。

我国的关税包括进口关税和出口关税两种，长期以来对于保护我国民族工业的发展和筹集财政资金起到了十分重要的作用。在市场经济体制条件下，我国关税作为一种中央税，在筹集财政收入、保护和促进国内经济的发展等方面发挥着非常重要的作用。

目前，我国调整关税征纳关系的主要法律、法规、规章有：《中华人民共和国海关法》、《中华人民共和国进出口关税条例》、《进出口货物原产地条例》、《反补贴条例》、《反倾销条例》、《保障措施条例》、《关于入境旅客行李物品和个人邮递物品征收进口税办法》、《外国在华常驻人员携带进境物品进口税收暂行规定》、《海关进出口货物征税管理办法》、《海关审定进出口货物完税价格办法》、《海关进出口货物商品归类管理规定》等。

重点问题

- 关税的概念、特点和种类。
- 关税的课税对象及纳税人范围。
- 关税税目、税率的适用。
- 进口货物原产地的确定。
- 关税完税价格的确定与应纳关税的计算。
- 关税税款的缴纳和退补。
- 关税的减税和免税。
- 保税制度与特别关税的有关规定。
- 船舶吨税的有关规定。

第一节 关税法概述

一、关税的概念及特点

关税是对进出关境或国境的货物和物品征收的一种税。该税属于流转税的范畴，其课税对象是进出关境或国境的货物和物品的流转额。所谓货物，是指以贸易行为为目的而进出关境或国境的商品物资；所谓物品，是指入境旅客或运输工具服务人员携带的行李物品、个人邮递物品以及以其他方式进入关境或国境的属于个人自用的非商品物资。

关境，又称税境或海关境域，海关合作理事会将其定义为“全面实施统一海关法令的境域”。它同国境是紧密相关但又有一定区别的概念。国境是指一个主权国家的领土范围，在通常情况下，一国的国境范围同关境的领域大小是一致的，货物（或物品）进出国境就是进出关境，就应征收关税。但是，两者也有不一致的时候：当一国的国境内设有自由港或自由贸易区时，关境的范围就小于国境，进出自由港或自由贸易区的货物不征关税；而当几个国家结成关税同盟时，由于各同盟国家组成一个共同关境实施统一的关税法令和关税税则，同盟国彼此之间货物进出国境不征关税，只对来自和运往非同盟国家的货物进出共同关境时征收关税，这时关境就大于其成员国的各自国境。

新中国成立后，我国在相当长的时期内一直使用国境关税的概念，即在我国不存在贸易自由港和自由区的问题，关境和国境是一致的。改革开放以后，在 1987 年公布的《中华人民共和国海关法》中，开始采用关境的概念，实行关境关税。香港、澳门回归后，由于其继续保持自由港的地位，在此情形之下，我国的国境就大于关境。

关税具有以下特点：

（1）关税以进出关境的各种有形货物和物品的流转额作为征税对象。因此，凡不进出关境的货物或物品就不能征收关税；同时，关税作为流转课税只能对各种有形的货物和物品征税，对各种进出关境的无形资产则无法征税，或只能对其载体（如录音带、录像带、计算机软盘）征税。而国内流转税（营业税）则可以对转让无形资产征税。

（2）关税具有较强的涉外性，是执行对外政策的工具。对进出口货物征收关税，既影响本国经济的发展和财政收入，也影响和本国进行贸易往来的其他国家的经济发展和财政收入。正因为关税影响着贸易双方的利益，所以在处理国际政治、经济、文化、外交等关系时，关税常被当作斗争的工具和贯彻执行对外政策的手段，成为国际贸易合作谈判的重要内容。关税的这种涉外性，主要是通过制定高低不同的税率、关税的减免，以及征收反倾销税、反补贴税等特别关税来实现的。

（3）关税的征收是由有别于国内税收征收机关的特定专门机关进行的。在我国，关税是由海关总署及其领导下的各地方口岸海关负责征收。

二、关税的分类

关税按照不同的标准可以作多种分类。

（一）以通过关境的货物和物品的流向为标准分类

按照通过关境的货物和物品的不同流向，关税可分为进口关税（简称进口税）、出口关税（简称出口税）和过境关税（简称过境税）。我国目前的关税只包括进口税和出口税。

1. 进口税

进口税是关税中最主要的一种，它是对从国外运入的货物或物品所征收的一种关税。一般是在货物、物品进入国境或关境时征收，或在货物从保税区域中提出投入国内市场时征收。征收进口税可以起到保护国内产业和筹措财政收入的作用。

2. 出口税

出口税是对从本国出口的货物、物品所征收的一种关税。征收出口关税的主要目的是保护本国的稀缺自然资源，或限制、调控某些商品的出口以稳定其国际市场价格，或为财政目的，或为政治、军事方面的需要。

3. 过境税

过境税是对从外国运经本国国境或关境运往第三国的货物所征收的关税。由于过境货物不进入本国市场，对本国生产没有影响；所征税率很低，财政意义不大，而且加征该税将影响转口贸易。所以，现在世界上绝大多数国家都不征收过境税。

（二）以课征关税的目的为标准分类

按照课征关税的不同目的，关税可以分为财政关税和保护关税。

1. 财政关税

财政关税又称“收入关税”，是着眼于增加一国财政收入而征收的关税。这类关税一般选择进口数量大、消费量大、负担能力强的非生活必需品和非生产性消费品，或本国不能生产且不准备生产又无替代品的消费品作为征税对象。其税率设计不能过高，以免影响进口数量。我国在鸦片战争以前，欧美国家在中世纪以前，征收关税的目的单纯是为了取得财政收入，故属于财政关税。资本主义发展以后，财政关税的作用逐渐减小，保护关税的作用逐步增强。

2. 保护关税

保护关税是着眼于保护本国工农业生产和本国经济发展而征收的关税。其征收对象是本国需要发展和国际竞争性很强的商品。从理论上讲，其税额一般应等于或略高于进口商品成本和本国同类商品成本的差额。税率设计不宜过高，过高时等于形成关税壁垒，禁止商品的进口，有可能引起关税报复。保护关税政策的内容主要是：对国内需要保护的商品的进口使用保护关税；对非必需品或奢侈品的进口实行比保护关税更高的税率；对本国需要的商品制定较低税率或免税以鼓励进口；对鼓励出口的商品免税；对限制出口的商品征税；实行优惠关税和差别关税等。

与保护关税相关的概念是关税壁垒。关税壁垒是为限制外国产品进入本国市场，对一些商品制定税率极高的超保护关税，远远超过保护本国工农业生产的需要而形成的贸易壁垒。区分保护关税和关税壁垒的根本标志是关税平均水平是否过高。

不过，需要指出的是，在现代国际贸易中，各国的关税已不可能是完全的财政关税，或完全是保护关税，而往往是两者的结合，只是在具体运用上各国根据自己经济发展的不同阶段和财政需要的状况有所侧重而已。另外，尽管保护关税和关税壁垒在限制进出口以保护本国的工农业生产方面起到了一定、甚至是很大的作用，但现行世界各国更倾向于采用灵活性、针对性和隐蔽性更强的非关税壁垒措施，如采用外汇管制、进口配额、进口许可、自动出口限制等作为本国贸易的保护手段，因为这些非关税壁垒措施在国际贸易谈判中是很难加以评估和完全排除的。

（三）以征收关税的计征标准为标准分类

按照征收关税的不同计征标准，关税可以分为从价关税、从量关税、复合关税、滑动关税、选择关税。我国目前征收的关税以从价关税为主，对少量进口货物采用从量关税、复合关税或滑动关税。

1. 从价关税

从价关税是以货物的价格为计征标准而计算征收的关税。如我国进口货物以到岸价格、出口货物以离岸价格为完税价格计算征税，都属于从价税。

2. 从量关税

从量关税是以货物的计量单位（重量、数量、长度、体积等）为计征标准而计算征收的一种关税。

3. 复合关税

复合关税是对同一种进口货物同时采用从价与从量两种标准计征的一种关税。这种关税的计征手续较繁，但在物价上下波动时，可以减少对税负和财政收入的影响。

4. 滑动关税

滑动关税或称滑准税，是对某种进口货物规定其价格的上、下限，按国内货价涨落情况，分别采取几种高低不同税率的一种关税。当进口货物价格高于上限时，采用较低税率；低于下限时，采用较高税率；在价格幅度以内的，按原定税率征税。其目的是保护国内生产免受国外物价波动的影响，保持国内有关货物物价的稳定。

5. 选择关税

选择关税是对同一种进口货物，同时规定从价税和从量税两种税率，征税时选择其中的一种进行课征的关税。目的是保障财政收入或鼓励某种货物进口。

（四）以对不同国家货物或货物输入情况差别课税为标准分类

按照对不同国家货物或货物输入情况差别课税，关税可以分为加重关税和优惠关税。

1. 加重关税

加重关税或称“歧视性关税”，是指一国为达到某种特定目的，增强关税的保护作用，在征收一般进口关税之外又加征的一种临时进口附加税。一般针对特定的货物或特定的国家进行。主要包括反倾销税、反补贴税和报复关税。

（1）反倾销税。它是对外国以低价向本国倾销的进口货物按较高的税率征收的一种进口附加税。其目的是增加进口货物的成本，以抵制外国货物的倾销，保护本国生产和国内市场。所谓倾销，是指一国将其产品以低于正常价值的办法挤入另一国市场竞销，而因此对某一国境内已建立的某项工业造成重大损失或产生重大威胁，或对某一国内新建的工业产生严重阻碍。在此情形之下，进口国就可以对该倾销商品征收数量不超过这一商品的倾销差额的反倾销税。

（2）反补贴税。或称“抵销关税”、“平衡税”，是指进口国对直接或者间接接受出口津贴或补贴的外国货物在进口到本国时所征收的一种进口附加税。《关贸总协定》对反补贴税的定义是：“为了抵销商品于制造、生产或输出时所直接或者间接接受任何奖金或补贴而征收的一种特别关税”。其目的在于增加进口货物的成本，抵销其所享受的补贴，削弱进口货物在国内市场的竞争能力。从理论上看，反补贴税的税额应和进口货物所享受的补贴额相等，但在实际生活中，该补贴额是很难确定的。

（3）报复关税。它是指进口国在他国对本国输出的货物有不利待遇或进行歧视时，而对从该国输入的货物予以报复、加重征收的一种临时附加税。它可以适用于从该国进口的全部商品或部分商品。但由于采用报复关税往往会引起对方的反报复，故一般较少采用。而一旦采用报复关税，往往导致报复双方国家的贸易大战，旷日持久，两败俱伤。

2. 优惠关税

优惠关税是指对来自某些特定的受惠国的进口货物使用比普通税率较低的优惠税率征收的一类关税。优惠关税一般是互惠的，即协定双方相互给予对方优惠关税待遇。但也有单方面的优惠关税，即由给惠国单方面对受惠国给予优惠待遇，而没有反向优惠。优惠关税的具体形式有最惠国待遇关税、普惠制关税和特惠关税。

（1）最惠国待遇关税。它是目前最普遍使用的优惠关税，是指在贸易互惠协定或国际条约中，如果使用最惠国待遇条款，则相互给予最惠国关税待遇。最惠国待遇是国际贸易协定中的一项重要内容，其含义是缔约国一方承诺现在或将来给予任何第三方的一切优惠、特权或豁免等待遇，也同样给予对方。它的适用范围最初只限于关税待遇，其后范围扩大，适用于通商及航海、港口使用、仓储、居住权、移民等诸多方面。最惠国待遇现已成为《关贸总协定》的基本原则之一。不过，需指出的是：最惠国待遇关税享受的税收优惠不一定是“最优惠的”，其关税优惠主要表现在税收不受歧视上。

（2）普遍优惠制关税（普惠制关税）。它是指发达国家单方面给予发展中国家的制成品和半制成品的普遍优惠待遇的关税。这种优惠关税具有普遍性、非歧视性和非互惠性的特点。所谓普遍性，是指所有实行普惠制的发达国家的普惠制方案应向所有的发展中国家或地区提供优惠关税待遇；所谓非歧视性，是指应给予所有发展中国家或地区以同样的优惠待遇；所谓非互惠性，是指发达国家给予发展中国家的优惠待遇是单方面的。截至2007年，世界上实行普惠制的给惠国已有37个国家。对我国实行普惠制的给惠国有欧盟成员国和日本、加拿大等国家。

（3）特惠关税。它是对有特殊关系的国家，单方面或相互间按照协定采用特别低的进口税率甚或免税的一种关税。这种关税的优惠程度优于最惠国待遇关税的优惠关税。如《洛美协定》中规定：西欧共同市场向参加协定的非洲、加勒比海和太平洋地区的发展中国家单方面提供特惠关税。另外，前述“普惠制关税”实质上也是一种特惠关税。

（五）以一国是否能独立自主制定税法为标准分类

按照一国是否能独立自主制定税法，关税可分为国定关税（又称自主关税）与协定关税。前者是本着国家主权，完全独立自主制定、修订关税税法和税则，并据以征收的关税。后者是两个或若干个国家，通过缔结关税、贸易协定而制定关税税法和税则，并据以征收的关税。它又可以分为在平等互利基础上形成的自主协定关税和依据不平等条约产生的片面协定关税。

三、我国关税制度的沿革及作用

（一）关税制度的沿革

据资料记载，我国最早的“关”是西周时针对境外少数民族设立的关和周王朝内部各诸侯国之间相互设立的关。其最初的任务是根据王国法令检查进出境人员及其货物，防止外敌入侵和人员外逃，带有强烈的军事色彩，但并不征收关税。直到西周后期和春秋时期，随着商品交换的发展，才开始对通关的货物征收关税。不过，此时关的主要任务仍然是“稽查”，而关税在边关工作中的地位并不重要。

自先秦至明清漫长的历史中，我国一直是陆地边境关与内地水陆要道关长期并存的。历代政府虽然也设置机构征收关税，但其作用很小，即使是商品经济已有一定发展的明代、清代，对在陆地边境上的贸易和边民互市基本上仍然是免税的，关税征自陆地边境关的很少，主要是内地关税和海关关税。而在海关关税的征收上，由于清政府对各海关实行封建包税制，听任洋行行商向进出口商人肆意勒索和勾结走私，海关关境形同虚设。

鸦片战争后，我国的关税沦为半殖民地关税。表现为：丧失关税自主权，片面协定关税；海关的行政、人事管理权被掠夺，关税收支权被侵占。这种状况从清末经北洋政府一直延续到国民党政府。

新中国刚一建立，就成立了海关总署，统一领导全国海关机构和关境业务，从而宣告受帝国主义控制的旧中国海关的覆灭，独立自主的新中国海关的诞生。1951 年又先后公布了《中华人民共和国暂行海关法》、《中华人民共和国海关进出口税则》及《中华人民共和国海关进出口税则暂行实施条例》，建立了独立自主的保护关税制度和海关管理制度。

1985 年，为了适应改革开放政策的需要，我国对关税制度作了较大的改革，于 3 月 7 日由国务院发布了《中华人民共和国进出口关税条例》（以下简称《进出口关税条例》）、第 2 部《中华人民共和国海关进出口税则》。新条例和新税则与 1951 年 5 月政务院发布的《海关进出口税则》和《海关进出口税则暂行实施条例》相比，一是改变了原来《海关进出口税则暂行实施条例》附属于《海关进出口税则》的不规范做法，建立了以《进出口关税条例》为主、以《海关进出口税则》为辅的新的关税制度体系，《海关进出口税则》作为《进出口关税条例》的组成部分；二是将《暂行海关法》和《海关进出口税则暂行实施条例》的有关内容充实、纳入了新的《进出口关税条例》中；三是对《海关进出口税则》作了较大修改。1987 年 1 月 22 日，为了适应新形势的发展需要，第六届全国人民代表大会常务委员会第 19 次会议通过了《中华人民共和国海关法》，相应废止了《中华人民共和国暂行海关法》，自同年 7 月 1 日起施行。此后，1987 年 9 月 12 日、1992 年 3 月 18 日国务院先后两次对《进出口关税条例》进行了修订。1994 年 5 月 18 日，国务院关税税则委员会第六次会议审议通过、1994 年 7 月 1 日海关总署发布实施了《关于入境旅客行李物品和个人邮递物品征收进口税办法》。1999 年 3 月 10 日经国务院批准，海关总署发布了《外国在华常驻人员携带进境物品进口税收暂行规定》，自 1999 年 4 月 1 日起实施。

步入 21 世纪后，为适应我国加入世界贸易组织、加强和规范关税管理工作的需要，2000 年 7 月 8 日第九届全国人民代表大会常务委员会第 16 次会议修订发布了《中华人民共和国海关法》，2003 年 11 月 23 日国务院发布实施了新的《中华人民共和国进出口关税条例》。[①] 自此，我国的关税征收管理工作日益走上法制化、国际化的轨道。目前，我国现行有效的调整关税征收管理工作的法规、规章主要还有：国务院发布的《中华人民共和国进出口货物原产地条例》(2004 年 9 月 3 日发布)、《中华人民共和国反补贴条例》(2001 年 11 月 26 日发布，2004 年 3 月 31 日修订发布)、《中华人民共和国反倾销条例》(2001 年 11 月 26 日发布，2004 年 3 月 31 日修订发布)、《中华人民共和国保障措施条例》(2001 年 11 月 26 日发布，2004 年 3 月 31 日修订发布)，以及海关总署发布的《中华人民共和国海关进出口货物征税管理办法》(2005 年 1 月 4 日发布)、《中华人民共和国海关审定进出口货物完税价格办法》(2001 年 12 月 31 日发布，2013 年 12 月 25 日修订发布)、《中华人民共和国海关进出口货物商品归类管理规定》(2007 年 3 月 2 日发布) 等。

（二）关税的作用

关税的作用是与特定历史阶段的关税政策相互影响的。从 1951 年起到改革开放之前，我国关税制度所遵循的主要是保护关税政策，所以关税的作用也仅限于组织财政收入和保护国家生产、保护国内产品与外国商品的竞争。而改革开放后，我国关税政策的作用转为保护与促进国内经济的发展以及保证国家的财政收入，因此关税作用的范围也就更大了。主要包括下述几个方面的作用。

1. 保护作用

关税的保护作用是指主权国家通过采取一定的关税措施，限制外国产品进口，鼓励本国产品出口，以达到扶植和保护国内产品生产和发展的目的。关税的保护作用主要是通过提高进口关税税率得以实现的。

2. 促进作用

关税的促进作用是指通过关税的差别政策而对特定产业或产品的生产和出口起到直接推动作用。通过对进出口货物征税与不征税、多征税与少征税等差别政策，鼓励对我国经济和生产发展有利的产品和项目的进口，鼓励工业性加工产品的出口；限制对我国经济和生产发展不利的产品的进口，限制不利于我国经济发展的稀缺资源以及某些原材料和半成品的出口。

3. 调节作用

关税的调节作用寓于关税的保护作用和促进作用之中。即关税在发挥保护作用与调节作用的同时，也发挥着调整国内经济（包括调节生产、调节消费、调节积累与消费的比例、调节外汇收支等）的作用。

4. 筹资作用

关税的筹资作用是指关税可以为我国政府筹集巨大的财政资金。

---

① 2013 年 12 月 7 日，国务院发布的《关于修改部分行政法规的决定》，对《进出口关税条例》第 39 条之规定进行了微调，即将“经海关总署批准”修改为“经海关批准”。

第二节　关税法的基本内容

一、关税的纳税人

关税的纳税人，为进口货物的收货人、出口货物的发货人和进境物品的所有人（包括携带物品进境的入境人员、进境邮递物品的收件人以及以其他方式进口物品的收件人）。接受收货人（收件人）或发货人委托办理有关手续的代理人，应当按照税法规定，承担缴纳税款的责任。

二、关税的征税对象

关税的征税对象是进出境的货物和物品。货物与物品的划分主要看其是贸易性还是非贸易性的。凡准许进出口的贸易性货物，除国家另有规定的以外，均应由海关依照《进出口税则》征收进口关税或出口关税；对从境外采购进口的原产于中国境内的货物，海关也要依照《进出口税则》征收进口关税。凡入境旅客及运输工具服务人员携带的非贸易性行李物品、个人邮递物品以及其他个人自用物品，除另有规定的以外，由海关按照《中华人民共和国进境物品进口税税率表》及海关总署制定的《中华人民共和国进境物品归类表》、《中华人民共和国进境物品完税价格表》对进境物品进行归类、确定完税价格和确定适用税率，征收进口税。

三、关税的税目和税率

（一）进出口货物的税目和税率

1.《海关进出口税则》的沿革

进出口货物的税目和税率，由《海关进出口税则》规定。《海关进出口税则》是我国政府制定并公布的对进出口货物在征收关税时适用税率的法规性规定。1951 年 5 月 10 日中央人民政府政务院发布了第 1 部《海关进出口税则》，按照进出口货品的自然属性、成分和用途，分为 17 类、89 组、939 个税目、1 853个子目，并分别规定了 5%～200%的不同税率或者免税待遇。该税则的商品目录主要参考了旧中国税则、苏联税则和前万国联盟（League of Nation）编制的《日内瓦统一税则目录》等，结构较为简单、归类较为容易。1985 年 3 月 7 日，国务院重新制定发布了《海关进出口税则》。该税则以《海关合作理事会税则商品分类目录》（Customs Cooperation Council Nomenclature，CCCN）为基础，并结合我国的实际情况编制，将进出口货物分为 21 大类、99 章、1 011个税目，分别规定了相应的税率。1987 年 9 月国务院又对其进行了一次调整。1991 年 11 月 1 日，为适应进一步对外开放的要求，经国务院批准，海关总署根据国际海关合作理事会新的商品分类方法——《商品名称及编码协调制度》（Harmonized Commodity Description and Coding System），重新制定发布了《海关进出口税则》，自 1992 年 1 月 1 日起正式实施。新的《海关进出口税则》包括归类总原则、进口税率表、出口税率表三个主要部分。其中，归类总原则是进出口货物分类的具有法律效力的原则和方法。进口税率表是税则的主体部分，把商品分为 21 类、97 章、6 200多个税日，其中 77 章为空白保留章，以备将来税则的发展所用。商品分类目录，由类、章、项目、一级子目和二级子目五个等级、八位数码组成。出口税率表则只列了 47 个税目。

从 1993 年 12 月 31 日起实施经过调整的新税则，新税则划分为出口税则和进口税则两个。在进口税则中，包括归类总原则和进口税率表两个部分；在出口税则中，则只有出口税率表，但明确规定进口税则中的归类总原则同样适用于出口税则。以后，《海关进出口税则》又经过国务院关税税则委员会多次调整，到 2001 年我国加入世贸组织时为止，我国进口税则的总税目为7 111个，出口商品税目为 36 个。为履行我国加入世界贸易组织承诺的 2002 年关税减让义务和我国加入曼谷协定承诺的关税减让义务，自 2002 年 1 月 1 日起我国实行新的《海关进出口税则》，主要内容是：实行新的进口税则税率栏目，在执行税率栏内分设最惠国税率、协定税率、特惠税率和普通税率四个栏目，取消原基础税率栏目；调整进口税则税目，增加 205 个税目，总税目数为7 316个；对 52 个税目按规定的税率实行从量税、复合税和滑准税；对小麦、豆油等 10 种农产品和尿素等 3 种化肥产品实行关税配额管理，并执行相应的配额内、外税率；对 209 个税目进口商品实行暂定最惠国税率；对 36 个税目的出口商品征收出口关税，其中，对 23 个税目的出口商品实行暂定税率；对 251 个税目的信息技术产品实行“信息技术产品协议”税率；对原产于韩国、斯里兰卡和孟加拉 3 个曼谷协定成员国的 739 个税目的进口商品实行曼谷协定税率；对原产于孟加拉的 18 个税目的进口商品实行曼谷协定特惠税率；对入境旅客行李物品和个人邮递物品按不同商品分 10%、20%和 50%三档税率征税等。

此后，国务院于 2003 年 11 月 23 日公布、自 2004 年 1 月 1 日起施行的《进出口关税条例》，将《海关进出口税则》更名为《进出口税则》，并规定：国务院制定《进出口税则》和《进境物品进口税税率表》，规定关税的税目、税则号列和税率，作为《进出口关税条例》的组成部分；国务院设立关税税则委员会，负责《进出口税则》和《进境物品进口税税率表》的税目、税则号列和税率的调整和解释，报国务院批准后执行；决定实行暂定税率的货物、税率和期限；决定关税配额税率；决定征收反倾销税、反补贴税、保障措施关税、报复性关税以及决定实施其他关税措施；决定特殊情况下税率的适用，以及履行国务院规定的其他职责等。据此，我国各年版的《进出口税则》实际上是根据形势发展需要，由国务院关税税则委员会不断进行调整、汇编而成的。按照经国务院批准、2007 年 12 月 14 日由国务院关税税则委员会发布的《2008 年关税实施方案》，我国自 2008 年 1 月 1 日起进一步调整进出口关税，主要涉及最惠国税率、年度暂定税率、协定税率和特惠税率等方面，在符合国际海关组织《商品名称及编码协调制度》列目原则的前提下，对《进出口税则》中部分税目进行了调整，我国 2008 年版的《进出口税则》税目总数由 2007 年的7 646个增至7 758个，内容包括进口税则、出口税则、出口商品暂定税率表、部分本国子目注释、附录（关税配额商品税目税率表、进口商品暂定税率表、进口商品从量税、复合税税目税率表、进境物品进口税率表、《进出口关税条例》）等。

2. 关税税率的种类

（1）进口税率与出口税率。关税税率分为进口关税税率和出口关税税率两类。

1）进口税率。在我国加入世界贸易组织（WTO）之前，我国的进口关税的税率采用两档税率，即普通税率和优惠税率两种。对原产于与中国未订有关税互惠协议的国家或者地区的进口货物，按照普通税率征税；对原产于与中国订有关税互惠协议的国家或者地区的进口货物，按照优惠税率征税。而在我国加入WTO以后，为履行我国在加入WTO关税减让谈判中承诺的有关义务，并享有WTO成员应有的权利，自2002年1月1日起，我国进口税则设有最惠国税率、协定税率、特惠税率、普通税率共四栏税率。其中，最惠国税率适用原产于与我国共同适用最惠国待遇条款的WTO成员国或地区的进口货物，或原产于与我国签订有相互给予最惠国待遇条款的双边贸易协定的国家或地区进口的货物，以及原产于我国境内的进口货物；协定税率适用于原产于我国参加的含有关税优惠条款的区域性贸易协定有关缔约方的进口货物（我国目前对原产于东盟十国、智利、巴基斯坦、韩国、印度、斯里兰卡、孟加拉国等国家的部分进口商品实行比最惠国税率低的协定税率）；特惠税率适用于原产于与我国签订有特殊优惠关税协定的国家或地区的进口货物（如曼谷协定特惠税率等，我国目前在内地与港澳更紧密经贸关系安排框架下对原产于港澳地区且完成原产地标准核准的产品实行零关税，对原产于老挝等东南亚4国、贝宁等非洲30国、也门等5国共39个最不发达国家的部分商品实行特惠税率）；普通税率适用于原产于上述国家或者地区以外的其他国家或者地区的进口货物，以及原产地不明的进口货物。

近年来，为适应对外贸易经济合作的发展，我国的进口关税税率水平逐步降低。优惠税率的算术平均税率从1992年的43.2%降至1997年10月的17%（同期加权平均税率则从32.7%降至13.3%），1999年1月又进一步降至16.8%。2002年，我国关税总水平（最惠国税率的算术平均水平）由15.3%降低到12%，平均降幅21.6%。在7 316个税目中，有5 332个税目的税率有不同程度的降低，降幅面达73%。2003年，又降低了进口税则中3 019个税目的最惠国税率，调整后关税算术平均总水平由2002年的12%下降至11%；进口税则普通税率维持不变。2008年我国关税总水平为9.8%，其中，农产品平均税率为15.2%，工业品平均税率为8.9%。今后，我国关税总水平还将进一步降低，关税税率结构将进一步完善。

此外，为防止国外货物价格波动对我国造成冲击，从1997年7月1日起，我国对于进口啤酒、原油和部分感光胶片实行从量关税；对于进口录（放）像机实行从量定额、从价定率混合使用的复合关税；后来，对进口新闻纸实行滑准关税。2002年1月1日起对52个税目的进口货物按规定的税率实行从量税、复合税和滑准税。2003年1月1日起继续对冻鸡、啤酒、摄像机等51个税目的商品实行从量税或复合税，但其税率较2002年有不同程度的降低，同时，对新闻纸实行单一的从价税税率，不再实行滑准税。2008年1月1日起对感光材料等55种商品实行从量税、复合税。

2）出口税率。出口税率由《出口税则》规定，1999年起，中国的出口关税征税货物（主要为国内紧缺、限制出口的原材料、半制成品）的税目共有36个，税率从20%到50%不等，共有5个差别税率。因品种有限，出口货物的税率一般只实行一栏税率，即出口税率。未订有出口税率的货物，不征出口关税。在36国出口税目商品中，有23种商品实行20%以内的暂定税率，其中16种商品为零关税，6种商品的税率在10%以下。由于出口货物暂定税率优先于《出口税则》规定的出口税率适用，因此，我国真正征收出口关税的商品只有 20 种。现在，我国暂定出口商品及其税率规定在《出口商品暂定税率表》中。

（2）暂定税率与关税配额税率。为了调节商品的进出口，《进出口关税条例》规定，国务院关税税则委员会可以根据国家经济贸易政策的需要，对进出口货物决定实行暂定税率的货物品种、税率和期限。如 2003 年，我国对部分进口原材料、零部件、农药原药和中间体、乐器及生产设备等 216 种进口商品实行年度最惠国暂定税率，对 23 种出口商品实行年度暂定税率。暂定税率与其他种类税率的关系是：适用最惠国税率的进口货物有暂定税率的，应当适用暂定税率；适用协定税率、特惠税率的进口货物有暂定税率的，应当从低适用税率；适用普通税率的进口货物，不适用暂定税率。适用出口税率的出口货物有暂定税率的，应当适用暂定税率。

另外，按照国家规定实行关税配额管理的进口货物（如我国在 2002、2003 年度对小麦、豆油等 10 种农产品和尿素等 3 种化肥实行关税配额管理），关税配额内的，适用关税配额税率；关税配额外的，其税率的适用按照《进出口关税条例》第 10 条、第 11 条的规定执行。

（3）特别税率。2003 年 11 月 23 日发布、自 2004 年 1 月 1 日起施行的《进出口关税条例》第 13 条、第 14 条还规定，在特别情况下对原产于特定国家或者地区的进口货物可以按照《反倾销条例》、《反补贴条例》等法规的有关规定征收反倾销税、反补贴税等报复性关税，适用报复性关税税率。征收报复性关税的货物、适用国别、税率、期限和征收办法，由国务院关税税则委员会决定并公布。

3. 关税税率的适用

海关应当按照《进出口关税条例》有关适用最惠国税率、协定税率、特惠税率、普通税率、出口税率、关税配额税率或者暂定税率，以及实施反倾销措施、反补贴措施、保障措施或者征收报复性关税等适用税率的规定，按照海关总署最新公布的《进出口税则》规定的归类原则将进出口货物归入合适的税号，确定适用的税率。具体规定是：

（1）进出口货物，应当适用海关接受该货物申报进口或者出口之日实施的税率。

（2）进口货物到达前，经海关核准先行申报的，应当适用装载该货物的运输工具申报进境之日实施的税率。

（3）进口转关运输货物，应当适用指运地海关接受该货物申报进口之日实施的税率；货物运抵指运地前，经海关核准先行申报的，应当适用装载该货物的运输工具抵达指运地之日实施的税率。出口转关运输货物，应当适用启运地海关接受该货物申报出口之日实施的税率。

经海关批准，实行集中申报的进出口货物，应当适用每次货物进出口时海关接受该货物申报之日实施的税率。

（4）因超过规定期限未申报而由海关依法变卖的进口货物，其税款计征应当适用装载该货物的运输工具申报进境之日实施的税率。

（5）已申报进境并放行的保税货物、减免税货物、租赁货物或者已申报进出境并放行的暂时进出境货物，有下列情形之一需缴纳税款的，应当适用海关接受纳税义务人再次填写报关单申报办理纳税及有关手续之日实施的税率：1）保税货物经批准不复运出境的；

2）保税仓储货物转入国内市场销售的；3）减免税货物经批准转让或者移作他用的；4）可暂不缴纳税款的暂时进出境货物，经批准不复运出境或者进境的；5）租赁进口货物，分期缴纳税款的。

（6）补征和退还进出口货物关税，应当按照《进出口关税条例》第 15 条或者第 16 条的规定确定适用的税率。

（7）因纳税义务人违反规定需要追征税款的进出口货物，应当适用违反规定的行为发生之日实施的税率；行为发生之日不能确定的，适用海关发现该行为之日实施的税率。

（二）进口物品进口税的税目和税率

按照《进出口关税条例》第五章及 1994 年 7 月 1 日海关总署发布实施的《关于入境旅客行李物品和个人邮递物品征收进口税办法》的规定，进境物品的关税以及进口环节海关代征税（包括增值税、消费税，下同）合并为进口税，由海关依法征收。海关总署规定数额以内的个人自用进境物品免征进口税；超过规定数额但仍在合理数量以内的个人自用进境物品，由进境物品的纳税义务人在进境物品放行前按照规定缴纳进口税；超过合理、自用数量的进境物品则应当按照进口货物依法办理相关纳税手续。

进境物品适用海关填发税款缴款书之日实施的税率和完税价格。进口物品进口税的税目和税率，是由关税税则委员会审订并经国务院批准的《进境物品进口税税率表》所确定的，海关总署据此制定《进境物品归类表》、《进境物品完税价格表》，以便对进境物品进行归类、确定完税价格和确定适用税率。我国现行征收进口物品进口税的有效依据是国务院 2011 年 1 月批准发布的《中华人民共和国进境物品进口税率表》及由海关总署 2012 年 3 月 26 日修订发布、自同年 4 月 15 日起执行的《入境旅客行李物品和个人邮递物品进口税税则归类表》、《入境旅客行李物品和个人邮递物品完税价格表》。我国现行《进境物品进口税率表》规定的税率有 10%、20%、30%和 50%四个档次，具体规定见表 5—1。

表 5—1　　中华人民共和国进境物品进口税率表（2011 年修订）

税号	物品名称	税率（%）
1	书报，刊物，教育专用电影片，幻灯片，原版录音带、录像带，金、银及其制品，计算机、视频摄录一体机、数字照相机等信息技术产品，照相机，食品，饮料，本表税号 2、3、4 税号及备注不包含的其他商品	10
2	纺织品及其制成品、电视、摄像机及其他电器用具、自行车、手表、钟表（含配件、附件）	20
3	高尔夫球及球具、高档手表	30
4	烟、酒、化妆品	50

注：避孕用具和避孕药品，超过海关规定的自用合理数量部分按有关规定予以退运或按货物进口程序办理报关及验放手续。

数据来源：国务院关税税则委员会。

四、原产地的确定

对进口商品确定原产地，是国际通行的做法。其主要原因之一是便于对产自不同国家或者地区的进口货物适用不同的关税税率。我国关于原产地的规定，基本上采用了“完全获得标准”、“实质性改变标准”两种国际上通用的原产地标准。现行有效的法规是国务院于 2004 年 9 月 3 日公布、自 2005 年 1 月 1 日起施行的《中华人民共和国进出口货物原产地条例》，1992 年 3 月 8 日国务院发布的《中华人民共和国出口货物原产地规则》和 1986 年 12 月 6 日海关总署发布的《中华人民共和国海关关于进口货物原产地的暂行规定》同时废止。

（一）完全获得标准

完全获得标准，是指进口货物完全在一个国家（地区）获得，完全在一个国家（地区）获得的货物，以该国（地区）为原产地。所称“完全在一个国家（地区）获得的货物”是指：(1) 在该国（地区）出生并饲养的活的动物；(2) 在该国（地区）野外捕捉、捕捞、搜集的动物；(3) 从该国（地区）的活的动物获得的未经加工的物品；(4) 在该国（地区）收获的植物和植物产品；(5) 在该国（地区）采掘的矿物；(6) 在该国（地区）获得的除第 (1) 项至第 (5) 项范围之外的其他天然生成的物品；(7) 在该国（地区）生产过程中产生的只能弃置或者回收用作材料的废碎料；(8) 在该国（地区）收集的不能修复或者修理的物品，或者从该物品中回收的零件或者材料；(9) 由合法悬挂该国旗帜的船舶从其领海以外海域获得的海洋捕捞物和其他物品；(10) 在合法悬挂该国旗帜的加工船上加工第 (9) 项所列物品获得的产品；(11) 从该国领海以外享有专有开采权的海床或者海床底土获得的物品；(12) 在该国（地区）完全从第 (1) 项至第 (11) 项所列物品中生产的产品。

在确定货物是否在一个国家（地区）完全获得时，不考虑下列微小加工或者处理：(1) 为运输、贮存期间保存货物而作的加工或者处理；(2) 为货物便于装卸而作的加工或者处理；(3) 为货物销售而作的包装等加工或者处理。

（二）实质性改变标准

实质性改变标准是适用于确定有两个或两个以上国家参与生产的产品的原产地的标准。其基本含义是指：两个以上国家（地区）参与生产的货物，以最后完成实质性改变的国家（地区）为原产地。“实质性改变”的确定标准，以税则归类改变［指在某一国家（地区）对非该国（地区）原产材料进行制造、加工后，所得货物在《进出口税则》中某一级的税目归类发生了变化］为基本标准；税则归类改变不能反映实质性改变的，以从价百分比［指在某一国家（地区）对非该国（地区）原产材料进行制造、加工后的增值部分，超过所得货物价值一定的百分比］、制造或者加工工序［指在某一国家（地区）进行的赋予制造、加工后所得货物基本特征的主要工序］等为补充标准。具体标准由海关总署会同商务部、国家质量监督检验检疫总局制定。

但对货物所进行的任何加工或者处理，是为了规避我国关于反倾销、反补贴和保障措施等有关规定的，海关在确定该货物的原产地时可以不考虑这类加工和处理。

需要指出的是，《进出口货物原产地条例》仅适用于实施最惠国待遇、反倾销和反补贴、保障措施、原产地标记管理、国别数量限制、关税配额等非优惠性贸易措施以及进行政府采购、贸易统计等活动对进出口货物原产地的确定，实施优惠性贸易措施对进出口货物原产地的确定则不适用该条例，具体办法依照我国缔结或者参加的国际条约、协定的有关规定另行制定。在这方面，海关总署于 2009 年 1 月 8 日发布有《中华人民共和国海关进出口货物优惠原产地管理规定》，自 2009 年 3 月 1 日起施行。

五、进出口货物完税价格的确定

我国对进出口货物征收关税，主要采取从价计征的办法，即关税主要以进出口货物的完税价格为计税依据计算征收。目前，我国关于进出口货物完税价格确定的法律依据主要有：2013 年 12 月 28 日第三次修订发布的《中华人民共和国海关法》（以下简称《海关法》），根据 2013 年 12 月 7 日《国务院关于修改部分行政法规的决定》第二次修订的《中华人民共和国进出口关税条例》，2013 年 12 月 25 日经海关总署公布、自 2014 年 2 月 1 日起施行的《中华人民共和国海关审定进出口货物完税价格办法》（以下简称《海关审定进出口货物完税价格办法》）。

《海关法》第 55 条规定：进出口货物的完税价格，由海关以该货物的成交价格为基础审查确定。成交价格不能确定时，完税价格由海关依法估定。

（一）一般进口货物的完税价格的确定

1. 以成交价格为基础的到岸价格作为完税价格

在一般情况下，进口货物以海关审查确定的成交价格为基础的到岸价格作为完税价格。即进口货物的完税价格由海关以符合规定条件的成交价格以及该货物运抵中国境内输入地点起卸前的运输及其相关费用、保险费为基础审查确定。

进口货物的成交价格，是指卖方向中国境内销售该货物时买方为进口该货物向卖方实付、应付的，并按照《进出口关税条例》第 19 条、第 20 条规定调整后的价款总额，包括直接支付的价款和间接支付的价款。

《进出口关税条例》第 19 条规定应当计入进口货物完税价格的费用包括：(1) 由买方负担的购货佣金以外的佣金和经纪费；(2) 由买方负担的在审查确定完税价格时与该货物视为一体的容器的费用；(3) 由买方负担的包装材料费用和包装劳务费用；(4) 与该货物的生产和向中国境内销售有关的，由买方以免费或者以低于成本的方式提供并可以按适当比例分摊的料件、工具、模具、消耗材料及类似货物的价款，以及在境外开发、设计等相关服务的费用；(5) 作为该货物向中国境内销售的条件，买方必须支付的、与该货物有关的特许权使用费；(6) 卖方直接或者间接从买方获得的该货物进口后转售、处置或者使用的收益。

《进出口关税条例》第 20 条规定：进口时在货物的价款中列明的下列税收、费用，不得计入该货物的完税价格：(1) 厂房、机械、设备等货物进口后进行建设、安装、装配、维修和技术服务的费用；(2) 进口货物运抵境内输入地点起卸后的运输及其相关费用、保险费；(3) 进口关税及国内税收。

进口货物的成交价格应当符合下列条件：(1) 对买方处置或者使用该货物不予限制，但法律、行政法规规定实施的限制、对货物转售地域的限制和对货物价格无实质性影响的限制除外；(2) 该货物的成交价格没有因搭售或者其他因素的影响而无法确定；(3) 卖方不得从买方直接或者间接获得因该货物进口后转售、处置或者使用而产生的任何收益，或者虽有收益但能够按照《进出口关税条例》第 19 条、第 20 条的规定进行调整；（4）买卖双方没有特殊关系[①]，或者虽有特殊关系但未对成交价格产生影响。

如果买卖双方之间有特殊关系的，但是纳税义务人能证明其成交价格与同时或者大约同时发生的下列任何一款价格相近的，应当视为特殊关系未对进口货物的成交价格产生影响：

（1）向境内无特殊关系的买方出售的相同或者类似进口货物的成交价格；

（2）按照《海关审定进出口货物完税价格办法》第 23 条的规定所确定的相同或者类似进口货物的完税价格；

（3）按照《海关审定进出口货物完税价格办法》第 25 条的规定所确定的相同或者类似进口货物的完税价格。

海关在使用上述价格进行比较时，应当考虑商业水平和进口数量的不同，以及买卖双方有无特殊关系造成的费用差异。

2. 经磋商后以海关估定价格作为完税价格

在特殊情况下，经与纳税义务人磋商后由海关按法律的规定估定价格作为进口货物的完税价格。即当进口货物的成交价格不符合规定的条件，或者成交价格不能确定时，海关经了解有关情况，并与纳税义务人进行价格磋商后，依次以下列价格估定该货物的完税价格：（1）与该货物同时或者大约同时向中国境内销售的相同货物的成交价格（即相同货物成交价格方法）；（2）与该货物同时或者大约同时向中国境内销售的类似货物的成交价格（即类似货物成交价格方法）；（3）与该货物进口的同时或者大约同时，将该进口货物、相同或者类似进口货物在第一级销售环节销售给无特殊关系买方最大销售总量的单位价格，但应当扣除《进出口关税条例》第 22 条规定估定的项目（即倒扣价格方法）[②]；（4）按照下列各项总和计算的价格：生产该货物所使用的料件成本和加工费用，向中国境内销售同等级或者同种类货物通常的利润和一般费用，该货物运抵境内输入地点起卸前的运输及其相关费用、保险费（即计算价格方法）；（5）以其他合理方法估定的价格。纳税义务人向海关提供有关资料后，可以提出申请，颠倒前述第(3）项和第（4）项的适用次序。

（1）相同或类似货物成交价格方法。

海关在使用相同或类似货物成交价格方法时，应当以与被估的进口货物同时或大约同时（指在海关接受被估的进口货物申报进口之日的前后各 45 天以内）进口的相同或类似货物的成交价格为基础估定完税价格。

应予以注意的是：适用相同或类似货物成交价格方法估定进口货物的完税价格时，应

---

① 所谓买卖双方之间有特殊关系，是指双方之间有下列情形之一：（1）买卖双方为同一家族成员的；（2）买卖双方互为商业上的高级职员或者董事的；（3）一方直接或者间接地受另一方控制的；（4）买卖双方都直接或者间接地受第三方控制的；（5）买卖双方共同直接或者间接地控制第三方的；（6）一方直接或者间接地拥有、控制或者持有对方 5%以上（含 5%）公开发行的有表决权的股票或者股份的；（7）一方是另一方的雇员、高级职员或者董事的；（8）买卖双方是同一合伙的成员的。此外，买卖双方在经营上相互有联系，一方是另一方的独家代理、独家经销或者独家受让人，如果符合前述规定，也应当视为存在特殊关系。

② 《进出口关税条例》第 22 条规定，按照本条例第 21 条第 1 款第 3 项估定完税价格，应当扣除的项目是指：（1）同等级或者同种类货物在中国境内第一级销售环节销售时通常的利润和一般费用以及通常支付的佣金；（2）进口货物运抵境内输入地点起卸后的运输及其相关费用、保险费；（3）进口关税及国内税收。

当使用与该货物相同商业水平且进口数量基本一致的相同或类似货物的成交价格。但应当以客观量化的数据资料对该货物与相同或类似货物之间由于运输距离和运输方式不同而在成本和其他费用方面产生的差异进行调整。在没有前述的相同或类似货物的成交价格的情况下，可以使用不同商业水平或不同进口数量的相同或类似货物的成交价格，但应当以客观量化的数据资料对因商业水平、进口数量、运输距离和运输方式不同而在价格、成本和其他费用方面产生的差异作出调整。

适用相同或类似货物成交价格方法估定进口货物的完税价格时，应当首先使用同一生产商生产的相同或类似货物的成交价格，只有在没有同一生产商生产的相同或类似货物的成交价格的情况下，才可以使用同一生产国或地区生产的相同或类似货物的成交价格。如果有多个相同或类似货物的成交价格，应当以最低的成交价格为基础估定进口货物的完税价格。

前述所谓相同货物，指与进口货物在同一国家或地区生产的，在物理性质、质量和信誉等所有方面都相同的货物，但表面的微小差异允许存在；所谓类似货物，指与进口货物在同一国家或地区生产的，虽然不是在所有方面都相同，但却具有相似的特征、相似的组成材料、同样的功能，并且在商业中可以互换的货物。

（2）倒扣价格方法。

海关在使用倒扣价格方法时，应当以被估的进口货物、相同或类似进口货物在境内销售的价格为基础，扣除境内发生的有关费用后估定完税价格。按该价格销售的货物应当同时符合下列条件：1）在被估货物进口时或大约同时销售；2）按照进口时的状态销售；3）在境内第一环节销售；4）合计的货物销售总量最大；5）向境内无特殊关系方的销售。

按照倒扣价格方法估定进口货物的完税价格时，下列各项应当扣除：1）该货物的同等级或同种类货物在境内第一销售环节销售时的利润和一般费用（包括直接费用和间接费用）及通常支付的佣金；2）货物运抵境内输入地点起卸后的运输及其相关费用、保险费；3）进口关税、进口环节海关代征税及其他国内税。

在按照前述倒扣价格方法的规定估定进口货物的完税价格时，如果被估的进口货物、相同或类似进口货物没有在被估货物进口时或大约同时在境内销售，可以在符合规定的其他条件下，将在境内销售的时间延长至海关接受被估货物申报之日起的90天内。如果该货物、相同或者类似货物没有按照进口时的状态在境内销售，应纳税义务人要求，可以在符合《海关审定进出口货物完税价格办法》第23条规定的其他条件的情形下，使用经进一步加工后的货物的销售价格审查确定完税价格，但是应当同时扣除加工增值额。加工增值额应当依据与加工成本有关的客观量化数据资料，该行业公认的标准、计算方法及其他的行业惯例计算。按照规定确定扣除的项目时，应当使用与国内公认的会计原则相一致的原则和方法。

（3）计算价格方法。

计算价格估价方法，是指海关以下列各项的总和为基础，审查确定进口货物完税价格的估价方法：1）生产该货物所使用的料件成本和加工费用；2）向境内销售同等级或者同种类货物通常的利润和一般费用（包括直接费用和间接费用）；3）该货物运抵境内输入地点起卸前的运输及相关费用、保险费。

按照前述规定确定有关价值或者费用时，应当使用与生产国或者地区公认的会计原则相一致的原则和方法。审查确定进口货物的完税价格时，海关在征得境外生产商同意并提前通知有关国家或者地区政府后，可以在境外核实该企业提供的有关资料。

（4）其他合理方法。

合理方法，是指当海关不能根据成交价格估价方法、相同或类似货物成交价格估价方法、倒扣价格估价方法和计算价格估价方法确定完税价格时，遵循客观、公平、统一的原则，以客观量化的数据资料为基础审查确定进口货物完税价格的估价方法。

海关在使用其他合理方法时，不得使用以下价格：1）境内生产的货物在境内的销售价格；2）可供选择的价格中较高的价格；3）货物在出口地市场的销售价格；4）以《海关审定进出口货物完税价格办法》第 25 条规定之外的价值或费用计算的相同或者类似货物的价格；5）出口到第三国或地区的货物的销售价格；6）最低限价或武断、虚构的价格。

典型案例

深圳破获 2.1 亿元家族走私案

2003 年 8 月 4 日，深圳海关对外宣布，经过该关十个多月的缜密侦查，一举破获以陈某为首的“焯森城”特大家族性价格瞒骗走私团伙。海关至今还在进行最后的核价计税工作，目前，仅完成核计的案值就达 2.1 亿元人民币，偷逃国家税款1 600万元。

据陈某交代，2001 年中国即将入世时，其在研究 WTO 相关条款时发现，根据世贸组织的规定，海关要以货物实际成交价格为基础计算税款。基于此，陈某在深圳设专门代理进口电子元件的焯森城公司后，又在香港开设 S 公司，以掌握“实际成交价格”。此后，焯森城公司进口的货物，必绕道香港。陈某利用与 S 公司的特殊关系，伪造焯森城与 S 公司之间的进出口合同、发票，将价格低报到原价的 14%～20%，再利用假合同、假发票到海关报关进口货物。由于伪报价格不到实价的 20%，为付清其余 80%～86%的货款，又逃避外汇监管，陈某利用地下钱庄将余款付给境外供货商。由此大量偷逃进口环节的关税、增值税税收。

（资料来源：《香港文汇报》，2003-08-05。）

（二）特殊进口货物完税价格的确定

特殊进口货物的完税价格，分为以下情形分别确定：

1. 运往境外修理的机械器具、运输工具或者其他货物

运往境外修理的机械器具、运输工具或者其他货物，出境时已向海关报明并在海关规定的期限内复运进境的，应当以境外修理费和料件费为基础审查确定完税价格；出境修理货物复运进境超过海关规定期限的，由海关按照相关规定审查确定完税价格。

2. 运往境外加工的货物

运往境外加工的货物，出境时已向海关报明并在海关规定期限内复运进境的，应当以境外加工费和料件费以及该货物复运进境的运输及其相关费用、保险费为基础审查确定完

税价格；出境加工货物复运进境超过海关规定期限的，由海关按照相关规定审查确定完税价格。

3. 经海关批准的暂时进境货物

经海关批准的暂时进境货物，应当缴纳税额的，由海关按规定审查确定完税价格。经海关批准留购的暂时进境货物，以海关审查确定的留购价格作为完税价格。

4. 租赁方式进口的货物

租赁方式进口的货物，按照下列方法审查确定完税价格：

（1）以租金方式对外支付的租赁货物，在租赁期间以海关审查确定的租金作为完税价格，利息应当予以计入；

（2）留购的租赁货物以海关审查确定的留购价格作为完税价格；

（3）纳税义务人申请一次性缴纳税款的，可以选择申请按照《海关审定进出口货物完税价格办法》第 6 条列明的方法确定完税价格，或者按照海关审查确定的租金总额作为完税价格。

5. 减税或者免税进口的货物

减税或者免税进口的货物应当补税时，应当以海关审查确定的该货物原进口时的价格扣除折旧部分价值作为完税价格。

6. 易货贸易、寄售、捐赠、赠送等不存在成交价格的进口货物

易货贸易、寄售、捐赠、赠送等不存在成交价格的进口货物，由海关与纳税义务人进行价格磋商后，按照《海关审定进出口货物完税价格办法》第 6 条列明的方法审查确定完税价格。

7. 有专供数据处理设备用软件的介质

有专供数据处理设备用软件的介质，具有下列情形之一的，应当以介质本身的价值或者成本为基础审查确定完税价格：

（1）介质本身的价值或者成本与所载软件的价值分列；

（2）介质本身的价值或者成本与所载软件的价值虽未分列，但是纳税义务人能够提供介质本身的价值或者成本的证明文件，或者能提供所载软件价值的证明文件。

含有美术、摄影、声音、图像、影视、游戏、电子出版物的介质不适用上述规定。

（三）出口货物完税价格的确定

出口货物的完税价格，由海关以该货物向境外销售的成交价格为基础审查确定，并应包括货物运至中国境内输出地点装载前的运输及其相关费用、保险费。所谓出口货物的成交价格，是指该货物出口销售时，卖方为出口该货物应当向买方直接收取和间接收取的价款总额。

确定出口货物的成交价格时，下列税收、费用不计入出口货物的完税价格：（1）出口关税；（2）在货物价款中单独列明的货物运至中国境内输出地点装载后的运输及其相关费用、保险费。

出口货物的成交价格不能确定时，海关经了解有关情况，并与纳税义务人进行价格磋商后，依次以下列价格审查确定该货物的完税价格：（1）同时或大约同时向同一国家或地区出口的相同货物的成交价格；（2）同时或大约同时向同一国家或地区出口的类似货物的

成交价格；（3）根据境内生产相同或类似货物的成本、利润和一般费用、境内发生的运输及其相关费用、保险费计算所得的价格；（4）按照合理方法估定的价格。

（四）进出口货物完税价格中的运输及其相关费用、保险费的计算

1. 以海运、陆运、空运方式运输的进口货物

（1）海运进口货物，计算至该货物运抵境内的卸货口岸，如果该货物的卸货口岸是内河（江）口岸，则应当计算至内河（江）口岸。

（2）陆运进口货物，计算至该货物运抵境内的第一口岸。如果运输及其相关费用、保险费支付至目的地口岸，则计算至目的地口岸。

（3）空运进口货物，计算至该货物运抵境内的第一口岸。如果该货物的目的地为境内的第一口岸外的其他口岸，则计算至目的地口岸。

陆运、空运和海运进口货物的运费和保险费，应当按照实际支付的费用计算。如果进口货物的运费无法确定的，海关应当按照该货物的实际运输成本或者该货物进口同期运输行业公布的运费率（额）计算运费；如果进口货物的保险费无法确定或未实际发生，海关应当按照“货价加运费”两者总额的3‰计算保险费。

2. 以邮运等方式进口的货物

邮运的进口货物，应当以邮费作为运输及其相关费用、保险费；以境外边境口岸价格条件成交的铁路或公路运输进口货物，海关应当按照境外边境口岸价格的1%计算运输及其相关费用、保险费；运输工具作为进口货物，利用自身动力进境的，海关在审查确定完税价格时，不再另行计入运费。

3. 出口货物

出口货物的销售价格如果包括离境口岸至境外口岸之间的运费、保险费的，该运费、保险费应当扣除。

（五）完税价格的审定

（1）进出口货物的收发货人应当向海关如实申报进出口货物的成交价格，提供包括发票、合同、装箱清单及其他证明申报价格真实、完整的单证、书面资料和电子数据。海关认为必要时，进出口货物的收发货人还应当向海关补充申报反映买卖双方关系和成交活动的情况，以及其他与成交价格有关的资料。

（2）海关为审查申报价格的真实性和准确性，可以行使下列职权：1）查阅、复制与进出口货物有关的合同、发票、账册、结付汇凭证、单据、业务函电和其他反映买卖双方关系及交易活动的书面资料和电子数据；2）向进出口货物的收发货人及与其有资金往来或有其他业务往来的公司、企业调查与进出口货物价格有关的问题；3）对进出口货物进行查验或提取货样进行检验或化验；4）进入进出口货物收发货人的生产经营场所、货物存放场所，检查与进出口活动有关的货物和生产经营情况；5）向有关金融机构或税务部门查询了解与进出口货物有关的收付汇资料或缴纳国内税的情况。

海关在行使前述各项职权进行价格核查时，进出口货物的收发货人及有关单位、部门应当如实反映情况，提供账簿、单证等有关书面资料和电子数据，不得拒绝、拖延和隐瞒。

（3）海关对申报价格的真实性、准确性有疑问时，或者认为买卖双方之间的特殊关系影响成交价格时，应当制发《中华人民共和国海关价格质疑通知书》（以下简称《海关价格质疑通知书》），将质疑的理由书面告知纳税义务人或者其代理人，纳税义务人或者其代理人应当自收到《海关价格质疑通知书》之日起 5 个工作日内，以书面形式提供相关资料或者其他证据，证明其申报价格真实、准确或者双方之间的特殊关系未影响成交价格。纳税义务人或其代理人确有正当理由无法在规定时间内提供相关资料的，可以在规定期限届满前以书面形式向海关申请延期。除特殊情况外，延期不得超过 10 个工作日。

海关制发《海关价格质疑通知书》后，有下列情形之一的，海关与纳税义务人进行价格磋商后，按照《海关审定进出口货物完税价格办法》第 6 条或者第 41 条列明的方法审查确定进出口货物的完税价格：1）纳税义务人或者其代理人在海关规定期限内，未能提供进一步说明的；2）纳税义务人或者其代理人提供有关资料、证据后，海关经审核其所提供的资料、证据，仍然有理由怀疑申报价格的真实性、准确性的；3）纳税义务人或者其代理人提供有关资料、证据后，海关经审核其所提供的资料、证据，仍然有理由认为买卖双方之间的特殊关系影响成交价格的。

（4）海关经过审查认为进口货物无成交价格的，可以不进行价格质疑，经与纳税义务人进行价格磋商后，按照《海关审定进出口货物完税价格办法》第 6 条列明的方法审查确定完税价格；海关经过审查认为出口货物无成交价格的，可以不进行价格质疑，经与纳税义务人进行价格磋商后，按照《海关审定进出口货物完税价格办法》第 41 条列明的方法审查确定完税价格。

（5）海关按照规定通知纳税义务人进行价格磋商时，纳税义务人应当自收到《中华人民共和国海关价格磋商通知书》之日起 5 个工作日内与海关进行价格磋商。纳税义务人未在规定的时限内与海关进行磋商的，视为其放弃价格磋商的权利，海关可以直接使用《海关审定进出口货物完税价格办法》第 6 条或者第 41 条列明的方法审查确定进出口货物的完税价格。

（6）海关审查确定进出口货物的完税价格期间，纳税义务人可以在依法向海关提供担保后，先行提取货物；海关审查确定进出口货物的完税价格后，纳税义务人可以提出书面申请，要求海关就如何确定其进出口货物的完税价格作出书面说明，海关应当根据要求出具《中华人民共和国海关估价告知书》。

（7）纳税义务人对海关的估价决定有异议的，应当按照海关作出的相关行政决定依法缴纳税款，并可以依法向上一级海关申请复议。对复议决定不服的，可以依法向人民法院提起行政诉讼。

六、关税的计算方法

（一）从价税的货物或物品的计算方法

在完税价格确定后，进出口货物（或进口物品）应纳关税税额的计算公式为：

应纳税额＝应税进出口货物（或进口物品）数量×单位完税价格×适用税率

（二）从量税的货物的计算方法

从量税是以进口货物的数量为计税依据，其应纳关税税额的计算公式为：

应纳税额＝应税进口货物数量×关税单位税额

（三）复合税的货物的计算方法

我国目前实行的复合税是先计征从量税，再计征从价税。其应纳关税税额的计算公式为：

应纳税额＝应税进口货物数量×关税单位税额＋应税进口货物数量×单位完税价格×适用税率

（四）滑准税的货物的计算方法

滑准税，如前所述是对某种进口货物（我国曾对进口新闻纸实施）规定其价格的上、下限，按国内货价涨落情况，分别采取几种高低不同税率课征的一种关税。当进口货物价格高于上限时，采用较低税率；低于下限时，采用较高税率；在价格幅度以内的，按原定税率征税。故实行滑准税的进口货物的关税税率，实质上是一种随进口货物价格的变动而反向变动的比例税率。因此，实施滑准税的进口货物应纳税额的计算同于从价税进口货物的计算。

（五）出口货物的关税的计算方法

出口货物的关税计算公式为：

货物的出口关税＝出口货物关税完税价格×适用税率

出口货物关税完税价格＝离岸价格÷(1＋出口关税税率)

【例 5—1】

有进出口经营权的某外贸公司，2001 年 10 月发生以下经营业务：(1) 经有关部门批准从境外进口新轿车 30 辆，每辆小轿车货价 15 万元，运抵我国海关前发生的运输费用、保险费用无法确定。经海关查实其他运输公司相同业务的运输费用占货价的比例为 2%。向海关缴纳了相关税款，并取得完税凭证。公司委托运输公司将小轿车从海关运回本单位，支付运输公司运输费用 9 万元，取得了运输公司开具的普通发票。当月售出 24 辆，每辆取得含税销售额 40.95 万元，公司自用 2 辆并作为本企业固定资产。(2) 月初将上月购进的库存材料价款 40 万元，经海关核准委托境外公司加工一批货物，月末该批加工货物在海关规定的期限内复运进境供销售，支付给境外公司的加工费 20 万元。进境前的运输费和保险费共 3 万元。向海关缴纳了相关税款，并取得了完税凭证（提示：小轿车关税税率 60%、货物关税税率 20%、增值税税率 17%、消费税税率 8%）。

要求：(1) 计算小轿车在进口环节应缴纳的关税、消费税和增值税。(2) 计算加工货物在进口环节应缴纳的关税、增值税。(3) 计算国内销售环节 10 月份应缴纳的增值税。

解析：

(1) 小轿车属于特殊消费品，其在进口环节应缴纳的关税、消费税、增值税分别为：

1) 进口小轿车的货价＝15×30＝450（万元）

2) 进口小轿车的运输费＝450×2%＝9（万元）

3) 进口小轿车的保险费＝（450＋9）×3‰≈1.38（万元）

4) 进口小轿车应缴纳的关税：

关税的完税价格＝450＋9＋1.38＝460.38（万元）

应纳关税税额＝460.38×60%≈276.23（万元）

5）进口环节小轿车应缴纳的消费税：

消费税组成计税价格＝（460.38＋276.23）÷（1－8%）≈800.66（万元）

应缴纳进口环节消费税＝800.66×8%≈64.05（万元）

6）进口环节小轿车应缴纳增值税：

应缴纳增值税＝（460.38＋276.23＋64.05）×17%≈136.11（万元）

（2）加工货物在进口环节应缴纳的关税和增值税：

1）加工货物关税的组成计税价格＝20＋3＝23（万元）

2）加工货物应缴纳的关税＝23×20%＝4.6（万元）

3）加工货物应缴纳的增值税＝（23＋4.6）×17%≈4.69（万元）

（3）国内销售环节应缴纳的增值税：

1）销项税额＝40.95÷（1＋17%）×17%×24＝142.8（万元）

2）进项税额＝（9×7%＋136.11）÷30×28＋4.69≈132.31（万元）

3）应纳税额＝142.8－132.31＝10.49（万元）

七、关税税款的缴纳和退补

（一）进出口货物关税税款的缴纳与征管

在一般情况下，关税是在货物实际进出境时，由纳税人按照进出口货物通关规定向海关申报后，于海关放行前一次性缴纳。具体规定是：进口货物自运输工具申报进境之日起14天内，出口货物在货物运抵海关监管区后、装货的24小时以前，由进出口货物的纳税义务人向货物进出境地海关申报。纳税义务人应当依法如实向海关申报，并按照海关的规定提供有关确定完税价格、进行商品归类、确定原产地以及采取反倾销、反补贴或者保障措施等所需的资料，必要时，海关可以要求纳税义务人补充申报。同时，纳税义务人应当按照《海关进出口税则》规定的目录条文和归类总规则、类注、章注、子目注释以及其他归类注释，对其申报的进出口货物进行商品归类，并归入相应的税则号列。海关应当依法审核确定该货物的商品归类、完税价格和适用税率，计算应缴纳的关税和进口环节的代征税收，并填发税款缴款书。进出口货物的纳税义务人，应当自海关填发税款缴款书之日起15日内向指定银行缴纳税款；纳税义务人未按期缴纳税款的，从滞纳税款之日起，由海关按日加收滞纳税款万分之五的滞纳金。

纳税义务人、担保人自缴纳税款期限届满之日起超过3个月仍未缴纳的，经直属海关关长或者其授权的隶属海关关长批准，海关可以采取下列强制措施：（1）书面通知其开户银行或者其他金融机构从其存款中扣缴税款；（2）将应税货物依法变卖，以变卖所得抵缴税款；（3）扣留并依法变卖其价值相当于应纳税款的货物或者其他财产，以变卖所得抵缴税款。海关采取强制措施时，对纳税义务人、担保人未缴纳的滞纳金同时强制执行。

进出口货物的纳税义务人在规定的纳税期限内有明显的转移、藏匿其应税货物以及其他财产迹象的，海关可以责令纳税义务人提供担保；纳税义务人不能提供纳税担保的，经直属海关关长或者其授权的隶属海关关长批准，海关可以采取下列税收保全措施：（1）书面通知纳税义务人开户银行或者其他金融机构暂停支付纳税义务人相当于应纳税款的存款；(2) 扣留纳税义务人价值相当于应纳税款的货物或者其他财产。

纳税义务人在规定的纳税期限内缴纳税款的，海关必须立即解除税收保全措施。期限届满仍未缴纳税款的，经直属海关关长或者其授权的隶属海关关长批准，海关可以书面通知纳税义务人开户银行或者其他金融机构从其暂停支付的存款中扣缴税款，或者依法变卖所扣留的货物或者其他财产，以变卖所得抵缴税款。

采取税收保全措施不当，或者纳税义务人在规定期限内已缴纳税款，海关未立即解除税收保全措施，致使纳税义务人的合法权益受到损失的，海关应当依法承担赔偿责任。

进口环节海关代征税（即进口环节的增值税、消费税）的征收管理，适用关税征收管理的规定。

（二）进出口货物关税税款的缓征、补征、追征与退税

1. 缓征

纳税义务人因不可抗力或者在国家税收政策调整的情形下，不能按期缴纳税款的，经海关总署批准，可以延期缴纳税款，但是最长不得超过 6 个月。

2. 补征与追征

(1) 加工贸易的进口料件按照国家规定保税进口的，其制成品或者进口料件未在规定的期限内出口的，海关按照规定征收进口关税。

(2) 需由海关监管使用的减免税进口货物，在监管年限内转让或者移作他用需要补税的，海关应当根据该货物进口时间折旧估价，补征进口关税。

(3) 进出口货物放行后，海关发现少征或者漏征税款的，应当自缴纳税款或者货物放行之日起 1 年内，向纳税义务人补征税款。因纳税义务人违反规定造成少征或者漏征税款的，海关可以自缴纳税款或者货物放行之日起 3 年内追征税款，并从缴纳税款或者货物放行之日起按日加收少征或者漏征税款万分之五的滞纳金。

(4) 海关发现海关监管货物因纳税义务人违反规定造成少征或者漏征税款的，应当自纳税义务人应缴纳税款之日起 3 年内追征税款，并从应缴纳税款之日起按日加收少征或者漏征税款万分之五的滞纳金。

3. 退税

(1) 有下列情形之一的，纳税义务人自缴纳税款之日起 1 年内，以书面形式向海关说明理由，并提供原缴款凭证及相关资料可以申请退还关税：1) 已征进口关税的货物，因品质或者规格原因，原状退货复运出境的；2) 已征出口关税的货物，因品质或者规格原因，原状退货复运进境，并已重新缴纳因出口而退还的国内环节有关税收的；3) 已征出口关税的货物，因故未装运出口，申报退关的。

(2) 海关发现多征税款的，应当立即通知纳税义务人办理退还手续。纳税义务人发现多缴纳税的，自缴纳税款之日起 1 年内，可以以书面形式要求海关退还多缴的税款并加算银行同期活期存款利息。

在上述两种情况下，海关应当自受理退税申请之日起 30 日内查实并通知纳税义务人办理退还手续。纳税义务人应当自收到通知之日起 3 个月内办理有关退税手续。

(3) 加工贸易的进口料件进境时按照国家规定征收进口关税的，其制成品或者进口料

件在规定的期限内出口的，海关按照有关规定退还进境时已征收的关税税款。

（4）按照其他有关法律、行政法规规定应当退还关税的，海关应当按照有关法律、行政法规的规定退税。

（三）进境物品进口税的征收

（1）征税范围。进境物品的关税以及进口环节海关代征税合并为进口税，由海关依法征收。海关总署规定数额以内的个人自用进境物品，免征进口税；超过海关总署规定数额但仍在合理数量以内的个人自用进境物品，由进境物品的纳税义务人在进境物品放行前按照规定缴纳进口税；超过合理、自用数量的进境物品和国务院关税税则委员会规定按货物征税的进境物品，应当按照进口货物依法办理相关手续。

（2）纳税义务人。进境物品的纳税义务人包括携带物品进境的入境人员、进境邮递物品的收件人以及以其他方式进口物品的收件人。进境物品的纳税义务人可以自行办理纳税手续，也可以委托他人办理纳税手续。接受委托的人应当遵守有关对纳税义务人的各项规定。

（3）进口税的计征。进境物品进口税，适用海关填发税款缴款书之日实施的税率和完税价格从价计征，其计算公式为：

进口税税额＝完税价格×进口税税率

在计征进口税时，海关应当按照《进境物品进口税税率表》及海关总署制定的《进境物品归类表》、《进境物品完税价格表》对进境物品进行归类、确定完税价格和确定适用税率。

进境物品进口税的减征、免征、补征、追征、退还以及对暂准进境物品征收进口税，参照《进出口关税条例》对货物征收进口关税的有关规定执行。

八、关税的优惠措施

关税的优惠措施，主要有下述三个方面的规定。

（一）关税的减免规定

（1）下列进出口货物，免征关税：1）关税税额在人民币 50 元以下的一票货物；2）无商业价值的广告品和货样；3）外国政府、国际组织无偿赠送的物资；4）在海关放行前损失的货物；5）进出境运输工具装载的途中必需的燃料、物料和饮食用品。

（2）在海关放行前遭受损坏的货物，可以根据海关认定的受损程度减征关税。

（3）法律规定的其他免征或者减征关税的货物，海关根据规定予以免征或者减征。

（4）特定地区、特定企业或者有特定用途的进出口货物减征或者免征关税，以及临时减征或者免征关税，按照国务院的有关规定执行。

（5）进口货物减征或者免征进口环节海关代征税，按照有关法律、行政法规的规定执行。

纳税义务人进出口减免税货物的，除另有规定外，应当在进出口该货物之前，按照规定持有关文件向海关办理减免税审批手续。经海关审查符合规定的，予以减征或者免征关税。

（二）暂不纳税

经海关批准暂时进境或者暂时出境的下列货物，在进境或者出境时纳税义务人向海关缴纳相当于应纳税款的保证金或者提供其他担保的，可以暂不缴纳关税，并应当自进境或者出境之日起 6 个月内复运出境或者复运进境；经纳税义务人申请，海关可以根据海关总署的规定延长复运出境或者复运进境的期限：(1) 在展览会、交易会、会议及类似活动中展示或者使用的货物；(2) 文化、体育交流活动中使用的表演、比赛用品；(3) 进行新闻报道或者摄制电影、电视节目使用的仪器、设备及用品；(4) 开展科研、教学、医疗活动使用的仪器、设备及用品；(5) 在前述第 (1) 项至第 (4) 项所列活动中使用的交通工具及特种车辆；(6) 货样；(7) 供安装、调试、检测设备时使用的仪器、工具；(8) 盛装货物的容器；(9) 其他用于非商业目的的货物。

前述暂准进境货物在规定的期限内未复运出境的，或者暂准出境货物在规定的期限内未复运进境的，海关应当依法征收关税。前述所列可以暂时免征关税范围以外的其他暂准进境货物，应当按照该货物的完税价格和其在境内滞留时间与折旧时间的比例计算征收进口关税。具体办法由海关总署规定。

（三）不征税

(1) 因品质或者规格原因，进（出）口货物自进（出）口之日起 1 年内原状复运出（进）境的，不征收进（出）口关税。

(2) 因残损、短少、品质不良或者规格不符等原因，由进出口货物的发货人、承运人或者保险公司免费补偿或者更换的相同货物，进出口时不征收关税。被免费更换的原进口货物不退运出境或者原出口货物不退运进境的，海关应当对原进出口货物重新按照规定征收关税。

第三节　弹性关税制度

保税、特别关税等都是在正常关税措施之外，基于特定原因和政策目的对特定区域或特殊情况下的进出口货物采取的特殊关税措施。因其制度的建立及运作和正常关税制度相比，具有较大的灵活性和伸缩性，故称之为弹性关税制度。

一、保税制度的有关规定

（一）保税制度概述

保税制度，是指对特定进口货物（保税货物）由海关指定存放场所加以监管，暂不征收进口税的一种海关监管制度。它是关税制度的一个重要组成部分，通过这种制度，可以简化通关手续，提高通关速度和效率，促进对外经济、贸易活动的开展。

保税货物是指已经入境但经海关特许缓办进口纳税手续或者存放后再复运出口的货物。保税货物属于海关监管的货物，如在限期内复运出口不征税；未经海关许可并补缴税款，不能在国内市场擅自出售；未经海关许可，也不能擅自开拆、提取、交付、发运、掉换、改装、抵押、转让或者更换标记。

我国自 1981 起建立了保税仓库，1983 年起试办了进料加工保税工厂，1990 年 9 月国务院又批准设置了我国第一个保税区——上海外高桥保税区。故我国目前的保税制度主要包括保税仓库、保税工厂和保税区等制度。其基本依据是 1981 年 2 月 10 日海关总署发布、自同年 3 月 1 日起实施的《中华人民共和国海关对保税货物和保税仓库监管暂行办法》，2003 年 12 月 5 日发布、自 2004 年 2 月 1 日起施行的《中华人民共和国海关对保税仓库及所存货物的管理规定》①，1988 年 4 月 6 日发布、自同年 5 月 1 日起实施的《中华人民共和国海关对加工贸易保护工厂管理办法》及 1997 年 8 月 1 日发布实施的《保税区海关监管办法》等。

（二）保税仓库

保税仓库是指经海关批准设立的专门存放保税货物及其他未办结海关手续货物的仓库。下列货物，经海关批准可存入保税仓库：（1）加工贸易进口货物；（2）转口货物；（3）供应国际航行船舶和航空器的油料、物料和维修用零部件；（4）供维修外国产品所进口寄售的零配件；（5）外商暂存货物；（6）未办结海关手续的一般贸易货物；（7）经海关批准的其他未办结海关手续的货物。保税仓库应按照海关批准的存放货物范围和商品种类开展保税仓储业务。保税仓库不得存放国家禁止进境货物，不得存放未经批准的影响公共安全、公共卫生或健康、公共道德或秩序的国家限制进境货物以及其他不得存入保税仓库的货物。

保税仓库按使用对象不同分为公用型保税仓库、自用型保税仓库。公用型保税仓库由主营仓储业务的中国境内独立企业法人经营，专门向社会提供保税仓储服务；自用型保税仓库由特定的中国境内独立企业法人经营，仅存储供本企业自用的保税货物。

专门用来存储具有特定用途或特殊种类商品的保税仓库称为专用型保税仓库，具体又包括液体危险品保税仓库、备料保税仓库、寄售维修保税仓库和其他专用型保税仓库。其中，液体危险品保税仓库，是指符合国家关于危险化学品仓储规定的，专门提供石油、成品油或者其他散装液体危险化学品保税仓储服务的保税仓库；备料保税仓库，是指加工贸易企业存储为加工复出口产品所进口的原材料、设备及其零部件的保税仓库，所存保税货物仅限于供应本企业；寄售维修保税仓库，是指专门存储为维修外国产品所进口寄售零配件的保税仓库。

保税仓储货物存储期限为 1 年。确有正当理由的，经海关同意可予以延期；除特殊情况外，延期不得超过 1 年。

保税仓库应当设立在设有海关机构、便于海关监管的区域。经营保税仓库的企业应当具备规定的条件，并由直属海关审批，报海关总署备案。

（三）保税工厂

保税工厂是指经过海关批准并在海关监管之下专门建立的，用免税进口的原材料、零

---

① 《中华人民共和国海关对保税仓库及所存货物的管理规定》发布实施后，海关总署此前于 1988 年 4 月 14 日发布、自同年 5 月 1 日起实施的《中华人民共和国海关对保税仓库及所存货物的管理办法》相应废止。其后，海关总署 2010 年 11 月 26 日发布实施的《关于修改部分规章的决定》又对该管理规定第 32 条引用的法律、行政法规、规章名称作了修改。

部件、元器件等加工、生产、制造或者存放外销产品的专门工厂、车间。

保税工厂为外商加工、装配成品和为制造出口产品而进口的原材料、元器件、零部件、配套件、辅料、包装物和加工过程中直接消耗的数量合理的化学物品，可以缓办进口纳税手续，待加工成品出口之后按照实际耗用的进口料件免税。

进口的原材料、元器件、零部件必须在规定的期限内加工为成品复出口。如果有特殊情况，工厂经理人可以向海关申请延长其经营加工的期限。如果产品拟转为内销或者因故不能在规定期限内出口的时候，应当补办纳税手续。

经过国家批准有权经营进出口业务的企业和具有法人资格的承接进口料、件加工复出口的出口生产企业，都可以向海关申请建立保税工厂。海关经过实地调查之后认定具备规定的建厂条件的，予以批准。

（四）保税区

我国的保税区是在出入境比较便利的地方，划出一些易于管理的区域，以与外界隔离的全封闭方式，在海关监管下存放和加工保税货物的特定区域。建立保税区的目的是创造较好的投资、经营环境，开展加工、包装、运输、仓储、商品展出和转口贸易等业务，扩大对外贸易、发展转口贸易、过境贸易和加工出口业务服务。

自 1990 年至今，经国务院批准，我国在上海、天津、大连、青岛、深圳（沙头角、福田）、宁波、厦门、广州、福州、海口、张家港、汕头、珠海等若干城市设立了保税区。这些保税区与国际上的自由贸易区和自由港类似，设在区内的企业和机构可以享受进出口税收、外汇等方面的优惠。主要税收方面的优惠有：

（1）保税区内的企业、行政管理机构从境外进口下列货物免征关税和工商流转税：1）建设保税区基础设施所需用的机器、设备和其他基建物资；2）自用的建筑材料、生产和管理设备、生产用燃料、数量合理的生产用车辆、办公用品以及上述机器、设备、车辆所需的维修零配件。

（2）保税区内企业专为加工出口产品所需进口的原材料、零部件、元器件、包装物料；供储存的转口货物以及在保税区加工运输出境的产品，免领进口许可证，免征关税和免征或退还已征的工商流转税；保税区内企业生产的产品在保税区内销售时免征生产环节的工商流转税。

（3）保税区进口的货物应限于保税区内使用，保税区内的企业生产的产品应全部销往国外。前述货物和产品未经批准不得转让、销售到非保税区；如经批准转让、销售到非保税区的，要按照规定申请进口许可证并照章征税。

二、特别关税的有关规定

特别关税，是指一国为保护国内产业不受重大危害或歧视待遇，增强关税的保护作用，在征收一般进口关税之外又加征的一种临时进口附加税。也即前述所称的“加重关税”。一般针对特定的货物或特定的国家进行，主要包括反倾销税、反补贴税、保障措施关税和报复性关税等。

在我国，2003 年 11 月 23 日由国务院公布、2013 年 12 月 7 日修订的《进出口关税条例》第 13 条规定：按照有关法律、行政法规的规定对进口货物采取反倾销、反补贴、保障措施的，其税率的适用按照《中华人民共和国反倾销条例》、《中华人民共和国反补贴条例》和《中华人民共和国保障措施条例》的有关规定执行。我国国务院 2001 年 11 月 26 日发布、2004 年 3 月 31 日修订的《中华人民共和国反倾销条例》（以下简称《反倾销条例》)、《中华人民共和国反补贴条例》（以下简称《反补贴条例》）和《中华人民共和国保障措施条例》（以下简称《保障措施条例》)，分别就反倾销税、反补贴税、保障措施关税的征收作了较为具体的立法规定，而《进出口关税条例》第 14 条则为报复性关税的征收提供了法规依据。

（一）反倾销税的征收

进口产品以倾销方式进入中国市场，并对已经建立的国内产业造成实质损害或者产生实质损害威胁，或者对建立国内产业造成实质阻碍的，我国将依照《反倾销条例》的规定进行调查，采取反倾销措施。所谓倾销，是指在正常贸易过程中进口产品以低于其正常价值的出口价格进入中国市场；所谓损害，是指倾销对已经建立的国内产业造成实质损害或者产生实质损害威胁，或者对建立国内产业造成实质阻碍。

按《反倾销条例》的规定，我国商务部根据调查结果，就倾销、损害和二者之间的因果关系是否成立作出初裁决定，并予以公告。初裁决定确定倾销、损害以及二者之间的因果关系成立的，商务部应当对倾销及倾销幅度、损害及损害程度继续进行调查，并根据调查结果作出终裁决定，予以公告。

初裁决定确定倾销成立，并由此对国内产业造成损害的，可以采取下列临时反倾销措施：（1）征收临时反倾销税；（2）要求提供保证金、保函或其他形式的担保。临时反倾销税税额或提供的保证金、保函或其他形式担保的金额，应当不超过初裁决定确定的倾销幅度。临时反倾销措施实施的期限，自临时反倾销措施决定公告规定实施之日起不超过 4 个月，但在特殊情形下可以延长至 9 个月。

终裁决定确定倾销成立，并由此对国内产业造成损害的，可以征收反倾销税。征收反倾销税应当符合公共利益。反倾销税的纳税人为倾销进口产品的进口经营者。反倾销税适用于终裁决定公告之日后进口的产品，但属于《反倾销条例》第 36 条、第 43 条、第 44 条规定的情形的，则可以追溯适用。反倾销税应当根据不同出口经营者的倾销幅度，分别确定。对未包括在审查范围内的出口经营者的倾销进口产品，需要征收反倾销税的，应当按照合理的方式确定对其适用的反倾销税。反倾销税税额不超过终裁决定确定的倾销幅度。终裁决定确定的反倾销税高于已付或者应付的临时反倾销税或者为担保目的而估计的金额的，差额部分不予收取；低于已付或者应付的临时反倾销税或者为担保目的而估计的金额的，差额部分应当根据具体情况予以退还或者重新计算税额。

终裁决定确定不征收反倾销税的，或者终裁决定未确定追溯征收反倾销税的，已征收的临时反倾销税、已收取的保证金应当予以退还，保函或者其他形式的担保应当予以解除。倾销进口产品的进口经营者有证据证明已经缴纳的反倾销税税额超过倾销幅度的，可以向商务部提出退税申请；商务部经审查、核实并提出建议，国务院关税税则委员会根据商务部的建议可以作出退税决定，由海关执行。

反倾销税的征收期限不超过 5 年；但是，经复审确定终止征收反倾销税有可能导致倾销和损害的继续或者再度发生的，反倾销税的征收期限可以适当延长。

征收临时反倾销税、反倾销税，均由商务部提出建议，国务院关税税则委员会根据商务部的建议作出决定，由商务部予以公告。海关自公告规定实施之日起执行。

（二）反补贴税的征收

进口产品存在补贴，并对已经建立的国内产业造成实质损害或者产生实质损害威胁，或者对建立国内产业造成实质阻碍的，我国将依照《反补贴条例》的规定进行调查，采取反补贴措施，包括征收反补贴关税等。其目的在于防止外国商品凭借出口补贴而得到的价格优势，与本国商品争夺本国市场。

初裁决定确定补贴成立，并由此对我国国内产业造成损害的，可以采取临时反补贴措施。临时反补贴措施采取以保证金或保函作为担保的征收临时反补贴税的形式，其实施的期限自临时反补贴措施决定公告规定实施之日起不超过 4 个月。

在为完成磋商的努力没有取得效果的情况下，终裁决定确定补贴成立，并由此对国内产业造成损害的，可以征收反补贴税。反补贴税的纳税人为补贴进口产品的进口经营者。征收反补贴税应当符合公共利益。

反补贴税一般情况下只适用于终裁决定公告之日后进口的产品，但终裁决定确定存在实质损害，并在此前已经采取临时反补贴措施的，反补贴税可以对已经实施临时反补贴措施的期间追溯征收；终裁决定确定存在实质损害威胁，在先前不采取临时反补贴措施将会导致后来作出实质损害裁定的情况下已经采取临时反补贴措施的，反补贴税可以对已经实施临时反补贴措施的期间追溯征收。此外，如果下列三种情形并存的，必要时可以对实施临时反补贴措施之日前 90 天内进口的产品追溯征收反补贴税：（1）补贴进口产品在较短的时间内大量增加；（2）此种增加对国内产业造成难以补救的损害；（3）此种产品得益于补贴。

反补贴税应当根据不同出口经营者的补贴金额，分别确定。对实际上未被调查的出口经营者的补贴进口产品，需要征收反补贴税的，应当迅速审查，按照合理的方式确定对其适用的反补贴税。反补贴税税额不得超过终裁决定确定的补贴金额。如果终裁决定确定的反补贴税高于保证金或者保函所担保的金额的，差额部分不予收取；低于保证金或保函所担保的金额的，差额部分应当予以退还。终裁决定确定不征收反补贴税的，或终裁决定未确定追溯征收反补贴税的，对实施临时反补贴措施期间已收取的保证金应当予以退还，保函应当予以解除。

反补贴税的征收期限不超过 5 年；但是，经复审确定终止征收反补贴税有可能导致补贴和损害的继续或者再度发生的，反补贴税的征收期限可以适当延长。

无论采取临时反补贴措施还是征收反补贴税，均由商务部提出建议，国务院关税税则委员会根据商务部的建议作出决定，由商务部予以公告。海关自公告规定实施之日起执行。

（三）保障措施关税的征收

进口产品数量增加并对生产同类产品或者直接竞争产品的国内产业造成严重损害或者严重损害威胁（以下统称损害）的，我国将依照《保障措施条例》的规定进行调查，采取包括提高关税、数量限制等形式在内的保障措施。

有明确证据表明进口产品数量增加，在不采取临时保障措施将对国内产业造成难以补救的损害的紧急情况下，可以作出初裁决定，并采取临时保障措施。临时保障措施采取提高关税的形式，其实施期限自临时保障措施决定公告规定实施之日起不超过200天。

终裁决定确定进口产品数量增加，并由此对国内产业造成损害的，可以采取保障措施。保障措施可以采取提高关税、数量限制等形式。采取保障措施应当限于防止、补救严重损害并便利调整国内产业所必要的范围内。终裁决定确定不采取保障措施的，已征收的临时关税应当予以退还。

保障措施的实施期限一般不超过4年，但符合规定条件的保障措施的实施期限可以适当延长，不过一项保障措施的实施期限及其延长期限最长不超过10年。

采取临时保障措施、采取提高关税形式的保障措施，均由商务部提出建议，国务院关税税则委员会根据商务部的建议作出决定，由商务部予以公告。海关自公告规定实施之日起执行。

另外，我国《保障措施条例》第31条规定：任何国家（地区）对中国的出口产品采取歧视性保障措施的，中国可以根据实际情况对该国家（地区）采取相应的措施。此种保障措施属于具有非常明显针对性的报复性保障措施。

（四）报复性关税的征收

报复性关税，是指进口国在他国对本国输出的货物有不利待遇或进行歧视时，而对从该国输入的货物予以报复、加重征收的一种临时附加税。目前，报复性关税往往成了“贸易战”的手段之一。

2003年11月23日国务院公布、2013年12月7日修订的《进出口关税条例》第14条规定：“任何国家或地区违反与中华人民共和国签订或共同参加的贸易协定及相关协定，对中华人民共和国在贸易方面采取禁止、限制、加征关税或其他影响正常贸易的措施的，对原产于该国家或地区的进口货物可以征收报复性关税，适用报复性关税税率。征收报复性关税的货物、适用国别、税率、期限和征收办法，由国务院关税税则委员会决定并公布。”这为我国征收报复性关税提供了法规依据。

第四节　船舶吨税

一、船舶吨税概述

船舶吨税简称吨税，是对进出中国港口的国际航行船舶征收的一种税。课征该税的理论依据是由于国际航行船舶在我国港口行驶，使用了我国的港口和助航设备。在有些国家该税被称为灯塔税，属于行为类课税。

1952年9月16日经政务院财经委员会批准、同年9月29日海关总署发布了《中华人民共和国海关船舶吨税暂行办法》（以下简称《海关船舶吨税暂行办法》），在我国开征船舶吨税。当时，征收该税的目的，一是限制外国船舶随意进入我国港口，保护我国的海洋运输业的发展；二是为我国港口建设筹集资金。《海关船舶吨税暂行办法》颁布后，其吨位税率在相当长时期未予调整，直到 1987 年 3 月 1 日才对其进行了第一次较大的调整。调整后的税率变化主要是：（1）对机动船和非机动船都制定了普通税率和优惠税率，而原吨位税率只对机动船划分了普通税率和优惠税率；（2）新税率将机动船的税级由 11 级降为 5 级，将非机动船由 5 级降为 3 级；（3）大幅提高了税额。此后随经济形势的发展和汇率制度的变化，又先后于 1990 年 9 月 1 日、1991 年 2 月 20 日、1994 年 3 月 15 日三次对税率进行了调整。

《海关船舶吨税暂行办法》自 20 世纪 50 年代实施以来，在筹集财政收入、支持海上助航设施建设等方面发挥了积极作用。但随着我国经济的发展，特别是 2001 年我国加入世贸组织后，该暂行办法从形式到内容有许多与当前国际、国内政治和经济形势不相适应的地方，具体表现在：一是征税范围仅限于进入我国港口的外籍船舶、外商租用和中外合营企业使用的中国籍船舶，对其他从事国际海运的中国籍船舶不征收，使得中外籍船舶税负不平等；二是按船舶吨位设置的税目，吨位标准偏小、档次偏多，与国际海运船舶吨位的实际情况差距较大；三是现有规定（如税收减免、税收征管等）与海关法、车船税法等有关法律规定不协调。因此，适时推进船舶吨税改革，对于深入贯彻落实科学发展观，进一步提高我国航运服务水平，促进我国航运业事业健康发展具有十分重要的意义，同时也是我国履行加入世界贸易组织承诺的需要。

为适应经济社会的发展、进一步完善船舶吨税税制，2011 年 12 月 5 日国务院发布了《中华人民共和国船舶吨税暂行条例》（以下简称《条例》），自 2012 年 1 月 1 日起施行，相应废止 1952 年 9 月 16 日政务院财政经济委员会批准、1952 年 9 月 29 日海关总署发布的《中华人民共和国海关船舶吨税暂行办法》（以下简称《暂行办法》）。

二、船舶吨税的主要法律规定

（一）征税范围和纳税人

自中华人民共和国境外港口进入境内港口的船舶（以下简称应税船舶），应当依照《条例》缴纳船舶吨税。这里的船舶包括中外籍船舶。

船舶吨税的纳税人，为自有船舶的所有人和租用船舶的使用人。

（二）税目和税率

1. 税目

吨税税目的构成要素包括船舶净吨位和执照期限。

（1）船舶净吨位。《条例》将船舶净吨位划分为四个档次，具体包括“不超过 2 000 净吨”、“超过 2 000 净吨，但不超过 10 000 净吨”、“超过 10 000 净吨，但不超过 50 000 净吨”和“超过 50 000 净吨”。

（2）执照期限。原《暂行办法》规定的 30 天、90 天期执照是基于国际航行船舶平均航行周期设计的，一定程度上能够满足纳税人的需要。但考虑到中国籍应税船舶可能同时经营国际、国内航线，进出我国港口更为频繁。为方便中国籍船舶集中纳税，《条例》除保留现行 30 天、90 天两种吨税执照外，新增设了 1 年期的吨税执照，使航运企业按照合理负担的原则，有更多的选择。

2. 税率

《条例》设置了优惠税率和普通税率。中国国籍的应税船舶，船籍国（地区）与中国签订含有相互给予船舶税费最惠国待遇条款的条约或者协定的应税船舶，适用优惠税率。其他应税船舶，适用普通税率。

《条例》在总体维持原吨税税率水平的基础上，对税率结构上做了一些调整：一是适当下调了不超过 2 000 净吨船舶的税率水平；二是鉴于大型、超大型船舶对助航设施的要求较高，适当提高了 50 000 净吨以上船舶的税率水平。船舶吨税税目税率详见表 5—2。

表 5—2　　船舶吨税税目税率表

<table>
<tr><td>税目</td><td colspan="6">税率（元/净吨）</td><td rowspan="4">备注</td></tr>
<tr><td rowspan="3">（按船舶净吨位划分）</td><td colspan="3">普通税率
（按执照期限划分）</td><td colspan="3">优惠税率
（按执照期限划分）</td></tr>
<tr><td>1 年</td><td>90 日</td><td>30 日</td><td>1 年</td><td>90 日</td><td>30 日</td></tr>
<tr></tr>
<tr><td>不超过 2 000 净吨</td><td>12.6</td><td>4.2</td><td>2.1</td><td>9</td><td>3</td><td>1.5</td><td rowspan="4">拖船和非机动驳船分别按相同净吨位船舶税率的 50%计征税款</td></tr>
<tr><td>超过 2 000 净吨，但不超过 10 000 净吨</td><td>24</td><td>8</td><td>4</td><td>17.4</td><td>5.8</td><td>2.9</td></tr>
<tr><td>超过 10 000 净吨，但不超过 50 000 净吨</td><td>27.6</td><td>9.2</td><td>4.6</td><td>19.8</td><td>6.6</td><td>3.3</td></tr>
<tr><td>超过 50 000 净吨</td><td>31.8</td><td>10.6</td><td>5.3</td><td>22.8</td><td>7.6</td><td>3.8</td></tr>
</table>

（三）免征规定

下列船舶免征船舶吨税：

（1）应纳税额在人民币 50 元以下的船舶；

（2）自境外以购买、受赠、继承等方式取得船舶所有权的初次进口到港的空载船舶；

（3）吨税执照期满后 24 小时内不上下客货的船舶；

（4）非机动船舶（不包括非机动驳船）；

（5）捕捞、养殖渔船；

（6）避难、防疫隔离、修理、终止运营或者拆解，并不上下客货的船舶；

（7）军队、武装警察部队专用或者征用的船舶；

（8）依照法律规定应当予以免税的外国驻华使领馆、国际组织驻华代表机构及其有关人员的船舶；

（9）国务院规定的其他船舶。

（四）船舶吨税的征管与缴纳

船舶吨税在 1952 年 9 月以前，由财政部管理、海关代征。《暂行办法》颁布实施后，吨税列作关税的一种，由海关征收管理，所征税款全部上缴中央金库。1986 年 6 月 2 日，国务院批准将吨税划归交通部管理，由海关代征，所征税款直接用于海上干线公用航标的维护和建设。应征吨税的船舶经过特准行驶于我国未设有海关的地方，其吨税则由海关委托当地税务局代征。应征吨税的船舶，已征收吨税的，不再征收车船使用牌照税或车船使用税。

2012年的《条例》实施后，船舶吨税由海关负责征收。海关征收船舶吨税应当制发缴款凭证。应税船舶负责人缴纳船舶吨税或者提供担保后，海关按照其申领的执照期限填发船舶吨税执照。

船舶吨税按照船舶净吨位和船舶吨税执照期限征收。应税船舶负责人在每次申报纳税时，可以按照《船舶吨税税目税率表》选择申领一种期限的船舶吨税执照。船舶吨税的应纳税额按照船舶净吨位乘以适用税率计算。应税船舶在进入港口办理入境手续时，应当向海关申报纳税领取船舶吨税执照，或者交验船舶吨税执照。应税船舶在离开港口办理出境手续时，应当交验船舶吨税执照。

船舶吨税纳税义务发生时间为应税船舶进入港口的当日。应税船舶在船舶吨税执照期满后尚未离开港口的，应当申领新的船舶吨税执照，自上一次执照期满的次日起续缴船舶吨税。在船舶吨税执照期限内，应税船舶发生下列情形之一的，海关按照实际发生的天数批注延长船舶吨税执照期限：(1) 避难、防疫隔离、修理，并不上下客货；(2) 军队、武装警察部队征用。应税船舶因不可抗力在未设立海关地点停泊的，船舶负责人应当立即向附近海关报告，并在不可抗力原因消除后，依照《条例》规定向海关申报纳税。

海关发现多征税款的，应当立即通知应税船舶办理退还手续，并加算银行同期活期存款利息。应税船舶发现多缴税款的，可以自缴纳税款之日起1年内以书面形式要求海关退还多缴的税款并加算银行同期活期存款利息；海关应当自受理退税申请之日起30日内查实并通知应税船舶办理退还手续。应税船舶应当自收到通知之日起3个月内办理有关退还手续。

(五) 法律责任规定

应税船舶负责人应当自海关填发船舶吨税缴款凭证之日起15日内向指定银行缴清税款。未按期缴清税款的，自滞纳税款之日起，按日加收滞纳税款0.5‰的滞纳金。

海关发现少征或者漏征税款的，应当自应税船舶应当缴纳税款之日起1年内，补征税款。但因应税船舶违反规定造成少征或者漏征税款的，海关可以自应当缴纳税款之日起3年内追征税款，并自应当缴纳税款之日起按日加征少征或者漏征税款0.5‰的滞纳金。

应税船舶有下列行为之一的，由海关责令限期改正，处2 000元以上3万元以下罚款；不缴或者少缴应纳税款的，处不缴或者少缴税款50%以上5倍以下的罚款，但罚款不得低于2 000元。(1) 未按照规定申报纳税、领取吨税执照的；(2) 未按照规定交验吨税执照及其他证明文件的。

本|章|小|结

关税是一种非常重要的国境流转税，关税在组织我国中央财政收入、保护和促进民族经济的发展等方面意义重大。因此，关税法律制度也是我们学习税法学的重点之一。

第一节阐明了关税的概念及特点、关税的分类、我国关税制度的沿革及作用三个方面问题。通过本节的学习，旨在掌握关税法的基本原理和我国现行有效的关税法律制度的概貌，进而为学习具体关税法律制度奠定基础。

第二节依据我国现行有效的关税法律、法规、规章的规定，系统、全面地介绍了关税的纳税人、征税对象、税目和税率、关税的完税价格的确定与应纳税款的计算、关税税款的缴纳和退补、关税的减免等。本节内容的学习和把握是本章的重点，大家尤其应特别注意把握关税的纳税人、征税对象、关税的税率及其适用、关税的完税价格的确定与应纳税款的计算等内容。

第三节介绍了我国的保税制度和反倾销、反补贴制度的有关规定。第四节介绍了我国船舶吨税的沿革和现行有关规定。这两节内容，大家作一般性的了解即可。

关键概念

关境　关税　财政关税　进口税　出口税　过境税　优惠税率　普通税率　最惠国税率　协定税率　特惠税率　特别关税　歧视性关税　反倾销税　反补贴税　报复关税　优惠关税　保护关税　复合关税　滑准税　保税仓库　保税工厂　保税区　船舶吨税

思考题

1. 什么是关税？关税有哪些特点？
2. 关税的分类主要有哪些？
3. 关税的作用表现在哪些方面？
4. 关税的纳税人是怎样规定的？
5. 什么是优惠税率？什么是普通税率？其适用有何规定？
6. 关税的完税价格如何确定？
7. 我国对一些进口货物为什么要实行从量关税、复合关税和滑准税？
8. 关税的减免规定有哪些种类？其主要内容有哪些？
9. 我国的保税制度包括哪些制度？
10. 什么是特别关税？我国现行实施的特别关税有哪些种类？
11. 什么是船舶吨税？它由什么机构负责征收？
12. 船舶吨税的征税范围有哪些？
13. 我国关税法确定原产地的标准主要有哪几种？为什么要确定原产地？

所得税法篇

第六章

个人所得税法制度

个人所得税法是调整个人所得税征纳关系的法律规范的总称。个人所得税是以个人（自然人）取得的各项应税所得为征税对象所征收的一种税。其税收收入在我国财政收入中占有重要的地位，是一个极具增长潜力的税种。

我国早在1950年政务院公布的《全国税政实施要则》中就列举了对个人所得课税的税种——薪给报酬所得税和存款利息所得税。目前我国征收个人所得税的依据主要包括：《中华人民共和国个人所得税法》（1980年9月10日通过，2011年6月30日第六次修正，以下简称《个人所得税法》），《中华人民共和国个人所得税法实施条例》（1994年1月28日发布，2011年7月19日第三次修订，以下简称《个人所得税法实施条例》），《对储蓄存款利息所得征收个人所得税的实施办法》（1999年9月30日发布，2007年7月20日修订）。此外，财政部、国家税务总局也就个人所得税的征管发布了众多的管理规定或办法。

重|点|问|题

- 个人所得税的概念、课征模式及特点。
- 个人所得税的居民纳税人与非居民纳税人。
- 个人所得税的征税对象及范围。
- 个人所得税应税项目的所得来源地的确定。
- 个人所得税的税率与应纳税所得额的确定。
- 个人所得税应纳税额的计算。
- 个人所得税境外已纳税额的扣除。
- 个人所得税的税收优惠规定。
- 个人所得税征收管理的一般规定。
- 个人所得税的申报纳税。
- 个人独资企业和合伙企业投资者征收个人所得税的特别规定。

第一节　个人所得税法概述

一、个人所得税的概念和课征模式

（一）个人所得税的概念

个人所得税是以个人（自然人）取得的各项应税所得为征税对象所征收的一种税。个人所得税法是调整个人所得税征纳关系的法律规范的总称。我国现行个人所得税的基本法律是1980年9月制定，后经1993年10月、1999年8月、2005年10月、2007年6月、2007年12月、2011年6月六次修正发布的《中华人民共和国个人所得税法》。

个人所得税是世界各国普遍征收的一种税，在许多发达国家更是作为主体税种，占税收总收入的比例在30%以上。即使在世界上20多个低收入国家中，个人所得税占税收总收入的平均比例也在10%左右。在我国，1980年个人所得税收入仅16万元，1994年税制改革时为72.66亿元，而2002年超千亿增至1 211.07亿元，2005年则突破了2 000亿元大关（2 093.91亿元），2012年更高达3 492.61亿元，成为我国的第四大税，是一个很有增长潜力的税种。个人所得税原为地方税，但按照国务院2001年12月31日发布的《关于印发所得税收入分享改革方案的通知》的规定，自2002年起我国的个人所得税改为共享税，目前中央分享60%，地方分享40%。

（二）个人所得税的课征模式

目前，世界各国对个人所得税的课征模式大体上可以分为以下三类：

1. 分类所得税制

分类所得税制又称“个别所得税制”，是指对纳税人取得的所得按不同性质来源分类，并针对不同类型的所得分别规定不同税率课征的一种所得税制。该课征模式以“所得源泉说”为理论基础，认为政府课税的所得应局限于每年经常、反复发生、具有源泉性质的各种制造、贩卖和服务等的业务所得，对于偶然性或者临时性的转让所得、资本利得、意外所得和一次性收入等，均不包括在所得之中。因此，分类所得税制一般限于对有经常连续来源的所得课以不同税率的所得税。分类所得税制的优点是：（1）可以广泛采用源泉扣税法，能够控制税源，防止税款逃漏，课征简便；（2）便于区分不同类型的所得规定不同的税率，体现政府政策。其缺点是不能按纳税人的综合负担能力课税，有欠公平。该种税制一般在各国所得税的初期较多采用。

2. 综合所得税制

综合所得税制又称“一般所得税制”，是指综合纳税人（以个人或家庭为单位）一定期间（通常为一个纳税年度）的各种不同来源的所得，从其所得总额中减除各种免税额、宽减额及扣除额后，以其余额为应纳税所得额，按照适用的累进税率予以课征的一种所得税制。该课征模式以“净资产增加说”为理论基础，认为政府课税的所得是以纳税人一定期间内的消费加上其期末资产净值，再减去其期初资产净值的余额，亦即消费加资产净值的净增加。① 这一所得包括了纳税人在此期间所获得的一切经济利益。为此，综合所得税针对足以给纳税人带来净资产增加的各种来源的收入进行综合课征，并往往采用累进税率形式。其优点是能够反映纳税人的综合负税能力，并能充分考虑到个人经济状况和家庭负担等，给予减免照顾，因而较好地体现了量能负担、税收公平的原则。但其按照纳税人所得总额综合征税，课征手续繁杂，要求征纳双方均要有较高的文化素质，要求纳税人要有较强的纳税意识，要求有健全的法制、完善的财务制度和先进的征管手段。故征收成本较高，而且容易出现偷漏税。因此，该种税制主要在发达国家较多采用。

3. 混合所得税制

混合所得税制或称“分类综合所得税制”，是指对纳税人的各类有规则来源的所得于源泉先按标准税率分别征税，源泉扣缴，然后再综合纳税人一定期间内的各种来源所得总额，如达到一定数额，再课以累进税率的综合所得税或附加税，并就其某些类别所得已在源泉课征的纳税额给予全部或部分抵扣的一种所得税制。分类综合所得税制将分类所得税制和综合所得税制的优点兼收并蓄，便于对不同来源和性质的所得采取不同税率，有利于实现政府政策意图，也易于实行源泉扣缴，而且全部所得又要合并申报，按累进税率综合课征，符合量能负担、税收公平原则的要求。故这是一种实用性较强的所得税制。目前，英国采取的就是这种所得税制。

有必要附带说明的是，“分类综合所得税制”与我们目前广泛探讨的我国个人所得税制度改革的目标模式——“综合与分类课征相结合的所得税制”模式是不同的。前者是对纳税人各类所得于源泉按比例税率分别征税，然后再综合纳税人一定时期的各种来源所得总额按累进税率综合征税，并就其某些类别所得已在源泉课征的纳税额给予全部或部分抵扣的一种所得税制；而后者是对纳税人一定期间部分应税项目所得综合、累进征税，对另一些项目所得则分类按比例征税的课征模式。就课征绩效而言，分类综合所得税制能做到源泉控税、量能负担、税收公平，其调节功能优于综合与分类课征相结合的所得税制。而就课税技术而言，则综合与分类课征相结合的所得税制较分类综合所得税制要简便、经济。而这正是其在我国受到各方面青睐的重要原因之一。

从所得税制发展趋势看，税制是由分类制向综合制（或混合制）的顺序产生和发展的。从世界范围看，绝大多数发达国家以及部分发展中国家都采用了综合所得税制模式，单纯采用分类所得税制模式的国家极少。偏重于综合制的混合制是个人所得税制发展的方向。

二、个人所得税法制度的沿革与发展

个人所得税最早于1799年在英国创立，目的是为了筹措战争经费。目前世界上有140多个国家开征了这一税种。

在我国，早在1950年政务院公布的《全国税政实施要则》中就列举了对个人所得课

① 理由是一个人在一定期间内的所得，如果不是用于消费，则必用于购买资产或偿还债务，而购买资产或偿还债务都将使其资产净值增加。因为，所谓净值是指资产减去负债后的余额。所以，所得必等于消费加上资产净值的净增加。故所得可以用公式表示为：所得＝消费＋期末净值－期初净值。

税的税种——薪给报酬所得税和存款利息所得税。但因当时我国生产力水平低，人均收入水平也很低，且普遍实行供给制，故虽设立了薪给报酬所得税，但实际并未开征；存款利息所得税于1950年开征后，于1959年取消。此后20多年里，由于实行高度的计划经济体制，个人收入很少，我国未再设置对个人所得征税的税种。

1980年9月10日，为适应我国改革开放的需要，维护国家主权和经济利益，第五届全国人大常委会第三次会议通过了《中华人民共和国个人所得税法》，并同时公布实施，这才真正建立了我国的个人所得税法制度。当时规定，该法统一适用于中国公民和在我国取得收入的外籍人员。不过，当时能够达到纳税标准的中国公民非常少。

20世纪80年代中期，随着我国经济体制的改革与发展，多种经济成分的出现，我国公民的收入水平有较大提高，出现了一批先富裕起来的人，个人收入差距拉大，从而使对我国公民单独征收个人所得税成为可能。1986年1月7日，国务院颁布了《中华人民共和国城乡个体工商业户所得税暂行条例》，实施7%～60%的10级超额累进所得税税率，并对纳税人全年应纳税所得额超过5万元的部分加征10%～40%的所得税，该暂行条例适用于从事工业、商业、服务业、建筑安装业、交通运输业以及其他行业的经批准开业的城乡个体工商业户。1986年9月25日，国务院又颁布了《中华人民共和国个人收入调节税暂行条例》，区分不同工资类别地区实施20%～60%的5级超倍累进税率，仅对中国公民适用，该条例于1987年1月1日起施行。这样一来，原《个人所得税法》就仅适用于在我国的外籍人员了，并由此形成了我国对个人所得征税有三个税收法律、法规并存的状况。

这种“三税并立”的状况，在改革开放初期对于促进对外经济技术交流与合作，体现国家政策，缓解社会分配不公的矛盾，增加财政收入等都发挥了积极作用。但是，随着我国改革开放的进一步深化和经济形势的发展，这些税收法律、法规逐渐暴露出一些矛盾和问题，不能适应现实的需要。为了解决这些矛盾和问题，规范和完善个人所得税法律制度，使之更好地适应建立社会主义市场经济体制的要求，经过调查研究和充分酝酿，1993年10月31日，第八届全国人大常委会第四次会议通过决定，对《个人所得税法》进行了第一次修改。修改后的《个人所得税法》于1994年1月1日起施行。此次修改，废止了《个人收入调节税暂行条例》和《城乡个体工商户所得税暂行条例》，把原来的“个人所得税”、“个人收入调节税”以及“个体工商业户所得税”三个税种合并为个人所得税，由修订后的《个人所得税法》统一调整，并对个人所得税的适用范围、应税所得项目和税率等内容作了新的规定。为便于《个人所得税法》的实施，国务院于1994年1月28日发布实施了《中华人民共和国个人所得税法实施条例》，就有关个人所得税的征管问题作了较为明确、细化的规定。

世纪之交，为克服亚洲金融危机的影响，增加财政收入以解决低收入者的生活保障和增加扶贫资金，刺激居民消费和调节个人收入，有必要对储蓄存款的利息所得恢复征收个人所得税。1999年8月30日第九届全国人大常委会第十一次会议对《个人所得税法》作了第二次修正，恢复对储蓄存款利息征收个人所得税，并授权国务院规定“对储蓄存款利息所得征收个人所得税的开征时间和征收办法”。同年9月30日，国务院据此发布了《对储蓄存款利息所得征收个人所得税的实施办法》，决定对储蓄存款利息征收20%的个人所得税，自1999年11月1日起实行。

步入 21 世纪以后，随着我国经济、社会的快速发展，国民收入差距日益加大。为缓解低收入人群的个人所得税负担，加强对高收入者的管理与调节，2005 年 10 月 27 日第十届全国人民代表大会常务委员会第十八次会议对《个人所得税法》作了第三次修改，其主要内容：一是将工资、薪金所得的月扣除费用（免税额）提高为1 600元；二是要求符合规定的高收入人员等自行申报纳税，并规定扣缴义务人应按照国家规定办理全员全额扣缴申报①。与此相配合，国务院于同年 12 月 19 日第一次修改《个人所得税法实施条例》，自 2006 年 1 月 1 日起施行。其后，为便于根据情况灵活决定对储蓄存款利息所得的征税问题，2007 年 6 月 29 日第十届全国人民代表大会常务委员会第二十八次会议对《个人所得税法》进行了第四次修改，扩大了对国务院的授权，规定："对储蓄存款利息所得开征、减征、停征个人所得税及其具体办法，由国务院规定。"国务院据此于 2007 年 7 月 20 日公布了修订后的《对储蓄存款利息所得征收个人所得税的实施办法》，决定自同年 8 月 15 日起对储蓄存款利息所得减按 5%的比例税率征收个人所得税。此后不久，针对通货膨胀和个人收入均有较大幅度提高的现实情况，2007 年 12 月 29 日第十届全国人民代表大会常务委员会第三十一次会议第五次修订通过了《个人所得税法》，决定自 2008 年 3 月 1 日起将工资、薪金所得的月扣除费用（免税额）进一步提高为2 000元。国务院也于 2008 年 2 月 18 日第二次修改发布《个人所得税法实施条例》，就与此相关的问题作出了相应的修订。为应对美国次贷危机的影响，国务院又决定自 2008 年 10 月 9 日起对储蓄存款利息所得暂免征收个人所得税。

为进一步加大收入调节力度，减轻中低收入者税负，便于纳税人纳税、扣缴义务人扣缴税款，2011 年 6 月 30 日第十一届全国人民代表大会常务委员会第二十一次会议第六次修改了《中华人民共和国个人所得税法》，决定自同年 9 月 1 日起提高工资、薪金所得月扣除费用至 3 500 元，延长纳税人、扣缴义务人缴纳（或扣缴）税款的期限至15 日，扩大税率级距和调整个人工资、薪金所得税的税率。同年 7 月 19 日，国务院第三次修订发布《个人所得税法实施条例》，就承包经营、承租经营所得之"减除必要费用"和非居民纳税人境内所得、居民纳税人境外所得之"附加减除费用"等做了明确规定。

此外，2000 年 9 月，财政部、国家税务总局根据《国务院关于个人独资企业和合伙企业征收所得税问题的通知》的规定，制定了《关于个人独资企业和合伙企业投资者征收个人所得税的规定》，明确从 2000 年 1 月 1 日起，对个人独资企业和合伙企业停征企业所得税，只对其投资者的经营所得征收个人所得税。另外，财政部、国家税务总局还发布了一系列关于个人所得税征收管理方面的规范性文件，如《关于基本养老保险费、基本医疗保险费、失业保险费、住房公积金有关个人所得税政策的通知》（2006 年 6 月 27 日）、《国家税务总局关于个人住房转让所得征收个人所得税有关问题的通知》（2006 年 7 月 18 日）、

① 所谓全员全额扣缴申报，按《个人所得税法实施条例》的规定，是指扣缴义务人在代扣税款的次月内，向主管税务机关报送其支付所得个人的基本信息、支付所得数额、扣缴税款的具体数额和总额以及其他相关涉税信息。而国家税务总局 2005 年 12 月 23 日发布的《个人所得税全员全额扣缴申报管理暂行办法》则规定：全员全额扣缴申报，是指扣缴义务人向个人支付应税所得时，不论其是否属于本单位人员、支付的应税所得是否达到纳税标准，扣缴义务人应当在代扣税款的次月内，向主管税务机关报送其支付应税所得个人的基本信息、支付所得项目和数额、扣缴税款数额以及其他相关涉税信息。两者在文字表述上有细微差别，但本质内容并无不同。

《关于廉租住房经济适用住房和住房租赁有关税收政策的通知》（2008 年 3 月 3 日）、《关于调整个体工商户、个人独资企业和合伙企业个人所得税税前扣除标准有关问题的通知》（2008 年 6 月 3 日）、《关于调整个体工商户业主 个人独资企业和合伙企业自然人投资者个人所得税费用扣除标准的通知》（ 2011 年 7 月 29 日，该通知废止了《关于调整个体工商户、个人独资企业和合伙企业个人所得税税前扣除标准有关问题的通知》中第 1 条的规定）等。

三、我国现行个人所得税法征管制度的特点

我国现行个人所得税法征管制度的特点主要有五个：

（1）实行分类所得税制。我国根据自己的实际情况，目前采用的是分类所得税制，将个人取得的各种所得划分为 11 类，分别规定不同的费用减除标准、不同的税率和不同的计税方法。其优点是便于源泉扣缴、征收简便、易于体现国家政策，其缺点是不能体现量能负担、公平税负，故而需要加以改变。

（2）参采国际惯例，引入了“居民”与“非居民”的概念。1994 年统一后的所得税法引进了国际上通用的“居民”与“非居民”的概念，规定居民纳税人负无限纳税义务，即就来源于中国境内、境外的所得向我国纳税；非居民纳税人负有限纳税义务，即仅就来源于中国境内的所得向我国纳税，从而使在我国境内的所有自然人都负有相同的纳税义务，与国际惯例相一致。

（3）累进税率与比例税率并用。分类所得税制一般采取比例税率，综合所得税制一般采取累进税率。但我国现行个人所得税根据各类个人所得的不同性质和特点，将这两种税率运用于个人所得税制中，其中，对工资薪金所得，个体户的生产经营所得，承包、承租经营所得等，采用累进税率，以期实现量能负担；而对劳务报酬、稿酬等其他所得，采用比例税率，实行等比负担。

（4）费用扣除标准统一、固定，与纳税人实际负担能力没有关系。我国现行个人所得税法在费用扣除上主要采取定额扣除和定率扣除两种办法，定额扣除标准为3 500元（或800 元），定率扣除标准为 20%。这种统一、固定的费用扣除标准与纳税人取得收入所必须支付的费用没有关系，与其维持家庭生活的生计费、子女教育、赡养老人等支出也没有关系。该种课税方式，虽然计算简便，但有失公平。

（5）采取源泉扣缴和自行申报相结合，但以源泉扣缴为主的征纳方法。我国个人所得税法规定，对纳税人的应纳税额分别采取由支付单位源泉扣缴和纳税人自行申报两种办法。对凡是可以在应税所得的支付环节扣缴个人所得税的，均由扣缴义务人代扣代缴；而对于年所得 12 万元以上的，从中国境内两处或两处以上取得工资、薪金所得的，从中国境外取得所得的，取得应纳税所得没有扣缴义务人的等情形的纳税人，应当按照规定到主管税务机关办理纳税申报。

总体来看，我国现行个人所得税法制度的优点是简易、便利、高效，但其突出不足则是欠缺公平性，今后应在课征模式、纳税单位选择和费用宽减扣除、税率结构设计方面作重大改革。

第二节 个人所得税法的基本内容

一、个人所得税的纳税人及其纳税义务

（一）居民纳税人与非居民纳税人的界定

按《个人所得税法》的规定，个人所得税的纳税人是在中国境内有住所，或者虽无住所但在境内居住满1年，从中国境内和境外取得所得的个人；以及在中国境内无住所又不居住，或者无住所而在境内居住不满1年，从中国境内取得所得的个人。

前述规定表明，个人所得税的纳税人分为两类：一类是在中国境内有住所，或者无住所而在境内居住满1年，从中国境内外取得应纳税所得的个人，这一类纳税人在税法上称为居民纳税人；另一类是在中国境内无住所又不居住，或者无住所而在境内居住不满1年，但有来源于中国境内应纳税所得的个人，这一类纳税人在税法上称为非居民纳税人。

在个人所得税法中，居民纳税人与非居民纳税人的划分非常重要，因为它关系到一国政府对纳税人个人所得税收管辖权的范围。按世界各国对个人所得税税收管辖权确定的原则，一般都兼采属地原则和属人原则双重原则。属地原则又称为“收入来源税收管辖权原则”，是指各国政府对来源于本国的所得均有税收管辖权；属人原则又称“居住国税收管辖权原则”，是指各国政府对本国公民（或居民）来源于本国境内外的所得均可行使税收管辖权。

我国个人所得税法参照国际通行做法，按照属地原则和属人原则双重原则来确定税收管辖权，对居民纳税人行使完全的税收管辖权，要求其负绝对纳税义务，对其来源于我国境内、境外的所得均征收个人所得税；对非居民纳税人，则只要求其负有限纳税义务，仅对其来源于我国境内的所得行使税收管辖权。

在居民纳税人的界定上，我国个人所得税法采用了住所和居住时限两个标准，居住时限界定为1年。凡是在中国境内有住所，或者无住所而在我国境内居住满1年的个人，即为我国居民纳税人；凡在中国境内无住所又不居住，或者无住所而在境内居住不满1年的个人，即为非居民纳税人。

税法中所说的“住所”，是一个有特定含义的法律概念，一般是指自然人所拥有的固定的或永久性的居住地。各国税法对住所的规定没有统一标准，但通常考虑两个因素加以界定：一是看该自然人有没有在本国长期居住的权利；二是看该自然人有没有在本国长期居住的愿望。我国《个人所得税法实施条例》规定：在中国境内有住所的个人，是指因户籍、家庭、经济利益关系而在中国境内习惯性居住的个人。此规定说明我国个人所得税法制度是以户籍、家庭和经济利益为判定住所的标准的。这里所说的“习惯性居住”，对于理解、判断纳税人是居民纳税人还是非居民纳税人非常重要，它是指个人因学习、工作、探亲等原因消除之后，没有理由在其他地方继续居留时所要回到的地方，而不是指实际居住或在某一个特定时期内的居住地。

所谓在中国境内居住满1年，依《个人所得税法实施条例》的规定是指，某一自然人

在一个纳税年度（即公历 1 月 1 日起至 12 月 31 日止）中在中国境内居住满 365 天。如果某一自然人在中国境内实际居住时间已经超过 365 天，但从每一纳税年度看都没有住满 365 天，则该自然人不能被判定为居民纳税人。不过，在计算实际天数时，对于自然人在纳税年度内临时离境的（指在一个纳税年度中一次不超过 30 日或者多次累计不超过 90 日的离境），应视为在中国境内居住，不扣减其在中国居住的天数。

另外，现行税法中关于"中国境内"的概念，是指我国政府行使税收管辖权的地区，即中国内地地区，目前还不包括中国香港、澳门和台湾地区。

综上所述，我国个人所得税的居民纳税人是指在中国境内有住所的中国公民和外国侨民，以及在中国境内无住所但居住满一个纳税年度的外籍人员、华侨和港澳台同胞。非居民纳税人是指在中国境内无住所，又不居住的外籍人员、华侨和港澳台同胞，以及在中国境内无住所且居住不满一个纳税年度的外籍人员、华侨和港澳台同胞。另外，自 2000 年 1 月 1 日起，个人独资企业和合伙企业的投资者也是个人所得税的纳税义务人。

（二）居民纳税人与非居民纳税人的纳税义务

《个人所得税法》规定：居民纳税人应就来源于我国境内和境外的所得都对我国政府负有纳税义务。但我国政府为促进对外经济交流与合作，本着从宽、从简的原则，在《个人所得税法实施条例》第 6 条中对居民纳税人来自境外的所得征税时，作了从宽的规定：对在中国境内无住所，但是居住 1 年以上 5 年以下的个人，其来源于中国境外的所得，经主管税务机关批准，可以只就由中国境内公司、企业以及其他经济组织或者个人支付的部分缴纳个人所得税；对于在我国境内居住超过 5 年的个人，从第 6 年起，应就其来源于中国境外的全部所得缴纳个人所得税。

非居民纳税人只对来源于我国境内的所得对我国政府负有纳税义务。但对在中国境内无住所且在一个纳税年度中在中国境内连续或累计居住不足 90 天的个人，其来源于中国境内的所得，由境外雇主支付并且不由该雇主在中国境内的机构、场所负担的部分，免于缴纳个人所得税。

二、个人所得税的征税对象及范围

个人所得税的征税对象是纳税人取得的各项应税所得。我国《个人所得税法》根据我国纳税人取得收入的实际情况，列举了 11 项应征税的个人所得，并在《个人所得税法实施条例》及相关法规中规定了各项个人所得征税的具体范围。

（一）工资、薪金所得

这是指个人因任职或受雇而取得的工资、薪金、奖金、年终加薪、劳动分红、津贴、补贴以及其他与任职、受雇有关的所得。

另外，实行内部退养的个人在其办理内部退养手续后至法定离退休年龄之间从原任职单位取得的工资、薪金；公司职工取得的用于购买国有企业股权的劳动分红；出租汽车经营单位对出租车驾驶员采取的单车承包或承租方式运营，出租车驾驶员从事客货营运取得的收入，亦按工资、薪金所得项目征税。

（二）个体工商户的生产、经营所得

具体包括：

（1）个体工商户或个人从事工业、手工业、建筑业、交通运输业、商业、饮食业、服务业、修理业及其他行业生产、经营取得的所得；

（2）个人经政府有关部门批准，取得执照，从事办学、医疗、咨询以及其他有偿服务活动取得的所得；

（3）其他个人从事个体工商业生产、经营取得的所得；

（4）上述个体工商户和个人取得的与生产、经营有关的各项应纳税所得；

（5）个人因从事彩票代销业务而取得的所得，按“个体工商户的生产、经营所得”项目征税。

个人独资企业和合伙企业投资者的生产经营所得，比照“个体工商户的生产、经营所得”应税项目征收个人所得税。

（三）对企事业单位的承包经营、承租经营所得

这是指个人承包经营、承租经营，以及转包、转租取得的所得，包括个人按月或按次取得的工资、薪金性质的所得。个人对企事业单位承包、承租经营所得，因其承包、承租的经营方式及所得分配方式的不同，可以分为以下两种情况处理：

（1）个人对企事业单位承包、承租经营后，工商登记改为个体户的，该类承包、承租经营所得，应按个体工商户的生产、经营所得项目征收个人所得税，不再征收企业所得税。

（2）个人对企事业单位承包、承租经营后，工商登记仍为企业的，不论其分配方式如何，均先按规定缴纳企业所得税，然后根据承包、承租经营者按合同（协议）规定取得的所得，依照个人所得税法的规定缴纳个人所得税。具体为：1）承包人、承租人对企业的经营成果不拥有所有权，仅按合同规定取得一定所得的，其所得应按工资、薪金所得项目征收个人所得税；2）承包人、承租人按照合同规定在向发包方、出租方缴纳一定费用后，拥有企业经营成果的，则该承包经营、承租经营所得按照对企事业单位承包经营、承租经营所得项目缴纳个人所得税。

外商投资企业采取发包、出租经营且经营者为个人，取得所得的，亦同上处理。

（四）劳务报酬所得

这是指个人从事设计、装潢、安装、制图、化验、测试、医疗、法律、会计、咨询、讲学、新闻、广播、翻译、审稿、书画、雕刻、影视、录音、录像、演出、表演、广告、展览、技术服务、介绍服务、经纪服务、代办服务以及其他劳务取得的所得。

此外，按照《国家税务总局关于印发〈征收个人所得税若干问题的规定〉的通知》（国税发［1994］89号）的规定，担任董事职务所取得的董事费收入，属于劳务报酬性质，按劳务报酬所得项目征税。

实务中，劳务报酬所得与工资、薪金所得往往难以区分，而是否存在雇佣与被雇佣关系是判断某种收入是属于劳务报酬所得还是工资、薪金所得的重要标准。劳务报酬一般是指个人独立从事各种技艺、独立提供各种劳务而获取的报酬；而工资、薪金所得则是指个人在企事业单位、机关、团体、部队、学校以及其他组织中任职、受雇而获取的报酬，是非独立个人的劳动。后者存在某种雇佣关系，而前者不存在雇佣关系。

（五）稿酬所得

这是指个人因其作品以图书、报刊形式出版、发表而取得的所得。

国家税务总局2002年2月9日作出的《关于个人所得税若干业务问题的批复》（国税函［2002］146号）规定：

(1) 任职、受雇于报刊、杂志等单位的记者、编辑等专业人员，因在本单位的报刊、杂志上发表作品取得的所得，属于因任职、受雇而取得的所得，应与其当月工资收入合并，按“工资、薪金所得”项目征收个人所得税。

除上述专业人员以外，其他人员在本单位的报刊、杂志上发表作品取得的所得，应按“稿酬所得”项目征收个人所得税。

(2) 出版社的专业作者撰写、编写或翻译的作品，由本社以图书形式出版而取得的稿费收入，应按“稿酬所得”项目计算缴纳个人所得税。

（六）特许权使用费所得

这是指个人提供专利权、商标权、著作权、非专利技术以及其他特许权的使用权取得的所得。但提供著作权的使用权取得的所得中，不包括稿酬所得。

另外，个人取得特许权的经济赔偿收入，应按“特许权使用费所得”项目纳税，由支付赔款者代扣代缴；2002年5月1日起，编剧从电视剧的制作单位取得的剧本使用费，不再区分剧本的使用方是否为其任职单位，统一按“特许权使用费所得”项目计征个人所得税。

（七）利息、股息、红利所得

这是指个人拥有债权、股权而取得的利息、股息、红利所得。

（八）财产租赁所得

这是指个人出租建筑物、土地使用权、机器设备、车船以及其他财产取得的所得。个人取得的财产转租收入，属于财产租赁所得的征税范围，由财产转租人缴纳个人所得税。

（九）财产转让所得

这是指个人转让有价证券、股权、建筑物、土地使用权、机器设备、车船以及其他财产取得的所得。

根据《个人所得税法实施条例》的规定，对股票转让所得征收个人所得税的办法，由财政部另行规定，报国务院批准施行。根据国务院决定，我国目前对股票转让所得暂不征收个人所得税。

（十）偶然所得

这是指个人得奖、中奖、中彩以及其他偶然性质的所得。偶然所得应缴纳的个人所得税税款，一律由发奖单位或机构代扣代缴。

（十一）经国务院财政部门确定征税的其他所得

这是指除上述10项个人应税所得外，对于今后可能出现的需要征税的新项目，由国务院财政部门确定征收个人所得税。

纳税人取得的所得，难以界定应纳税所得项目的，由主管税务机关确定。

个人取得的应纳税所得的形式，包括现金、实物、有价证券和其他形式的经济利益。所得为实物的，应当按照取得的凭证上所注明的价格计算应纳税所得额；无凭证的实物或者凭证上所注明的价格明显偏低的，参照市场价格核定应纳税所得额。所得为有价证券的，根据票面价格和市场价格核定应纳税所得额。所得为其他形式的经济利益的，参照市场价格核定应纳税所得额。

三、个人所得税应税项目的所得来源地的确定

所得来源地是一个有特定含义的法律概念。但各国税法对所得来源地的判定并没有统一的标准，通常是指应税所得项目的发生地。判定纳税人所得来源地的意义在于：第一，它是一国政府行使税收地域管辖权的前提。因为依据地域管辖权原则，凡来源于中国境内的所得都应向中国政府纳税。特别是对非居民纳税人能否行使征税权，关键是要看其是否有来源于中国境内的所得。第二，对本国居民来说，判定所得来源地亦很重要。因为，各国为避免国际双重征税，往往对本国居民的双重征税都给予一定的税收优惠，我国也不例外。但只有在事先判定某中国居民有来源于境外的所得，才能在对其征税时实施相关的优惠政策措施。可见，判定所得来源地对于确定个人所得税的应税所得非常重要。

一般而言，判断所得来源地应反映经济活动的实质，要遵循便于税务机关有效征管的原则。我国个人所得税法对纳税人所得来源地的判定原则规定如下：

（1）工资、薪金所得，以纳税人任职、受雇的公司、企业、事业单位、机关、团体、部队、学校等单位的所在地，作为所得来源地。

（2）生产、经营所得，以生产、经营活动实现地作为所得来源地。

（3）劳务报酬所得，以纳税人实际提供劳务的地点作为所得来源地。

（4）不动产转让所得，以不动产坐落地为所得来源地；动产转让所得，以实现转让的地点为所得来源地。

（5）财产租赁所得，以被租赁财产的使用地作为所得来源地。

（6）利息、股息、红利所得，以支付利息、股息、红利的企业、机构、组织的所在地作为所得来源地。

（7）特许权使用费所得，以特许权的使用地作为所得来源地。

与所得来源地相关的一个概念是所得支付地。所得支付地是指向纳税人支付所得的企业、事业单位、机关、团体或者其他经济组织的所在地。个人所得的来源地和支付地并非同一概念，两者有时是一致的，有时则不一致。某些个人所得，虽然来源于我国，但其支付地却不一定在我国境内。例如在我国境内检修中国国际航空公司的波音飞机的外籍人员，其工资、薪金所得，可能由其雇主在我国境外支付。这时的来源地和支付地就不一致。因此，严格区分所得来源地和所得支付地在某些情况下很有必要。

按照《个人所得税法实施条例》第5条的规定，下列所得，不论支付地点是否在中国境内，均为来源于中国境内的所得，应依法向中国政府缴纳个人所得税：

（1）因任职、受雇、履约等而在中国境内提供劳务取得的所得。

（2）将财产出租给承租人在中国境内使用而取得的所得。

（3）转让中国境内的建筑物、土地使用权等财产或者在中国境内转让其他财产取得的

所得。

（4）许可各种特许权在中国境内使用而取得的所得。

（5）从中国境内的公司、企业以及其他经济组织或者个人取得的利息、股息、红利所得。

四、个人所得税的税率

我国个人所得税实行的是分类课征的所得税制，个人所得税法区别各种类型的所得项目，分别规定了不同的税率。具体税率形式既有超额累进税率，也有比例税率。其具体规定如下：

（1）工资、薪金所得，适用 7 级超额累进税率，税率为 3%～45%（见表 6—1）。

表 6—1　　税率表一（工资、薪金所得适用）

级数	全月应纳税所得额		税率（%）	速算扣除数
	含税级距	不含税级距		
1	不超过 1 500 元的	不超过 1 455 元的	3	0
2	超过 1 500 元至 4 500 元的部分	超过 1 455 元至 4 155 元的部分	10	105
3	超过 4 500 元至 9 000 元的部分	超过 4 155 元至 7 755 元的部分	20	555
4	超过 9 000 元至 35 000 元的部分	超过 7 755 元至 27 255 元的部分	25	1 005
5	超过 35 000 元至 55 000 元的部分	超过 27 255 元至 41 255 元的部分	30	2 755
6	超过 55 000 元至 80 000 元的部分	超过 41 255 元至 57 505 元的部分	35	5 505
7	超过 80 000 元的部分	超过 57 505 元的部分	45	13 505

说明：①表中所列含税级距与不含税级距，均为纳税人的全月工资、薪金收入按照税法规定减除有关费用后的余额，为应纳税所得额。

②含税级距适用于由纳税人负担税款的工资、薪金所得；不含税级距适用于由他人（单位或个人）负担（代为缴纳）税款的工资、薪金所得。

（2）个体工商户的生产、经营所得和对企事业单位的承包经营、承租经营所得，适用 5 级超额累进税率，税率为 5%～35%（见表 6—2）。

个人独资企业和合伙企业投资者的生产经营所得，也适用这一税率表。

（3）稿酬所得适用 20%的比例税率，并按应纳税额减征 30%，故实际适用税率为 14%。

（4）劳务报酬所得适用 20%的比例税率，对劳务报酬所得一次收入畸高的，应实行加成征收，即个人取得劳务报酬收入的应纳税所得额一次超过 2 万元至 5 万元的部分，按税法规定计算应纳税额后，再按应纳税额加征 5 成；超过 5 万元的部分，加征 10 成。实行加成征收后，劳务报酬所得税率实际上是特定情况下的 3 级超额累进税率（见表 6—3）。

（5）特许权使用费所得，利息、股息、红利所得，财产租赁所得，财产转让所得，偶然所得以及其他所得，适用比例税率，税率为 20%。

但对储蓄存款利息从 2007 年 8 月 15 日起减按 5%的比例税率征收个人所得税。此后，为应对美国次贷危机的影响，加强宏观调控与增加居民储蓄收入，国务院又决定自 2008 年 10 月 9 日起对储蓄存款利息所得暂免征收个人所得税。另外，为配合国家住房制度的改革，支持住房租赁市场的健康发展，从 2001 年 1 月 1 日起，对个人出租房屋取得的财产租赁所得暂减按 10%的税率征收个人所得税。

表 6—2　　税率表二（个体工商户的生产、经营所得和对企事业单位的承包经营、承租经营所得适用）

级数	全年应纳税所得额（含税级距）	全年应纳税所得额（不含税级距）	税率（%）	速算扣除数
1	不超过 15 000 元的	不超过 14 250 元的	5	0
2	超过 15 000 元至 30 000 元的部分	超过 14 250 元至 27 750 元的部分	10	750
3	超过 30 000 元至 60 000 元的部分	超过 27 750 元至 51 750 元的部分	20	3 750
4	超过 60 000 元至 100 000 元的部分	超过 51 750 元至 79 750 元的部分	30	9 750
5	超过 100 000 元的部分	超过 79 750 元的部分	35	14 750

说明：①表中所列含税级距与不含税级距，均为每一纳税年度的收入总额按照税法规定减除有关费用（成本、损失）后的余额，为应纳税所得额。

②含税级距适用于个体工商户的生产、经营所得和由纳税人负担税款的承包经营、承租经营所得；不含税级距适用于由他人（单位）负担（代为缴纳）税款的承包经营、承租经营所得。

表 6—3　　税率表三（劳务报酬所得适用）

级数	每次应纳税所得额（含税级距）	每次应纳税所得额（不含税级距）	税率（%）	速算扣除数
1	不超过 20 000 元的	不超过 16 000 元的	20	0
2	超过 20 000 元至 50 000 元的部分	超过 16 000 元至 37 000 元的部分	30	2 000
3	超过 50 000 元的部分	超过 37 000 元的部分	40	7 000

说明：①表中所列含税级距与不含税级距，均为纳税人每次取得的劳务报酬，按照税法的规定减除相应费用后的余额。

②含税级距适用于纳税人自己负担税款的劳务报酬所得；不含税级距适用于由他人（支付者）代为缴纳（负担）税款的劳务报酬所得。

五、个人所得税应纳税所得额的确定

个人所得税的计税依据是纳税人取得的应纳税所得额。所谓应纳税所得额，是指个人取得的每项收入减去税法规定的扣除项目或扣除金额之后的余额。由于我国个人所得税实行的是分类所得税制，税法对每项个人收入的费用扣除范围和扣除标准分别作了不同的规定。因此，在确定纳税人的应纳税所得额时，应区分各种不同所得的性质，按税法规定的相应费用扣除项目、标准分项计算不同所得项目的应纳税所得额，在此基础上才能正确计算纳税人每项收入的应纳所得税税额。

（一）应纳税所得额的一般规定

以下是个人所得税各种收入项目应纳税所得额的一般规定：

（1）工资、薪金所得，以每月收入额减除费用 3 500 元后的余额，为应纳税所得额。

对工资、薪金所得允许每月减除费用 3 500 元，是我国税法根据我国生产力发展水平和生活水平规定的普遍适用的标准。同时，对外籍人员和在中国境外工作的中国公民，考虑到其生活费用比较高的实际情况，税法还规定，对在中国境内无住所而在中国境内取得工资、薪金所得的纳税义务人和在中国境内有住所而在中国境外取得工资、薪金所得的纳税义务人，可以根据其平均收入水平、生活水平以及汇率变化情况确定附加减除费用，附加减除费用适用的范围和标准由国务院规定。按照2011年7月19日国务院第三次修订发布的《中华人民共和国个人所得税法实施条例》的规定，附加减除费用标准为1 300元，加上基本减除费用3 500元，故总体扣除费用标准为4 800元。附加减除费用适用的范围包括：

1）在中国境内的外商投资企业和外国企业中工作的外籍人员；

2）应聘在中国境内的企业、事业单位、社会团体、国家机关中工作的外籍专家；

3）在中国境内有住所而在中国境外任职或者受雇取得工资、薪金所得的个人；

4）国务院财政、税务主管部门确定的其他人员。

华侨和香港、澳门、台湾同胞，参照上述附加减除费用标准执行。但上述外籍人员不包括到我国从事个体经营的人。

（2）个体工商户的生产、经营所得，以每一纳税年度的收入总额，减除成本、费用以及损失后的余额，为应纳税所得额。

这里的收入总额，是指个体工商户从事生产、经营以及与生产、经营有关的活动所取得的各项收入，包括商品销售收入、营运收入、劳务服务收入、工程价款收入、财产出租或转让收入、利息收入、其他收入和营业外收入；成本、费用是指个体户从事生产、经营所发生的各项直接支出和分配计入成本的间接费用以及销售费用、管理费用、财务费用；损失是指个体户在生产、经营过程中发生的各项营业外支出。1997年3月26日国家税务总局印发的《个体工商户个人所得税计税办法（试行）》曾就个体工商户个人所得税的计税办法作了较为明确的规定。

个人独资企业的投资者以全部生产经营所得为应纳税所得额；合伙企业的投资者按照合伙企业的全部生产经营所得和合伙协议约定的分配比例确定应纳税所得额，合伙协议没有约定分配比例的，以全部生产经营所得和合伙人数量平均计算每个投资者的应纳税所得额。前述生产经营所得，包括企业分配给投资者个人的所得和企业当年留存的所得（利润）。

前述从事生产、经营的纳税人未提供完整、准确的纳税资料，不能正确计算应纳税所得额的，由主管税务机关核定其应纳税所得额。

2008年6月3日、2011年7月29日财政部、国家税务总局先后联合发布的《关于调整个体工商户、个人独资企业和合伙企业个人所得税税前扣除标准有关问题的通知》、《关于调整个体工商户业主、个人独资企业和合伙企业自然人投资者个人所得税费用扣除标准的通知》，根据《个人所得税法》及其实施条例和相关政策规定，就个体工商户、个人独资企业和合伙企业个人所得税税前扣除标准的有关问题作了下列新规定，并废止了《个体工商户个人所得税计税办法（试行）》相应规定条款的内容。

1）对个体工商户业主、个人独资企业和合伙企业投资者的生产、经营所得依法计征个人所得税时，个体工商户业主、个人独资企业和合伙企业投资者本人的费用扣除标准统一确定为42 000元/年（3 500元/月）；

2）个体工商户、个人独资企业和合伙企业向其从业人员实际支付的合理的工资、薪金支出，允许在税前据实扣除；

3）个体工商户、个人独资企业和合伙企业拨缴的工会经费、发生的职工福利费、职工教育经费支出分别在工资薪金总额2%、14%、2.5%的标准内据实扣除；

4）个体工商户、个人独资企业和合伙企业每一纳税年度发生的广告费和业务宣传费用不超过当年销售（营业）收入15%的部分可据实扣除，超过部分准予在以后纳税年度结转扣除；

5）个体工商户、个人独资企业和合伙企业每一纳税年度发生的与其生产经营业务直接相关的业务招待费支出，按照发生额的60%扣除，但最高不得超过当年销售（营业）收入的5‰。

（3）对企事业单位的承包经营、承租经营所得，以每一纳税年度的收入总额，减除必要费用后的余额，为应纳税所得额。

这里说的每一纳税年度的收入总额，是指纳税义务人按照承包经营、承租经营合同规定分得的经营利润和工资、薪金性质的所得；所说的减除必要费用，是指按月减除3 500元，年减除42 000元。

（4）劳务报酬所得、稿酬所得、特许权使用费所得、财产租赁所得，每次收入不超过4 000元的，减除费用800元；4 000元以上的，减除20%的费用，其余额为应纳税所得额。

（5）财产转让所得，按照一次转让财产的收入额减除财产原值和合理费用后的余额为应纳税所得额。

这里说的财产原值应按财产的不同性质确定：1）有价证券，为买入价以及买入时按照规定缴纳的有关费用；2）建筑物，为建造费或者购进价格以及其他有关费用；3）土地使用权，为取得土地使用权所支付的金额、开发土地的费用以及其他有关费用；4）机器设备、车船，为购进价格、运输费、安装费以及其他有关费用；5）其他财产，参照上述方法确定。纳税义务人未提供完整、准确的财产原值凭证，不能正确计算财产原值的，由主管税务机关核定其财产原值。这里讲的合理费用，是指卖出财产过程中按照规定支付的有关费用。

（6）利息、股息、红利所得，偶然所得和其他所得，以每次收入额为应纳税所得额。

前述各项中的“每次收入”的认定方法为：

（1）劳务报酬所得，属于一次性收入的，以取得该项收入为一次；属于同一项目连续性收入的，以1个月内取得的收入为一次。

（2）稿酬所得，以每次出版、发表取得的收入为一次。具体可以细分为：1）同一作品再版取得的所得，应视为另一次稿酬所得计征个人所得税；2）同一作品先在报刊上连载，然后再出版，或者先出版，再在报刊上连载的，应视为两次稿酬所得征税，即连载作为一次，出版作为另一次；3）同一作品在报刊上连载取得收入的，以连载完成后取得的所有收入合并为一次，计征个人所得税；4）同一作品在出版和发表时，以预付稿酬或分次支付稿酬等形式取得的稿酬收入，应合并计算为一次；5）同一作品出版、发表后，因添加印数而追加稿酬的，应与以前出版、发表时取得的稿酬合并计算为一次，计征个人所得税。

（3）特许权使用费所得，以一项特许权的一次许可使用取得的收入为一次。

（4）财产租赁所得，以 1 个月内取得的收入为一次。纳税人出租房屋取得的财产租赁所得，在计算征税时，除可依法扣除规定的费用外，还可扣除出租房屋按照国家有关规定已缴纳的税金和教育费附加以及实际开支的修缮费用。允许扣除的修缮费用，以每次 800 元为限，一次扣除不完的，准予在下一次继续扣除，直到扣完为止。但扣除的税费及修缮费必须提供有效、准确的凭证。

（5）利息、股息、红利所得，以支付利息、股息、红利时取得的收入为一次。

（6）偶然所得，以每次取得该项收入为一次。

（二）确定应纳税所得额的其他规定

在确定应纳税所得额时，还应注意以下特别规定：

（1）纳税人兼有《个人所得税法》第 2 条所列的两项或者两项以上的所得的，按项分别计算纳税；在中国境内两处或者两处以上取得《个人所得税法》第 2 条第 1 项、第 2 项、第 3 项所得（即取得工资、薪金所得，个体工商户生产、经营所得，对企事业单位的承包经营、承租经营所得）的，应将同项所得合并计算纳税。

（2）两个或者两个以上的个人共同取得同一项目收入的，应当对每个人取得的收入分别按照税法规定减除费用后计算纳税。

（3）按照国家规定，单位为个人缴付和个人缴付的基本养老保险费、基本医疗保险费、失业保险费、住房公积金，应从纳税义务人的应纳税所得额中扣除。财政部、国家税务总局 2006 年 6 月 27 日发布的《关于基本养老保险费、基本医疗保险费、失业保险费、住房公积金有关个人所得税政策的通知》进一步明确规定：1）企事业单位按照国家或省（自治区、直辖市）人民政府规定的缴费比例或办法实际缴付的基本养老保险费、基本医疗保险费和失业保险费，免征个人所得税；个人按照国家或省（自治区、直辖市）人民政府规定的缴费比例或办法实际缴付的基本养老保险费、基本医疗保险费和失业保险费，允许在个人应纳税所得额中扣除。企事业单位和个人超过规定的比例和标准缴付的基本养老保险费、基本医疗保险费和失业保险费，应将超过部分并入个人当期的工资、薪金收入，计征个人所得税。2）单位和个人分别在不超过职工本人上一年度月平均工资 12%的幅度内，其实际缴存的住房公积金，允许在个人应纳税所得额中扣除。单位和职工个人缴存住房公积金的月平均工资不得超过职工工作地所在地区城市上一年度职工月平均工资的 3 倍，具体标准按照各地有关规定执行。单位和个人超过上述规定比例和标准缴付的住房公积金，应将超过部分并入个人当期的工资、薪金收入，计征个人所得税。

（4）个人将其所得通过中国境内的社会团体、国家机关向教育事业和公益事业以及遭受严重自然灾害地区、贫困地区的捐赠，捐赠额未超过纳税义务人申报的应纳税所得额 30%的部分，可以从其应纳税所得额中扣除。超过部分不得扣除。

（5）个人通过中国人口福利基金会、光华科技基金会的公益、救济性捐赠，可以在应纳税所得额的 30%内扣除。

（6）个人通过非营利性的社会团体和国家机关向红十字事业的捐赠，在计算缴纳个人所得税时，准予在税前的所得额中全额扣除。

（7）自 2001 年 7 月 1 日起，个人通过非营利性的社会团体和国家机关向农村义务教育的捐赠，准予在缴纳个人所得税前的所得额中全额扣除。

农村义务教育的范围，是指政府和社会力量举办的农村乡镇（不含县和县级市政府所在地的镇）、村办小学和初中以及属于这一阶段的特殊教育学校。纳税人对农村义务教育与高中在一起的学校的捐赠，也享受所得税税前扣除政策。

接受捐赠或办理转赠的非营利性的社会团体和国家机关，应按照财务隶属关系分别使用由中央或省级财政部门统一印（监）制的捐赠票据，并加盖接受捐赠或转赠单位的财务专用印章。税务机关据此对捐赠个人进行税前扣除。

(8) 自2000年1月1日起，个人通过非营利性的社会团体和国家机关对公益性青少年活动场所（其中包括新建）的捐赠，在缴纳个人所得税前准予全额扣除。

公益性青少年活动场所，是指专门为青少年学生提供科技、文化、德育、爱国主义教育、体育活动的青少年宫、青少年活动中心等校外活动的公益性场所。

(9) 自1999年10月1日起，个人的所得（不含偶然所得，经国务院财政部门确定征税的其他所得），通过中国境内非营利性的社会团体、国家机关，用于对非关联的科研机构和高等学校研究开发新产品、新技术、新工艺所发生的研究开发经费的资助，可以全额在下月（工资、薪金所得）或下次（按次计征的所得）或当年（按年计征的所得）计征个人所得税时，从应纳税所得额中扣除，不足抵扣的，不得结转抵扣。

纳税人直接向科研机构和高等学校的资助不允许在税前扣除。

六、个人所得税应纳税额的计算

我国现行的个人所得税采取分项确定、分类扣除、分项计税的办法。如前所述，在确定应纳税所得额时，每项个人收入是否允许扣除费用、扣除范围和扣除标准都不尽相同。因此，当个人同时取得税法所列应税项目中两项或两项以上不同种类的所得时，应对不同种类的所得分别依税法规定确定应纳税所得额，再依据税法规定的该项所得应适用的税率，分别计算各项所得的应纳所得税额。

（一）工资、薪金所得应纳税额的计算及示例

工资、薪金所得应纳税额的计算公式为：

应纳税额＝(每月工资、薪金收入－3 500元或4 800元)

×适用税率－速算扣除数

【例6—1】

中国公民张三在一家外商投资企业工作，月薪金收入为20 000元，其月应纳个人所得税为：

月应纳税额＝(20 000－3 500)×25%－1 005＝3 120(元)

如果取得收入的人，不是中国公民张三，而是一位外籍人员，则：

月应纳税额＝(20 000－3 500－1 300)×25%－1 005＝2 795(元)

在计算工资、薪金所得的个人所得税时应注意一些特殊情况的处理：

(1) 在外资企业工作的中方人员的费用扣除。对于在外企或外国驻华机构工作的中方

人员取得的工资、薪金收入由雇佣单位和派遣单位分别支付的，由雇佣单位在支付工资、薪金时，按税法规定减除费用计算扣缴个人所得税，派遣单位支付的工资、薪金不再减除费用，以支付金额直接确定适用税率，计算扣缴个人所得税。然后由纳税人固定到一地税务机关申报纳税，汇算清缴。

对于外商投资企业、外国企业和外国驻华机构发放给中方工作人员的工资、薪金所得应全额计税，但如果其工资、薪金所得一部分由雇佣单位按规定上交派遣单位的，可扣除其上交部分，按余额计征所得税。

（2）境内、境外分别取得工资、薪金所得的费用扣除。纳税人在境内、境外同时取得工资、薪金所得的，应首先判断其境内、境外取得的所得是否来源于一国的所得，如果因任职、受雇、履约等而在中国境内提供劳务取得所得的，无论其支付地点是否在中国境内，均为来源于中国境内的所得。纳税义务人能够提供在境内、境外同时任职或者受雇及其工资、薪金标准的有效证明文件的，可判定其所得是来源于境内还是境外所得的，应按《个人所得税法》及其实施条例的规定分别减除费用并计算纳税；不能提供上述证明文件的，应视为来源于一国所得。如其任职或者受雇单位在中国境内，应为来源于中国境内的所得；如其任职或者受雇单位在中国境外，应为来源于中国境外的所得，依照有关规定计税。

（3）特定行业职工取得的工资、薪金所得的计税问题。为了照顾采掘业、远洋运输业、远洋捕捞业以及国务院财政、税务主管部门确定的其他行业因季节、产量等因素的影响造成职工收入呈现较大幅度波动的实际情况，对这些特定行业的职工取得的工资、薪金所得，可按月预缴，自年度终了后 30 日内，合计其全年工资、薪金所得，再按 12 个月平均并计算实际应纳的税款，多退少补。其计算公式为：

年应纳所得税额＝[（全年工资、薪金收入÷12－费用扣除标准）×税率－速算扣除数]×12

年终汇算清缴应纳税额＝年应纳所得税额－年已预缴所得税税额

（4）个人取得全年一次性奖金（包括年薪、绩效工资）等各类奖金的应纳个人所得税的计算。国家税务总局 2005 年 1 月 21 日发布的《关于调整个人取得全年一次性奖金等计算征收个人所得税方法问题的通知》，就个人取得全年一次性奖金（包括年薪、绩效工资）、半年奖、季度奖、加班奖、先进奖、考勤奖等的应纳个人所得税税额的计算作出了新的规定，相应废止了国家税务总局于 1996 年 6 月 20 日、11 月 13 日先后发布的《关于企业经营者试行年薪制后如何计征个人所得税的通知》、《关于在中国境内有住所的个人取得奖金征税问题的通知》的规定。

按照新规定的要求，对于雇员取得的除全年一次性奖金外的其他各种名目的奖金，如半年奖、季度奖、加班奖、先进奖、考勤奖等，一律与当月工资、薪金收入合并，按《个人所得税法》的规定计缴个人所得税。而对于雇员取得的全年一次性奖金，则按以下规定计缴：

所谓全年一次性奖金，是指行政机关、企事业单位等扣缴义务人根据其全年经济效益和对雇员全年工作业绩的综合考核情况，向雇员发放的一次性奖金。这种一次性奖金也包括年终加薪、实行年薪制和绩效工资办法的单位根据考核情况兑现的年薪和绩效工资。纳税人（雇员）取得全年一次性奖金应单独作为一个月工资、薪金所得计算纳税，并由扣缴义务人在发放时代扣代缴。其具体计算方法和步骤是：

1）先将雇员当月内取得的全年一次性奖金，除以12个月，按其商数确定适用税率和速算扣除数。如果在发放年终一次性奖金的当月，雇员当月工资薪金所得低于税法规定的费用扣除额，应将全年一次性奖金减除“雇员当月工资薪金所得与费用扣除额的差额”后的余额，按前述办法确定全年一次性奖金的适用税率和速算扣除数。

2）将雇员个人当月内取得的全年一次性奖金，按前1）项确定的适用税率和速算扣除数计算征税。

如果雇员当月工资薪金所得高于（或等于）税法规定的费用扣除额的，适用公式为：

应纳税额＝雇员当月取得全年一次性奖金×适用税率－速算扣除数

如果雇员当月工资薪金所得低于税法规定的费用扣除额的，适用公式为：

应纳税额＝(雇员当月取得全年一次性奖金－雇员当月工资薪金所得与费用扣除额的差额）×适用税率－速算扣除数

在一个纳税年度内，对每一个纳税人，前述计税办法只允许采用一次。

【例6—2】

中国公民李某于2008年12月取得工薪收入2 500元，又取得全年一次性奖金12 000元，其应缴纳个人所得税的计算方法是：

(1) 当月薪金收入应纳税额＝（月薪金收入－月扣除额)×适用税率＝（2 500－2 000)×5%＝25（元)。

(2) 全年一次性奖金的应纳税额的计算。

先确定适用税率和速算扣除数：全年一次性奖金÷12＝12 000÷12＝1 000（元)，查表可知适用税率和速算扣除数为10%和25元。

全年一次性奖金应纳税额＝全年一次性奖金×适用税率－速算扣除数＝12 000×10%－25＝1 175（元)

(3) 李某当月应纳税款总额＝25＋1 175＝1 200（元)。

注意：[例6—2] **和以下的** [例6—3]、[例6—7]、[例6—8]、[例6—9]、[例6—12]，**个人所得税计缴发生年度为**2008**年、**2009**年，其月工薪扣除费用是**2 000**元而不是现在的**3 500**元。**

【例6—3】

中国公民王某于2008年12月取得工薪收入1 500元，又取得全年一次性奖金36 500元，其应缴纳个人所得税的计算方法是：

先确定全年一次性奖金的适用税率和速算扣除数：[36 500－（2 000－1 500)]÷12＝3 000（元)，查表可知适用税率和速算扣除数为15%和125。

全年一次性奖金应纳税额＝[36 500－（2 000－1 500)]×15%－125
＝5 275（元)

故王某的应纳税款是5 275元。

（5）单位或个人为纳税人工薪收入负担税款的纳税计算。在实际工作中，有的单位或个人常常为纳税人负担税款，即支付给纳税人的报酬（包括工资、薪金、劳务报酬）是不含税的净所得或称税后所得，纳税人的税款由雇主代为缴纳。在这种情况下，就不能以纳税人实际取得的收入直接乘以税率计算纳税，而应将不含税收入换算为应纳税所得额，然后再计算应纳个人所得税税额。具体分为两类三种情况：

1）单位或个人为纳税人工薪收入全额负担税款的计算。

单位或个人（即雇主，下同）为纳税人（即雇员，下同）全额负担个人所得税款，应将纳税人不含税收入换算为应纳税所得额，计算征收个人所得税（即雇主应当代付的税款）。计算公式为：

应纳税所得额＝(不含税收入额－费用扣除标准－速算扣除数)÷（1－税率）

应纳税额＝应纳税所得额×适用税率－速算扣除数

上述第一个公式中的税率，是指不含税所得按税率表中不含税级距对应的税率；第二个公式中的适用税率，是指应纳税所得额按税率表中含税级距对应的税率。

【例 6—4】

2012 年，某公司高级职员韩某月工资、奖金共计 30 000 元，每月应缴纳的个人所得税均由公司代付，韩某每月应缴纳的个人所得税的计算方法为：

应纳税所得额＝（30 000－3 500－1 005)÷（1－25％)≈33 993.33（元）

应纳税额＝33 993.33×25％－1 005≈7 493.33（元）

2）雇主为其雇员负担部分税款的纳税计算。

雇主为其雇员负担部分税款的纳税计算分为定额负担和定率负担部分税款两种情况：

第一，雇主为其雇员定额负担税款的，应将雇员取得的工资、薪金所得换算成应纳税所得额后，计算征收个人所得税。其计算公式为：

应纳税所得额＝雇员取得的工资＋雇主代雇员负担的税款－费用扣除标准

应纳税额＝应纳税所得额×适用税率－速算扣除数

【例 6—5】

2012 年，某公司职员朱某月工资、奖金共计 14 200 元，该公司每月为朱某代付 100 元个人所得税款，朱某每月实际缴纳税款的计算方法为：

应纳税所得额＝14 200＋100－3 500＝10 800（元）

应纳税额＝10 800×25％－1 005＝1 695（元）

朱某每月实际应缴纳个人所得税 1 695 元，其中公司已代付 100 元个人所得税款，朱某自己再缴纳（负担）1 595 元。

第二，雇主为其雇员负担一定比例的工资应纳的税款或者负担一定比例的实际应纳税款的，按下列计算公式计算应纳个人所得税税款：

应纳税所得额＝(未含雇主负担的税款的收入额－费用扣除标准

一速算扣除数×负担比例）÷（1一税率×负担比例）

应纳税额＝应纳税所得额×适用税率一速算扣除数

【例 6—6】

2012 年，某公司职员马某月工资、奖金合计 10 000 元，公司为马某负担 50%的个人所得税款，马某每月应缴纳税款的计算方法为：

应纳税所得额＝(10 000－3 500－555×50%）÷（1－20%×50%）

≈6 913.89（元）

应纳税额＝6 913.89×20%－555≈827.78（元）

马某每月实际应缴纳 827.78 元，因个人所得税款中该公司代付了 50%的税款，即 413.89 元，个人再缴纳（负担）413.89 元。

（6）对个人因解除劳动合同取得经济补偿金的个人所得税的计算。对于解除劳动合同的一次性补偿收入征税问题，国家先后下发过三个文件，分别是国税发［1999］178 号《国家税务总局关于个人因解除劳动合同取得经济补偿金征收个人所得税问题的通知》、国税发［2000］77 号《国家税务总局关于国有企业职工因解除劳动合同取得一次性补偿收入征免个人所得税问题的通知》、财税［2001］157 号《财政部、国家税务总局关于个人与用人单位解除劳动关系取得的一次性补偿收入征免个人所得税问题的通知》。综合这三个通知的规定，个人因解除劳动合同而取得一次性经济补偿收入，应按“工资、薪金所得”项目计征个人所得税，由支付单位在支付时一次性代扣，并于次月 7 日内缴入国库。但考虑到个人取得的一次性经济补偿收入数额较大，且被解聘的人员可能在一段时间内没有固定收入，故对于此种补偿收入，可视为一次取得数月的工资、薪金收入，允许在一定期限内进行平均。

具体办法为：一次性补偿收入在当地上年企业职工年平均工资的 3 倍数额以内的，可免征个人所得税；超过该标准的一次性补偿收入，其超过标准的部分视为一次取得数月的工资、薪金收入，用超过标准的部分除以个人在本企业的工作年限数，以其商数作为个人的月工资、薪金收入，按照税法规定计缴个人所得税。个人在本企业的工作年限数按实际工作年限数计算，超过 12 年的按 12 年计算。按照该方法计缴个人所得税税款时，由个人按国家和地方政府规定比例实际缴纳的住房公积金、医疗保险金、基本养老保险金、失业保险基金在计税时应予以扣除。个人在解除劳动合同后又再次任职、受雇的，对个人已缴纳个人所得税的一次性经济补偿收入，不再与再次任职、受雇的工资、薪金所得合并计算补缴个人所得税。

【例 6—7】

某服装厂职工马某拥有本企业工龄 8 年，2008 年 10 月因企业改制被提前解除劳动合同，企业支付其一次性经济补偿金 13.4 万元。当地 2007 年职工平均工资为 1.8 万元。假如根据国家政策规定，马某需从月工资中缴纳 12%的住房公积金，5%的基本养老保险金。马某应缴纳多少个人所得税？

折合月工资收入＝（134 000－18 000×3）÷8＝10 000（元）
应缴纳住房公积金＝10 000×12%＝1 200（元）
应缴纳基本养老保险金＝10 000×5%＝500（元）
应纳税所得额＝10 000－1 200－500－2 000＝6 300（元）
应纳税额＝（6 300×20%－375）×8＝7 080（元）

（7）对退职人员一次取得较高退职费的个人所得税的计算。

对退职人员取得的退职费收入，不属于免税“退职费”范围的，应按工资薪金所得在领取当月计征个人所得税。但对退职人员一次取得较高退职费收入的，可视为其一次取得数月的工资、薪金收入，并以原每月工资、薪金收入总额为标准，划分为若干月的工资、薪金收入后，计算个人所得税的应纳税所得额及税额。但对划分超过了 6 个月工资、薪金收入的，应按 6 个月平均划分计算。个人取得全部退职费收入的应纳税额，应由其原雇主在支付退职费时负责代扣并于次月 7 日内缴入国库。个人退职后 6 个月内又再次任职、受雇的，对个人已缴纳个人所得税的退职费收入，不再与再次任职、受雇取得的工资、薪金所得合并计算补缴个人所得税。

【例 6—8】

在某公司担任部门经理的姚小姐 2008 年 7 月移民美国，遂向公司提出辞职。公司按照合同约定给姚小姐一次性支付 9.6 万元提前解约补偿，即退职费。如其去年在公司的月平均工资、薪金收入为 5 000 元，则姚小姐应缴纳多少个人所得税？

月份数＝96 000÷5 000＝19.2（个）
超过规定的 6 个月，只能按 6 个月平均划分，即：
每月平均退职费收入＝96 000÷6＝16 000（元）
应纳个人所得税＝［（16 000－2 000）×20%－375］×6 ＝14 550（元）

（8）对内部退养一次性补偿的个人所得税的计算。

国家税务总局 1999 年 4 月 9 日发布的《关于个人所得税有关政策问题的通知》，就企业减员增效和行政、事业单位、社会团体在机构改革过程中实行内部退养办法人员取得的收入征收个人所得税问题作出了以下规定：实行内部退养的个人在其办理内部退养手续后至法定离退休年龄之间，从原任职单位取得的工资、薪金，不属于离退休工资，应按“工资、薪金所得”项目计征个人所得税。个人在办理内部退养手续后从原任职单位取得的一次性收入，应按办理内部退养手续后至法定离退休年龄之间的所属月份进行平均，并与领取当月的工资、薪金所得合并后减除当月费用扣除标准，以余额为基数确定适用税率，再将当月工资、薪金加上取得的一次性收入，减去费用扣除标准，按适用税率计征个人所得税。个人在办理内部退养手续后至法定离退休年龄之间重新就业取得的工资、薪金所得，应与其从原任职单位取得的同一月份的工资、薪金所得合并，并依法自行向主管税务机关申报缴纳个人所得税。

【例 6—9】

2009 年 4 月，某自来水公司为“减员增效”，对距法定离退休年龄在 5 年以内的在职职工实行自愿申请内部退养并给予一次性的补偿措施。老姚距退休还有 5 年，一次性取得补偿 60 000 元，另每月还将从公司领取 2 000 元，则其应纳个人所得税的计算为：

先按所属月份计算平均值：60 000÷（5×12）＝1 000（元）

确定适用的税率：应纳税所得额＝1 000＋2 000－2 000＝1 000（元），故税率为 10%。

应纳个人所得税＝（60 000＋2 000－2 000）×10%－25＝5 975（元）

（9）不满一个月的工资、薪金应纳个人所得税的计算。在中国境内无住所的个人，凡应仅就不满 1 个月期间的工资、薪金所得申报纳税的，均应按全月工资、薪金所得计算实际应纳税额，其计算公式如下：

应纳税额＝(当月工资、薪金应纳税所得额×适用税率－速算扣除数)
×当月实际在中国天数÷当月天数

如果属于上述情况的个人取得的是日工资薪金，应以日工资薪金乘以当月天数换算成月工资薪金后，按上述公式计算应纳税额。

（10）个人取得公务交通、通信补贴收入的应纳个人所得税的计算。

国家税务总局 1999 年 4 月 9 日发布的《关于个人所得税有关政策问题的通知》就个人取得公务交通、通信补贴收入的应纳个人所得税的计算规定如下：个人因公务用车和通信制度改革而取得的公务用车、通信补贴收入，扣除一定标准的公务费用后，按照“工资、薪金所得”项目计征个人所得税。按月发放的，并入当月工资、薪金所得计征个人所得税；不按月发放的，分解到所属月份并与该月工资、薪金所得合并后计征个人所得税。公务费用的扣除标准，由省级地方税务局根据纳税人公务交通、通信费用的实际发生情况调查测算，报经省级人民政府批准后确定，并报国家税务总局备案。

（11）对“双薪制”的计税方法。国家机关、事业单位、企业和其他单位在实行“双薪制”（按照国家有关规定，单位为其雇员多发放一个月的工资）后，个人因此而取得的双薪，应单独作为一个月的工资、薪金所得计征个人所得税。对上述双薪所得原则上不再扣除费用，应全额作为应纳税所得额按适用税率计算纳税，但如果纳税人取得双薪当月的工资、薪金所得不足 3 500 元的，应以双薪所得与当月工资、薪金所得合并减除 3 500 元后的余额作为应纳税所得额，计算缴纳个人所得税。

（二）个体工商户的生产经营所得的应纳税额的计算

个体工商户的生产经营所得的应纳税额的计征，是按年计算，分月预缴。其计算公式为：

应纳税所得额＝年收入总额－成本、费用及损失

应纳税额＝应纳税所得额×税率－速算扣除数

【例 6—10】

个体工商户范某本年度取得经营收入共 50 万元，成本、费用开支及损失共 40 万元，

其应纳个人所得税额的计算方法为：

应纳税所得额＝50－40＝10（万元）

查表得知适用税率为35%。

应纳税额＝100 000×30%－9 750＝20 250（元）

【例6—11】

个体户王某1月份已预缴税款136元，2月份累计应纳税所得额5 000元，王某2月份应预缴税款按如下办法计算：

全年应纳税所得额＝5 000×12/2＝30 000（元）

查表得知适用税率为10%。

全年应纳税额＝30 000×10%－750＝2 250（元）

2月份应预缴税额＝2 250×2/12－136＝239（元）

对账册不健全、不能正确核算应纳税所得额的业户，分别采取核定应纳税所得额依适用税率或按行业征收率依营业额计税方法征税。行业征收率：工业生产（产制）1%、工业加工修理2%、机动车维修3%、商品销售0.7%、饮食2%、美容美发5%、娱乐5%、交通运输2%、建筑安装2%、房地产2.5%、其他2.5%。

（三）对企事业单位的承包经营、承租经营所得的应纳税额的计算

计算公式为：

应纳税所得额＝年收入总额－必要费用

＝年承包经营、承租经营分得利润＋年工资、薪金性质所得－必要费用

应纳税额＝应纳税所得额×税率－速算扣除数

【例6—12】

2008年某承包者年终取得承包所得20 000元，每月工资收入1 000元，则该承包者应纳税额的计算为：

应纳税所得额＝(20 000＋12×1 000)－(2 000×12)＝8 000（元）

应纳税额＝8 000×10%－250＝550（元）

（四）稿酬所得应纳税额的计算

稿酬所得应纳税额的计算分为以下两种情况：

（1）每次收入不足4 000元的：

应纳税额＝应纳税所得额×适用税率×(1－30%)

＝(每次稿酬收入－800)×20%×(1－30%)

（2）每次收入在4 000元以上的：

应纳税额＝应纳税所得额×适用税率×(1－30%)

=每次稿酬收入×（1－20%）×20%×（1－30%）

（五）劳务报酬、特许权使用费和财产租赁所得应纳税额的计算

（1）每次收入不足4 000元的：

应纳税额=应纳税所得额×适用税率

=（每次收入额－800）×20%

（2）每次收入在4 000元以上的：

应纳税额=应纳税所得额×适用税率

=每次收入额×(1－20%)×20%

（3）劳务报酬每次收入的应税所得额超过 2 万元的，按加成征收的规定计算应纳税额。计算公式为：

应纳税额=应纳税所得额×税率－速算扣除数

=每次收入额×（1－20%）×税率－速算扣除数

【例 6—13】

某歌唱家举行个人专场音乐会，获得劳务收入 10 万元，其应纳个人所得税为：

应纳税额=10×(1－20%)×40%－0.7=2.5（万元）

（六）财产转让所得应纳税额的计算

财产转让所得应纳税额的计算公式为：

应纳税所得额=收入总额－财产原值－合理费用

应纳税额=应纳税所得额×适用税率=应纳税所得额×20%

【例 6—14】

薛某转让一间原值 18 万元的房屋，出售价为 40 万元，假设卖出房屋时按规定缴纳的各项税金和支付的有关费用合计为 2.5 万元，则其应纳税款的计算如下：

应纳税所得额=40－18－2.5=19.5（万元）

应纳税额=19.5×20%=3.9（万元）

（七）利息、股息、红利所得，偶然所得和其他所得应纳税额的计算

这些项目的计算很简单，以每次收入额直接乘以税率即可计算应纳税额。公式为：

应纳税额=利息、股息、红利所得，偶然所得等每次收入额×20%

（八）从应纳税所得额中扣除捐赠额的计算

计算公式为：

捐赠限额=应纳税所得额×30%

允许扣除的捐赠额=实际捐赠额小于或等于捐赠限额的部分

应纳税额=（应纳税所得额－允许扣除的捐赠额）×税率－速算扣除数

或

应纳税额=（应纳税所得额—允许扣除的捐赠额）×20%

【例 6—15】

中国公民万女士2003年1月份取得各项收入21 000元，其中，工资、薪金收入4 000元，福利彩票中奖收入12 000元，稿酬收入5 000元。本月对外公益性捐赠6 000元，但分不清是从何项收入中支付。则应纳税额计算如下：

（1）确定各项所得扣除额：

工资、薪金所得的捐赠限额=（4 000—800①）×30%=960（元）

偶然所得的捐赠限额=12 000×30%=3 600（元）

稿酬所得的捐赠限额=5 000×(1—20%)×30%=1 200（元）

扣除限额总计：960+3 600+1 200=5 760（元），实际捐赠额 6 000 元，大于捐赠限额。故允许扣除的捐赠额只能按捐赠限额扣除，超过部分不能扣除。

（2）计算各项所得应纳税额：

工资、薪金所得应纳税额=（4 000—800—960）×15%—125=211（元）

偶然所得应纳税额=（12 000—3 600）×20%=1 680（元）

稿酬所得应纳税额=［5 000×(1—20%)—1 200］×20%×(1—30%)

=2 800×20%×70%=392（元）

本月万女士合计应纳个人所得税=211+1 680+392=2 283（元）

七、境外已纳税额的扣除

《个人所得税法》规定，纳税人从中国境外取得的所得，准予其在应纳税额中扣除已在境外缴纳的个人所得税税额，但扣除额不得超过该纳税人境外所得依照我国个人所得税法规定计算的应纳税额。

我国个人所得税的扣除限额采用分国（地区）、分项目抵扣法。即区别来自不同国家或地区和不同应税项目，依照我国个人所得税法规定的费用减除标准和适用税率计算扣除限额；对于同一国家或地区的不同应税项目，依照我国税法计算的应纳税额之和，就是来自该国或者地区的所得的扣除限额。

纳税人在中国境外一个国家或者地区实际已经缴纳的个人所得税税额，低于依照上述规定计算出的该国或者地区扣除限额的，应当在中国缴纳差额部分的税款；超过该国或地区扣除限额的，其超过部分不得在本纳税年度的应纳税额中扣除，但是可以在以后纳税年度的该国或地区扣除限额的余额中补扣，该补扣期限最长不得超过5年。

境外已纳税额的扣除（抵免）必须由纳税人提出申请，并提供境外税务机关填发的完税凭证原件。

---

① 请注意：2003年我国工资、薪金的月扣除费用为800元，而不是现在的3 500元。

【例 6—16】

张教授是我国的居民纳税人，2008 年他取得来源于美国的一项特许权使用费所得折合人民币 6 万元，一项股息所得折合人民币 4 万元，在美国作讲演一次获得劳务报酬折合人民币 10 万元，其在美国总计缴纳税额折合人民币 2.05 万元；另外，在日本取得一笔股息折合人民币 8 万元，被扣缴所得税折合人民币 0.8 万元。张教授向国内主管税务机关提供了境外的完税凭证原件。经审核，该凭证标明的税额确属应缴并已实际缴纳的境外税款。请计算扣除限额并给予实际扣除。

1. 计算境外所得的税额扣除限额，应分国（地区）、分项目进行：

(1) 来源于美国的所得的扣除限额。

取得特许权使用费所得的扣除限额＝6×(1－20％)×20％＝0.96（万元）

取得股息所得的扣除限额＝4×20％＝0.8（万元）

取得劳务报酬的扣除限额＝10×(1－20％)×40％－0.7＝2.5（万元）

来自美国的扣除限额＝0.96＋0.8＋2.5＝4.26（万元）

(2) 来源于日本的所得的扣除限额。

取得股息所得的扣除限额＝8×20％＝1.6（万元）

来自日本的扣除限额即为 1.6 万元。

2. 境外实际缴纳税额的扣除额的确定。

由于张教授在美国实际缴纳的税额 2.05 万元，小于扣除限额 4.26 万元；在日本实际缴纳的税额 0.8 万元，也小于扣除限额 1.6 万元。故均可以在当年据实扣除，而不存在以后年度补扣问题。但与此同时，来源于美国和日本的个人所得，均需要向我国补缴差额部分的税款。即：

来源于美国的所得应补缴税款＝4.26－2.05＝2.21（万元）

来源于日本的所得应补缴税款＝1.6－0.8＝0.8（万元）

八、税收优惠规定

我国《个人所得税法》及相关规范性文件对一些所得项目和某些纳税人作出了免税、减税的优惠规定。

（一）免税规定

下列各项个人所得，免纳个人所得税：

(1) 省级人民政府、国务院部委和中国人民解放军军以上单位，以及外国组织、国际组织颁发的科学、教育、技术、文化、卫生、体育、环境保护等方面的奖金。

(2) 国债和国家发行的金融债券利息。其中，国债利息，是指个人持有中华人民共和国财政部发行的债券取得的利息所得；国家发行的金融债券利息，是指个人持有经国务院批准发行的金融债券取得的利息所得。

(3) 按照国家统一规定发给的补贴、津贴。这是指按照国务院规定发给的政府特殊津贴、院士津贴、资深院士津贴，以及国务院规定免纳个人所得税的其他补贴、津贴。

(4) 福利费、抚恤金、救济金。福利费，是指根据国家有关规定，从企业、事业单位、国家机关、社会团体提留的福利费或者工会经费中支付给个人的生活补助费；救济金，是指由国家民政部门支付给个人的生活困难补助费。

（5）保险赔款。

（6）军人的转业费、复员费。

（7）按照国家统一规定发给干部、职工的安家费、退职费、退休工资、离休工资、离休生活补助费。

（8）依照我国有关法律规定应予免税的各国驻华使馆、领事馆的外交代表、领事官员和其他人员的所得，即依照《中华人民共和国外交特权与豁免条例》和《中华人民共和国领事特权与豁免条例》规定免税的所得。

（9）中国政府参加的国际公约、签订的协议中规定免税的所得。

（10）储蓄机构内从事代扣代缴工作的办税人员，取得的扣缴利息税的手续费。

（11）外籍个人取得的探亲费（每年限不超过两次的费用）。

（12）学生个人参加“长江小小科学家”活动获得的奖金。

（13）对乡、镇（含乡、镇）以上人民政府或经县（含县）以上人民政府主管部门批准成立的有机构、有章程的见义勇为基金会或者类似组织，奖励见义勇为者的奖金或奖品，经主管税务机关核准，免予征收个人所得税。

（14）经国务院财政部门批准免税的所得。

（二）减税规定

有下列情形之一的，经批准可以减征个人所得税：

（1）残疾、孤老人员和烈属的所得；

（2）因严重自然灾害造成重大损失的；

（3）其他经国务院财政部门批准减税的。

以上个人所得税减税项目的减征幅度和期限由省、自治区、直辖市人民政府规定。

（三）暂免征税规定

根据财政部、国家税务总局等的规定，对于下列所得，暂免征收个人所得税：

（1）外籍个人以非现金形式或实报实销形式取得的住房补贴、伙食补贴、搬迁费、洗衣费。

（2）外籍个人按合理标准取得的境内、外出差补贴。

（3）外籍个人取得的探亲费、语言训练费、子女教育费等，经当地税务机关审核批准为合理的部分。

（4）外籍个人从外商投资企业取得的股息、红利所得。

（5）凡符合下列条件之一的外籍专家取得的工资、薪金所得可免征个人所得税：

1）根据世界银行专项贷款协议由世界银行直接派往我国工作的外国专家；

2）联合国组织直接派往我国工作的专家；

3）为联合国援助项目来华工作的专家；

4）援助国派往我国专为该国无偿援助项目工作的专家；

5）根据两国政府签订文化交流项目来华工作两年以内的文教专家，其工资、薪金所得由该国负担的；

6）根据我国大专院校国际交流项目来华工作两年以内的文教专家，其工资、薪金所得由该国负担的；

7）通过民间科研协定来华工作的专家，其工资、薪金所得由该国政府机构负担的。

（6）个人举报、协查各种违法、犯罪行为而获得的奖金。

（7）个人办理代扣代缴税款手续，按规定取得的扣缴手续费。

（8）个人转让自用达5年以上，并且是唯一的家庭生活用房取得的所得。

（9）达到离休、退休年龄，但确因工作需要，适当延长离休、退休年龄的高级专家（指享受国家发放的政府特殊津贴的专家、学者），其在延长离休、退休期间的工资、薪金所得，视同退休工资、离休工资，免征个人所得税。

（10）对个人购买福利彩票、赈灾彩票、体育彩票，一次性中奖收入在1万元以下（含1万元）的，免征个人所得税；超过1万元的，全额征收个人所得税。

（11）个人因与用人单位解除劳动关系而取得的一次性补偿收入（包括用人单位发放的经济补偿金、生活补助费和其他补助费用），其收入在当地上年职工平均工资3倍数额以内的部分，免征个人所得税；超过的部分按照国家税务总局的有关规定，计算征收个人所得税。

（12）个人领取一次性补偿收入时，按照国家和地方政府规定的比例实际缴纳的住房公积金、基本医疗保险费、基本养老保险费、失业保险费，可以在计征其一次性补偿收入的个人所得税时予以扣除。

（13）企业依照国家有关法律规定宣告破产，企业职工从该破产企业取得的一次性安置费收入，免征个人所得税。

（14）城镇企业、事业单位及其职工个人按照《失业保险条例》规定的比例，实际缴付的失业保险费，均不计入职工个人当期的工资、薪金收入，免予征收个人所得税。

城镇企业，是指国有企业、城镇集体企业、外商投资企业、城镇私营企业以及其他城镇企业。

城镇企业、事业单位和职工个人超过规定的比例缴付失业保险费的，应将其超过规定比例缴付的部分计入职工个人当期的工资、薪金收入，依法计征个人所得税。

（15）个人领取原提存的住房公积金、医疗保险金、基本养老保险金以及具备《失业保险条例》规定条件的失业人员领取的失业保险金，免予征收个人所得税。

（16）个人取得的教育储蓄存款利息所得和按照国家和省级地方政府规定的比例缴付的住房公积金、医疗保险金、基本养老保险金、失业保险金存入银行个人账户所取得的利息所得，免予征收个人所得税。

（17）下岗职工从事社区居民服务业，对其取得的经营所得和劳务报酬所得，从事个体经营的自其领取税务登记证之日起、从事独立劳务服务的自其持下岗证明在当地主管税务机关备案之日起，3年内免征个人所得税；但第一年免税期满后由县级以上主管税务机关就免税主体及范围按规定逐年审核，符合条件的，可继续免征1至2年。

前述“社区居民服务业”，是指在社区内主要为社区居民提供服务和方便的行业、活动。具体包括以下8项内容：1）家庭清洁卫生服务；2）初级卫生保健服务；3）婴幼儿看护和教育服务；4）残疾儿童教育训练和寄托服务；5）养老服务；6）病人看护和幼儿、学生接送服务（不包括出租车接送）；7）避孕节育咨询；8）优生优育优教咨询。

第三节 个人所得税的征收管理

一、个人所得税征收管理的一般规定

按《个人所得税法》第8条的规定，目前我国个人所得税实行源泉扣缴和个人自行申报纳税两种方法。即个人所得税，以所得人为纳税义务人，以支付所得的单位或者个人为扣缴义务人。个人所得超过国务院规定数额的，在两处以上取得工资、薪金所得或者没有扣缴义务人的，以及具有国务院规定的其他情形的，纳税义务人应当按照国家规定办理纳税申报。扣缴义务人应当按照国家规定办理全员全额扣缴申报。以此为基础，建立和完善个人所得税的双向申报制度①。

（一）源泉扣缴

源泉扣缴即代扣代缴，是指按照税法规定负有扣缴义务的单位或者个人在向个人支付应纳税所得时，应计算应纳税额，从纳税人所得中扣出并缴入国库，同时向主管税务机关报送扣缴个人所得税报告表的方法。此种办法，有利于控制税源，防止漏税和逃税。我国的《个人所得税法》及其实施条例、《税收征收管理法》及其实施细则以及国家税务总局下发、自1995年4月1日起实施的《个人所得税代扣代缴暂行办法》对扣缴义务人、应代扣代缴的范围、扣缴义务人的法定义务及应承担的责任、代扣代缴期限等作了明确规定。同时，各省、自治区、直辖市国家税务局、地方税务局可以结合本地实际，制定有关的代扣代缴办法，并报国家税务总局备案。此后，2005年7月6日、12月23日国家税务总局先后发布的《个人所得税管理办法》、《个人所得税全员全额扣缴申报管理暂行办法》也就相关问题作出了进一步的规定。

1. 扣缴义务人

凡支付个人应纳税所得的企业（公司）、事业单位、机关、社团组织、军队、驻华机构、个体户等单位或者个人，为个人所得税的扣缴义务人。

这里所说的驻华机构，不包括外国驻华使领馆和联合国及其他依法享有外交特权和豁免的国际组织驻华机构。

2. 应代扣代缴的范围

扣缴义务人向个人支付下列所得，应代扣代缴个人所得税：

（1）工资、薪金所得；

（2）对企事业单位的承包经营、承租经营所得；

---

① 双向申报制度是指纳税人与扣缴义务人按照法律、行政法规的规定和税务机关依法律、行政法规所提出的要求，分别向主管税务机关办理纳税申报，税务机关对纳税人和扣缴义务人提供的收入、纳税信息进行交叉比对、核查的一项制度。

（3）劳务报酬所得；

（4）稿酬所得；

（5）特许权使用费所得；

（6）利息、股息、红利所得；

（7）财产租赁所得；

（8）财产转让所得；

（9）偶然所得；

（10）经国务院财政部门确定征税的其他所得。

3. 扣缴义务人的法定义务与责任

按照税法规定代扣代缴个人所得税是扣缴义务人的法定义务，必须依法履行，否则要承担相应的法律责任。其责任主体规定为：扣缴义务人的法人代表（或单位主要负责人）、财会部门的负责人及具体办理代扣代缴税款的有关人员，共同对依法履行代扣代缴义务负法律责任。

这些义务与责任规定主要有：

（1）扣缴义务人向个人支付应纳税所得（包括现金、实物和有价证券）时，不论纳税人是否属于本单位人员，均应代扣代缴其应纳的个人所得税税款。这里所说的“支付”，包括现金支付、汇拨支付、转账支付和以有价证券、实物以及其他形式的支付。

（2）扣缴义务人应指定支付应纳税所得的财务会计部门或其他有关部门的人员为办税人员，由办税人员具体办理个人所得税的代扣代缴工作；同一扣缴义务人的不同部门支付应纳税所得时，应报办税人员汇总。

代扣代缴义务人的有关领导要对代扣代缴工作提供便利；支持办税人员履行义务，确定办税人员或办税人员发生变动时将名单及时报告主管税务机关。

（3）扣缴义务人在代扣税款时，必须向纳税人开具税务机关统一印制的代扣代收税款凭证，并详细注明纳税人姓名、工作单位、家庭住址和居民身份证或护照号码（无上述证件的，可用其他能有效证明身份的证件）等个人情况。对工资、薪金所得和利息、股息、红利所得等，因纳税人数众多，不便一一开具代扣代收税款凭证的，经主管税务机关同意，可不开具代扣代收税款凭证，但应通过一定形式告知纳税人已扣缴税款。纳税人为持有完税依据而向扣缴义务人索取代扣代收税款凭证的，扣缴义务人不得拒绝。

扣缴义务人应主动向税务机关申领代扣代收税款凭证，据以向纳税人扣税。非正式扣税凭证，纳税人可以拒收。

（4）扣缴义务人依法履行代扣代缴税款义务时，纳税人不得拒绝。纳税人拒绝的，扣缴义务人应及时报告税务机关处理，并暂时停止支付其应纳税所得；扣缴义务人应扣未扣、应收未收税款的，按《税收征收管理法》的有关规定，由税务机关向纳税人追缴税款，并对扣缴义务人处应扣未扣、应收未收税款50%以上3倍以下的罚款。但扣缴义务人已将纳税人拒绝代扣代缴的情况及时报告税务机关的除外。

（5）扣缴义务人应设立代扣代缴税款账簿，正确反映个人所得税的扣缴情况，并如实填写《扣缴个人所得税报告表》及其他有关资料。但扣缴义务人因有特殊困难不能按期报送《扣缴个人所得税报告表》及其他有关资料的，经县级税务机关批准，可以延期申报。

（6）扣缴义务人必须依法接受税务机关检查，如实反映情况，提供有关资料，不得拒绝和隐瞒。否则，由税务机关责令改正，可以处 1 万元以下的罚款；情节严重的处 1 万元以上 5 万元以下的罚款。

（7）扣缴义务人同税务机关在纳税上发生争议时，必须先依照税务机关根据法律、行政法规确定的税款解缴税款及滞纳金，然后可以在收到税务机关填发的缴款凭证之日起 60 日内向上一级税务机关申请复议。

（8）扣缴义务人为纳税人隐瞒应纳税所得，不扣或少扣缴税款的，按偷税处理；以暴力、威胁方式拒不履行扣缴义务的，按抗税处理。

扣缴义务人违反以上规定，或者有偷税、抗税行为的，依照《税收征收管理法》的有关规定进行处理。

4. 代扣代缴期限

扣缴义务人每月所扣的税款，应当在次月 15 日内缴入国库，并向主管税务机关报送《扣缴个人所得税报告表》、代扣代收税款凭证和包括每一纳税人姓名、单位、职务、收入、税款等内容的支付个人收入明细表以及税务机关要求报送的其他有关资料。

扣缴义务人违反规定不报送或者报送虚假纳税资料的，一经查实，其未在支付个人收入明细表中反映的向个人支付的款项，在计算扣缴义务人应纳税所得额时不得作为成本费用扣除。

5. 代扣代缴手续费

税务机关按照扣缴义务人所扣缴的税款，付给 2%的手续费。由扣缴义务人将其用于代扣代缴费用开支和奖励代扣代缴工作做得较好的办税人员。

（二）自行申报纳税

自行申报纳税，是指由纳税人在税法规定的纳税期限内，向税务机关申报取得的应税所得项目和数额，如实填写个人所得税纳税申报表，并按规定计算应纳税额，据此缴纳个人所得税的一种方法。自行申报纳税有利于培养纳税人的纳税意识和纳税观念，是发达国家普遍采取的方法。

1. 自行申报纳税的纳税义务人

按《个人所得税法》的规定，凡有下列情形之一的，纳税人必须自行按照规定到主管税务机关办理纳税申报：

（1）年所得 12 万元以上的；

（2）从中国境内两处或者两处以上取得工资、薪金所得的；

（3）从中国境外取得所得的；

（4）取得应纳税所得，没有扣缴义务人的；

（5）国务院规定的其他情形。

2. 自行申报纳税的地点

申报地点一般应为收入来源地的主管税务机关。但纳税人从两处或两处以上取得工资、薪金所得的，可选择并固定在其中一地税务机关申报纳税；从境外取得所得的，应向境内户籍所在地或经常居住地税务机关申报纳税。

对在中国境内几地工作或者提供劳务的临时来华人员，应以税法所规定的申报纳税日期为准，在某一地区达到申报纳税的日期，即应在该地纳税，但为方便纳税，也可以准予个人提出申请，经批准后规定在一地申报纳税。

对由在华企业或办事机构发放工资、薪金的外籍纳税人，由在华企业或办事机构集中向当地税务机关申报纳税。

纳税人要求变更申报纳税地点的，须经原主管税务机关批准。

3. 自行申报纳税的期限

除特殊情况外，纳税人应在取得应纳税所得的次月 15 日内向主管税务机关申报所得并缴纳税款。具体规定为：

(1) 工资、薪金所得应纳的税款，按月计征，由纳税义务人在次月 15 日内缴入国库，并向税务机关报送纳税申报表。特定行业（采掘业、远洋运输业、远洋捕捞业等）的工资、薪金所得应纳的税款，考虑其工作的特殊性，可以实行按年计算、分月预缴的方式计征，自年度终了之日起 30 日内，合计全年工资、薪金所得，再按 12 个月平均并计算其应纳税额，多退少补。

(2) 账册健全的个体工商户的生产、经营所得应纳的税款，按年计算、分月预缴，由纳税人在次月 15 日内申报预缴，年度终了后 3 个月内汇算清缴，多退少补。账册不健全的个体工商户的生产、经营所得应纳的税款，由税务机关依据《税收征收管理法》及其实施细则的有关规定，自行确定征收方式。

(3) 对企事业单位的承包经营、承租经营所得应纳的税款，按年计算。纳税人年终一次性取得承包经营、承租经营所得的，自取得收入之日起 30 日内申报纳税；在一年内分次取得承包经营、承租经营所得的，应在取得每次所得后的 15 日内申报预缴，年度终了后 3 个月内汇算清缴，多退少补。

(4) 劳务报酬、稿酬、特许权使用费、利息、股息、红利、财产租赁所得、财产转让所得等，按次计征。取得所得的纳税人应当在次月 15 日内将应纳税款缴入国库，并向税务机关报送个人所得税纳税申报表。

(5) 从中国境外取得所得的纳税人，其来源于中国境外的应纳税所得，如在境外以纳税年度计算缴纳个人所得税的，应在所得来源国的纳税年度终了、结清税款后的 30 日内，向中国主管税务机关申报纳税；如在取得境外所得时结清税款的，或者在境外按所得来源国税法规定免予缴纳个人所得税的，应在次年 1 月 1 日起 30 日内向中国主管税务机关申报纳税。

(6) 年所得 12 万元以上的纳税义务人，在年度终了后 3 个月内到主管税务机关办理纳税申报。

4. 自行申报纳税的方式

个人所得税自行申报的方式主要有：纳税人本人直接申报纳税，委托他人代为申报纳税，邮寄方式申报纳税，以其他方式（如网上申报纳税）申报纳税。自行申报纳税应在规定的申报期限内申报纳税。邮寄申报纳税的，以寄出地的邮戳日期为实际申报日期。纳税期限的最后一日是法定休假日的，以休假日的次日为期限的最后一日。

纳税人在申报纳税时，其在中国境内已扣缴的税款，准予按照规定从应纳税额中扣除。

二、个人独资企业和合伙企业投资者征收个人所得税的规定

根据国务院的决定（国发 2000［16］号），从 2000 年 1 月 1 日起，个人独资企业和合伙企业不再缴纳企业所得税，只对投资者取得的生产经营所得征收个人所得税。2000 年 9 月 19 日，财政部、国家税务总局据此制定并印发了《关于个人独资企业和合伙企业投资者征收个人所得税的规定》（财税字［2000］91 号），2001 年国家税务总局又下发了《〈关于个人独资企业和合伙企业投资者征收个人所得税的规定〉执行口径的通知》（国税函［2001］84 号），就有关个人独资企业和合伙企业投资者征收个人所得税的问题作了详细规定。2008 年 6 月 3 日财政部、国家税务总局联合发布的《关于调整个体工商户、个人独资企业和合伙企业个人所得税税前扣除标准有关问题的通知》，就个体工商户、个人独资企业和合伙企业个人所得税税前扣除标准的有关问题作了新规定，财政部、国家税务总局印发的《关于个人独资企业和合伙企业投资者征收个人所得税的规定》（财税字［2000］91 号）第六条第（一）、（二）、（五）、（六）、（七）项根据该调整通知的规定作了相应修改。

2011 年 7 月 29 日，财政部、税务总局又联合发布了《关于调整个体工商户业主、个人独资企业和合伙企业自然人投资者个人所得税费用扣除标准的通知 》，自 2011 年 9 月 1 日起执行。这个通知的主要内容是根据新修订的《个人所得税法》、《个人所得税法实施条例》和相关政策规定，对个体工商户业主、个人独资企业和合伙企业自然人投资者个人所得税费用扣除标准作出了以下规定：一是对个体工商户业主、个人独资企业和合伙企业自然人投资者的生产经营所得依法计征个人所得税时，个体工商户业主、个人独资企业和合伙企业自然人投资者本人的费用扣除标准统一确定为 42 000 元/年（3 500 元/月）。二是将国家税务总局《关于印发〈个体工商户个人所得税计税办法（试行）〉的通知》（国税发［1997］43 号）中的第 13 条第 1 款修改为：个体户业主的费用扣除标准为 42 000 元/年（3 500元/月）；个体户向其从业人员实际支付的合理的工资、薪金支出，允许在税前据实扣除。三是将财政部、国家税务总局《关于印发〈关于个人独资企业和合伙企业投资者征收个人所得税的规定〉的通知》（财税字［2000］91 号）附件 1 中第 6 条（1）修改为：投资者的费用扣除标准为 42 000 元/年（3 500 元/月）。投资者的工资不得在税前扣除。四是财政部、国家税务总局《关于调整个体工商户、个人独资企业和合伙企业个人所得税税前扣除标准有关问题的通知》（财税［2008］65 号）第 1 条停止执行。

（一）个人独资企业、合伙企业及纳税人的确定

根据《关于个人独资企业和合伙企业投资者征收个人所得税的规定》的规定，个人独资企业和合伙企业是指：

（1）依照《中华人民共和国个人独资企业法》和《中华人民共和国合伙企业法》登记成立的个人独资企业、合伙企业；

（2）依照《中华人民共和国私营企业暂行条例》登记成立的独资、合伙性质的私营企业；

（3）依照《中华人民共和国律师法》登记成立的合伙制律师事务所；

（4）经政府有关部门依照法律法规批准成立的负无限责任和无限连带责任的其他个人

独资、个人合伙性质的机构或组织。

个人独资企业以投资者为纳税义务人，合伙企业以每一个合伙人为纳税义务人（以下简称投资者）。

（二）个人所得税税率的确定

凡实行查账征税办法的个人独资企业和合伙企业，其投资者个人的生产、经营所得，比照个人所得税法的“个体工商户的生产、经营所得”应税项目，适用5%～35%的5级超额累进税率，计算征收个人所得税；实行核定应税所得率征收方式的，先按应税所得率计算其应纳税所得额，然后据此适用5%～35%的5级超额累进税率，计算征收个人所得税。

投资者兴办两个或两个以上企业的（包括参与兴办，下同），年度终了时，应汇总从所有企业取得的应纳税所得额，据此确定适用税率并计算缴纳应纳税款。

（三）查账征收方式的应纳个人所得税的计算

1. 投资者的应纳税所得额的确定

个人独资企业和合伙企业（以下简称企业）每一纳税年度的收入总额减除成本、费用以及损失后的余额，作为投资者个人的生产经营所得，计算征收个人所得税。其中，个人独资企业的投资者以全部生产经营所得为应纳税所得额；合伙企业的投资者按照合伙企业的全部生产经营所得和合伙协议约定的分配比例确定应纳税所得额，合伙协议没有约定分配比例的，以全部生产经营所得和合伙人数量平均计算每个投资者的应纳税所得额。

前述所称投资者个人的生产经营所得，包括企业分配给投资者个人的所得和企业当年留存的所得（利润）。

所称收入总额，是指企业从事生产经营以及与生产经营有关的活动所取得的各项收入，包括商品（产品）销售收入、营运收入、劳务服务收入、工程价款收入、财产出租或转让收入、利息收入、其他业务收入和营业外收入。但个人独资企业和合伙企业对外投资分回的利息或者股息、红利，不并入企业的收入总额，而应单独作为投资者个人取得的利息、股息、红利所得，按“利息、股息、红利所得”应税项目计算缴纳个人所得税。以合伙企业名义对外投资分回利息或者股息、红利的，应按规定确定各个投资者的利息、股息、红利所得，分别按“利息、股息、红利所得”应税项目计算缴纳个人所得税。

2. 允许扣除的项目

投资者个人的生产、经营所得，比照《个体工商户个人所得税计税办法（试行）》（国税发［1997］43号）的规定确定。但下列项目的扣除依照《关于个人独资企业和合伙企业投资者征收个人所得税的规定》执行：

（1）企业投资者本人的费用扣除标准统一确定为42 000元/年（3 500元/月）。如果投资者兴办两个或两个以上企业的，其准予扣除的个人费用（即投资者的费用扣除），由投资者选择在其中一个企业的生产经营所得中扣除。

（2）企业向其从业人员实际支付的合理的工资、薪金支出，允许在税前据实扣除。

（3）企业的投资者及其家庭发生的生活费用不允许在税前扣除。投资者及其家庭发生的生活费用与企业生产经营费用混合在一起，并且难以划分的，全部视为投资者个人及其家庭发生的生活费用，不允许在税前扣除。

（4）企业生产经营和投资者及其家庭生活共用的固定资产，难以划分的，由主管税务机关根据企业的生产经营类型、规模等具体情况，核定准予在税前扣除的折旧费用的数额或比例。

（5）企业拨缴的工会经费、发生的职工福利费、职工教育经费支出分别在工资薪金总额2%、14%、2.5%的标准内据实扣除。

（6）企业每一纳税年度发生的广告费和业务宣传费用不超过当年销售（营业）收入15%的部分，可据实扣除；超过部分，准予在以后纳税年度结转扣除。

（7）企业每一纳税年度发生的与其生产经营业务直接相关的业务招待费支出，按照发生额的60%扣除，但最高不得超过当年销售（营业）收入的5‰。

（8）企业计提的各种准备金不得扣除。

（9）企业与其关联企业之间的业务往来，应当按照独立企业之间的业务往来收取或者支付价款、费用。不按照独立企业之间的业务往来收取或者支付价款、费用，而减少其应纳税所得额的，主管税务机关有权进行合理调整。

关联企业的认定条件及税务机关调整其价款、费用的方法，按照《税收征收管理法》及其实施细则的有关规定执行。

3. 应纳个人所得税的计算

（1）如果投资者只兴办了一个企业，其计算比较简单。即按前述规定确定了年应纳税所得额后，按5%～35%的5级超额累进税率计缴个人所得税。计算公式为：

应纳税额＝应纳税所得额×税率－速算扣除数

＝(年收入总额－成本、费用及损失)×税率－速算扣除数

（2）如果投资者兴办两个或两个以上企业，并且企业性质全部是独资的，年度终了后汇算清缴时，应纳税款的计算按以下方法进行：汇总其投资兴办的所有企业的经营所得作为应纳税所得额，以此确定适用税率，计算出全年经营所得的应纳税额，再根据每个企业的经营所得占所有企业经营所得的比例，分别计算出每个企业的应纳税额和应补缴税额。计算公式如下：

$$应纳税所得额=\sum 各个企业的经营所得$$

$$应纳税额=应纳税所得额\times 税率-速算扣除数$$

$$本企业应纳税额=应纳税额\times\frac{本企业的经营所得}{\sum 各个企业的经营所得}$$

$$本企业应补缴的税额=本企业应纳税额-本企业预缴的税额$$

（四）核定征收方式的应纳个人所得税的计算

1. 核定征收方式的情形

有下列情形之一的，主管税务机关应采取核定征收方式征收个人所得税：

（1）企业依照国家有关规定应当设置但未设置账簿的；

（2）企业虽设置账簿，但账目混乱或者成本资料、收入凭证、费用凭证残缺不全，难以查账的；

（3）纳税人发生纳税义务，未按照规定的期限办理纳税申报，经税务机关责令限期申报，逾期仍不申报的。

2. 核定征收方式应纳税额的确定

核定征收方式包括定额征收、核定应税所得率征收以及其他合理的征收方式。

实行定额征收时，直接确定应纳税额即可；而实行核定应税所得率征收方式时，其应纳所得税额的计算公式如下：

应纳所得税额＝应纳税所得额×适用税率－速算扣除数

应纳税所得额＝收入总额×应税所得率

或

应纳税所得额＝成本费用支出额/（1－应税所得率）×应税所得率

应税所得率应按表 6—4 规定的标准执行。

表 6—4　　应税所得率表

行业	应税所得率（%）
工业、交通运输业、商业	5～20
建筑业、房地产开发业	7～20
饮食服务业	7～25
娱乐业	20～40
其他行业	10～30

企业经营多业的，无论其经营项目是否单独核算，均应根据其主营项目确定其适用的应税所得率。

（五）亏损弥补

（1）企业的年度亏损，允许用本企业下一年度的生产经营所得弥补，下一年度所得不足弥补的，允许逐年延续弥补，但最长不得超过 5 年。

（2）投资者兴办两个或两个以上企业的，企业的年度经营亏损不能跨企业弥补。

（3）实行查账征税方式的个人独资企业和合伙企业改为核定征税方式后，在查账征税方式下认定的年度经营亏损未弥补完的部分，不得再继续弥补。

（六）其他特别规定

（1）投资者来源于中国境外的生产经营所得，已在境外缴纳所得税的，可以按照个人所得税法的有关规定计算扣除已在境外缴纳的所得税。

（2）企业进行清算时，投资者应当在注销工商登记之前，向主管税务机关结清有关税务事宜。企业的清算所得应当视为年度生产经营所得，由投资者依法缴纳个人所得税。

清算所得，是指企业清算时的全部资产或者财产的公允价值扣除各项清算费用、损失、负债、以前年度留存的利润后，超过实缴资本的部分。

（七）征收管理规定

投资者的个人所得税征收管理工作由地方税务局负责，其征收管理的事项，除以下规定外，依照《税收征收管理法》、《个人所得税法》的有关规定执行。

1. 税款计缴与申报

（1）投资者应纳的个人所得税税款，按年计算，分月或者分季预缴，由投资者在每月或者每季度终了后 7 日内预缴，年度终了后 3 个月内汇算清缴，多退少补。

投资者在预缴个人所得税时，应向主管税务机关报送《个人独资企业和合伙企业投资者个人所得税申报表》，并附送会计报表；年度终了后 30 日内，应向主管税务机关报送《个人独资企业和合伙企业投资者个人所得税申报表》，并附送年度会计决算报表和预缴个人所得税纳税凭证。

投资者兴办两个或两个以上企业的，向企业实际经营管理所在地主管税务机关办理年度纳税申报时，应附注从其他企业取得的年度应纳税所得额；其中含有合伙企业的，应报送汇总从所有企业取得的所得情况的《合伙企业投资者个人所得税汇总申报表》，同时附送所有企业的年度会计决算报表和当年度已缴个人所得税纳税凭证。

（2）企业在年度中间合并、分立、终止时，投资者应当在停止生产经营之日起 60 日内，向主管税务机关办理当期个人所得税汇算清缴。

（3）企业在纳税年度的中间开业，或者由于合并、关闭等原因，使该纳税年度的实际经营期不足 12 个月的，应当以其实际经营期为一个纳税年度。

2. 纳税地点

投资者应向企业实际经营管理所在地主管税务机关申报缴纳个人所得税。投资者从合伙企业取得的生产经营所得，由合伙企业向企业实际经营管理所在地主管税务机关申报缴纳投资者应纳的个人所得税，并将个人所得税申报表抄送投资者。

投资者兴办两个或两个以上企业的，应分别向企业实际经营管理所在地主管税务机关预缴税款。年度终了后办理汇算清缴时，区别不同情况分别处理：

（1）投资者兴办的企业全部是个人独资性质的，分别向各企业的实际经营管理所在地主管税务机关办理年度纳税申报，并依所有企业的经营所得总额确定适用税率，以本企业的经营所得为基础，计算应缴税款，办理汇算清缴；

（2）投资者兴办的企业中含有合伙性质的，投资者应向经常居住地主管税务机关申报纳税，办理汇算清缴。但经常居住地与其兴办企业的经营管理所在地不一致的，应选定其参与兴办的某一合伙企业的经营管理所在地为办理年度汇算清缴所在地，并在 5 年内不得变更。5 年后需要变更的，须经原主管税务机关批准。

三、《个人所得税管理办法》的主要内容规定

为进一步加强和规范税务机关对个人所得税的征收管理，促进个人所得税征管的科学化、精细化，不断提高征管效率和质量，根据《个人所得税法》、《税收征收管理法》及有关税收法律、法规的规定，国家税务总局于 2005 年 7 月 6 日发布了《个人所得税管理办法》，自同年 10 月 1 日起执行。各省、自治区、直辖市和计划单列市税务局可根据该办法制定具体实施意见。

《个人所得税管理办法》规定：为加强和规范个人所得税征管，要着力健全管理制度，完善征管手段，突出管理重点。即要建立个人收入档案管理制度、代扣代缴明细账制度、纳税人与扣缴义务人向税务机关双向申报制度、与社会各部门配合的协税制度；尽快研发

应用统一的个人所得税管理信息系统，充分利用信息技术手段加强个人所得税管理；切实加强高收入者的重点管理、税源的源泉管理、全员全额管理。其主要内容规定如下：

（一）建立个人收入档案管理制度

个人收入档案管理制度，是指税务机关按照要求对每个纳税人的个人基本信息、收入和纳税信息以及相关信息建立档案，并对其实施动态管理的一项制度。

省以下（含省级）各级税务机关的管理部门应区别不同类型纳税人，并按以下内容建立相应的基础信息档案：

（1）雇员纳税人（不含股东、投资者、外籍人员）的档案内容包括：姓名、身份证照类型、身份证照号码、学历、职业、职务、电子邮箱地址、有效联系电话、有效通信地址、邮政编码、户籍所在地、扣缴义务人编码、是否重点纳税人。

（2）非雇员纳税人（不含股东、投资者）的档案内容包括：姓名、身份证照类型、身份证照号码、电子邮箱地址、有效联系电话、有效通信地址（工作单位或家庭地址）、邮政编码、工作单位名称、扣缴义务人编码、是否重点纳税人。

（3）股东、投资者（不含个人独资、合伙企业投资者）的档案内容包括：姓名、国籍、身份证照类型、身份证照号码、有效通信地址、邮政编码、户籍所在地、有效联系电话、电子邮箱地址、公司股本（投资）总额、个人股本（投资）额、扣缴义务人编码、是否重点纳税人。

（4）个人独资、合伙企业投资者、个体工商户、对企事业单位的承包承租经营人的档案内容包括：姓名、身份证照类型、身份证照号码、个体工商户（或个人独资企业、合伙企业、承包承租企事业单位）名称、经济类型、行业、经营地址、邮政编码、有效联系电话、税务登记证号码、电子邮箱地址、所得税征收方式（核定、查账）、主管税务机关、是否重点纳税人。

（5）外籍人员（含雇员和非雇员）的档案内容包括：纳税人编码、姓名（中、英文）、性别、出生地（中、英文）、出生年月、境外地址（中、英文）、国籍或地区、身份证照类型、身份证照号码、居留许可证号码（或台胞证号码、回乡证号码）、劳动就业证号码、职业、境内职务、境外职务、入境时间、任职期限、预计在华时间、预计离境时间、境内任职单位名称及税务登记证号码、境内任职单位地址、邮政编码、联系电话、其他任职单位（也应包括地址、电话、联系方式）名称及税务登记证号码、境内受聘或签约单位名称及税务登记证号码、地址、邮政编码、联系电话、境外派遣单位名称（中、英文）、境外派遣单位地址（中、英文）、支付地（包括境内支付还是境外支付）、是否重点纳税人。

纳税人档案的内容来源于：（1）纳税人税务登记情况；（2）《扣缴个人所得税报告表》和《支付个人收入明细表》；（3）代扣代收税款凭证；（4）个人所得税纳税申报表；（5）社会公共部门提供的有关信息；（6）税务机关的纳税检查情况和处罚记录；（7）税务机关掌握的其他资料及纳税人提供的其他信息资料。

省以下（含省级）各级税务机关的管理部门应按照规定逐步对每个纳税人建立收入和纳税档案，实施“一户式”的动态管理。税务机关应对档案内容适时进行更新和调整，并根据本地信息化水平和征管能力提高的实际，以及个人收入的变化等情况，不断扩大档案管理的范围，直至实现全员全额管理。税务机关应充分利用纳税人档案资料，加强个人所得税管理。定期对重点纳税人、重点行业和企业的个人档案资料进行比对分析和纳税评估，查找税源变动情况和原因，及时发现异常情况，采取措施堵塞征管漏洞。

（二）建立代扣代缴明细账制度

代扣代缴明细账制度，是指税务机关依据《个人所得税法》和有关规定，要求扣缴义务人按规定报送其支付收入的个人所有的基本信息、支付个人收入和扣缴税款明细信息以及其他相关涉税信息，并对每个扣缴义务人建立档案，为后续实施动态管理打下基础的一项制度。

税务机关应按照《个人所得税法》及相关法律、法规的有关规定，督促扣缴义务人按规定设立代扣代缴税款账簿，正确反映个人所得税的扣缴情况。对扣缴义务人申报的纳税资料，税务机关应严格审查核实。对《扣缴个人所得税报告表》和《支付个人收入明细表》没有按每一个人逐栏逐项填写的，或者填写内容不全的，主管税务机关应要求扣缴义务人重新填报。已实行信息化管理的，可以将《支付个人收入明细表》并入《扣缴个人所得税报告表》。

税务机关应将扣缴义务人报送的支付个人收入情况与其同期财务报表交叉比对，发现不符的，应要求其说明情况，并依法查实处理。

税务机关应对每个扣缴义务人建立档案，其内容包括：扣缴义务人编码、扣缴义务人名称、税务（注册）登记证号码、电话号码、电子邮件地址、行业、经济类型、单位地址、邮政编码、法定代表人（单位负责人）和财务主管人员姓名及联系电话、税务登记机关、登记证照类型、发照日期、主管税务机关、应纳税所得额（按所得项目归类汇总）、免税收入、应纳税额（按所得项目归类汇总）、纳税人数、已纳税额、应补（退）税额、减免税额、滞纳金、罚款、完税凭证号等。扣缴义务人档案的内容来源于：(1) 扣缴义务人扣缴税款登记情况；(2)《扣缴个人所得税报告表》和《支付个人收入明细表》；(3) 代扣代收税款凭证；(4) 社会公共部门提供的有关信息；(5) 税务机关的纳税检查情况和处罚记录；(6) 税务机关掌握的其他资料。

（三）建立纳税人与扣缴义务人向税务机关双向申报制度

纳税人与扣缴义务人向税务机关双向申报制度，是指纳税人与扣缴义务人按照法律、行政法规规定和税务机关依法律、行政法规所提出的要求，分别向主管税务机关办理纳税申报，税务机关对纳税人和扣缴义务人提供的收入、纳税信息进行交叉比对、核查的一项制度。

对《个人所得税法》及其实施条例，以及相关法律、法规规定纳税人必须自行申报的，税务机关应要求其自行向主管税务机关进行纳税申报。税务机关接受纳税人、扣缴义务人的纳税申报时，应对申报的时限、应税项目、适用税率、税款计算及相关资料的完整性和准确性进行初步审核，发现有误的，应及时要求纳税人、扣缴义务人修正申报。税务机关应对双向申报的内容进行交叉比对和评估分析，从中发现问题并及时依法处理。

（四）建立与社会各部门配合的协税制度

与社会各部门配合的协税制度，是指税务机关应建立与个人收入和个人所得税征管有关的各部门的协调与配合的制度，及时掌握税源和与纳税有关的信息，共同制定和实施协税、护税措施，形成社会协税、护税网络。

税务机关应重点加强与公安、检察、法院、工商、银行、文化、体育、财政、劳动、房管、交通、审计、外汇管理等部门的协调配合。税务部门应通过加强与有关部门的协调配合，着重掌握纳税人的相关收入信息；应积极创造条件，逐步实现与有关部门的相关信息共享或定期交换；应把大力宣传和普及个人所得税法知识、不断提高公民的依法纳税意识作为一项长期的基础性工作予以高度重视，列入重要议事日程，并结合征管工作的要求、社会关注的热点和本地征管的重点，加强与上述部门的密切配合。

（五）加快信息化建设

各级税务机关应在金税工程三期的总体框架下，按照“一体化”要求和“统筹规划、统一标准，突出重点、分步实施，整合资源、讲究实效，加强管理、保证安全”的原则，进一步加快个人所得税征管信息化建设，以此提高个人所得税征管质量和效率。

按照一体化建设的要求，个人所得税与其他税种具有共性的部分，由核心业务系统统一开发软件，个人所得税个性的部分单独开发软件。根据个人所得税特点，国家税务总局先行开发个人所得税代扣代缴（扣缴义务人端）和基础信息管理（税务端）两个子系统。其中，代扣代缴系统的要求是：(1) 为扣缴义务人提供方便快捷的报税工具；(2) 可以从扣缴义务人现有的财务等软件中导入相关信息；(3) 自动计算税款，自动生成各种报表；(4) 支持多元化的申报方式；(5) 方便扣缴义务人统计、查询、打印；(6) 提供《代扣代收税款凭证》打印功能；(7) 便于税务机关接受扣缴义务人的明细扣缴申报，全面准确地掌握有关基础数据资料。基础信息管理系统（税务端）的要求是：(1) 建立个人收入纳税一户式档案，用于汇集扣缴义务人、纳税人的基础信息、收入及纳税信息资料；(2) 传递个人两处以上取得的收入及纳税信息给征管环节；(3) 从一户式档案中筛选高收入个人、高收入行业、重点纳税人、重点扣缴义务人，并实施重点管理；(4) 通过对纳税人收入、纳税相关信息进行汇总比对，判定纳税人申报情况的真实性；(5) 通过设定各类统计指标、口径和运用统计结果，为加强个人所得税管理和完善政策提供决策支持；(6) 建立与各部门的数据应用接口，为其他税费征收提供信息；(7) 按规定打印《中华人民共和国个人所得税完税证明》，为纳税人提供完税依据。

省级税务机关应做好现有个人所得税征管软件的整合工作。省级及以下各级税务机关原则上不应再自行开发个人所得税征管软件。

（六）加强对高收入者的重点管理

《个人所得税管理办法》总结过去对高收入行业和个人的管理经验，明确规定了重点纳税人范围与重点纳税人的遴选与确定。

税务机关应将下列人员纳入重点纳税人范围：金融、保险、证券、电力、电信、石油、石化、烟草、民航、铁道、房地产、学校、医院、城市供水供气、出版社、公路管理、外商投资企业和外国企业、高新技术企业、中介机构、体育俱乐部等高收入行业人员；民营经济投资者、影视明星、歌星、体育明星、模特等高收入个人；临时来华演出人员。

各级税务机关应从下列人员中，选择一定数量的个人作为重点纳税人，实施重点管理：（1）收入较高者；（2）知名度较高者；（3）收入来源渠道较多者；（4）收入项目较多者；（5）无固定单位的自由职业者；（6）对税收征管影响较大者。

各级税务机关对重点纳税人应实行滚动动态管理办法，每年都应根据本地实际情况，适时增补重点纳税人，不断扩大重点纳税人管理范围，直至实现全员全额管理。税务机关应对重点纳税人按人建立专门档案，实行重点管理，随时跟踪其收入和纳税变化情况。

各级税务机关应充分利用建档管理掌握的重点纳税人信息，定期对重点纳税人的收入、纳税情况进行比对、评估分析，从中发现异常问题，及时采取措施堵塞管理漏洞。省级（含计划单列市）税务机关应于每年7月底以前和次年1月底以前，分别将所确定的重点纳税人的半年和全年的基本情况及收入、纳税等情况，用Excel表格的形式填写《个人所得税重点纳税人收入和纳税情况汇总表》报送国家税务总局（所得税管理司）。

各级税务机关应强化对个体工商户、个人独资企业和合伙企业投资者以及独立从事劳务活动的个人的个人所得税征管。包括：（1）积极推行个体工商户、个人独资企业和合伙企业建账工作，规范财务管理，健全财务制度；有条件的地区应使用税控装置加强对纳税人的管理和监控。（2）健全和完善核定征收工作，对账证不全、无法实行查账征收的纳税人，按规定实行核定征收，并根据纳税人经营情况及时进行定额调整。（3）加强税务系统的协作配合，实现信息共享，建立健全个人所得税情报交流和异地协查制度，互通信息，解决同一个投资者在两处或两处以上投资和取得收入合并缴纳个人所得税的监控难题。（4）加强个人投资者从其投资企业借款的管理，对期限超过一年又未用于企业生产经营的借款，严格按照有关规定征税。（5）要严格对个人投资的企业和个体工商户税前扣除的管理，定期进行检查。对个人投资者以企业资金为本人、家庭成员及其相关人员支付的与生产经营无关的消费性、财产性支出，严格按照规定征税。（6）加强对从事演出、广告、讲课、医疗等人员的劳务报酬所得的征收管理，全面推行预扣预缴办法，从源泉上加强征管。

税务机关要加强对重点纳税人、独立纳税人的专项检查，严厉打击涉税违法犯罪行为。各地每年应当通过有关媒体公开曝光2至3起个人所得税违法犯罪案件。

税务机关要重视和加强重点纳税人、独立纳税人的个人所得税日常检查，及时发现征管漏洞和薄弱环节，制定和完善征管制度、办法。日常检查由省级以下税务机关的征管和税政部门共同组织实施。实施日常检查应当制订计划，并按规定程序进行，防止多次、重复检查，防止影响纳税人的生产经营。

（七）加强税源的源泉管理

为加强税源的源泉管理，税务机关：（1）应严格税务登记管理制度，认真开展漏征漏管户的清理工作，摸清底数。（2）应按照有关要求建立和健全纳税人、扣缴义务人的档案，切实加强个人所得税税源管理。（3）应继续做好代扣代缴工作，提高扣缴质量和水平。（4）应充分利用与各部门配合的协作制度，从公安、工商、银行、文化、体育、房管、劳动、外汇管理等社会公共部门获取税源信息。（5）应利用从有关部门获取的信息，加强税源管理、进行纳税评估；应定期分析税源变化情况，对变动较大等异常情况应及时分析原因，采取相应管理措施。（6）在加强查账征收工作的基础上，对符合《税收征收管理法》第35条规定情形的，采取定期定额征收和核定应税所得率征收，以及其他合理的办法核定征收个人所得税。(7) 在确定对纳税人的核定征收方式后，要选择有代表性的典型户进行调查，在此基础上确定应纳税额。典型调查面不得低于核定征收纳税人的3%。

（八）加强全员全额管理

全员全额管理，是指凡取得应税收入的个人，无论收入额是否达到个人所得税的纳税标准，均应就其取得的全部收入，通过代扣代缴和个人申报，全部纳入税务机关管理。其内容主要是通过多方面的制度建设，采集和完善纳税信息，并以此为基础开展纳税评估、后续管理等工作。

各级税务机关应本着先扣缴义务人后纳税人，先重点行业、企业和纳税人后一般行业、企业和纳税人，先进"笼子"后规范的原则，积极稳妥地推进全员全额管理工作。各级税务机关要按照规定和要求，尽快建立个人收入档案管理制度、代扣代缴明细账制度、纳税人与扣缴义务人向税务机关双向申报制度、与社会各部门配合的协税制度，为实施全员全额管理打下基础。

各级税务机关应积极创造条件，根据金税工程三期的总体规划和有关要求，依托信息化手段，逐步实现全员全额申报管理，并在此基础上，为每个纳税人开具完税凭证（证明)。

税务机关应充分利用全员全额管理掌握的纳税人信息、扣缴义务人信息、税源监控信息、有关部门和媒体提供的信息、税收管理人员实地采集的信息等，依据国家有关法律和政策法规的规定，对自行申报纳税人纳税申报情况和扣缴义务人扣缴税情况的真实性、准确性进行分析、判断，开展个人所得税纳税评估，提高全员全额管理的质量。税务机关应加强个人独资和合伙企业投资者、个体工商户、独立劳务者等无扣缴义务人的独立纳税人的基础信息和税源管理工作。

个人所得税纳税评估应按"人机结合"的方式进行，其基本原理和流程是：根据当地居民收入水平及其变动、行业收入水平及其变动等影响个人所得税的相关因素，建立纳税评估分析系统；根据税收收入增减额、增减率或行业平均指标模型确定出纳税评估的重点对象；对纳税评估对象进行具体评估分析，查找锁定引起该扣缴义务人或者纳税人个人所得税变化的具体因素；据此与评估对象进行约谈，要求其说明情况并纠正错误，或者交由稽查部门实施稽查，并进行后续的重点管理。

税务机关应按以下范围采集纳税评估的信息：(1) 当地职工年平均工资、月平均工资水平；(2) 当地分行业职工年平均工资、月平均工资水平；(3) 当地分行业资金利润率；(4) 企业财务报表相关数据；(5) 股份制企业分配股息、红利情况；(6) 其他有关数据。

税务机关应按以下来源采集纳税评估的信息：(1) 税务登记的有关信息；(2) 纳税申报的有关信息；(3) 会计报表有关信息；(4) 税控收款装置的有关信息；(5) 中介机构出具的审计报告、评估报告的信息；(6) 相关部门、媒体提供的信息；(7) 税收管理人员到纳税户了解采集的信息；(8) 其他途径采集的纳税人和扣缴义务人与个人所得税征管有关的信息。

税务机关应设置纳税评估分析指标、财务分析指标、业户不良记录评析指标，通过分析确定某一期间个人所得税的总体税源发生增减变化的主要行业、主要企业、主要群体，确定纳税评估重点对象。个人所得税纳税评估的程序、指标、方法等按照国家税务总局

《纳税评估管理办法（试行）》及相关规定执行。

个人所得税纳税评估主要从以下项目进行：（1）工资、薪金所得，应重点分析工资总额增减率与该项目税款增减率对比情况，人均工资增减率与人均该项目税款增减率对比情况，税款增减率与企业利润增减率对比分析，同行业、同职务人员的收入和纳税情况对比分析。（2）利息、股息、红利所得，应重点分析当年该项目税款与上年同期对比情况，该项目税款增减率与企业利润增减率对比情况，企业转增个人股本情况，企业税后利润分配情况。（3）个体工商户的生产、经营所得（含个人独资企业和合伙企业），应重点分析当年与上年该项目税款对比情况，该项目税款增减率与企业利润增减率对比情况；税前扣除项目是否符合现行政策规定；是否连续多个月零申报；同地区、同行业个体工商户生产、经营所得的税负对比情况。（4）对企事业单位的承包经营、承租经营所得，应重点分析当年与上年该项目税款对比情况，该项目税款增减率与企业利润增减率对比情况，其行业利润率、上缴税款占利润总额的比重等情况；是否连续多个月零申报；同地区、同行业对企事业单位的承包经营、承租经营所得的税负对比情况。（5）劳务报酬所得，应重点分析纳税人取得的所得与过去对比情况，支付劳务费的合同、协议、项目情况，单位白条列支劳务报酬情况。（6）其他各项所得，应结合个人所得税征管实际，选择有针对性的评估指标进行评估分析。

本章小结

个人所得税是世界各国普遍征收的一种税，也是我国现行税收体系中的主要税种之一，其税收收入在地方财政收入中占有非常重要的地位。并且，随着我国经济的发展，个人所得税的税源将日益扩大，因此，个人所得税的增长潜力十分巨大。个人所得税法是调整个人所得税征纳关系的法律规范的总称。

第一节首先对个人所得税的概念、课征模式、征管特点等作了简要介绍。个人所得税是以个人（自然人）取得的各项应税所得为征税对象所征收的一种税，它有分类所得税制、综合所得税制和混合所得税制三种课征模式。这三种模式各有优劣，各国在选择适用时一定要根据本国国情慎加选择。我国目前实行的是分类所得税制，这种税制模式有待于在今后的立法中予以改变。我国现行个人所得税法具有分类课征、自行申报与源泉扣缴相结合等五大征管特点。按有关规定，个人独资企业和合伙企业自 2000 年起依法不再缴纳企业所得税，而要由其投资者就生产经营所得缴纳个人所得税。

第二节个人所得税法的基本内容是本章的重点。个人所得税的纳税人依法分为居民纳税人与非居民纳税人，居民纳税人负绝对纳税义务，非居民纳税人负有限纳税义务。而判断居民纳税人与非居民纳税人的标准有两个：住所和居住年限。另外，应税所得来源地的确定也非常重要。个人所得税的征税对象是纳税人取得的各项应税所得，其征税范围包括工资薪金所得、劳务报酬所得等 11 类。我国目前实行的是分类所得税制，对各项应税所得实行不同的税率和计算扣除。虽然这种模式易于征收管理，但总体而言税率结构设计过于简单，其不公平之处十分明显。此外，个人所得税应纳税额的计算、境外所得已纳税款的抵免扣除与个人所得税的减免优惠规定，亦属本章学习的重点内容。

第三节是个人所得税的征收管理。我国目前个人所得税的征收管理实行源泉扣缴和个人自行申报纳税两种方法，但从长远看，应采取支付单位和个人双向申报纳税的方法，以堵塞偷漏税漏洞。在有关纳税期限的规定方面，也有统一按年计征、分期缴纳的必要。另外，有关个人独资企业和合伙企业投资者缴纳个人所得税的特别规定，也应予以高度关注、切实把握。

关键概念

个人所得税　个人所得税法　居民纳税人　非居民纳税人　分类所得税制　一般所得税制　混合所得税制　超额累进税率　工资薪金所得　劳务报酬所得　偶然所得　源泉扣缴　双向申报制度　全员全额管理

思考题

1. 什么是个人所得税？其课征模式有哪些？
2. 我国个人所得税征管制度具有哪些特点？
3. 如何界定个人所得税的居民纳税人与非居民纳税人？居民纳税人与非居民纳税人的纳税义务有什么不同？
4. 我国税法关于个人所得税的征税对象及范围的规定有哪些？
5. 如何确定个人所得税应税项目的所得来源地？
6. 如何确定个人所得税的应纳税所得额？怎样正确适用个人所得税的税率？
7. 如何正确计算工资、薪金所得的应纳个人所得税税额？
8. 如何正确计算个体工商户的生产经营所得的应纳个人所得税税额？
9. 如何计算企事业单位的承包经营、承租经营所得的应纳个人所得税税额？
10. 如何计算稿酬所得的个人所得税应纳税额？
11. 如何计算劳务报酬、特许权使用费和财产租赁所得应纳个人所得税税额？在什么样的情况下，劳务报酬所得要加成征收？如何加成征收？
12. 如何从个人所得税应纳税所得额中计算扣除捐赠额？
13. 个人所得税境外已纳税额的扣除与企业所得税境外已纳税额的扣除有何不同？
14. 个人所得税的减免优惠规定有哪些？
15. 什么是源泉扣缴？在哪些情况下个人所得税的纳税人应自行申报纳税？
16. 个人独资企业和合伙企业投资者如何缴纳个人所得税？
17. 什么是全员全额管理？实施全员全额管理有何重要意义？

第七章

企业所得税法制度

企业所得税法是调整企业所得税征纳关系的法律规范的总称。企业所得税，是对企业和其他取得收入的组织每一纳税年度的收入总额，减除不征税收入、免税收入、各项扣除以及允许弥补的以前年度亏损后的余额，依法定税率课征的一种直接税。在我国，企业所得税属于共享税。

自新中国成立以来，我国对内资、外资等各类企业课征企业所得税的税法制度，总体上经历了由"诸法分治"到"两法并行"直至最后完全统一（"两法合并"）的发展过程。现行有效的企业所得税法律、法规、规章主要有：2007 年 3 月 16 日第十届全国人民代表大会第五次会议通过、自 2008 年 1 月 1 日起实施的《中华人民共和国企业所得税法》（以下简称《企业所得税法》），2007 年 12 月 6 日国务院公布、自 2008 年 1 月 1 日起实施的《中华人民共和国企业所得税法实施条例》（以下简称《企业所得税法实施条例》），国家税务总局 2008 年 3 月 6 日发布、自 2008 年 1 月 1 日起实施的《企业所得税核定征收办法（试行）》等。

重点问题

- 企业所得税的概念和特征。
- 企业所得税的纳税人及纳税义务。
- 企业所得税的征税对象及范围。
- 企业所得税的税率。
- 企业所得税应纳税所得额的确定。
- 企业所得税的税收优惠规定。
- 境外所得抵免税额的计算。
- 直接抵免法与间接抵免法。
- 企业所得税征收管理的一般规定。

- 核定征收企业所得税的居民企业申报纳税的特别规定。
- 对特定情形下的非居民企业实行源泉扣缴的特别规定。
- 转让定价的特别纳税调整。
- 受控外国企业反避税规则。
- 关于限制资本弱化的规定。

第一节　企业所得税法概述

一、企业所得税的概念

企业所得税，是对企业的应纳税所得额依法课征的税收。详言之，是对企业和其他取得收入的组织每一纳税年度的收入总额，减除不征税收入、免税收入、各项扣除以及允许弥补的以前年度亏损后的余额（即应纳税所得额），依法定税率课征的一种直接税。

企业所得税法，顾名思义，是调整国家与企业之间所得税征纳关系的法律规范的总称。由于历史的原因，我国长期以来对外资企业实行不同于内资企业的企业所得税法制度，造成内外资企业所得税负严重不公，不利于内外资企业之间公平竞争，不能适应社会主义市场经济体制进一步发展与完善的要求。为此，2007 年 3 月 16 日第十届全国人民代表大会第五次会议通过并公布了《中华人民共和国企业所得税法》，自 2008 年 1 月 1 日起正式实施，从而相应废止了 1991 年 4 月 9 日通过的《中华人民共和国外商投资企业和外国企业所得税法》和 1993 年 12 月 13 日发布的《中华人民共和国企业所得税暂行条例》，实现了对内资企业、外资企业课征企业所得税的税法制度的合并与统一。与之相配套，2007 年 12 月 6 日国务院公布了《中华人民共和国企业所得税法实施条例》，同时废止 1991 年 6 月 30 日国务院发布的《中华人民共和国外商投资企业和外国企业所得税法实施细则》和 1994 年 2 月 4 日财政部发布的《中华人民共和国企业所得税暂行条例实施细则》，该实施条例自 2008 年 1 月 1 日起施行。

二、企业所得税的特点

企业所得税是对企业一定期间（通常为一个纳税年度）的生产经营所得和其他所得依法征收的一种税。其课征特点是：

（1）企业所得税的征税对象是应纳税所得额。应纳税所得额是指纳税人一定期间的收入总额，减除不征税收入、免税收入、各项扣除以及允许弥补的以前年度亏损后的余额（净所得额），它既不等于企业实现的利润额，也不是企业的增值额，更不同于企业的销售额或营业额。

（2）企业所得税的纳税人分为居民企业和非居民企业。居民企业与非居民企业的纳税义务是不同的：居民企业负有无限纳税义务，应就其来源于中国境内、境外的全部所得向我国政府缴纳企业所得税；而非居民企业仅承担有限纳税义务，即仅就其来源于中国境内的所得，以及发生在中国境外但与其在中国境内所设机构、场所有实际联系的所得，向我国政府缴纳企业所得税。

（3）企业应纳税所得额的计算较为复杂，有赖于企业财务会计制度的完善。由于企业所得税以净所得额为计税依据，故其计算要涉及一定时期的成本、费用的归集与分摊。另外，由于政府往往将所得税作为调节国民收入分配、执行经济政策和社会政策的重要工具，对纳税人的不同所得实行区别对待政策，将某些收入项目排除在应税所得之外，这就更加大了所得税的计算难度。

（4）企业所得税的征税以量能负担为原则。企业所得税以纳税人的生产经营所得和其他所得为税基，是减除了成本、费用等法定扣除项目后的净所得额，贯彻了量能负担的原则——“所得多的多征，所得少的少征，无所得的不征”。从而将所得税负担的高低和纳税人所得的多少联系起来，体现了税收公平原则的要求。

（5）实行按年计征、分期预缴的征收办法。企业所得税一般是以全年（纳税年度）的应纳税所得额作为计税依据，分月或分季预缴所得税，年度终了后汇算清缴，结清应缴应退税款（即多退少补）。

三、新中国企业所得税法制度的产生和发展

自新中国成立以来，我国对内资、外资等各类企业课征企业所得税的税法制度，总体上经历了由“诸法分治”到“两法并行”直至最后完全统一（“两法合并”）的发展过程。

（一）我国企业所得税法制度从“诸法分治”到“两法并行”

我国对企业所得税按内资企业、外资企业（包括中外合资、中外合作、外商独资和外国企业，下同）分别立法，外资企业适用1991年通过的《中华人民共和国外商投资企业和外国企业所得税法》（以下简称《外商投资企业和外国企业所得税法》），内资企业适用1993年发布的《企业所得税暂行条例》（亦即“两法并行”），有着深刻的历史背景与成因。

回顾既往，新中国对企业所得课征所得税的立法最早见之于1950年公布的《工商业税暂行条例》。该暂行条例规定除国营企业外，所有工商企业都要缴纳所得税。① 由于实行取消外国资本特权、没收官僚资本的政策，当时的纳税人主要是私营企业和城乡个体工商业户。1958年后，私营企业经改造后不复存在，城乡个体工商业户也基本上消失。为此，我国进行了工商税制改革，所得税成为一个独立税种，称为“工商所得税”，规定除国营企业（即现今国有企业）外，凡是从事工商业等经营活动、有利润所得的经济单位和个人都要缴纳工商所得税。但因个体经济极少，国营企业又不征此税，故实际上主要是对集体企业征收有限的税收。

改革开放以后，集体、私营经济迅速发展、壮大起来。根据城乡集体企业迅猛发展的状况和经济体制改革的要求，1985年4月我国颁布了《中华人民共和国集体企业所得税暂

---

① 1950年《工商业税暂行条例》的具体规定是：对以营利为目的的工商事业，不分国籍，不分经营性质，不分公私企业及合作企业，均在其营业行为所在地按规定征收所得税。国营企业应纳的工商业税，其属于所得额计算部分另按提取利润办法解缴国库，不再征所得税。对贫苦艺匠、家庭副业以及非以营利为目的的事业，免征所得税。所得税采用5%～30%的14级全额累进税率，同时按不同行业，划分为5个减征率，减征最低的为10%，减征最高的为40%。资料来源：http：//www.shandong.gov.cn/art/2005/12/23/1。

行条例》（以下简称《集体企业所得税暂行条例》），对城乡集体企业取得的生产经营所得和其他所得，统一征收集体企业所得税。同时，针对私营经济日益发展的状况，为加强对私营企业的生产经营和收入分配的监督、管理，1988年6月又颁布了《中华人民共和国私营企业所得税暂行条例》（以下简称《私营企业所得税暂行条例》），开征私营企业所得税。而在对待国营企业的征税问题上，由于实行高度集权的计划经济体制，加上认识上的问题，在《工商业税暂行条例》实施后的长达30多年里，我国对国营企业一直不征收所得税，而实行利润上缴制度，国营企业生产经营所需的资金由国家拨给，发生的亏损由国家财政弥补。这种“统收统支”的分配制度，束缚了国营企业及其职工的主动性、积极性和创造性。为理顺国家与国营企业的分配关系，扩大企业自主权，1983年和1984年我国对国营企业实行两步“利改税”，把国营企业原来向国家上交的利润改为按国家规定的税种和税率缴纳税金（其中，上缴利润的大部分改为征收所得税），税后利润则完全由企业自主支配。据此，1984年9月国务院发布的《中华人民共和国国营企业所得税暂行条例》（以下简称《国营企业所得税暂行条例》），将国家与国营企业的分配关系初步以法规的形式规范起来。由此，我国形成了对内资企业按照企业所有制性质的不同分别设置所得税法的制度，即对内资企业所得税的“诸法分治”。

在这种对国营、集体、私营企业实行的“诸法分治”的所得税法规中，税率和税收优惠措施存在着很大的差别：国营大中型企业的法定税率为55%；国营小型企业和集体企业按10%～55%的8级超额累进税率征收；私营企业则实行35%的比例税率。但是由于三种企业所得税税前还贷政策不同，税收优惠过多，税基差异很大，造成各类企业实际税负与名义税率相去甚远，并因此而导致国家所得税收入逐年下降，国家财政难以承受，又不得不通过征收能源交通重点建设基金和预算外基金等形式再拿回一部分，使国家与企业的分配关系极不规范，也使得所得税的调节功能得不到应有的发挥。另外，随着经济体制改革的深化，尤其是社会主义市场经济体制目标的确立，不同所有制性质的企业之间互相联营、参股，出现了多种新的经营方式（承包、租赁等）和产权组织形式的企业（有限责任公司与股份公司），在此情形之下，原来按不同所有制性质设计的所得税法制度难以与之适应。突出的矛盾和问题是：税制结构不合理，税收负担失衡，妨碍了企业之间的平等竞争；名义税率过高，实际税负低，扭曲了国家和企业之间的分配关系；税前列支项目不统一，所得税征收机制软化，影响了财政收入的稳定增长。

为解决我国内资企业所得税制存在的矛盾和问题，使之适应股份制企业出现暨市场经济体制目标确立的需要，国务院决定对内资企业所得税制进行改革，并于1993年12月颁布了《企业所得税暂行条例》，自1994年1月1日开始实施，原颁布实施的《国营企业所得税暂行条例》、《国营企业调节税征收办法》、《集体企业所得税暂行条例》和《私营企业所得税暂行条例》同时废止，取消了“两金”和税前还贷，国务院有关国有企业承包企业所得税的办法也同时停止执行。从而正式统一了对内资性国有企业、集体企业、私营企业的所得税法制度。

而在对外开放方面，自20世纪70年代末以来，为吸引外资、发展经济，我国对外资企业采取了有别于内资企业的更为优惠的税收政策。早在改革开放之初的1980年9月10日和1981年12月13日，我国先后颁布实施了《中华人民共和国中外合资经营企业所得税法》（1983 年 9 月 2 日曾作修订，以下简称《中外合资经营企业所得税法》）和《中华人民共和国外国企业所得税法》（以下简称《外国企业所得税法》）。这两部税法公布实施 10 多年来，在贯彻对外开放政策、维护国家权益、鼓励外商投资、促进对外经济合作等方面，都发挥了很大的作用。但是，随着对外开放政策的进一步贯彻和利用外资工作的发展，这两部税法在很多方面已不能适应多渠道、多方式引进外资和外国先进技术的需要，主要问题是：（1）《外国企业所得税法》的适用范围很不规范。合作企业和外资企业适用的税法是《外国企业所得税法》，而随着《中华人民共和国外资企业法》和《中外合作经营企业法》的相继公布，外资企业和多数合作企业已构成具有中国独立法人资格的实体。按税收管辖权原则，这些企业的总机构设在我国境内，应负有全面纳税义务，而按《外国企业所得税法》的规定，则只能对其来源于我国境内的所得征税。如果对这些具有法人资格的合作企业和外资企业继续按《外国企业所得税法》征税，在税法适用上就很不规范，既不利于对它们行使全面的税收管辖权，也难以作出合乎法律原则的解释。（2）合作企业和外资企业的税率偏高。依两部税法的规定，中外合资企业适用 30%的比例税率，另征地方所得税 3%，总负担率为 33%，而合作企业和外资企业适用 20%～40%的 5 级超额累进税率，另征地方所得税 10%，合计负担最高可达 50%。与此一时期英美等国纷纷降低的税率相比偏高。在这种情况下，如仍保持现行规定的税率征税，不仅合作企业、外资企业与中外合资企业的税率相差较大，而且与其他国家相比也显得税负偏高，不利于吸引外资。（3）减税、免税的优惠待遇不够合理。一方面，对中外合资企业不分生产性企业和非生产性企业，也不分是不是国家需要鼓励投资的行业和项目，都给予两年免税、三年减半征税的优惠；而另一方面，对合作企业和外资企业，则仅对从事农业、林业、牧业等利润率低的行业，给予一年免税、两年减半征税的优惠。这既不利于税法更好地体现国家的产业政策，又存在着不同投资方式间的外商减免税优惠差别过大的矛盾，政策上、理论上讲不通。而在实践中，国务院根据第六届全国人大第三次会议《关于授权国务院在经济体制改革和对外开放方面可以制定暂行的规定或者条例的决定》的授权，已经先后对经济特区、经济技术开发区、沿海经济开放区、上海浦东新区的外商投资企业，以及技术先进、产品出口的外商投资企业等，给予了进一步减低税率和减免税的优惠，在吸引外资方面已收到显著的成效。同时，在这些地区和企业中，对企业所得税现行两套外资税法已形成了基本统一的事实。因而法律规定与现实实践的矛盾及立法中的不足之处日益显现。为顺应形势发展的需要，在总结两部外资所得税法实施 10 年来的经验、教训的基础上，按照“税负从轻、优惠从宽、手续从简”的原则，借鉴国外立法的经验和国际惯例，1991 年 4 月 9 日第七届全国人大第四次会议通过并颁布了《外商投资企业和外国企业所得税法》，自同年 7 月 1 日开始实施，同时相应废止了 1980 年、1981 年制定的《中外合资经营企业所得税法》和《外国企业所得税法》。

如此，则自 20 世纪 90 年代初开始，在我国出现了对外资企业适用《外商投资企业和外国企业所得税法》，而对内资企业则适用《企业所得税暂行条例》征收企业所得税的“两法并行”的局面，取代了此前对内资企业、外资企业均“诸法分治”的现象，迈出了走向统一税法制度的第一步。

（二）我国企业所得税法制度从“两法并行”走向“两法合并”的背景及原因

“两法并行”，对外资企业实行比内资企业更为优惠的所得税法制度，在我国改革开放之初，在外商投资领域受限，交通、电讯、基础设施等投资条件薄弱的情况下，无疑对吸引外商投资、促进经济发展具有实质意义。但随着我国市场经济体制目标的确立，特别是2001年加入世贸组织后，我国的经济社会情况发生了很大的变化，国内市场要对外资进一步全面开放，内资企业也日益融入世界经济体系中，面临着越来越大的竞争压力。如果继续采取内外有别的企业所得税法制度，必将使内资企业处于不平等的竞争地位，影响统一、规范、公平竞争的市场环境的形成。实践中，内外有别的所得税法制度在执行中也暴露出一系列问题，已经不能适应新形势的要求，表现在：

（1）内资税法、外资税法规定差异较大，造成内资、外资企业之间税负不平、苦乐不均，既违背税法的公平原则，也不符合市场经济平等竞争的精神。内资、外资税法在名义上税率均为33%，但由于在税收优惠、税前扣除等方面的规定上，存在对外资偏松、内资偏紧的问题，致使内资企业平均实际税负为25%左右，而外资企业平均实际税负为15%左右，使内资企业在产品销售、人才引进、市场融资等方面均处于劣势，不利于内、外资企业间开展平等竞争，内资企业要求统一税收待遇、公平竞争的呼声较高。

（2）对内资、外资企业有别的所得税优惠规定存在较大漏洞，税收优惠过多、过滥，地方政府片面追求引资，越权减免盛行，扭曲了企业经营行为，造成了国家税款的大量流失。最突出的表现就是假合资、假外资企业泛滥。比如，一些内资企业采取将资金转到境外注册再投资境内的“返程投资”方式，享受合资、外资企业所得税优惠等。

（3）内资税法、外资税法并行实施10多年来，我国的经济、社会情况发生了很大的变化，需要针对新情况及时完善和修订。如《外商投资企业和外国企业所得税法》规定的税收优惠，主要集中适用于沿海发达省市的经济特区和经济技术开发区、沿海经济开放区，以及上海浦东新区内的生产性企业、出口创汇企业等，税收优惠又主要采用直接减免形式，而在东西部地区差距加大、外汇巨额累积与对外收支失衡、经济结构和产业结构面临调整、环保节能与可持续发展压力日增的情况下，显然需要对原有的立法内容加以调整与修正。

（4）以部门规章、规范性文件发布的许多重要税收政策，也需要及时补充、上升为基本法律规定，以便使税收征纳更加规范、稳定、透明和具有效力。如财政部发布的《关于鼓励软件产业和集成电路产业发展有关税收政策问题的通知》（财税［2000］25号），财政部、国家税务总局、海关总署联合发布的《关于西部大开发税收优惠政策问题的通知》（财税［2001］202号），国家税务总局发布的《关于落实西部大开发有关税收政策具体实施意见的通知》（国税发［2002］47号）等等，攸关着技术进步与区域协调发展，需要系统化、规范化。

因此，2007年我国制定和通过统一的《企业所得税法》，实现“两法合并”，最根本的目的是为了适应市场经济发展和全球化竞争的需要，给内外资各类企业创造一个符合市场经济发展要求的“公平竞争”的税收法制环境，同时，通过统一和规范企业所得税法，解决现行有关所得税税收优惠过多过滥、越权减免等问题，并通过有关税收政策调整与税收具体制度的设计，促进经济增长方式的转变和产业结构的升级，促进区域经济的协调发展。

总之，我国对各类企业的所得课征企业所得税，经历了由“诸法分治”到“两法并行”直至最后完全统一的发展过程。对同属企业主体，因投资来源不同、所有制性质不同，而有不同的税收政策、法律加以适用，差别对待，这是我国改革开放早期，在计划经济体制和有计划商品经济体制下所习惯的思维模式。这种区别对待——双轨甚至多轨的立法模式，不仅在企业所得税法领域存在，在个人所得税法、流转税法、财产税法等税法领域也较为普遍的存在，而且在企业法制度等其他诸多法律领域也曾广泛存在。这种差别立法的体制是与我国改革力度逐步加大，开放广度、深度逐步拓展的进程相适应的，是摸着石头过河的产物，是在特定历史时期实现特定政策目标的需要。而随着我们对改革路径认识的深化，特别是对改革开放目标的日益明确（即建立和完善社会主义市场经济体制，全面建设小康社会），我们站在新的社会环境背景下（市场经济、入世、全球化竞争）来审视我们的一切立法（包括所得税法），其结果必然是要采取综合协调之思维，推动诸多法律、法规、规章制度的整合、归并、统一。

四、内外资企业所得税制度“两法合并”的指导思想、基本内容及意义

在我国内外资企业所得税法制度“两法合并”的过程中，遵循的总的指导思想是：“根据科学发展观和完善社会主义市场经济体制的总体要求，按照‘简税制、宽税基、低税率、严征管’的税制改革原则，借鉴国际经验，建立各类企业统一适用的科学、规范的企业所得税制度，为各类企业创造公平的市场竞争环境。”依据这一指导思想，我国内外资企业所得税“两法合并”之改革，其最基本的内容主要体现为“四个统一、两个过渡”，并因此而具有极其重大的意义。

“四个统一”的具体内容：

一是内资、外资企业适用统一的《企业所得税法》。这既使内资、外资企业所得税的征纳依据实现了统一，便利企业所得税的征管和缴纳，又有利于我国税制的整体简化。过去，我国课征企业所得税对外资企业适用的是法律（《外商投资企业和外国企业所得税法》），对内资企业适用的是行政法规（《企业所得税暂行条例》），同样是企业，甚至是同一地区从事同一行业、同一产品生产的企业，仅仅因为投资资本来源国不同，就要实行法律效力有别的所得税规定，要接受不同的征管主体的征管，要依据具有不同政策取向甚至可能是存在冲突的税收法律、法规纳税，这不仅不公平，而且也人为地复杂了税制，不利于企业所得税的征纳。

二是统一并适当降低企业所得税的基本税率为25%。按原来法律、法规的规定，我国的内资企业和外资企业所得税的法定税率名义上均为33%，但由于对一些特殊区域的外资企业实行24%、15%的优惠税率，对内资微利企业实行27%、18%的两档照顾税率等，税率档次多，使不同类型企业名义税率和实际税负差距较大——内资企业平均实际税负为25%左右，而外资企业平均实际税负为15%左右。而统一后的《企业所得税法》第4条第1款明确规定，“企业所得税的税率为25%”，且要统一适用于内资、外资企业，这体现了“公平课税原则”的要求，有利于各类企业开展平等竞争。

三是统一和规范税前扣除办法和标准。应纳税所得额是计算企业所得税税额的依据，其税前扣除项目与标准的确定对企业实际税负影响极大。针对原来两法并行时内资、外资企业所得税在人员工资、生产成本、营业费用等扣除方面规定不一的弊病①，统一后的《企业所得税法》不仅界定了企业应纳税所得额的计算方法（第 5 条）、收入总额的构成（第 6 条、第 7 条、第 26 条），而且统一了企业实际发生的各项支出扣除政策（第 8 条），规定了公益性捐赠支出扣除的标准（第 9 条），明确了不得扣除的支出范围（第 10 条）。同时，对企业实际发生的有关固定资产、无形资产、长期待摊费用、投资资产和存货处理、境外亏损处理、年度亏损结转等方面的支出扣除作了统一规范（第 11 条至第 18 条）。这对于规范和简化税制，贯彻公平税负原则，解决内资、外资企业税收待遇不同，税负差异较大的问题，将发挥很好的作用。

四是统一税收优惠政策，实行“产业优惠为主、区域优惠为辅”的新税收优惠体系。为统一内资、外资企业所得税税负，结合各国税制改革的新发展，统一后的《企业所得税法》采取以下五种方式对原税收优惠政策进行了整合：

（1）对符合条件的小型微利企业实行 20%的优惠税率，对国家需要重点扶持的高新技术企业实行 15%的优惠税率（第 28 条），扩大对创业投资企业的税收优惠（第 31 条），以及企业投资于环境保护、节能节水、安全生产等方面的税收优惠（第 34 条）。

（2）保留对农、林、牧、渔业及基础设施投资的税收优惠政策（第 27 条）。

（3）劳服企业、福利企业、资源综合利用企业的直接减免税政策改采替代性优惠政策（第 30 条第 2 项、第 33 条），实行加计扣除。

（4）法律设置的发展对外经济合作和技术交流的特定地区（即经济特区）内，以及国务院已规定执行上述地区特殊政策的地区（即上海浦东新区）内新设立的、国家需要重点扶持的高新技术企业，可以享受过渡性税收优惠，具体办法由国务院规定。国家已确定的其他鼓励类企业（如西部大开发地区的鼓励类企业），可以按照国务院规定享受减免税优惠（第 57 条第 2 款、第 3 款）。

（5）取消了生产性外资企业定期减免税优惠政策，以及产品主要出口的外资企业减半征税优惠政策等。增加了“企业从事环境保护项目的所得”和“企业符合条件的技术转让所得”可以享受减免税优惠等方面的内容（第 27 条），以体现国家鼓励环境保护和技术进步的政策精神。

通过以上整合，《企业所得税法》确定的税收优惠的主要内容包括：国家重点扶持和鼓励发展的产业和项目、促进技术创新和科技进步、鼓励基础设施建设、鼓励农业发展及环境保护与节能、支持安全生产、促进公益事业和照顾弱势群体，以及自然灾害专项减免等（具体见《企业所得税法》第四章）。而这些规定的实施，对于落实科学发展观，充分发挥税收的调控作用，推动产业升级和技术进步，优化国民经济结构，统筹经济社会和区域协调发展，促进环境保护和社会全面进步，实现国民经济的可持续发展，具有深远的意义。

---

① 例如，内资企业所得税对员工薪资成本实行标准计税工资制度，而外资企业所得税则实行据实扣除制度等。仅此一项，两者的扣除就相差霄壤。

“两个过渡”是指《企业所得税法》第57条规定了两类税收优惠过渡政策：一是对新税法公布前已经批准设立、享受企业所得税低税率和定期减免税优惠的老企业，给予过渡性照顾；二是对法律设置的发展对外经济合作和技术交流的特定地区内，以及国务院已规定执行上述地区特殊政策的地区内新设立的国家需要重点扶持的高新技术企业，给予过渡性税收优惠。同时，国家已确定的其他鼓励类企业，可以按照国务院规定享受减免税优惠政策。国务院据此于2007年12月26日发布了《关于实施企业所得税过渡优惠政策的通知》、《关于经济特区和上海浦东新区新设立高新技术企业实行过渡性税收优惠的通知》，财政部、国家税务总局也于2008年2月13日发布《关于贯彻落实国务院关于实施企业所得税过渡优惠政策有关问题的通知》，就相关问题作了更进一步的细化规定。这种过渡期的安排，对于保持对外资企业、经济特区和上海浦东新区内新设的高新技术企业，以及投资西部开发企业的税收政策的延续性、稳定性，保障新税法的顺利实施，避免这些企业税负大幅增加，促进对外开放、科技进步与区域协调发展具有重要作用。

此外，《企业所得税法》还借鉴国际经验和惯例，对有关纳税人的确定标准（第1条）、居民纳税人与非居民纳税人的划分及纳税义务承担（第2条、第3条）、企业所得税纳税地点的确定、分支机构汇总纳税规则（第50条至第52条）以及防止关联方转让定价、防范资本弱化、防范避税地避税等“特别纳税调整”方面的问题（第六章）都作了增订或修改，从而在统一和规范企业所得税征管方面也获得了较大的进步。

第二节　企业所得税法的基本内容

一、企业所得税的纳税人及纳税义务

纵观《企业所得税法》及其实施条例的规定，我国企业所得税的纳税人，是指取得应税收入并依法应向我国政府缴纳企业所得税的企业和组织（以下统称企业）。这里所谓“企业和组织”的范围，既包括依照中国法律、行政法规在中国境内成立的企业、事业单位、社会团体以及其他取得收入的组织，也包括依照外国（地区）法律成立的企业和其他取得收入的组织。具体可包括国有企业、集体企业、私营企业、联营企业、股份制企业、中外合资经营企业、中外合作经营企业、外资企业、外国企业、事业单位、社会团体、民办非企业单位和从事经营活动的其他组织等各种形式的企业和组织，但是不包括依照我国法律、行政法规成立的个人独资企业、合伙企业。这两类企业因属于自然人性质的企业，不具有法人资格，且其投资者往往要承担无限责任，故我国现行税法制度规定其不缴纳企业所得税，而要由其投资者、合伙人个人依法缴纳个人所得税。

在纳税人范围的界定方面，考虑到实际生活中从事生产经营活动的主体的多样性、复杂性和不断发展性，为体现税收公平、中性的原则，我国《企业所得税法》及其实施条例改变了过去《企业所得税暂行条例》以列举方式及“独立核算三条件”来界定纳税人的做法，参照国际上大多数国家的立法例，采取“概括加排除”的立法方式，以营利性标准将各类企业和其他取得收入的组织纳入企业所得税法的征税范围，以法人标准排除了个人独

资企业和合伙企业的适用，从而使纳税人范围的界定更具有周延性、开放性，能够自动适应各种新的企业形态或营利性组织出现的需要，既扩大了企业所得税的征收范围，还有利于企业新设分支机构、扩大营业规模。同时，《企业所得税法》适应经济全球化发展的需要，为更加有效地行使税收管辖权，最大限度地维护国家的税收利益，根据国际通行做法，兼采注册地标准和实际管理机构所在地标准，把企业所得税的纳税人明确划分为居民企业和非居民企业[①]，然后按居民管辖权和地域管辖权相结合的双重管辖权标准，分别确定居民企业和非居民企业的不同纳税义务。

按《企业所得税法》及其实施条例的规定：纳税人企业分为居民企业和非居民企业。

居民企业，是指依法在中国境内成立，或者依照外国（地区）法律成立但实际管理机构在中国境内的企业。这里所称“企业”，既包括各种所有制性质的企业和公司制企业，又包括在中国境内依法成立的事业单位、社会团体及其他取得收入的组织，但不包括依照我国法律、行政法规成立的个人独资企业和合伙企业。所称“实际管理机构”，是指对企业的生产经营、人员、账务、财产等实施实质性全面管理和控制的机构。

居民企业负有绝对纳税义务，应当就其来源于中国境内、境外的所得缴纳企业所得税。这里所称的“所得”，包括销售货物所得、提供劳务所得、转让财产所得、股息和红利等权益性投资所得、利息所得、租金所得、特许权使用费所得、接受捐赠所得和其他所得等。

非居民企业，则是指依照外国（地区）法律成立且实际管理机构不在中国境内，但在中国境内设立机构、场所的，或者在中国境内未设立机构、场所，但有来源于中国境内所得的企业。这里所称“企业”，包括依照外国（地区）法律成立的企业和其他取得收入的组织。所称“机构、场所”，是指在中国境内从事生产经营活动的机构、场所，具体包括：（1）管理机构、营业机构、办事机构；（2）工厂、农场、开采自然资源的场所；（3）提供劳务的场所；（4）从事建筑、安装、装配、修理、勘探等工程作业的场所；（5）其他从事生产经营活动的机构、场所。此外，非居民企业委托营业代理人在中国境内从事生产经营活动的，包括委托单位或者个人经常代其签订合同，或者储存、交付货物等，该营业代理人视为非居民企业在中国境内设立的机构、场所。

非居民企业承担有限纳税义务。非居民企业在中国境内设立机构、场所的，应当就其所设机构、场所取得的来源于中国境内的所得，以及发生在中国境外但与其（在中国）所设机构、场所有实际联系的所得，缴纳企业所得税。非居民企业在中国境内未设立机构、场所的，或者虽设立机构、场所但取得的所得与其（在中国）所设机构、场所没有实际联系的，应当就其来源于中国境内的所得缴纳企业所得税。此处所称“实际联系”，是指非居民企业在中国境内设立的机构、场所拥有据以取得所得的股权、债权，以及拥有、管

---

① 国际上关于居民企业（公司）身份的确定，有注册地标准、实际管理机构地标准、总机构所在地标准、资本控制标准和主要营业活动地标准等。如美国、瑞士、芬兰等国采取登记注册地标准，英国、德国、加拿大、新加坡采取实际管理机构地标准，日本采取总机构所在地标准，澳大利亚采取资本控制标准等。而且，许多国家不仅采取一个标准，而是同时采取两种或两种以上的标准，以充分行使税收管辖权。如日本不仅采取总机构所在地标准，同时还采取注册地标准；德国、比利时、奥地利、瑞典等则同时采取登记注册地标准和实际管理机构地标准；澳大利亚确定居民公司的标准更多达三个，即登记注册地标准、实际管理机构地标准和资本控制标准。我国《企业所得税法》借鉴国际惯例，其第2条在划分居民企业和非居民企业时，采用了“登记注册地标准”和“实际管理机构地标准”的双重标准。

理、控制据以取得所得的财产等。

此外，国家税务总局还曾对特殊行业、部门、企业的纳税人的确定问题分别作出了特殊规定。这些行业、部门、企业涉及金融保险企业、铁道部直属或所属企业、民航总局所属航空公司及其分公司、国家邮政局及所属邮政企业、企业集团、重组后的石油集团等。

企业全部或部分被个人、其他企业、单位承租经营，但未改变被承租企业的名称，未变更工商登记，并仍以被承租企业名义对外从事生产经营活动，不论被承租企业与承租方如何分配经营成果，均以被承租企业为纳税人。

企业全部或部分被个人、其他企业、单位承租经营，承租方承租后重新办理工商登记，并以承租方的名义对外从事生产经营活动，其承租经营取得的所得，应以重新办理工商登记的企业、单位为纳税人。

二、企业所得税的征税对象及范围

企业所得税的征税对象是纳税人取得的生产经营所得和其他所得，包括销售货物所得、提供劳务所得、转让财产所得、股息和红利等权益性投资所得、利息所得、租金所得、特许权使用费所得、接受捐赠所得和其他所得等。

企业所得税的征税所得，即应纳税所得额，是指纳税人每一纳税年度的收入总额，减除不征税收入、免税收入、各项扣除以及允许弥补的以前年度亏损后的余额。作为企业所得税征税对象的征税所得，必须是合法的所得，非法所得不作为征税对象；企业的应纳税所得必须是实物、有价证券或货币等能够予以计量的所得，各种荣誉性、知识性及体能、心理上的收益，都不属于应纳税所得；企业的应纳税所得，应当是能够增强企业纳税能力的纯所得，亦即其经济能力增量，而不能是其常量的外在形态转换。

企业所得税征税对象的具体范围，归结起来，主要包括下述两个大的方面。

（一）生产经营所得

生产经营所得是指企业从事制造业、采掘业、交通运输业、建筑安装业、农业、林业、畜牧业、渔业、水利业、商品流通业、金融业、保险业、邮电通信业、服务业，以及国务院财政、税务部门确认的其他营利事业取得的所得；此外还包括卫生、物资、供销、城市公用和其他行业的企业，以及一些社团组织、事业单位开展多种经营和有偿服务活动取得的经营所得。简单地说，生产经营所得可以理解成纳税人从事主营业务活动取得的销售货物所得、提供劳务所得。

（二）其他所得

纳税人主营所得之外的其他所得，包括转让财产所得、股息和红利等权益性投资所得、利息所得、租金所得、特许权使用费所得、接受捐赠所得和其他所得等。

在企业所得税法中，作为征税对象的生产经营所得和其他所得，既包括纳税人来源于中国境内的所得，也包括纳税人来源于中国境外的所得。但为避免双重征税，鼓励我国企业参与国际竞争，企业所得税法规定纳税人来源于境外的所得已在境外缴纳的所得税税款，准予从其当期应纳税额中予以抵免。

此外，纳税人按照章程规定解散或因其他原因终止时，其清算终了后的清算所得，也属于企业所得税的征税范围。所谓“清算所得”，是指企业清算时的全部资产可变现价值或者交易价格减除资产净值、清算费用以及相关税费等的余额。

三、企业所得税的税率

我国《企业所得税法》关于企业所得税税率的规定，包括以下内容：

（1）企业所得税的税率为25%（参见第4条第1款），即法定基本税率为25%。在一般情况下：居民企业应当就其来源于中国境内、境外的所得；在中国境内设有机构、场所的非居民企业，应当就其所设机构、场所取得的来源于中国境内的所得，以及发生在中国境外但与其在中国境内所设机构、场所有实际联系的所得，按照这一基本税率依照规定计算缴纳企业所得税。

规定企业所得税基本税率为25%，主要是基于以下几个方面的考虑：一是对内资企业要减轻税负，对外资企业也要尽可能少增税负；二是要将财政减收控制在国家财力可以承受的范围内；三是要考虑国际上尤其是周边国家（地区）的税率水平，以有利于提高企业竞争力和吸引外商投资①。

（2）预提所得税（或称预提税），适用税率为20%（参见第4条第2款）。非居民企业在中国境内未设立机构、场所的，或者虽设立机构、场所但取得的所得与其所设机构、场所没有实际联系的，应当就其来源于中国境内的所得的全额，按照这一税率计算缴纳企业所得税。不过，按照《企业所得税法实施条例》第91条的规定，我国目前实际减按10%的税率征收预提所得税。

（3）设置两档优惠税率为20%或者15%。对符合条件的小型微利企业，减按20%的税率征收企业所得税；对国家需要重点扶持的高新技术企业，减按15%的税率征收企业所得税（参见第28条）。这两类企业在正常情况下的税率本应为25%，但我国为鼓励小企业的发展壮大、扶持高新技术企业的发展，对它们规定了优惠税率。

所谓“符合条件的小型微利企业”，按照《企业所得税法实施条例》的规定，是指从事国家非限制和禁止行业，并符合下列条件的企业：1）工业企业，年度应纳税所得额不超过30万元，从业人数不超过100人，资产总额不超过3 000万元；2）其他企业，年度应纳税所得额不超过30万元，从业人数不超过80人，资产总额不超过1 000万元。从小型微利企业的认定条件来看，其优惠范围与过去同类规定相比有较大幅度的扩大。但应注意的是，仅就来源于我国所得负有我国纳税义务的非居民企业，即使是符合前述条件的小型微利企业，也不能执行减按20%的税率征收企业所得税的优惠政策。

所谓“国家需要重点扶持的高新技术企业”，按照《企业所得税法实施条例》的规定，是指拥有核心自主知识产权，并同时符合下列条件的企业：1）产品（服务）属于《国家重点支持的高新技术领域》规定的范围；2）研究开发费用占销售收入的比例不低于规定比例；3）高新技术产品（服务）收入占企业总收入的比例不低于规定比例；4）科技人员

---

① 根据当时立法部门的调查了解，全世界159个实行企业所得税的国家（地区）平均税率为28.6%，我国周边18个国家（地区）的平均税率为26.7%。《企业所得税法》规定为25%的税率，在国际上是适中偏低的水平，有利于提高我国的企业竞争力和吸引外商投资。

占企业职工总数的比例不低于规定比例；5）《高新技术企业认定管理办法》规定的其他条件。《国家重点支持的高新技术领域》和《高新技术企业认定管理办法》由国务院科技、财政、税务主管部门商国务院有关部门制定，报国务院批准后公布施行。经国务院批准，2008 年 4 月 14 日科技部、财政部、国家税务总局联合印发的《高新技术企业认定管理办法》及其附件《国家重点支持的高新技术领域》进一步明确规定："高新技术企业，是指在《国家重点支持的高新技术领域》内（具体范围详见该文件），持续进行研究开发与技术成果转化，形成企业核心自主知识产权，并以此为基础开展经营活动，在中国境内（不包括港、澳、台地区）注册 1 年以上的居民企业。"《高新技术企业认定管理办法》同时还对高新技术企业认定管理的基本原则、组织实施、认定条件与程序、罚则等问题作出了规定。

四、应纳税所得额的确定

企业所得税的计税依据是企业的应纳税所得额。《企业所得税法》明确规定："企业每一纳税年度的收入总额，减除不征税收入、免税收入、各项扣除以及允许弥补的以前年度亏损①后的余额，为应纳税所得额。"用公式表示为：

应纳税所得额＝纳税年度的收入总额－不征税收入－免税收入－各项扣除－允许弥补的以前年度亏损

在此，需特别注意的是，应纳税所得额与纳税人的会计利润是不同的，两者既有联系，又有区别。会计利润是纳税人按照财务会计制度的规定进行核算得出的，它是企业的实际收入减去实际发生的各类支出后的数额。会计利润是确定应纳税所得额的基础，即会计利润根据税法规定作相应的调整后，即为应纳税所得额。

要确定企业的应纳税所得额，实际上就是要确定企业在该纳税年度的收入总额、不征税收入额、免税收入额和准予扣除的各项目及其金额，以及允许弥补的以前年度的亏损额。要规范企业所得税的征收管理，《企业所得税法》就必须对哪些项目应确定为收入、哪些项目不确定为收入（即不征税收入、免税收入）、哪些收入应计入收入总额，以及哪些项目可以在所得税前扣除或弥补，按什么标准和方法扣除、弥补，即就扣除项目的范围、标准、方法等问题作出明确规定。因此，在计算应纳税所得额时，企业财务、会计处理办法与税收法律、行政法规的规定不一致的，应当依照税收法律、行政法规的规定计算。

按照我国现行的《企业所得税法》、《企业所得税法实施条例》的规定，应纳税所得额的确定要注意以下内容：

（一）收入总额的确定

纳税人的收入总额，是指企业在某一纳税年度内以货币形式和非货币形式从各种来源取得的各项收入的总和。其中，企业取得收入的货币形式，包括现金、存款、应收账款、应收票据、准备持有至到期的债券投资以及债务的豁免等；企业取得收入的非货币形式，包括固定资产、生物资产、无形资产、股权投资、存货、不准备持有至到期的债券投资、

① 这里所谓"年度亏损"，是指企业依照税法规定将每一纳税年度的收入总额减除不征税收入、免税收入和各项扣除后小于零的数额。

劳务以及有关权益等。企业以非货币形式取得的收入，应当按照公允价值（也即按照市场价格确定的价值）确定收入额。具体包括以下 9 类收入：

（1）销售货物收入。是指企业销售商品、产品、原材料、包装物、低值易耗品以及其他存货取得的收入。

（2）提供劳务收入。是指企业从事建筑安装、修理修配、交通运输、仓储租赁、金融保险、邮电通信、咨询经纪、文化体育、科学研究、技术服务、教育培训、餐饮住宿、中介代理、卫生保健、社区服务、旅游、娱乐、加工以及其他劳务服务活动取得的收入。

（3）转让财产收入。是指企业转让固定资产、生物资产、无形资产、股权、债权等财产取得的收入。

（4）股息、红利等权益性投资收益。是指企业因权益性投资从被投资方取得的收入。股息、红利等权益性投资收益，除国务院财政、税务主管部门另有规定外，均按照被投资方作出利润分配决定的日期确认收入的实现。

（5）利息收入。是指企业将资金提供他人使用但不构成权益性投资，或者因他人占用本企业资金取得的收入，包括存款利息、贷款利息、债券利息、欠款利息等收入。利息收入，按照合同约定的债务人应付利息的日期确认收入的实现。

（6）租金收入。是指企业提供固定资产、包装物或者其他有形资产的使用权取得的收入。租金收入，按照合同约定的承租人应付租金的日期确认收入的实现。

（7）特许权使用费收入。是指企业提供专利权、非专利技术、商标权、著作权以及其他特许权的使用权取得的收入。特许权使用费收入，按照合同约定的特许权使用人应付特许权使用费的日期确认收入的实现。

（8）接受捐赠收入。是指企业接受的来自其他企业、组织或者个人无偿给予的货币性资产、非货币性资产。接受捐赠收入，按照实际收到捐赠资产的日期确认收入的实现。

（9）其他收入。是指企业取得的除《企业所得税法》第 6 条第 1 项至第 8 项规定的收入外的其他收入，包括企业资产溢余收入、逾期未退包装物押金收入、确实无法偿付的应付款项、已作坏账损失处理后又收回的应收款项、债务重组收入、补贴收入、违约金收入、汇兑收益等。

此外，企业发生非货币性资产交换，以及将货物、财产、劳务用于捐赠、偿债、赞助、集资、广告、样品、职工福利或者利润分配等用途的，应当视同销售货物、转让财产或者提供劳务，但国务院财政、税务主管部门另有规定的除外。

在计算纳税人的应纳税所得额时，对收入的确认以权责发生制为原则。除《企业所得税法实施条例》和国务院财政、税务主管部门另有规定者外，属于当期的收入和费用，不论款项是否收付，均作为当期的收入和费用；不属于当期的收入和费用，即使款项已经在当期收付，均不作为当期的收入和费用。但纳税人下列经营业务的收入可以分期确定收入的实现，并据以计算应纳税所得额：

（1）以分期收款方式销售货物的，按照合同约定的收款日期确认收入的实现；

（2）企业受托加工制造大型机械设备、船舶、飞机，以及从事建筑、安装、装配工程业务或者提供其他劳务等，持续时间超过 12 个月的，按照纳税年度内完工进度或者完成的工作量确认收入的实现。

此外，采取产品分成方式取得收入的，按照企业分得产品的日期确认收入的实现，其收入额按照产品的公允价值确定。

（二）不征税收入

1. 不征税收入的概念

考虑到我国企业所得税纳税人组织形式的多样性，除企业外，有的以非政府形式（如事业单位）存在，有的以公益慈善组织形式存在，还有的以社会团体形式存在等。这些组织中有些主要承担行政性或公共事务职能，不从事或很少从事营利性活动，收入来源主要靠国家财政拨款、行政事业性收费等，这些收入已依法纳入预算管理，对其征税没有实际意义。因此，我国《企业所得税法》首次引入了“不征税收入”这一概念，但对其未作明确定义而是采用列举的方法。一般而言，所谓不征税收入，是指从性质和根源上不属于企业营利性活动产生的、不负有纳税义务并不作为应纳税所得额组成部分的收入（经济利益）。

2. 不征税收入的范围

按《企业所得税法》及其实施条例的规定，收入总额中的下列收入为不征税收入：

（1）财政拨款。是指各级人民政府对纳入预算管理的事业单位、社会团体等组织拨付的财政资金，但国务院和国务院财政、税务主管部门另有规定的除外。此规定包含了两层意思：一是作为不征税收入的财政拨款，原则上不包括各级政府对企业拨付的各种价格补贴、税收返还等财政性资金，这样有利于加强财政补贴收入和减免税的规范管理，同时与现行财务会计制度处理保持一致；二是对一些国家重点支持的政策性补贴及税收返还等，为提高财政资金的使用效率，根据需要，也有可能给予不征税收入的待遇，但这种待遇应由国务院和国务院财政、税务主管部门来明确。

（2）依法收取并纳入财政管理的行政事业性收费。是指依照法律、法规等有关规定，按照国务院规定程序批准，在实施社会公共管理，以及在向公民、法人或者其他组织提供特定公共服务过程中，向特定对象收取并纳入财政管理的费用。

（3）依法收取并纳入财政管理的政府性基金。是指企业依照法律、行政法规等有关规定，代政府收取的具有专项用途的财政资金。

（4）国务院规定的其他不征税收入。是指企业取得的，由国务院财政、税务主管部门规定专项用途并经国务院批准的财政性资金。

（三）免税收入

1. 免税收入的概念

所谓免税收入，是指属于企业的应税所得，但按照《企业所得税法》规定免予征收企业所得税的收入。免税收入与前述不征税收入的内涵与外延均不相同：具备可课税性但国家基于特定经济或社会政策目的而在特定时期没有征税的收入，属于免税收入；不具备可课税性而应永久不列入征税范围的收入，属于不征税收入。

2. 免税收入的范围

《企业所得税法》规定，企业的下列收入为免税收入：

（1）国债利息收入。是指企业持有国务院财政部门发行的国债取得的利息收入。

（2）符合条件的居民企业之间的股息、红利等权益性投资收益。是指居民企业直接投资于其他居民企业取得的投资收益，但不包括连续持有居民企业公开发行并上市流通的股票不足 12 个月取得的投资收益。

（3）在中国境内设立机构、场所的非居民企业从居民企业取得与该机构、场所有实际联系的股息、红利等权益性投资收益，但不包括连续持有居民企业公开发行并上市流通的股票不足 12 个月取得的投资收益。

（4）符合条件的非营利组织的收入。这不包括非营利组织从事营利性活动取得的收入，但国务院财政、税务主管部门另有规定的除外。所谓“符合条件的非营利组织”，是指同时符合下列 7 个方面条件的组织：1）依法履行非营利组织登记手续；2）从事公益性或者非营利性活动；3）取得的收入除用于与该组织有关的、合理的支出外，全部用于登记核定或者章程规定的公益性或者非营利性事业；4）财产及其孳息不用于分配；5）按照登记核定或者章程规定，该组织注销后的剩余财产用于公益性或者非营利性目的，或者由登记管理机关转赠给与该组织性质、宗旨相同的组织，并向社会公告；6）投入人对投入该组织的财产不保留或者享有任何财产权利；7）工作人员工资福利开支控制在规定的比例内，不变相分配该组织的财产。

非营利组织的认定管理办法，由国务院财政、税务主管部门会同国务院有关部门制定。

（四）准予扣除项目及其扣除标准的确定

准予扣除项目，即在计算企业应纳税所得额时准予从收入总额中予以扣除的项目。它是企业实际发生的与取得收入有关的、合理的支出，包括成本、费用、税金、损失和其他支出。这里所称“有关的支出”，是指与取得收入直接相关的支出；所称“合理的支出”，是指符合生产经营活动常规，应当计入当期损益或者有关资产成本的必要和正常的支出。

准予扣除项目及其扣除标准的确定对企业的应纳税所得额、应纳税额的计缴影响极大，对企业实际税负影响至深。因而，我国统一后的《企业所得税法》及其实施条例针对原来“两法并行”时内外资企业所得税在有关成本、费用等扣除方面规定不一的弊病，不仅统一了企业实际发生的各项支出的扣除政策，规定了公益性捐赠支出等的扣除标准，明确了不得扣除的支出范围，而且还对企业实际发生的有关固定资产、无形资产、长期待摊费用、投资资产和存货处理、境外亏损处理、年度亏损结转等方面的支出扣除作了统一规范。这对规范和简化税制，贯彻公平税负原则，解决内外资企业税收待遇不同、税负差异较大的问题，将发挥重要作用。

1. 确定扣除项目应遵循的一般规则

纳税人在生产经营活动中，所发生的支出应区分收益性支出和资本性支出。收益性支出在发生当期直接扣除；资本性支出不得在发生当期直接扣除，而应分期扣除或计入有关资产成本。纳税人申报的扣除要真实、合法。真实是指能提供证明有关支出确属已经实际发生的适当凭据；合法是指符合国家税收法律、法规规定，当企业财务、会计处理办法与税收法律、法规的规定不一致时，应以税收法律、法规规定为准。

除国家法律、法规和财税主管部门另有规定者外，税前扣除的确认一般应遵循以下原则：

（1）权责发生制原则。即纳税人应在费用发生时而不是实际支付时确认扣除。我国

《企业所得税法实施条例》第 9 条对此原则作了明确规定。

（2）配比原则。即纳税人发生的费用应在费用应配比或应分配的当期申报扣除。亦即纳税人某一纳税年度应申报的可扣除费用不得提前或滞后申报扣除。

（3）相关性原则。即纳税人可扣除的费用从其发生的根源和性质上必须与取得应税收入直接相关。据此，纳税人的不征税收入用于支出所形成的费用或财产，不得扣除或计算对应的折旧、摊销扣除。

（4）确定性原则。即纳税人可扣除的费用无论何时支付，其金额必须是确定的。

（5）合理性原则。即纳税人可扣除的费用计算和分配方法应符合生产经营活动常规。据此，除《企业所得税法》及其实施条例另有规定外，企业实际发生的成本、费用、税金、损失和其他支出，不得重复扣除。

2. 准予扣除项目的一般规定

根据《企业所得税法》第 8 条的规定，在计算企业应纳税所得额时，准予扣除项目的范围包括成本、费用、税金、损失和其他支出等。

（1）成本。这是指企业在生产经营活动中发生的销售成本、销货成本、业务支出以及其他耗费。成本分为直接成本和间接成本。直接成本是可以直接计入有关成本计算对象或劳务的经营成本中的直接材料、直接人工等。间接成本是指多个部门为同一成本对象提供服务的共同成本，或者同一种投入可以制造、提供两种或两种以上的产品或劳务的联合成本。直接成本可根据有关会计凭证、记录直接计入有关成本计算对象或劳务的经营成本中。间接成本必须根据与成本计算对象之间的因果关系、成本计算对象的产量等，以合理的方法分配计入有关成本计算对象中。

（2）费用。这是指企业在生产经营活动中发生的销售费用、管理费用和财务费用。但已经计入成本的有关费用除外。

1）销售费用。这是指应由纳税人负担的为销售商品而发生的费用，包括广告费、运输费、装卸费、包装费、展览费、保险费、销售佣金、代销手续费、经营性租赁费及销售部门发生的差旅费、工资、福利费等费用。

2）管理费用。这是指纳税人的行政管理部门为管理组织经营活动提供各项支援性服务而发生的费用。管理费用包括由纳税人统一负担的总部（公司）经费、研究开发费、社会保障性缴款、劳动保护费、业务招待费、工会经费、职工教育经费、股东大会或董事会费、开办费摊销、无形资产摊销（含土地使用费、土地损失补偿费）、矿产资源补偿费、坏账损失、印花税等税金、消防费、排污费、绿化费、外事费和法律、财务、资料处理及会计事务方面的成本（咨询费、诉讼费、聘请中介机构费、商标注册费等），以及向总机构（指同一法人的总公司性质的总机构）支付的与本身营利活动有关的合理的管理费等。除经国家税务总局或其授权的税务机关批准外，纳税人不得列支向其关联企业支付的管理费。

3）财务费用。这是指纳税人筹集经营性资金而发生的费用，包括利息净支出、汇兑净损失、金融机构手续费以及其他非资本化支出。

（3）税金。这是指企业发生的除企业所得税和允许抵扣的增值税以外的各项税金及其附加。即纳税人缴纳的消费税、营业税、资源税、土地增值税、关税和城市维护建设税、教育附加等销售税金及附加，以及发生的房产税、车船税、土地使用税、印花税等可以扣除。

（4）损失。这是指企业在生产经营活动中发生的固定资产和存货的盘亏、毁损、报废损失，转让财产损失，呆账损失，坏账损失，自然灾害等不可抗力因素造成的损失以及其他损失。企业发生的损失，减除责任人赔偿和保险赔款后的余额，依照国务院财政、税务主管部门的规定扣除。企业已经作为损失处理的资产，在以后纳税年度又全部收回或者部分收回时，应当计入当期收入。

（5）其他支出。这是指除成本、费用、税金、损失外，企业在生产经营活动中发生的与生产经营活动有关的、合理的支出。

3. 准予扣除项目的特殊规定

根据《企业所得税法》及其实施条例的规定，下列项目应按照规定的条件、范围和标准扣除：

（1）工资薪金。企业发生的合理的工资薪金支出，准予扣除。工资薪金，是指企业每一纳税年度支付给在本企业任职或受雇的员工的所有现金形式或非现金形式的劳动报酬，包括基本工资、奖金、津贴、补贴、年终加薪、加班工资，以及与员工任职或受雇有关的其他支出。

过去，我国对内资企业的工资薪金支出扣除，除特殊情形外一般按计税工资限额计扣；而对外资企业则实行据实扣除，这是造成内外资企业间税负不公平的重要原因之一。《企业所得税法》及其实施条例的颁行，统一了企业工资薪金支出的税前扣除政策，规定“企业发生的合理的工资薪金支出，准予扣除”。因此，只要企业发生的工资薪金支出是合理（必要和正常）的，无论其为内资企业还是外资企业，均可以按实际发生数据实扣除。

（2）保险费。保险有社会保险与商业保险之分，企业投保所支出的保险费因其投保险种性质不同而在扣除规定上也有差别：1）企业依照国务院有关主管部门或省级人民政府规定的范围和标准为职工缴纳的“五费一金”，即基本养老保险费、基本医疗保险费、失业保险费、工伤保险费、生育保险费等基本社会保险费和住房公积金，准予扣除。2）企业为投资者或职工支付的补充养老保险费、补充医疗保险费，在国务院财政、税务主管部门规定的范围和标准内，准予扣除。3）企业参加财产保险，按照规定缴纳的保险费，准予扣除。4）企业依照国家有关规定为特殊工种职工支付的人身安全保险费和国务院财政、税务主管部门规定可以扣除的其他商业保险费，准予扣除。

（3）职工福利费、工会经费、职工教育经费。企业发生的职工福利费支出，不超过工资薪金总额14%的部分，准予扣除。企业拨缴的工会经费，不超过工资薪金总额2%的部分，准予扣除。除国务院财政、税务主管部门另有规定外，企业发生的职工教育经费支出，不超过工资薪金总额2.5%的部分，准予扣除；超过部分，准予在以后纳税年度结转扣除。

企业发生的前述各项支出，未达到规定标准时，据实扣除；超过规定标准时，则只能按标准扣除，其未能扣除部分，除职工教育经费支出可在以后纳税年度结转扣除外，不再扣除。

（4）借款费用。企业在生产经营活动中发生的合理的、不需要资本化的借款费用，准予扣除。

企业为购置、建造固定资产、无形资产和经过12个月以上的建造才能达到预定可销售状态的存货发生借款的，在有关资产购置、建造期间发生的合理的借款费用，应当作为资本性支出计入有关资产的成本，并依照《企业所得税法实施条例》的规定扣除。有关资产交付使用后发生的借款费用，则可在发生当期扣除。

（5）利息费用。企业在生产经营活动中发生的下列利息支出，准予扣除：1）非金融企业向金融企业借款的利息支出、金融企业的各项存款利息支出和同业拆借利息支出、企业经批准发行债券的利息支出；2）非金融企业向非金融企业借款的利息支出，不超过按照金融企业同期同类贷款利率计算的数额的部分。

（6）汇兑损失。企业在货币交易中，以及纳税年度终了时，将人民币以外的货币性资产、负债按照期末即期人民币汇率中间价折算为人民币时产生的汇兑损失，除已经计入有关资产成本以及与向所有者进行利润分配相关的部分外，准予扣除。

（7）业务招待费。企业发生的与生产经营活动有关的业务招待费支出，按照发生额的60%扣除，但最高不得超过当年销售（营业）收入的5‰。

（8）广告费和业务宣传费。企业发生的符合条件的广告费和业务宣传费支出，除国务院财政、税务主管部门另有规定外，不超过当年销售（营业）收入15%的部分，准予扣除；超过部分，准予在以后纳税年度结转扣除。

（9）环境保护专项资金。企业依照法律、行政法规有关规定提取的用于环境保护、生态恢复等方面的专项资金，准予扣除。但上述专项资金提取后改变用途的，不得扣除。

（10）固定资产租赁费。企业根据生产经营活动的需要租入固定资产支付的租赁费，按照以下方法扣除：1）以经营租赁方式租入固定资产发生的租赁费支出，按照租赁期限均匀扣除；2）以融资租赁方式租入固定资产发生的租赁费支出，按照规定构成融资租入固定资产价值的部分应当提取折旧费用，分期扣除。

经营租赁是指不转移固定资产所有权的租赁。融资租赁是指实质上转移与一项资产所有权有关的全部风险和报酬的一种租赁。符合下列条件之一的租赁为融资租赁：1）在租赁期满时，租赁资产的所有权转让给承租方；2）租赁期为资产使用年限的大部分（75%或以上）；3）租赁期内租赁最低付款额大于或基本等于租赁开始日资产的公允价值。

（11）劳动保护支出。劳动保护支出是指确因工作需要为雇员配备或提供工作服、手套、安全保护用品、防暑降温用品等所发生的支出。企业发生的合理的劳动保护支出，准予扣除。

（12）分摊的总机构费用。非居民企业在中国境内设立的机构、场所，就其中国境外总机构发生的与该机构、场所生产经营有关的费用，能够提供总机构出具的费用汇集范围、定额、分配依据和方法等证明文件，并合理分摊的，准予扣除。

（13）公益性捐赠。企业发生的公益性捐赠支出，不超过年度利润总额（指企业依照国家统一会计制度的规定计算的年度会计利润）12%的部分，准予扣除。纳税人的捐赠额达不到按法定准许扣除比例计算的金额的，应按实际发生金额据实扣除，超过部分不得扣除。

公益性捐赠，是指企业通过公益性社会团体或县级以上人民政府及其部门，用于《中华人民共和国公益事业捐赠法》规定的公益事业的捐赠。纳税人直接向受赠人的捐赠不允许在税前扣除。

公益性社会团体，是指同时符合下列条件的基金会、慈善组织等社会团体：1）依法登记，具有法人资格；2）以发展公益事业为宗旨，且不以营利为目的；3）全部资产及其增值为该法人所有；4）收益和营运结余主要用于符合该法人设立目的的事业；5）终止后的剩余财产不归属于任何个人或者营利组织；6）不经营与其设立目的无关的业务；7）有健全的财务会计制度；8）捐赠者不以任何形式参与社会团体财产的分配；9）国务院财政、税务主管部门会同国务院民政部门等登记管理部门规定的其他条件。

（14）有关资产的费用。包括：1）企业按照规定计算的固定资产折旧费、无形资产和递延资产的摊销费用，准予扣除。2）企业转让资产，该项资产的净值（指有关资产、财产的计税基础减除已经按照规定扣除的折旧、折耗、摊销、准备金等之后的余额），准予在计算应纳税所得额时扣除。

（15）存货成本。企业使用或者销售存货，按照规定计算的存货成本，准予在计算应纳税所得额时扣除。

（16）其他项目。按照法律、行政法规和国家有关税法规定准予扣除的其他项目，如合理的差旅费、会议费、违约金、诉讼费等。

（五）不得扣除的项目

税法除了明确规定在计算应纳税所得额时准予扣除的项目及扣除的具体条件、范围、标准以外，还进一步规定了不得扣除的项目。在计算应纳税所得额时，下列支出项目不得从收入总额中扣除：

（1）向投资者支付的股息、红利等权益性投资收益款项。

（2）企业所得税税款。

（3）税收滞纳金。这是指纳税人违反税收法律、法规，被税务机关处以的滞纳金。

（4）罚金、罚款和被没收财物的损失。这是指纳税人违反国家有关法律、法规的规定，被有关部门处以的行政罚款，以及被司法机关处以的罚金和被没收的财物。

（5）《企业所得税法》第 9 条规定以外的捐赠支出。这是指非公益性捐赠支出及超过规定标准的公益性捐赠支出。

（6）赞助支出。这是指企业发生的与生产经营活动无关的各种非广告性质支出。

（7）未经核定的准备金支出。这是指不符合国务院财政、税务主管部门规定的各项资产减值准备、风险准备等准备金支出。

（8）企业对外投资期间投资资产的成本。

（9）企业之间支付的管理费、企业内营业机构之间支付的租金和特许权使用费，以及非银行企业内营业机构之间支付的利息。

（10）除企业依照国家有关规定为特殊工种职工支付的人身安全保险费和国务院财政、税务主管部门规定可以扣除的其他商业保险费外，企业为投资者或者职工支付的商业保险费。

（11）与取得收入无关的其他支出。

（六）亏损弥补

亏损，是指企业依照税法规定将每一纳税年度的收入总额减除不征税收入、免税收入和各项扣除后小于零的数额。

《企业所得税法》规定："企业纳税年度发生的亏损，准予向以后年度结转，用以后年度的所得弥补，但结转年限最长不得超过五年。"也就是说，纳税人发生年度亏损的，可以用下一纳税年度的所得弥补；下一纳税年度所得不足弥补的，可以逐年延续弥补，但延续弥补期最长不得超过 5 年。5 年内不论纳税人是盈利还是亏损，都作为弥补年限计算。

应当注意的是，纳税人可以弥补的亏损额是指经税务机关按税法规定核实、调整后的金额，而不是企业财务报表上的账面金额。另外，我国对关联企业与投资方的亏损弥补、免税所得的亏损弥补、企业境内外业务的亏损弥补等问题，还有专门规定。

（七）资产的税务处理

纳税人的资产，是指由于资本投资而形成的资产，具体包括固定资产、生产性生物资产、无形资产、长期待摊费用、投资资产、存货等。这些资产应以历史成本，也即以纳税人取得该项资产时实际发生的支出为计税基础。纳税人持有各项资产期间其资产增值或减值，除国务院财政、税务主管部门规定可以确认损益外，不得调整该资产的计税基础。

资产的税务处理，是指对于纳税人持有的各项资产，在计算应纳税所得额时，依法进行的计价、提取折旧以及摊销等方面的处理。其实质是为确定应纳税所得额而进行的所得税会计上的调整，这种调整应严格依照税法的规定进行。

1. 固定资产的税务处理

固定资产，是指企业为生产产品、提供劳务、出租或者经营管理而持有的、使用时间超过 12 个月的非货币性资产，包括房屋、建筑物、机器、机械、运输工具以及其他与生产经营活动有关的设备、器具、工具等。

（1）固定资产的计税基础。

固定资产按照以下方法确定计税基础：

1）外购的固定资产，以购买价款和支付的相关税费以及直接归属于使该资产达到预定用途发生的其他支出为计税基础；

2）自行建造的固定资产，以竣工结算前发生的支出为计税基础；

3）融资租入的固定资产，以租赁合同约定的付款总额和承租人在签订租赁合同过程中发生的相关费用为计税基础，租赁合同未约定付款总额的，以该资产的公允价值和承租人在签订租赁合同过程中发生的相关费用为计税基础；

4）盘盈的固定资产，以同类固定资产的重置完全价值为计税基础；

5）通过捐赠、投资、非货币性资产交换、债务重组等方式取得的固定资产，以该资产的公允价值和支付的相关税费为计税基础；

6）改建的固定资产，除《企业所得税法》第 13 条第 1 项和第 2 项规定的支出外，以改建过程中发生的改建支出增加计税基础。

（2）固定资产的折旧范围。

在计算应纳税所得额时，企业按照规定计算的固定资产折旧，准予扣除。但是，下列固定资产不得计算折旧扣除：

1）房屋、建筑物以外未投入使用的固定资产；

2）以经营租赁方式租入的固定资产；

3）以融资租赁方式租出的固定资产；

4）已足额提取折旧仍继续使用的固定资产；

5）与经营活动无关的固定资产；

6）单独估价作为固定资产入账的土地；

7）其他不得计算折旧扣除的固定资产。

（3）固定资产计提折旧的方法。

固定资产计提折旧的方法为直线法。固定资产按照直线法计算的折旧，准予扣除。

企业应当自固定资产投入使用月份的次月起计算折旧；停止使用的固定资产，应当自停止使用月份的次月起停止计算折旧。企业应当根据固定资产的性质和使用情况，合理确定固定资产的预计净残值；固定资产的预计净残值一经确定，不得变更。

（4）固定资产折旧的最低年限。

除国务院财政、税务主管部门另有规定外，固定资产计算折旧的最低年限如下：

1）房屋、建筑物，为20年；

2）飞机、火车、轮船、机器、机械和其他生产设备，为10年；

3）与生产经营活动有关的器具、工具、家具等，为5年；

4）飞机、火车、轮船以外的运输工具，为4年；

5）电子设备，为3年。

此外，“从事开采石油、天然气等矿产资源的企业，在开始商业性生产前发生的费用和有关固定资产的折耗、折旧方法，由国务院财政、税务主管部门另行规定”。《企业所得税法实施条例》作出这个规定，主要是考虑到石油、天然气等矿产资源行业是我国国民经济运行的重要能源支持行业，具有相当高的战略地位，其生产对象一般都是需要经过长时期才能形成的不可再生资源，主要是埋藏于地下，是非常宝贵的自然资源。而开采这些矿产资源有着特殊的生产过程，具有高投入、高风险、投资回收期较长、资源储量发现成本与发现储量的价值之间存在很大的不确定性等特点，其会计核算的内容、方法等与一般的企业也不同，需要作相应的特殊规定。所以，《会计准则》对石油、天然气企业单独设立一章予以处理。正是考虑到这种特殊性，企业所得税法制度中也有必要对此类开采矿产资源的企业有关费用和资产的折耗、折旧方法，作出相应特殊的制度安排。

2. 生产性生物资产的税务处理

生产性生物资产，是指企业为生产农产品、提供劳务或者出租等而持有的生物资产，它是生物资产①的一大类，包括经济林、薪炭林、产畜和役畜等。

（1）生产性生物资产的计税基础。

生产性生物资产按照以下方法确定计税基础：

1）外购的生产性生物资产，以购买价款和支付的相关税费为计税基础；

2）通过捐赠、投资、非货币性资产交换、债务重组等方式取得的生产性生物资产，

---

①　所谓生物资产，是指有生命的动物和植物。我国《企业会计准则第5号——生物资产》将生物资产分为消耗性生物资产、生产性生物资产和公益性生物资产三大类。消耗性生物资产，是指为出售而持有的或在将来收获为农产品的生物资产，包括生长中的大田作物、蔬菜、用材林以及存栏待售的牲畜等；生产性生物资产，是指为产出农产品、提供劳务或出租等目的而持有的生物资产，包括经济林、薪炭林、产畜和役畜等；公益性生物资产，是指以防护、环境保护为主要目的的生物资产，包括防风固沙林、水土保持林和水源涵养林等。

以该资产的公允价值和支付的相关税费为计税基础。

（2）生产性生物资产计提折旧的方法。

生产性生物资产按照直线法计算的折旧，准予扣除。

企业应当自生产性生物资产投入使用月份的次月起计算折旧；停止使用的生产性生物资产，应当自停止使用月份的次月起停止计算折旧。企业应根据生产性生物资产的性质和使用情况，合理确定生产性生物资产的预计净残值；生产性生物资产的预计净残值一经确定，不得变更。

（3）生产性生物资产折旧的最低年限。

生产性生物资产计算折旧的最低年限如下：

1）林木类生产性生物资产，为 10 年；

2）畜类生产性生物资产，为 3 年。

3. 无形资产的税务处理

无形资产，是指企业为生产产品、提供劳务、出租或者经营管理而持有的、没有实物形态的非货币性长期资产，包括专利权、商标权、著作权、土地使用权、非专利技术、商誉等。

（1）无形资产的计税基础。

无形资产按照以下方法确定计税基础：

1）外购的无形资产，以购买价款和支付的相关税费以及直接归属于使该资产达到预定用途发生的其他支出为计税基础；

2）自行开发的无形资产，以开发过程中该资产符合资本化条件后至达到预定用途前发生的支出为计税基础；

3）通过捐赠、投资、非货币性资产交换、债务重组等方式取得的无形资产，以该资产的公允价值和支付的相关税费为计税基础。

（2）不得摊销的无形资产范围。

在计算应纳税所得额时，企业按照规定计算的无形资产摊销费用，准予扣除。但是，下列无形资产不得计算摊销费用扣除：

1）自行开发的支出已在计算应纳税所得额时扣除的无形资产；

2）自创商誉；

3）与经营活动无关的无形资产；

4）其他不得计算摊销费用扣除的无形资产。

（3）无形资产的摊销方法与年限。

无形资产按照直线法计算的摊销费用，准予扣除。外购商誉的支出，在企业整体转让或者清算时，准予扣除。

无形资产的摊销年限不得低于 10 年。但作为投资或受让的无形资产，有关法律规定或合同约定了使用年限的，可以按照规定或约定的使用年限分期摊销。

4. 长期待摊费用的税务处理

（1）长期待摊费用的概念及范围。

长期待摊费用，是指企业已经支出但摊销期限在一个纳税年度（不含一年）以上的各项费用。长期待摊费用不能全部计入当年损益，应当在以后纳税年度内分期摊销。根据我国《企业所得税法》第 13 条的规定，在计算应纳税所得额时，企业发生的下列支出作为长期待摊费用，按照规定摊销的，准予扣除：1）已足额提取折旧的固定资产的改建支出；2）租入固定资产的改建支出；3）固定资产的大修理支出；4）其他应当作为长期待摊费用的支出。

（2）长期待摊费用的摊销方法和年限。

固定资产的改建支出，是指改变房屋或建筑物结构、延长使用年限等发生的支出。其摊销分为：1）已足额提取折旧的固定资产的改建支出，按照固定资产预计尚可使用年限分期摊销；2）租入固定资产的改建支出，按照合同约定的剩余租赁期限分期摊销；3）改建的固定资产延长使用年限的，除已足额提取折旧的固定资产的改建支出、租入固定资产的改建支出外，应当适当延长折旧年限。

固定资产的大修理支出，是指同时符合下列两个条件的支出：1）修理支出达到取得固定资产时的计税基础 50%以上；2）修理后固定资产的使用年限延长 2 年以上。固定资产的大修理支出，按照固定资产尚可使用年限分期摊销。

其他应当作为长期待摊费用的支出，自支出发生月份的次月起分期摊销，摊销年限不得低于 3 年。

5. 投资资产的税务处理

投资资产，是指企业对外进行权益性投资和债权性投资形成的资产。

投资资产按照以下方法确定成本：（1）通过支付现金方式取得的投资资产，以购买价款为成本；（2）通过支付现金以外的方式取得的投资资产，以该资产的公允价值和支付的相关税费为成本。

企业对外投资期间，投资资产的成本在计算应纳税所得额时不得扣除。企业在转让或者处置投资资产时，投资资产的成本，准予扣除。

6. 存货的税务处理

存货，是指企业持有以备出售的产品或者商品、处在生产过程中的在产品、在生产或者提供劳务过程中耗用的材料和物料等。

存货按照以下方法确定成本：（1）通过支付现金方式取得的存货，以购买价款和支付的相关税费为成本；（2）通过支付现金以外的方式取得的存货，以该存货的公允价值和支付的相关税费为成本；（3）生产性生物资产收获的农产品，以产出或者采收过程中发生的材料费、人工费和分摊的间接费用等必要支出为成本。

企业使用或者销售的存货的成本计算方法，可以在先进先出法、加权平均法、个别计价法中选用一种。计价方法一经选用，不得随意变更。

五、企业所得税的税收优惠规定

企业所得税的税收优惠，是指国家在一定期限内对特定产业、项目或地区的企业应纳的企业所得税，给予免征或者减征等形式的照顾和鼓励性措施。我国的《企业所得税法》根据国民经济和社会发展的实际需要，借鉴国际成功经验，对我国内外资企业所得税的优惠政策进行了全面调整和整合，实现了优惠政策从区域优惠为主向以产业优惠为主、区域优惠为辅的转变，优惠方式从直接税额式减免向直接税额减免与间接税基式减免相结合的转变，统一了内外资企业的税收优惠政策。

《企业所得税法》明确规定，国家对重点扶持和鼓励发展的产业和项目给予企业所得税优惠，并以专章（第四章）规定了各种税收优惠政策及其优惠方式，如免税、减税、加计扣除、税率优惠、加速折旧、减计收入、税额抵免等。以下依据该法及其实施条例，介绍有关企业所得税的优惠政策规定。

（一）免税收入的税收优惠规定

企业的下列收入为免税收入：

（1）国债利息收入；

（2）符合条件的居民企业之间的股息、红利等权益性投资收益；

（3）在中国境内设立机构、场所的非居民企业从居民企业取得与该机构、场所有实际联系的股息、红利等权益性投资收益；

（4）符合条件的非营利组织的收入。

（二）对从事特定所得项目的免征、减征优惠规定

企业的下列所得，可以免征、减征企业所得税。具体减免形式包括免征、减半征税、“三免三减半”、税率优惠等。

1. 从事农、林、牧、渔业项目的所得

从事农、林、牧、渔业项目的所得，可以免征、减征企业所得税。具体是指：

（1）企业从事下列项目的所得，免征企业所得税：1）蔬菜、谷物、薯类、油料、豆类、棉花、麻类、糖料、水果、坚果的种植；2）农作物新品种的选育；3）中药材的种植；4）林木的培育和种植；5）牲畜、家禽的饲养；6）林产品的采集；7）灌溉、农产品初加工、兽医、农技推广、农机作业和维修等农、林、牧、渔服务业项目；8）远洋捕捞。

（2）企业从事下列项目的所得，减半征收企业所得税：1）花卉、茶以及其他饮料作物和香料作物的种植；2）海水养殖、内陆养殖。

企业从事国家限制和禁止发展的项目，不得享受上述规定的企业所得税优惠。

2. 从事国家重点扶持的公共基础设施项目投资经营的所得

国家重点扶持的公共基础设施项目，是指《公共基础设施项目企业所得税优惠目录》① 规定的港口码头、机场、铁路、公路、城市公共交通、电力、水利等项目。

企业从事国家重点扶持的公共基础设施项目的投资经营的所得，自项目取得第一笔生产经营收入所属纳税年度起，第1年至第3年免征企业所得税，第4年至第6年减半征收企业所得税。企业承包经营、承包建设和内部自建自用前述规定的项目，不得享受上述规定的企业所得税优惠。

3. 从事符合条件的环境保护、节能节水项目的所得

符合条件的环境保护、节能节水项目，包括公共污水处理、公共垃圾处理、沼气综合开发利用、节能减排技术改造、海水淡化等。项目的具体条件和范围由国务院财政、税务

---

① 经国务院批准，2008年9月8日财政部、国家税务总局、国家发改委联合发布了《公共基础设施项目企业所得税优惠目录（2008年版）》，自2008年1月1日起施行。

主管部门会同国务院有关部门制定，报国务院批准后公布施行。

企业从事符合条件的环境保护、节能节水项目的所得，自项目取得第一笔生产经营收入所属纳税年度起，第1年至第3年免征企业所得税，第4年至第6年减半征收企业所得税。

前述2、3享受“三免三减半”优惠的项目，在减免税期限内转让的，受让方自受让之日起，可以在剩余期限内享受规定的减免税优惠；减免税期限届满后转让的，受让方不得就该项目重复享受减免税优惠。

4. 符合条件的技术转让所得

符合条件的技术转让所得免征、减征企业所得税，是指一个纳税年度内，居民企业技术转让所得不超过500万元的部分，免征企业所得税；超过500万元的部分，减半征收企业所得税。

5. 非居民企业取得的所得

非居民企业在中国境内未设立机构、场所的，或者虽设立机构、场所但取得的所得与其所设机构、场所没有实际联系的，应当就其来源于中国境内的所得缴纳企业所得税，目前减按10%的税率征收企业所得税。其中下列所得可以免征企业所得税：(1) 外国政府向中国政府提供贷款取得的利息所得；(2) 国际金融组织向中国政府和居民企业提供优惠贷款取得的利息所得；(3) 经国务院批准的其他所得。

（三）对特定企业实行优惠利率政策

对特定企业实行优惠利率的政策，主要包括：

(1) 对符合条件的小型微利企业，减按20%的税率征收企业所得税。

(2) 对国家需要重点扶持的高新技术企业，减按15%的税率征收企业所得税。

（四）对民族自治地方的税收优惠规定

企业所得税是中央与地方共享税。但《企业所得税法》规定：民族自治地方的自治机关对本民族自治地方的企业应缴纳的企业所得税中属于地方分享的部分，可以决定减征或者免征。自治州、自治县决定减征或者免征的，须报省、自治区、直辖市人民政府批准。

民族自治地方，是指依照《中华人民共和国民族区域自治法》的规定，实行民族区域自治的自治区、自治州、自治县。对民族自治地方内国家限制和禁止行业的企业，不得减征或者免征企业所得税。

（五）加计扣除的优惠规定

企业发生的下列支出，可以在计算应纳税所得额时实行加计扣除：

1. 开发新技术、新产品、新工艺发生的研究开发费用

研究开发费用的加计扣除，是指企业为开发新技术、新产品、新工艺发生的研究开发费用，未形成无形资产而计入当期损益的，在按照规定据实扣除的基础上，按照研究开发费用的50%加计扣除；形成无形资产的，按照无形资产成本的150%摊销。

2. 安置残疾人员及国家鼓励安置的其他就业人员所支付的工资

企业安置残疾人员所支付的工资的加计扣除，是指企业安置残疾人员的，在按照支付给残疾职工工资据实扣除的基础上，按照支付给残疾职工工资的100%加计扣除。残疾人

员的范围适用《中华人民共和国残疾人保障法》的有关规定。

企业安置国家鼓励安置的其他就业人员所支付的工资的加计扣除办法，由国务院另行规定。

（六）对创业投资的税收优惠规定

创业投资企业从事国家需要重点扶持和鼓励的创业投资，可以按投资额的一定比例抵扣应纳税所得额。具体是指创业投资企业采取股权投资方式投资于未上市的中小高新技术企业2年以上的，可以按照其投资额的70%在股权持有满2年的当年抵扣该创业投资企业的应纳税所得额；当年不足抵扣的，可以在以后纳税年度结转抵扣。

（七）加速折旧的税收优惠规定

企业的固定资产由于技术进步等原因，确需加速折旧的，可以缩短折旧年限或者采取加速折旧的方法。此类可以采取缩短折旧年限或加速折旧的方法的固定资产，包括：(1) 由于技术进步，产品更新换代较快的固定资产；(2) 常年处于强震动、高腐蚀状态的固定资产。

采取缩短折旧年限方法的，最低折旧年限不得低于《企业所得税法实施条例》第60条规定折旧年限的60%；采取加速折旧方法的，可以采取双倍余额递减法或者年数总和法。

知识链接

双倍余额递减法，是在不考虑固定资产残值的情况下，用直线法折旧率的两倍作为固定的折旧率乘以逐年递减的固定资产期初净值，得出各年应提折旧额的方法。其计算公式为：年折旧率＝2÷折旧年限×100%，年折旧额＝固定资产期初账面净值×年折旧率；月折旧率＝年折旧率÷12，月折旧额＝固定资产期初账面净值×月折旧率；固定资产期初账面净值＝固定资产原值－累计折旧－固定资产减值准备。

年数总和法，又称折旧年限积数法、年数比率法、级数递减法或年限合计法，是将固定资产的原值减去预计净残值后的净额乘以一个逐年递减的分数计算每年的折旧额，这个分数的分子代表固定资产尚可使用的年数，分母代表使用年限的逐年数字总和。年数总和法计算公式为：年折旧率＝（折旧年限－已使用年数）÷［折旧年限×（折旧年限＋1）÷2］×100%，年折旧额＝（固定资产原值－预计残值）×年折旧率；月折旧率＝年折旧率÷12，月折旧额＝（固定资产原值－预计净残值）×月折旧率。

（八）减计收入的税收优惠规定

企业综合利用资源，生产符合国家产业政策规定的产品所取得的收入，可以在计算应纳税所得额时减计收入。

减计收入是指企业以《资源综合利用企业所得税优惠目录》① 规定的资源作为主要原

---

① 经国务院批准，2008年8月20日财政部、国家税务总局、国家发改委联合发布了《资源综合利用企业所得税优惠目录（2008年版）》，自2008年1月1日起施行。

材料，生产国家非限制和禁止并符合国家和行业相关标准的产品取得的收入，减按 90%计入收入总额。

前述所称原材料占生产产品材料的比例不得低于《资源综合利用企业所得税优惠目录》规定的标准。

（九）税额抵免的税收优惠规定

企业购置用于环境保护、节能节水、安全生产等专用设备的投资额，可以按一定比例实行税额抵免。

税额抵免，是指企业购置并实际使用《环境保护专用设备企业所得税优惠目录》、《节能节水专用设备企业所得税优惠目录》和《安全生产专用设备企业所得税优惠目录》[①] 规定的环境保护、节能节水、安全生产等专用设备的，该专用设备的投资额的 10%可以从企业当年的应纳税额中抵免；当年不足抵免的，可以在以后 5 个纳税年度结转抵免。

享受上述规定的企业所得税优惠的企业，应当实际购置并自身实际投入使用上述规定的专用设备；企业购置上述专用设备在 5 年内转让、出租的，应当停止享受企业所得税优惠，并补缴已经抵免的企业所得税税款。

（十）突发事件等特殊情况下的税收优惠规定

根据国民经济和社会发展的需要，或者由于突发事件等原因对企业经营活动产生重大影响的，国务院可以制定企业所得税专项优惠政策，报全国人民代表大会常务委员会备案。

（十一）过渡期的税收优惠规定

《企业所得税法》公布前已经批准设立的企业（即在 2007 年 3 月 16 日前完成工商政策登记的企业），依照当时的税收法律、行政法规规定，享受低税率优惠的，按照国务院规定，可以在《企业所得税法》施行后 5 年内，逐步过渡到《企业所得税法》规定的税率；享受定期减免税优惠的，按照国务院规定，可以在《企业所得税法》施行后继续享受到期满为止，但因未获利而尚未享受优惠的，优惠期限从《企业所得税法》施行年度起计算。

法律设置的发展对外经济合作和技术交流的特定地区内，以及国务院已规定执行上述地区特殊政策的地区内新设立的国家需要重点扶持的高新技术企业，可以享受过渡性税收优惠，具体办法由国务院规定。国家已确定的其他鼓励类企业，可以按照国务院规定享受减免税优惠。[②]

这种过渡期的安排，对于保持对外资企业、经济特区和上海浦东新区内新设的高新技术企业以及投资西部开发的企业的税收政策的延续性、稳定性，保障新税法的顺利实施，

---

① 经国务院批准，2008 年 8 月 20 日，财政部、国家税务总局、国家发改委联合发布了《环境保护专用设备企业所得税优惠目录（2008 年版）》、《节能节水专用设备企业所得税优惠目录（2008 年版）》，财政部、国家税务总局、安全监管总局联合发布了《安全生产专用设备企业所得税优惠目录（2008 年版）》，自 2008 年 1 月 1 日起施行。

② 国务院据此于 2007 年 12 月 26 日发布了《关于实施企业所得税过渡优惠政策的通知》、《关于经济特区和上海浦东新区新设立高新技术企业实行过渡性税收优惠的通知》，财政部、国家税务总局也于 2008 年 2 月 13 日发布《关于贯彻落实国务院关于实施企业所得税过渡优惠政策有关问题的通知》，就相关问题作了更进一步的细化规定。

避免这些企业税负大幅增加，促进对外开放、科技进步与区域协调发展具有重要作用。

第三节　企业应纳所得税税额的计算

一、应纳税所得额的计算

（一）一般情形下应纳税所得额的计算

纳税人在计算应纳税所得额时，其财务、会计处理办法与税收法律、法规的规定不一致的，应当依照税收法律、法规的规定计算。纳税人不能提供完整、准确的收入及成本、费用凭证，不能正确计算应纳税所得额的，由税务机关按照税法规定的方法进行纳税调整，核定其应纳税所得额。

按本章第二节所述的规定和方法确定了纳税人的收入总额、不征税收入、免税收入和准予扣除项目及其金额等以后，以纳税人每一纳税年度的收入总额，减除不征税收入、免税收入、各项扣除以及允许弥补的以前年度亏损后的余额，即为应纳税所得额。用公式表示为：

应纳税所得额＝纳税年度的收入总额－不征税收入－免税收入－各项扣除－允许弥补的以前年度亏损

前述公式适用于自行申报纳税、税务机关查账征收的纳税人，按此公式计算的方法为直接计算法。在实务中，纳税人通常是以会计上的利润总额为基础，加上纳税调整增加额，减去纳税调整减少额的方法计算得出应纳税所得额。此种计算方法为间接计算法。用公式表示为：

应纳税所得额＝会计利润总额＋纳税调整增加额－纳税调整减少额

（二）实行源泉扣缴的非居民企业的应纳税所得额的计算

依《企业所得税法》对非居民企业应缴纳的企业所得税实行源泉扣缴的，具体包括非居民企业在中国境内未设立机构、场所的，或者虽设立机构、场所但取得的所得与其所设机构、场所没有实际联系的（第 3 条第 3 款），该非居民企业来源于中国境内的所得的应纳税所得额的计算按照下列规定进行：

（1）股息、红利等权益性投资收益和利息、租金、特许权使用费所得，以收入全额（指非居民企业向支付人收取的全部价款和价外费用）为应纳税所得额；

（2）转让财产所得，以收入全额减除财产净值后的余额为应纳税所得额；

（3）其他所得，参照前两项规定的方法计算应纳税所得额。

（三）实行核定征收方式的居民企业应纳税所得额的计算

按照国家税务总局 2008 年 3 月 6 日发布、自同年 1 月 1 日起实施的《企业所得税核定征收办法（试行）》[①] 的规定，居民企业纳税人具有下列情形之一的，应采取核定征收

① 该办法发布实施后，相应废止了国家税务总局 2000 年 2 月 25 日发布、自 2000 年度实施的《核定征收企业所得税暂行办法》（国税发［2000］38 号）。

方式征收企业所得税：

(1) 依照法律、行政法规的规定可以不设置账簿的；

(2) 依照法律、行政法规的规定应当设置但未设置账簿的；

(3) 擅自销毁账簿或者拒不提供纳税资料的；

(4) 虽设置账簿，但账目混乱或者成本资料、收入凭证、费用凭证残缺不全，难以查账的；

(5) 发生纳税义务，未按照规定的期限办理纳税申报，经税务机关责令限期申报，逾期仍不申报的；

(6) 申报的计税依据明显偏低，又无正当理由的。

但特殊行业、特殊类型的纳税人和一定规模以上的纳税人不适用《企业所得税核定征收办法（试行）》的规定，这些特定纳税人的范围由国家税务总局另行明确。

核定征收方式包括核定应税所得率或者核定应纳所得税额，由税务机关根据纳税人具体情况选择确定。其中，核定应税所得率是指税务机关按照一定的标准、程序和方法，预先核定纳税人的应税所得率，由纳税人根据纳税年度内的收入总额或成本费用等项目的实际发生额，按预先核定的应税所得率计算缴纳企业所得税的办法。对核定征收企业所得税的纳税人，具有下列情形之一的，核定其应税所得率：

(1) 能正确核算（查实）收入总额，但不能正确核算（查实）成本费用总额的；

(2) 能正确核算（查实）成本费用总额，但不能正确核算（查实）收入总额的；

(3) 通过合理方法，能计算和推定纳税人收入总额或成本费用总额的。

纳税人不属于以上情形的，则采用直接核定其应纳所得税额的方法。

核定应纳所得税额，即定额征收，是指税务机关按照一定的标准、程序和方法，直接核定纳税人年度应纳企业所得税额，由纳税人按规定进行申报缴纳的办法。按《企业所得税核定征收办法（试行）》的规定，税务机关采用下列方法核定征收企业所得税：

(1) 参照当地同类行业或者类似行业中经营规模和收入水平相近的纳税人的税负水平核定；

(2) 按照应税收入额或成本费用支出额定率核定；

(3) 按照耗用的原材料、燃料、动力等推算或测算核定；

(4) 按照其他合理方法核定。

采用前述所列一种方法不足以正确核定应纳税所得额或应纳税额的，可以同时采用两种以上的方法核定。采用两种以上方法测算的应纳税额不一致时，可按测算的应纳税额从高核定。

采用应税所得率方式核定征收企业所得税的，其应纳税所得额的计算公式如下：

$$应纳税所得额=应税收入额\times 应税所得率$$

或

$$应纳税所得额=\frac{成本（费用）支出额}{1-应税所得率}\times 应税所得率$$

公式中应税所得率应按表7—1 规定的幅度标准确定。

表 7—1 应税所得率表

行业	应税所得率（%）
农、林、牧、渔业	3～10
制造业	5～15
批发和零售贸易业	4～15
交通运输业	7～15
建筑业	8～20
饮食业	8～25
娱乐业	15～30
其他行业	10～30

实行应税所得率方式核定征收企业所得税的纳税人，经营多业的，无论其经营项目是否单独核算，均由税务机关根据其主营项目确定适用的应税所得率。而所谓“主营项目”应为纳税人所有经营项目中，收入总额或者成本（费用）支出额或者耗用原材料、燃料、动力数量所占比重最大的项目。

纳税人的生产经营范围、主营业务发生重大变化，或者应纳税所得额或应纳税额增减变化达到 20%的，应及时向税务机关申报调整已确定的应纳税额或应税所得率。

二、企业应纳所得税税额的计算公式

企业的应纳税所得额乘以适用税率，减除依照《企业所得税法》和国务院的税收优惠规定减征、免征和抵免的应纳税额后的余额，即为应纳企业所得税的税额。其计算公式是：

应纳税额＝应纳税所得额×适用税率－减免税额－抵免税额

其中，应纳税所得额应分情况实行不同的计算公式：

$$\text{应纳税所得额}=\text{纳税年度的收入总额}-\text{不征税收入}-\text{免税收入}-\text{各项扣除}-\text{允许弥补的以前年度亏损}$$

应纳税所得额＝会计利润总额＋纳税调整增加额－纳税调整减少额

实行核定应税所得率征收办法的，应纳税所得额的计算公式如下：

应纳税所得额＝应税收入额×应税所得率

或

$$\text{应纳税所得额}=\frac{\text{成本（费用）支出额}}{1-\text{应税所得率}}\times\text{应税所得率}$$

三、企业应纳所得税税额的计算示例

（一）境外所得抵免税额的计算

境外所得抵免税额的计算，实质上涉及如何避免国际双重（重复）征税的问题。

1. 国际双重征税及其避免（清除）方法

国际双重征税，或称“国际重复征税”，是指两个或两个以上的国家（或地区）各自依据自己的税收管辖权就同一税种对同一纳税人的同一征税对象在同一纳税期限内同时征税。在经济全球化、跨国公司大量发展以后，母公司、子公司以及多层子公司等独立经济实体之间的重叠征税现象，在一定条件下也被视为国际双重征税。

导致国际双重征税产生的基本原因，在于国际间税收管辖权的冲突。这种冲突常因下列情形而产生：一是不同国家同时行使税收居民管辖权和所得来源地管辖权，使得具有跨国所得的纳税人，一方面作为居民纳税人向其居住国就世界范围内的所得承担纳税义务，另一方面作为非居民纳税人向所得来源地就其在该国境内取得的所得承担纳税义务；二是居民身份确认标准的不同，使得同一跨国纳税人在不同国家都被认定为居民，都要承担无限纳税义务；三是收入来源地确认标准的不同，使得同一跨国所得同时归属于两个不同的国家，向两个国家承担纳税义务。而当今世界，除实行“避税港”模式的少数国家外，世界各国几乎都开征了所得税。所得税制在世界各国的普遍推行与征收范围的扩大，使得国际重复征税的严重性大为增加。因此，如何避免国际双重征税往往也就成为国际组织或者国家税收立法的重要课题。归纳来看，国际上避免双重征税的方法主要有以下四种：

（1）免税法。全称为“外国税收豁免”，是指居住国政府对本国居民来源于境外并已向来源国政府缴税的所得免予征税的方法。免税法的指导原则是承认收入来源地税收管辖权的独占地位，对居住在本国的跨国纳税人来自外国并已由外国政府征税的那部分所得，完全放弃行使居民管辖权，免予课征国内所得税。这就从根本上消除了双重课税，但却损害了国家的税收利益。免税法又可以分为全额免税法与累进免税法，前者是指居住国政府对本国居民纳税人课税时，允许从其应税所得额中扣除来源于境外并已向来源国纳税的那一部分所得的方法；后者是指居住国政府对来源于境外的所得给予免税，但在确定纳税人总所得的适用税率时，免税所得并入计算的方法。也就是说，对纳税人其他所得征税，仍适用其免税所得额扣除前适用的税率。目前实行免税制的国家，大多采用这个办法。

（2）扣除法。是指居住国政府允许纳税人将其境外所得向来源国已纳的税款从国内外应税所得中扣除的一种方法。扣除法的指导原则是把居住在本国的跨国纳税人在收入来源国缴纳的所得税视为一般的费用支出在计税所得中减除。采用扣除法与采用免税法相比，纳税人的税收负担要重，其国外所得并没有完全消除重复征税，而仅只是有所减轻。

（3）低税法。或称“减免法”，是指对居住国居民来源于国外的所得或对来源于本国所得的非居民纳税人，采用较基本（正常）税率低的税率或减免等优惠政策。如比利时政府规定对来源于国外的所得按正常税率减征80%。

（4）抵免法。全称为“外国税收抵免”，是目前国际上比较通行的避免双重征税的方法。依据这一方法，居住国政府要就居民纳税人来源于国内外的全部所得计征应纳税额，但允许纳税人从应纳税额中抵免已在收入来源国缴纳的部分或全部税款。该种方法的指导原则是承认收入来源地税收管辖权的优先地位，但并不放弃行使居民税收管辖权。抵免法又可分为：

1）直接抵免。所谓“直接抵免”是相对于“间接抵免”而言的，其含义是允许直接抵免的外国税收必须是跨国纳税人自身直接向所得来源国缴纳的。该抵免在具体制度规定方面又可分为全额抵免与限额抵免，全额抵免的特征是已纳外国税收可以全额直接地充抵本国税收，而限额抵免的限定条件是同一项跨国所得的外国税收抵免不能超过其按照居住国法律计算的税收负担（应纳税额）。

2）间接抵免。间接抵免一般适用于对公司、企业的国外子公司（甚至孙公司等多层子公司）所缴纳的所得税的抵免。子公司不同于分公司，它只是母公司的投资对象，其与母公司不是统一核算的同一经济实体，而是两个不同的经济实体、两个不同的纳税人。母公司从子公司可得到的，只是子公司缴纳所得税后按照股份分配的一部分股息。因此，对母公司从子公司取得股息计征所得税时应该给予抵免的，不能是子公司缴纳的全部所得税，而只能是这部分股息所承担的所得税额。所以，这种方法不是根据子公司实纳税额直接进行抵免，而是按换算的股息应承担的税额进行间接抵免。

需要特别指出的是，有人认为税收饶让也是一种避免国际双重征税的方法，这是不正确的。所谓“税收饶让”，亦称“饶让抵免”或“虚拟抵免”，是指在处理避免国际双重课税事务中，居住国（或国籍国）政府对居民纳税人从非居住国（或非国籍国）得到减免的那部分税收视同已经缴纳，给予抵免。按国际通行的“抵免法”，居民纳税人已纳居住国（或国籍国）境外所得税税额，如果低于其来源于境外非居住国（或非国籍国）的跨国所得按照居住国（或国籍国）税法规定计算的应纳税额（即抵免限额）时，其低于的差额税款仍应向居住国（或国籍国）补缴。这种抵免机制使居民纳税人从非居住国（或非国籍国）对其给予的减免税待遇中得不到实惠，使非居住国（或非国籍国）政府的鼓励外商投资和吸引国外技术的税收优惠措施也无从发挥实际效果。因此经过缔结有关国际税收协定，由投资者和技术输出者的居住国（或国籍国）政府承担税收饶让义务，即把这部分减免税款视同已经缴纳，予以抵免，从而避免上述矛盾的发生。正因为如此，税收饶让多属于发达国家（投资与技术输出国）单方面对发展中国家减免税所承担的协定义务。

从上可知，税收饶让是在对国际重复征税采用“抵免法”给予免除的条件下产生的，但它所免除的不是国际重复征税，而是居民纳税人并未向非居住国缴纳过的税收，它实际上是对居民纳税人的一种税收优惠，而非避免国际双重征税的方法。

2. 我国对企业境外所得已纳税额的抵免规定

我国《企业所得税法》在避免企业国际双重征税方面，既规定了直接抵免法，也规定了间接抵免法，而且采用的是限额抵免制。

（1）直接抵免法。

依照《企业所得税法》第 23 条规定进行的抵免即为直接抵免，其适用对象可以是居民企业，也可以是非居民企业的境外纳税的抵免。该条规定：企业取得的下列所得已在境外缴纳的所得税税额，可以从其当期应纳税额中抵免，抵免限额为该项所得依照《企业所得税法》规定计算的应纳税额；超过抵免限额的部分，可以在以后 5 个年度内，用每年度抵免限额抵免当年应抵税额后的余额进行抵补：1）居民企业来源于中国境外的应税所得；2）非居民企业在中国境内设立机构、场所，取得发生在中国境外但与该机构、场所有实际联系的应税所得。

前述所称“已在境外缴纳的所得税税额”，是指企业来源于中国境外的所得依照中国境外税收法律以及相关规定应当缴纳并已经实际缴纳的企业所得税性质的税款。所称“5 个年度”，是指从企业取得的来源于中国境外的所得，已经在中国境外缴纳的企业所得税性质的税额超过抵免限额的当年的次年起连续 5 个纳税年度。所称“抵免限额”，是指企业来源于中国境外的所得，依照《企业所得税法》及其实施条例的规定计算的应纳税额。除国务院财政、税务主管部门另有规定外，该抵免限额应当分国（地区）不分项计算，计算公式如下：

抵免限额＝中国境内、境外所得依照《企业所得税法》和《企业所得税法实施条例》的规定计算的应纳税总额×来源于某国（地区）的应纳税所得额÷中国境内、境外应纳税所得总额

企业就来源于境外所得在境外实际缴纳的所得税税款，低于依上述办法计算出的抵免限额的，可以从应纳税额中抵免其在境外实际缴纳的所得税税款；超过抵免限额的，其超过部分当期不得抵免，也不得列为费用支出，但可以在以后5个年度内，用每年度抵免限额抵免当年应抵税额后的余额进行抵补。

实际上，如果企业有来源于境外的所得，在汇总纳税时，还有另一种计算方法，其公式为：

汇总后的应纳所得税额＝境内所得应纳税额＋境外所得按税法计算的应纳税额－境外所得税税款抵免额

【例7—1】

在中国境内设立的某中外合资经营企业2009年度取得境内生产、经营应纳税所得额400万元；其设在A国的分公司取得境外所得100万元，已在A国缴纳所得税20万元，设在B国的分公司取得境外所得200万元，已在B国缴纳所得税70万元。请计算该企业境外缴纳税款的抵免限额及在我国汇总纳税时应缴纳的所得税税额。

解析：

境内外所得应纳税总额＝（400＋100＋200）×25%＝175（万元）

境外所得税税款抵免限额采用分国不分项的计算方法，故：

A国抵免限额＝（400＋100）×25%×100÷(400＋100)＝25（万元）

B国抵免限额＝（400＋200）×25%×200÷(400＋200)＝50（万元）

汇总时应纳所得税税额＝(400＋100＋200)×25%－20－50＝105（万元）

理由：从境外A国取得的所得在境外实际缴纳的所得税税款为20万元，低于计算出的抵免限额25万元，可以从应纳税额中抵免其在境外实际缴纳的所得税税款，即据实抵免20万元；从境外B国取得的所得在境外实际缴纳的税款为70万元，超过抵免限额50万元，其超过部分不得抵免，亦即只能按限额50万元抵免，未能当年抵免的20万元可以在以后的5年内抵补。换言之，在当期进行抵免时，可比较抵免限额和实际在该境外国家纳税额的大小，哪个数额小，就抵免哪一个。

（2）间接抵免法。

依照《企业所得税法》第24条规定进行的抵免为间接抵免。其适用对象是居民企业与其受控外国企业之间的境外纳税的抵免问题。该条规定：居民企业从其直接或者间接控制的外国企业分得的来源于中国境外的股息、红利等权益性投资收益，外国企业在境外实际缴纳的所得税税额中属于该项所得负担的部分，可以作为该居民企业的可抵免境外所得税税额，在《企业所得税法》第23条规定的抵免限额内抵免。这里所称“直接控制”，是指居民企业直接持有外国企业20%以上股份；所称“间接控制”，是指居民企业以间接持

股方式持有外国企业20%以上股份，具体认定办法由国务院财政、税务主管部门另行制定。

企业依照《企业所得税法》第23条、第24条的规定抵免企业所得税税额时，应当提供中国境外税务机关出具的税款所属年度的有关纳税凭证。

目前，我国尚未制定间接抵免法的具体实施办法。但通常而言，在“直接控制”条件下的居民企业将采取“一层间接抵免法”计算抵免；而在“间接控制”条件下的居民企业将采取“多层间接抵免法”计算抵免。其原理为：

1）一层间接抵免法。与“多层间接抵免法”对称，是适用于母公司（居民企业，下同）与子公司（外国企业，下同）之间的外国税收抵免方法。用该方法可以清除母公司与子公司之间因股息、红利分配形成的重复课税问题。在一层间接抵免中，母公司从国外子公司取得的股息、红利收入的相应利润（即还原出来的那部分国外子公司所得），就是母公司来自国外子公司的所得，因而也就可以并入母公司本身所得进行征税。根据母公司所获股息、红利，应属于（或应分摊给）母公司的外国子公司所得额，可按下列还原公式计算：

$$\begin{matrix}\text{母公司来自}\\\text{子公司的所得}\end{matrix}=\begin{matrix}\text{母公司分得的}\\\text{股息（或红利）}\end{matrix}+\begin{matrix}\text{外国子公司}\\\text{缴纳的所得税}\end{matrix}\times\begin{matrix}\text{母公司分得的}\\\text{股息（或红利）}\end{matrix}\div\begin{matrix}\text{外国子公司}\\\text{税后所得}\end{matrix}$$

当外国子公司的所得税适用比例税率而非累进税率时，母公司来自子公司的所得，还可以按下列简化公式计算：

$$\text{母公司来自子公司的所得}=\frac{\text{母公司分得的股息（或红利）}}{1-\text{子公司所得税税率}}$$

由于母公司不能把外国子公司的所得全部并入本身的所得内进行计税，因而也就不能把外国子公司缴纳的外国政府所得税全部从母公司本身应缴纳的所得税中直接扣除。母公司只能按照分得的股息（或红利）相应的毛收入额占外国子公司缴纳所得税后的所得的比重（比例），推算出母公司分得境外股息（或红利）所应承担的外国子公司所得税，这份所得税才能够从母公司应缴纳的所得税内抵免。应属母公司承担的外国子公司所得税的计算公式如下：

$$\begin{matrix}\text{母公司应承担的}\\\text{外国子公司所得税}\end{matrix}=\begin{matrix}\text{外国子公司缴纳}\\\text{的所得税}\end{matrix}\times\begin{matrix}\text{母公司分得的}\\\text{股息（或红利）}\end{matrix}\div\begin{matrix}\text{外国子公司}\\\text{税后所得}\end{matrix}$$

同样，当外国子公司所得税适用比例税率时（而非累进税率时），母公司应承担的外国子公司所得税的计算公式也可以简化，即：

$$\begin{matrix}\text{母公司应承担的}\\\text{外国子公司所得税}\end{matrix}=\begin{matrix}\text{母公司分得的}\\\text{股息（或红利）}\end{matrix}\div(1-\text{子公司所得税税率})\times\begin{matrix}\text{子公司}\\\text{所得税税率}\end{matrix}$$

按上述公式计算出来的母公司应承担的外国子公司所得税，还须注意与抵免限额进行比较，在没有超过抵免限额时，可以允许从母公司应缴纳的居住国政府所得税中全部扣除。否则，就要进行调整，调整的结果是按抵免限额进行抵免。超过抵免限额不能抵免的已纳税款部分，则由母公司和子公司各自自由承担。

【例7—2】

在中国境内设立的Y公司2009年度取得境内生产、经营应纳税所得额400万元；其取得设在美国的A子公司分配的股息60万元，该子公司所得税实行超额累进税率，已在美国缴纳所得税50万元，其税后总所得为200万元；取得设在日本的B子公司分配的红利140万元，日本B公司实行比例税率，已在日本缴纳所得税90万元，税后可分配红利总额为210万元。请计算Y公司与其子公司境外已纳税款的抵免及在我国汇总纳税时应缴纳的所得税税额。

解析：

(1) 计算Y公司来自美国的所得及其应承担的外国子公司所得税税额。

Y公司来自美国A公司的所得＝Y公司分得的股息＋美国A公司缴纳的所得税×Y公司分得的股息÷美国A公司税后所得＝60＋50×60÷200＝75（万元）

Y公司应承担的美国A公司所得税＝美国A公司缴纳的所得税×Y公司分得的股息÷美国A公司税后所得＝50×60÷200＝15（万元）

(2) 计算Y公司来自日本的所得及其应承担的外国子公司所得税税额。

日本B公司所得税率＝已纳所得税额÷（已纳所得税额＋税后可分配红利）＝90÷(90＋210)＝30％

Y公司来自日本B公司的所得＝Y公司分得的红利÷(1－日本B公司所得税税率)＝140÷(1－30％)＝200（万元）

Y公司应承担的日本B公司所得税＝Y公司分得的红利÷(1－日本B公司所得税税率)×日本B公司所得税率＝140÷(1－30％)×30％＝60（万元）

(3) 分别计算Y公司来自美国、日本的抵免限额。

Y公司来自美国的抵免限额＝75×25％＝18.75（万元）

该抵免限额大于Y公司应承担的美国A公司所得税15万元，故应按15万元抵免。

Y公司来自日本的抵免限额＝200×25％＝50（万元）

该抵免限额小于Y公司应承担的日本B公司所得税60万元，应按抵免限额50万元抵免。超过部分不予抵免。

(4) 计算Y公司2009年境内外所得的应纳税额。

Y公司的应纳税额＝(400＋75＋200)×25％－15－50＝103.75（万元）

2) 多层间接抵免法。与“一层间接抵免法”对称，适用于居住国母公司来自其外国子公司，并通过该外国子公司来自其外国孙公司，以及外国孙公司下属的外国重孙公司等多层外国附属公司的股息、红利所应承担的外国政府所得税的税收抵免方法，以解决与公司以下各层公司的重复征税问题。多层间接抵免方法是用来处理各国政府间及其与母、子、孙、重孙等多层附属公司在所得分配方面的税收关系（这里的各层公司之间也都是相互独立的)。多层间接抵免方法的计算原理与一层间接抵免方法基本相同，可以类推，但具体计算步骤要复杂一些。

（二）居民企业所得税应纳税额的计算

【例7—3】

假定A公司为我国的居民企业，其2009年的经营业务如下：

（1）取得销售收入 2 500 万元。

（2）销售成本 1 100 万元。

（3）发生销售费用 670 万元（其中广告费 450 万元）；管理费用 480 万元（其中业务招待费 15 万元）；财务费用 60 万元。

（4）销售税金 160 万元（含增值税 120 万元）。

（5）营业外收入 70 万元，营业外支出 50 万元（含通过公益性社会团体向贫困山区捐款 30 万元，支付税收滞纳金 8 万元）。

（6）计入成本、费用中的实发工资总额 150 万元、拨缴职工工会经费 3 万元、支出职工福利费和职工教育经费 29 万元。

请计算 A 公司 2009 年度实际应纳的企业所得税税额。

解析：

1. A 公司利润总额＝2 500－1 100－670－480－60－(160－120) ＋70－50
＝170（万元）

2. A 公司的纳税调增额：

（1）广告费扣除限额＝2 500×15%＝375（万元）

故广告费部分应调增额＝450－375＝75（万元）

（2）业务招待费扣除限额＝2 500×5‰＝12.5（万元）

在扣除限额内按招待费的实际发生额的 60%扣除，即 15×60%＝9（万元）

故业务招待费应调增额＝15－9＝6（万元）

（3）捐赠性支出扣除限额＝170×12%＝20.4（万元）

捐赠性支出应调增额＝ 30－20.4＝9.6（万元）

（4）税收滞纳金不允许扣除，此部分应调增 8 万元。

（5）职工“三费”应调增额＝3＋29－(150×2%＋150×14%＋150×2.5%)
＝4.25（万元）

A 公司的纳税调增总额＝75＋6＋9.6＋8＋4.25＝102.85（万元）

3. A 公司的纳税调减额为 0。

4. A 公司 2009 年度的应纳税额＝(170＋102.85－0) ×25%＝68.212 5（万元）

（三）非居民企业预提所得税的计算

【例 7—4】

韩国 S 公司在中国境内没有设立机构、场所，但在 2009 年度从中国境内取得了下列所得：股息 30 万元，利息 20 万元，特许权使用费 60 万元。此外，该企业还转让了一处在中国境内的财产，取得转让收入 120 万元，该财产的净值为 80 万元。请计算 S 公司 2009 年度来源于中国境内的应纳税所得额和应纳税额？

解析：

1. 按照《企业所得税法》第 19 条的规定，非居民企业取得《企业所得税法》第 3 条第 3 款规定的所得，如为股息、红利等权益性投资收益和利息、租金、特许权使用费所得，应以收入全额为应纳税所得额；如为转让财产所得，则以收入全额减除财产净值后的余额为应纳税所得额。

因此，S 公司的应纳税所得额＝30＋20＋60＋（120－80）＝150（万元）

2. 按照《企业所得税法实施条例》第 91 条的规定，非居民企业取得《企业所得税法》第 27 条第 5 项规定的所得，减按 10%的税率征收企业所得税。

因此，S 公司的应纳所得税税额＝150×10%＝15（万元）

第四节　企业所得税的征收管理

一、企业所得税征收管理的一般规定

企业所得税的征收管理除遵循《企业所得税法》的规定外，还依照《中华人民共和国税收征收管理法》的规定执行。

（一）企业所得税的征收方式

按《企业所得税法》、《企业所得税法实施条例》、《企业所得税核定征收办法（试行）》等法律、法规、部门规章的规定，我国对企业所得税的纳税人依据其不同情形而采取相应的征收方式，包括一般情形下的纳税人企业自行申报纳税，及特别情形下的核定征收、源泉扣缴、特别纳税调整等。

企业所得税的缴纳，在一般情况下实行“按纳税年度计算，分月或者分季预缴，年终汇算清缴”的办法。企业应自月份或季度终了之日起 15 日内，向税务机关报送预缴企业所得税纳税申报表，预缴税款；自年度终了之日起 5 个月内，向税务机关报送年度企业所得税纳税申报表，并汇算清缴，结清应缴应退税款。企业在报送企业所得税纳税申报表时，应按照规定附送财务会计报告和其他有关资料。

企业根据规定分月或分季预缴企业所得税时，应按月度或季度的实际利润额预缴；按实际利润额预缴有困难的，可以按上一纳税年度应纳税所得额的月度或季度平均额预缴，或者按照经税务机关认可的其他方法预缴。但预缴方法一经确定，该纳税年度内不得随意变更。

企业所得税的计缴，以人民币为单位计算。企业所得以人民币以外的货币计算的，应当折合成人民币计算并缴纳税款。企业预缴企业所得税时，应按月度或季度最后一日的人民币汇率中间价，折合成人民币计算应纳税所得额。年度终了汇算清缴时，对已经按月度或季度预缴税款的，不再重新折合计算，只就该纳税年度内未缴纳企业所得税的部分，按照纳税年度最后一日的人民币汇率中间价，折合成人民币计算应纳税所得额。经税务机关检查确认，企业少计或多计上述规定的所得的，应当按照检查确认补税或退税时的上一个月最后一日的人民币汇率中间价，将少计或多计的所得折合成人民币计算应纳税所得额，再计算应补缴或应退的税款。

（二）企业所得税的申报纳税期限

企业所得税按纳税年度计算。纳税年度自公历1月1日起至12月31日止。但企业在一个纳税年度中间开业，或者终止经营活动，使该纳税年度的实际经营期不足12个月的，应当以其实际经营期为一个纳税年度；企业依法清算时，应当以清算期间作为一个纳税年度。

企业在纳税年度内无论盈利或亏损，都应当依照规定的期限，向税务机关报送预缴企业所得税纳税申报表、年度企业所得税纳税申报表、财务会计报告和税务机关规定应当报送的其他有关资料。具体是：纳税人应当在月份或季度终了后15日内，向税务机关报送会计报表和预缴企业所得税纳税申报表；年度终了后5个月内，向税务机关报送会计决算报表和年度企业所得税纳税申报表。企业在年度中间终止经营活动的，应自实际经营终止之日起60日内向税务机关办理当期企业所得税汇算清缴。企业应在办理注销登记前，就其清算所得向税务机关申报并依法缴纳企业所得税。

（三）企业所得税的申报纳税地点及计缴

（1）除税收法律、行政法规另有规定外，居民企业以企业登记注册地（即企业依照国家有关规定登记注册的住所地）为纳税地点；但登记注册地在境外的，以实际管理机构所在地为纳税地点。

居民企业在中国境内设立不具有法人资格的营业机构的，应当汇总计算并缴纳企业所得税。企业汇总计算并缴纳企业所得税时，应当统一核算应纳税所得额。由于汇总纳税容易引发地区间税源转移问题，纳税人和地方政府都很关注，为解决有关矛盾与问题，财政部、国家税务总局、中国人民银行2012年6月12日联合发布的《跨省市总分机构企业所得税分配及预算管理办法》和国家税务总局2012年12月27日发布的《跨地区经营汇总纳税企业所得税征收管理办法》就跨省（自治区、直辖市、计划单列市）总分机构合并纳税的适用范围、原则、税款预缴和汇算清缴、分支机构分摊税款比例、征收管理等问题作出了较为明确的规定。总体来讲，确立了此类汇总纳税的居民企业实行“统一计算、分级管理、就地预缴、汇总清算、财政调库”①的企业所得税征收管理办法。

（2）非居民企业取得《企业所得税法》第3条第2款规定的所得，以机构、场所所在地为纳税地点。

但非居民企业在中国境内设立两个或者两个以上机构、场所的，经各机构、场所所在地税务机关的共同上级税务机关审核批准，可以选择由其主要机构、场所汇总缴纳企业所得税。该选定汇总纳税的“主要机构、场所”，应当同时符合下列条件：1）对其他各机构、场所的生产经营活动负有监督管理责任；2）设有完整的账簿、凭证，能够准确反映各机构、场所的收入、成本、费用和盈亏情况。

① 统一计算，是指企业总机构统一计算包括汇总纳税企业所属各个不具有法人资格分支机构在内的全部应纳税所得额、应纳税额；分级管理，是指总机构、分支机构所在地的主管税务机关都有对当地机构进行企业所得税管理的责任，总机构和分支机构应分别接受机构所在地主管税务机关的管理；就地预缴，是指总机构、分支机构应按规定，分月或分季分别向所在地主管税务机关申报预缴企业所得税；汇总清算，是指在年度终了后，总机构统一计算汇总企业的年度应纳所得税额应纳所得税额，抵减总机构、分支机构当年已就地分期预缴的企业所得税款后，多退少补税款；财政调库，是指财政部定期将缴入中央国库的汇总纳税企业所得税待分配收入，按照核定的系数调整至地方金库。

非居民企业经批准汇总缴纳企业所得税后，需要增设、合并、迁移、关闭机构、场所或者停止机构、场所业务的，应当事先由负责汇总申报缴纳企业所得税的主要机构、场所向其所在地税务机关报告；需要变更汇总缴纳企业所得税的主要机构、场所的，仍然需要经各机构、场所所在地税务机关的共同上级税务机关审核批准。

(3) 非居民企业取得《企业所得税法》第 3 条第 3 款规定的所得，以扣缴义务人所在地为纳税地点。

(4) 除国务院另有规定外，企业之间不得合并缴纳企业所得税。

二、核定征收企业所得税的居民企业申报纳税的特别规定

按国家税务总局 2008 年 3 月 6 日发布的《企业所得税核定征收办法（试行）》的规定，对未设账簿或财务会计账册混乱等情形的居民企业实行核定应税所得率或直接核定应纳所得税额的方式征收企业所得税。其申报纳税有如下规定：

(1) 纳税人实行核定应税所得率方式的，按下列规定申报纳税：

1) 主管税务机关根据纳税人应纳税额的大小确定纳税人按月或者按季预缴，年终汇算清缴。预缴方法一经确定，一个纳税年度内不得改变。

2) 纳税人应依照确定的应税所得率计算纳税期间实际应缴纳的税额，进行预缴。按实际数额预缴有困难的，经主管税务机关同意，可按上一年度应纳税额的 1/12 或 1/4 预缴，或按经主管税务机关认可的其他方法预缴。

3) 纳税人预缴税款或年终进行汇算清缴时，应按规定填写《企业所得税月（季）度预缴纳税申报表（B 类）》，在规定的纳税申报时限内报送主管税务机关。

(2) 纳税人实行核定应纳所得税额方式的，按下列规定申报纳税：

1) 纳税人在应纳所得税额尚未确定之前，可暂按上年度应纳所得税额的1/12或 1/4 预缴，或按经主管税务机关认可的其他方法，按月或按季分期预缴。

2) 在应纳所得税额确定以后，减除当年已预缴的所得税额，余额按剩余月份或季度均分，以此确定以后各月或各季的应纳税额，由纳税人按月或按季填写《企业所得税月（季）度预缴纳税申报表（B 类）》，在规定的纳税申报期限内进行纳税申报。

3) 纳税人年度终了后，在规定的时限内按照实际经营额或实际应纳税额向税务机关申报纳税。申报额超过核定经营额或应纳税额的，按申报额缴纳税款；申报额低于核定经营额或应纳税额的，按核定经营额或应纳税额缴纳税款。

税务机关应在每年 6 月底前对上年度实行核定征收企业所得税的纳税人进行重新鉴定。重新鉴定工作完成前，纳税人可暂按上年度的核定征收方式预缴企业所得税；重新鉴定工作完成后，按重新鉴定的结果进行调整。

三、对特定情形下的非居民企业实行源泉扣缴的特别规定

（一）实施源泉扣缴的特定情形及扣缴义务人的确定

按《企业所得税法》及其实施条例的有关规定，对非居民企业在下列两种情形下实行源泉扣缴：

1. 法定源泉扣缴

《企业所得税法》第 37 条规定：对非居民企业取得本法第三条第三款规定的所得应缴纳的所得税，实行源泉扣缴，以支付人为扣缴义务人。税款由扣缴义务人在每次支付或者到期应支付时，从支付或者到期应支付的款项中扣缴。

前述所称“支付人”，是指依照有关法律规定或者合同约定对非居民企业直接负有支付相关款项义务的单位或者个人；所称“支付”，包括现金支付、汇拨支付、转账支付和权益兑价支付等货币支付和非货币支付；所称“到期应支付的款项”，是指支付人按照权责发生制原则应当计入相关成本、费用的应付款项。

2. 依法指定源泉扣缴

《企业所得税法》第 38 条规定：对非居民企业在中国境内取得工程作业和劳务所得应缴纳的所得税，税务机关可以指定工程价款或者劳务费的支付人为扣缴义务人。

在此，税务机关可以指定扣缴义务人的情形，包括：(1) 预计工程作业或者提供劳务期限不足一个纳税年度，且有证据表明不履行纳税义务的；(2) 没有办理税务登记或者临时税务登记，且未委托中国境内的代理人履行纳税义务的；(3) 未按照规定期限办理企业所得税纳税申报或者预缴申报的。税务机关指定扣缴义务人不能随意扩大范围。

指定扣缴义务人实质上是加支付人以义务，增加其负担。因此，《企业所得税法实施条例》第 106 条第 2 款明确规定：前款规定的扣缴义务人，由县级以上税务机关指定，并同时告知扣缴义务人所扣税款的计算依据、计算方法、扣缴期限和扣缴方式。

（二）源泉扣缴税款的报缴

扣缴义务人每次代扣的税款，应当自代扣之日起 7 日内缴入国库，并向所在地的税务机关报送扣缴企业所得税报告表。

（三）应扣未扣税款的补救

依照规定应当扣缴的所得税，扣缴义务人未依法扣缴或者无法履行扣缴义务的，由纳税人（非居民企业）在所得发生地缴纳。纳税人未依法缴纳的，税务机关可以从该纳税人在中国境内其他收入项目的支付人应付的款项中，追缴该纳税人的应纳税款。税务机关在追缴该纳税人应纳税款时，应当将追缴理由、追缴数额、缴纳期限和缴纳方式等告知该纳税人。

前述所称“所得发生地”，是指依照《企业所得税法实施条例》第 7 条规定的原则确定的所得发生地。在中国境内存在多处所得发生地的，由纳税人选择其中之一申报缴纳企业所得税。所称“该纳税人在中国境内其他收入”，是指该纳税人在中国境内取得的来自其他各种来源的收入。

四、特别纳税调整

特别纳税调整，是指税务机关出于实施反避税目的而对纳税人特定纳税事项所作的税务调整，包括针对纳税人转让定价、资本弱化、避税港避税及其他避税情况所进行的税务调整等。我国《企业所得税法》及其实施条例借鉴国际反避税经验，以专章规定的形式，就前述问题进行了较为明确的规定。体现在：一是明确提出了转让定价的核心原则——

"独立交易原则"，增列了成本分摊协议条款，强化了纳税人、关联方和可比企业对转让定价调查的协助义务。这些规定有利于防止跨国集团利用转让定价向国外转移利润，侵蚀我国税基。二是规定了受控外国企业、资本弱化、一般反避税等相关条款，对反避税制度作了进一步规范。三是赋予了税务机关必要的反避税处置权，规定了加收利息条款。新企业所得税法通过上述反避税措施的安排，建立了比较全面、规范、与国际惯例接轨的企业所得税反避税制度。

（一）转让定价的特别纳税调整

1. 关联方及关联企业的概念

关联方，包括关联企业、关联组织和关联个人，即一切与企业有着密切关系的经济实体。所谓关联企业，是指在股权、资金、购销、人员等方面存在关联关系的企业。我国《企业所得税法实施条例》规定：关联方，是指与企业有下列关联关系之一的企业、其他组织或者个人：（1）在资金、经营、购销等方面存在直接或者间接的控制关系；（2）直接或者间接地同为第三者控制；（3）在利益上具有相关联的其他关系。

2. 对企业与其关联方之间业务往来进行纳税调整的前提条件与方法

《企业所得税法》第 41 条规定：企业与其关联方之间的业务往来，不符合独立交易原则而减少企业或者其关联方应纳税收入或者所得额的，税务机关有权按照合理方法调整。企业与其关联方共同开发、受让无形资产，或者共同提供、接受劳务发生的成本，在计算应纳税所得额时应当按照独立交易原则进行分摊。可见，纳税人违背独立交易原则而减少应税收入或所得额，是税务机关有权对其进行纳税调整的前提条件。

所称"独立交易原则"，是指没有关联关系的交易各方，按照公平成交价格和营业常规进行业务往来遵循的原则。当企业与其关联方之间的业务往来，不符合独立交易原则而减少企业或者其关联方应纳税收入或者所得额时，则税务机关有权按照下列合理方法予以调整：

（1）可比非受控价格法，是指按照没有关联关系的交易各方进行相同或者类似业务往来的价格进行定价的方法；

（2）再销售价格法，是指按照从关联方购进商品再销售给没有关联关系的交易方的价格，减除相同或者类似业务的销售毛利进行定价的方法；

（3）成本加成法，是指按照成本加合理的费用和利润进行定价的方法；

（4）交易净利润法，是指按照没有关联关系的交易各方进行相同或者类似业务往来取得的净利润水平确定利润的方法；

（5）利润分割法，是指将企业与其关联方的合并利润或者亏损在各方之间采用合理标准进行分配的方法；

（6）其他符合独立交易原则的方法。

3. 与转让定价特别纳税调整相关的制度安排

（1）规定预约定价安排制度。预约定价安排是国际上通行的一种转让定价的调整方法。《企业所得税法》第 42 条规定：企业可以向税务机关提出与其关联方之间业务往来的定价原则和计算方法，税务机关与企业协商、确认后，达成预约定价安排。所谓"预约定价安排"，是指企业就其未来年度关联交易的定价原则和计算方法，向税务机关提出申请，与税务机关按照独立交易原则协商、确认后达成的协议。达成协议后，税收征纳双方据此协议来解决关联交易的定价及相应的税收问题。

（2）规定纳税人等当事人的相关报表资料的协助义务。《企业所得税法》第 43 条规定：企业向税务机关报送年度企业所得税纳税申报表时，应当就其与关联方之间的业务往来，附送年度关联业务往来报告表。税务机关在进行关联业务调查时，企业及其关联方，以及与关联业务调查有关的其他企业，应当按照规定提供相关资料。这些相关资料，包括：1）与关联业务往来有关的价格、费用的制定标准、计算方法和说明等同期资料；2）关联业务往来所涉及的财产、财产使用权、劳务等的再销售（转让）价格或者最终销售（转让）价格的相关资料；3）与关联业务调查有关的其他企业应当提供的与被调查企业可比的产品价格、定价方式以及利润水平等资料；4）其他与关联业务往来有关的资料。

企业应当在税务机关规定的期限内提供与关联业务往来有关的价格、费用的制定标准、计算方法和说明等资料。关联方以及与关联业务调查有关的其他企业应当在税务机关与其约定的期限内提供相关资料。

（3）增加反避税核定方法的规定。《企业所得税法》第 44 条明确规定：企业不提供与其关联方之间业务往来资料，或者提供虚假、不完整资料，未能真实反映其关联业务往来情况的，税务机关有权依法核定其应纳税所得额。《企业所得税法实施条例》第 115 条更进一步规定，税务机关依法核定企业的应纳税所得额时，可以采用的方法包括：1）参照同类或者类似企业的利润率水平核定；2）按照企业成本加合理的费用和利润的方法核定；3）按照关联企业集团整体利润的合理比例核定；4）按照其他合理方法核定。企业对税务机关核定的应纳税所得额有异议的，应当提供相关证据，经税务机关认定后，调整核定的应纳税所得额。

（二）受控外国企业反避税规则

为了防止企业在低税率国家（或地区）建立受控外国企业，将利润保留在外国企业不分配或少量分配，逃避国内纳税义务，我国参照国际上一些国家的做法，引入了受控外国企业的反避税措施。《企业所得税法》第 45 条规定："由居民企业，或者由居民企业和中国居民控制的设立在实际税负明显低于本法第四条第一款规定税率水平的国家（地区）的企业，并非由于合理的经营需要而对利润不作分配或者减少分配的，上述利润中应归属于该居民企业的部分，应当计入该居民企业的当期收入。"

我国《企业所得税法实施条例》第 116 条至第 118 条进一步从以下三个方面明确了受控外国企业反避税规则适用的有关判断标准：

（1）明确了构成受控外国企业的判断标准。《企业所得税法实施条例》第 117 条规定：《企业所得税法》第 45 条所称控制，包括：1）居民企业或者中国居民直接或者间接单一持有外国企业 10%以上有表决权股份，且由其共同持有该外国企业 50%以上股份；2）居民企业，或者居民企业和中国居民持股比例没有达到第 1）项规定的标准，但在股份、资金、经营、购销等方面对该外国企业构成实质控制。

（2）明确了实际税负偏低的判定标准。《企业所得税法实施条例》第 118 条规定：《企业所得税法》第 45 条所称实际税负明显低于《企业所得税法》第 4 条第 1 款规定的税率水平，是指低于《企业所得税法》第 4 条第 1 款规定税率的 50%。亦即实际税负水平低于

12.5%。

(3) 明确了中国居民的判断标准，即是指根据《个人所得税法》的规定，就其从中国境内、境外取得的所得在中国缴纳个人所得税的个人。

(三) 关于限制资本弱化的规定

企业投资方式有权益性投资和债权性投资。由于以下原因，企业往往愿意采用债权性投资，相应减少权益性投资：(1) 由于债务人支付给债权人的利息可以在税前抵扣，而股东获得的收益即股息却不能在税前扣除，选择借债的融资方式比权益性的融资方式，从税收的角度来说更具有优势；(2) 许多国家对非居民纳税人获得的债权利息征收的预提所得税税率，通常比对股息征收的企业所得税税率低，采用债权投资比采用股权投资的税收负担低。因此，对于债务人、债权人同属一个利益集团的跨国公司来说，就有动机通过操纵融资方式，降低集团整体的税收负担。进而纳税人在为投资经营活动筹措资金时，常常刻意设计资金来源结构，加大借入资金比例，扩大债务与权益的比率，人为形成"资本弱化"。为此，许多国家在税法上对关联方之间的债权性投资与权益性投资比例作出限制，以防范企业通过操纵各种债务形式的支付手段，增加税前扣除，降低税收负担。

我国借鉴国际惯例，在《企业所得税法》第 46 条中明确规定：企业从其关联方接受的债权性投资与权益性投资的比例超过规定标准而发生的利息支出，不得在计算应纳税所得额时扣除。从而建立了我国限制资本弱化的制度。据此，《企业所得税法实施条例》进一步对债权性投资和权益性投资作出了界定，明确规定：债权性投资，是指企业直接或者间接从关联方获得的，需要偿还本金和支付利息或者需要以其他具有支付利息性质的方式予以补偿的融资。其中，企业间接从关联方获得的债权性投资，包括：(1) 关联方通过无关联第三方提供的债权性投资；(2) 无关联第三方提供的、由关联方担保且负有连带责任的债权性投资；(3) 其他间接从关联方获得的具有负债实质的债权性投资。而权益性投资，是指企业接受的不需要偿还本金和支付利息，投资人对企业净资产拥有所有权的投资。至于债权性投资及权益性投资的比例和标准，由国务院财政、税务主管部门另行规定。

(四) 关于反避税的一般性规定

我国《企业所得税法》第 47 条规定：企业实施其他不具有合理商业目的的安排而减少其应纳税收入或者所得额的，税务机关有权按照合理方法调整。此为反避税的一般性规定，或称一般反避税条款。

我国《企业所得税法》借鉴国外立法经验，将一般反避税条款作为兜底的补充性条款，旨在打击和遏制以规避税收为主要目的，而其他反避税措施又无法涉及的避税行为，以弥补特别反避税条款的不足，增强税法的威慑力。如果对主要目的是为了获取税收利益而并非出于正常商业目的安排不进行制约，势必造成对其他企业的不公平，破坏公平市场环境的形成。

一般反避税条款规定对不具有合理商业目的的安排进行调整，是指税务机关有权对以减少、免除或者推迟缴纳税款为主要目的的安排进行调整。不具有合理商业目的的安排通常具有以下特征：一是必须存在一个安排，即人为规划的一个或一系列行动或交易；二是企业必须从该安排中获取“税收利益”，即减少企业的应纳税收入或者所得额；三是企业获取税收利益是其安排的主要目的。满足以上三个特征，可推断该安排已经构成了避税事实。

（五）关于纳税调整加收利息的规定

我国《企业所得税法》借鉴国际通行做法，增加了对反避税调整补税加收利息的条款。其第 48 条明确规定：税务机关依照本章规定作出纳税调整，需要补征税款的，应当补征税款，并按照国务院规定加收利息。以此加大企业避税成本，打击各种避税行为，维护国家税收权益。

鉴于反避税调查一般涉及的年份较长，调整补缴税款的性质与其他形式补缴税款有一定的差别，因此，《企业所得税法实施条例》第 121 条、第 122 条就其计算的期间规则与利率规则作了不同于《税收征收管理法》的特别规定：一是税务机关根据税收法律、行政法规的规定，对企业作出特别纳税调整的，应当对补征的税款，自税款所属纳税年度的次年 6 月 1 日起至补缴税款之日止的期间，按日加收利息。此加收的利息，不得在计算应纳税所得额时扣除。二是加收的利息，应当按照税款所属纳税年度中国人民银行公布的与补税期间同期的人民币贷款基准利率加 5 个百分点计算，从而体现其惩罚性。但对于企业依照《企业所得税法》第 43 条和《企业所得税法实施条例》的规定提供有关资料的，则可以只按规定的人民币贷款基准利率计算利息而无须加点计算，以此鼓励企业对特别纳税调整的协作（助）行为。

（六）其他规定

企业与其关联方之间的业务往来，不符合独立交易原则，或者企业实施其他不具有合理商业目的安排的，税务机关有权在该业务发生的纳税年度起 10 年内，进行纳税调整。

本章小结

企业所得税，是对企业和其他取得收入的组织每一纳税年度的收入总额，减除不征税收入、免税收入、各项扣除以及允许弥补的以前年度亏损后的余额，依法定税率课征的一种直接税。在我国，企业所得税属于共享税，是我国目前的主体税种之一。企业所得税法是非常重要的实体税法，大家应予以重点掌握。自新中国成立以来，我国对内资、外资等各类企业课征企业所得税的税法制度，总体上经历了由“诸法分治”到“两法并行”直至最后完全统一的发展过程。其现行有效的最基本的课征依据主要是 2007 年 3 月 16 日第十届全国人民代表大会第五次会议通过的《中华人民共和国企业所得税法》及 2007 年 12 月 6 日国务院公布的《中华人民共和国企业所得税法实施条例》。

第一节主要介绍了企业所得税的概念及特点、企业所得税法的历史沿革和立法原则等内容。通过本节的学习，大家应了解所得税法的一般原理和我国现行有效的所得税法制度的概况，尤其应着重把握企业所得税的特点及企业所得税法“两法合并”的基本内容、特点与意义。

第二节是本章的重点，系统地介绍了企业所得税的纳税人及纳税义务、企业所得税的征税对象及范围、企业所得税的税率、应纳税所得额的确定和企业所得税的税收优惠规定等内容。其中，应纳税所得额的确定因其纷繁复杂的内容而成为本节的重点和难点，也是掌握整个企业所得税法制度的重点和难点。

第三节依据新的《企业所得税法》及其实施条例等的规定，就企业所得税应纳税所得额的计算、企业应纳所得税税额的计算、企业所得税境外所得抵免税额的计算、居民企业所得税应纳税额的计算、非居民企业预提所得税的计算等问题进行了系统、全面的介绍，以培养大家计算企业所得税应纳税额的能力。

第四节就企业所得税征收管理的一般规定、核定征收企业所得税的居民企业申报纳税的特别规定、对特定情形下的非居民企业实行源泉扣缴的特别规定和特别纳税调整（包括关联企业转让定价、资本弱化、避税港避税等的税务调整）等问题，进行了专门介绍。

关键概念

企业所得税　居民企业　非居民企业　应纳税所得额　收入总额　不征税收入　免税收入　预提所得税　应税所得率　生物资产　长期待摊费用　抵免限额　公允价值　直接抵免法　间接抵免法　清算所得　预约定价制度　资本弱化

思考题

1. 实行统一的企业所得税法的主要内容及意义有哪些？
2. 什么是居民企业？什么是非居民企业？其界定依据是什么？
3. 怎样确定企业所得税的应纳税所得额和应纳税额？
4. 确定准予扣除项目的原则有哪些？
5. 计算应纳税所得额时准予扣除的项目包括哪些？不得扣除的项目包括哪些？
6. 免税所得与不征税所得的区别何在？
7. 什么叫生物资产？生物资产在纳税时如何扣除？
8. 企业的境外所得在汇总纳税时如何计算抵免？
9. 企业所得税的税收优惠规定有哪些？其特点是什么？
10. 为什么要进行特别纳税调整？

辅助税法篇

第八章

财产税法制度

财产税法是调整财产税征纳关系的法律规范的总称。财产税是以纳税人拥有或支配的某些财产作为课税客体而征收的一类税。在性质上属于直接税、对物税，且一般属于地方税。广义的财产税可包括资源税，但我们一般所讲的财产税是从狭义而言的，它仅包括房产税、契税、车船税、车辆购置税、遗产及赠与税等。

我国目前课征财产税的法律依据主要有：国务院于1986年9月15日发布、自同年10月1日起实施的《中华人民共和国房产税暂行条例》，1997年7月7日发布、自同年10月1日起实施的《中华人民共和国契税暂行条例》，2000年10月22日发布、自2001年1月1日起实施的《中华人民共和国车辆购置税暂行条例》，2011年2月25日第十一届全国人民代表大会常务委员会第十九次会议通过、自2012年1月1日起施行的《中华人民共和国车船税法》，2008年12月31日发布的《中华人民共和国国务院令第546号》，2011年12月5日发布、自2012年1月1日起施行的《中华人民共和国车船税法实施条例》。此外，财政部、国家税务总局也颁布了一系列有关财产税征收方面的规定、办法、通知等。目前，我国尚未开征遗产及赠与税，但从各方面看已初步具备了开征该税的条件，有关《遗产及赠与税条例》正在研究制定中。

重点问题

- 财产税的概念及特点。
- 财产税的分类与立法原则。
- 房产税的纳税人、征税对象和计税方法。
- 契税的纳税人、征税对象和计税方法。
- 契税的减免规定与征收管理。
- 车船税的纳税人、征税对象和计税方法。
- 车辆购置税的纳税人、征税对象及范围。

- 车辆购置税的计税依据和税率。
- 车辆购置税的征收管理。
- 遗产及赠与税的概念与课征模式。

第一节　财产税法概述

一、财产税的概念及特点

财产税是以纳税人拥有或支配的某些财产作为课税客体而征收的一类税。在性质上属于直接税、对物税，且一般为地方税。财产税法是调整财产税征纳关系的法律规范的总称。

所谓财产，从广义而言，既包括自然资源①、劳动产品等有形财产，同时也包括专利权、商标权、版权等无形财产。但是，财产税不是对全部财产课税，而是对某些特定的财产课税。大抵来说，作为各国财产税法课税对象的财产主要是使用、消费中的那部分财产，如房屋、汽车等，而不包括生产、流通中的那部分财产，如原材料、机器设备等。

作为财产税法客体的财产，可以分为两大类：一类是不动产，包括土地、房屋、建筑物等；另一类则为动产，包括有形动产和无形动产两类。其中，有形动产是指车辆、设备等消费性财产；无形动产是指股票、债券、银行存款等，由于这类财产易被隐瞒和转移，税源难以控制，征收管理比较难，因此，各国在选择财产税的征税对象时，一般只对不动产和有形动产（往往为大宗动产）征税，而对无形动产则不予或不经常征税（只在发生变动或转移时征税）。

财产税是一个历史悠久的税种，也是现今世界众多国家普遍开征的一种税。尽管该税在各国的税制结构中并不居于主体税种地位，但由于该税自身的一系列特点，使其发挥着所得课税、流转课税无法发挥的作用，成为各国政府尤其是地方政府财政收入的一个重要来源。财产税的特点主要有以下几个方面：

（1）财产税的税源充足，收入稳定。财产税一般是着眼于财产所有的事实、以财产的价值为计税依据计征税收，由于可课税的财产种类很多，税源比较充足，并且在一定时期内，作为课税对象的财产其价值是一个常量，较少受经济景气循环、收入多寡的影响，在税率一定的情况下，财产税的总量是恒定的，故其收入稳定可靠。

（2）财产税是直接税，税负难以转嫁。由于财产税主要是对处于使用、消费过程中的财产征收，对生产、流通环节的财产则不征收，因而财产税较少有转嫁的机会。

（3）财产税与所得税、消费税配合，相辅相成，可以发挥多方面的调节作用。因为纳税人的所得，如果不是用于积累（形成财产），就是用于消费或者投资。通过对财产征收

---

① 需要指出的是，在我国由于将土地、矿藏等更多的视为一种资源而不是财产，并对这些财产课征了专门的资源税，所以，从狭义而言，我国的财产税不包括资源税和有关土地的课税。但从税法理论而言，广义财产税应涵盖资源税。

财产税，对高消费征收消费税，可以起到抑制消费、刺激投资、发展经济的作用。同时，财产税的征收，还可以对偷漏所得税的行为起到弥补作用，从而进一步发挥平均社会财富、调节收入分配的功能。

(4) 财产税一般是地方税，是地方政府财政收入的主要来源。财产税税源分散，但税基稳定（尤其是不动产财产税），适宜于地方政府征收管理，故在开征财产税的国家，多将财产税的征收管理权和收入支配权交由地方政府。

(5) 财产税的征收管理很难。由于作为财产税课税客体的财产范围广、变动频繁，故税源追踪困难，加上财产税的计税依据——财产估价非常难，故除非实行个别财产税、有良好的财产登记制度和体系、有公正合理的财产评估体系，否则，财产税的课征很难落到实处。

二、财产税的分类

由于各国经济发展水平的不同，以及因历史等因素导致的法律传统的差别，各国的财产税法制度不尽相同，对财产税的分类标准亦多种多样。但最主要的分类有下述几种。

（一）一般财产税和特别财产税

依据征收范围及征税方式的不同，财产税可分为一般财产税和特别财产税。

1. 一般财产税

一般财产税又称综合财产税，是指对纳税人所拥有的全部财产，按其综合计算的价值进行课征的一种财产税。虽然名为一般（综合）财产税，但实际上各国实行的仍然是程度不等的有选择的财产税。这一方面是因为对财产概念的理解本身就见仁见智；另一方面，也是因为社会的发展，新型财产不断出现，使财产范围的界定和捕捉更加困难。因而，绝对的一般财产税实际上是不存在的。

另外，在课征实践中，由于政策上的原因，一般财产税的征收还要考虑一定数额以下的财产和生活必需品的免税以及负债等项目的扣除，在税率设计上亦有比例税与累进税等不同征收方式。因此，在计算和征收时较为复杂，需要有较高的征管水平才能实施此种课税。

2. 特别财产税

特别财产税又称特种财产税或个别财产税，是指对纳税人的某一特定财产单独课征的一种财产税。如地产税、房产税、车船税等。特别财产税是财产税最古老的形式，这种形式的财产税在课征时，由于仅对特定的财产征税，故一般不需要考虑免税和扣除，且多实行比例税率，所以，计算和征收都相对较易。

（二）静态财产税和动态财产税

依据课税对象的形态不同，财产税可分为静态财产税和动态财产税。

1. 静态财产税

静态财产税是指对纳税人一定时期内的处于相对静止状态的财产课征的一种财产税，如房产税、地产税、车船税等财产税。这类财产税的特点是立基于财产所有（或占有）的事实，在征收时间上有一定的规律性，通常是定期征收。

2. 动态财产税

动态财产税是指以财产所有权的变动和转移为课征条件，以其财产价值或增值为计税依据的一种财产税，如遗产税、赠与税、契税、车辆购置税等。这种财产税的特点是在财产所有权变动或转移时一次性征收，着眼于财产所有权的变动。

（三）从量财产税和从价财产税

依据计税方法的不同，财产税可分为从量财产税和从价财产税。

1. 从量财产税

从量财产税是指以纳税人的应税财产的数量为计税依据，实行从量定额征收的财产税。由于纳税人应纳税额的多少，完全取决于其拥有财产的数量，所以从量财产税一般不受价格变动的影响。

2. 从价财产税

从价财产税是指以纳税人的应税财产的价值为计税依据，实行从价定率征收的财产税。纳税人应纳税额的多少，取决于其所拥有财产的价值大小。因此，从价财产税通常受价格变动的影响较大。现代财产税多为从价财产税。

如对从价财产税作进一步的划分，还可以将其分为财产价值税和财产增值税。财产价值税，或称财产净值税，是指以应税财产的全部价值作为计税依据计征的一种财产税。财产增值税，是指以应税财产的价值增值部分作为计税依据计征的一种增值税，如我国的土地增值税。

（四）经常财产税和临时财产税

依据财产税是按一般法作经常性课征，还是依特别法作临时性课征，财产税可分为经常财产税和临时财产税。

1. 经常财产税

经常财产税是指依照一般财产税法每年要按期课征，税款作为政府经常性、固定性财政收入的财产税。在一般情况下，各国财产税多为经常财产税。

2. 临时财产税

临时财产税是指在非常时期政府通过特别法为筹措财政资金而临时课征的财产税。如政府在国家遭遇战争、严重自然灾害等非常时期大多要征收包括财产税在内的多种临时税。

三、财产税法制度的沿革与立法原则

（一）财产税法的立法沿革

财产税是一个古老的税种。早在我国周代征收的廛布实际上就是对市邸房舍所征收的一种财产税，其设立比商品税和所得税还要早。在奴隶社会里，财产税总是和贡、租等联系在一起，表现为各种各样的特种财产税。12 世纪以后，随着工商业的发展，各国相继开征了对土地等不动产和有形动产课税的一般财产税制度。一般认为，现代意义上的财产税于 1892 年发轫于荷兰，以后德国、丹麦等国亦相继开征了财产税。随着商品经济的进一步发展，财产的数量和种类增加，社会上不仅存在着大量的有形财产，而且还有种类繁多的无形财产，而对无形财产征税则因税源隐蔽，征管难度非常大。因此，对纳税人的全部财产征收一般财产税已不现实，于是，很多国家改以特种财产税代替了一般财产税。此后，随着商品交换的日益频繁、商品货币化程度的提高，所有人对物（财产）的兴趣越来越由对物的占有、消费让渡于对物的处分、收益，即所有权的债权化。这时，衡量纳税人纳税能力的强弱已不再完全体现在其拥有财产的多少，相反，更多地体现为流转过程中的收益。因此，流转税和所得税日益兴起，财产税则逐渐退居从属、辅助税种的地位。1949年10月，新中国成立后，我国建立了以生产资料公有制为基础的社会主义经济制度，绝大部分财产属于国家所有，个人拥有的财产种类和数量都非常少。在此情况之下，我国既不具备对居民的财产普遍征税的可能性，也没有运用财产税来调节居民收入差异的必要性。

实施改革开放政策以后，随着经济体制改革的深入和居民收入分配方式、分配渠道的巨大变化，居民之间收入水平差距拉大。为此，国家先后恢复开征了房产税、契税、城市房地产税、车船使用税等。1994年的税制改革方案中，又提出了开征遗产税、赠与税的设想。2001年起又开征了车辆购置税。2007年1月，车船使用税及车船使用牌照税被车船税取代。这样，在我国将形成以房产税、车船税等静态财产税法和遗产税、契税、车辆购置税等动态财产税法为主要组成部分的比较完整的财产税法体系。

（二）财产税的立法原则

财产税法是调整财产税征纳关系的法律规范的总称。财产税法的建立必须遵循一定的指导原则，这些原则主要有以下几个：

（1）合理调节财产拥有人的收入水平的原则。财产是财富的重要表征，占有财产又可以带来更多的财富。因此，通过征收财产税可以在一定程度上调节纳税人之间的贫富差别，尤其是调节因占有财产数量的不同而形成的级差收入，限制不必要的财产占有，节制财富的过度集中。

（2）增加财政收入，加强国家对财产的监督和管理的原则。通过征收财产税，加强征纳税环节的管理，可以促使人们提高对财产的使用效果，尤其是对房地产、车辆、船舶的征税，可以促进土地资源、水资源及环境等的合理利用和保护。

（3）公平税负、灵活制宜的原则。要考虑财产税作为直接税、地方税的特点，在其具体制度设计方面，给地方政府以适当的权力，在诸如课税对象的选择、税率的设计、免税扣除、起征点的规定等方面，应体现区别对待、合理负担、公平税负的原则，使税收负担平衡合理，反对一刀切。

（4）在立足于我国国情的基础上，与国际财产税制发展趋势相衔接的原则。这一原则特别要求我国财产税法的制定要与我国现阶段的经济发展水平相适应，要与我国现行政治体制相配套，要与国家的整体税制体系、税制结构相协调，在此基础之上才考虑与国际税制趋势相衔接。

（5）贯彻促进投资和储蓄，限制不劳而获和奢侈性消费的原则。

第二节　房产税法的基本内容

一、房产税法概述

房产税是以房屋为征税对象，以房屋的所有者或者使用者为纳税人课征的一种财产税。房产税法是调整房产税征纳关系的法律规范的总称。

房产税是一个古老的特别财产税，在世界各国征收较为普遍。我国自周朝以来的各个朝代都注意对房产征税，从而使房产税制度一直绵延未绝。新中国成立后，于1950年在全国开征了城市房产税。1951年8月政务院颁布《城市房地产税暂行条例》，规定将房产税和地产税合并征收，称为城市房地产税。此后房地产税制度几经变动，到1984年进行工商税制改革时，房产税又被重新确定为一个独立税种，国务院于1986年9月发布《中华人民共和国房产税暂行条例》（以下简称《房产税暂行条例》），规定从当年10月1日起在全国开征房产税。但对外商投资企业等涉外企业和外籍人员的房产，仍适用1951年颁布的《城市房地产税暂行条例》征税。这样，在我国对房产的征税便形成了内外有别的两套税制。①

为适应市场经济体制发展的需要，解决因房产税制不统一及由此而引发的诸多问题，1994年税制改革时，国家税务总局曾提出要取消对外资企业和外籍人员征收的城市房地产税，统一实行房产税，并适当调高税率和税额。这为我国确立统一适用于各类纳税人的房产税制度奠定了理论基础。但后来因为种种原因，并未统一。直到2008年12月31日，国务院发布第546号令，才明确规定自2009年1月1日起废止《城市房地产税暂行条例》，外商投资企业、外国企业和组织以及外籍个人（包括港澳台资企业和组织以及华侨、港澳台同胞，统称“外资企业及外籍个人”）应依照《房产税暂行条例》缴纳房产税，从而最终实现了房产税的内外统一。

二、房产税的纳税人

房产税的纳税人是房屋的产权所有人。产权属于全民所有的，由经营管理的单位缴纳；产权出典的，由承典人缴纳；产权所有人、承典人不在房产所在地的，或者产权未确定及租典纠纷未解决的，由房产代管人或者使用人缴纳。

综上可见，房产税的纳税人包括房屋产权的所有人、经营管理单位、承典人、房产代管人或者使用人。

---

① 按我国原有关规定，对于在中国境内拥有房地产的外商投资企业、外国企业、外籍人员以及华侨、港澳台同胞，其房地产税的征管仍按1951年8月政务院颁布的《城市房地产税暂行条例》的规定执行，但在课征实践中，征管内容有了很大的改变，基本上同于房产税的征管。并且，具体的开征地区也改由省级人民政府确定。比较不同的是城市房地产税的计算，其规定是：从价按年计征的房产税，税率为1.2%；从价按年计征的地产税，税率为1.8%；从价合并按年计征的房地产税，税率为1.8%。从租计征的房地产税，税率为18%。

三、房产税的征税对象和征税范围

房产税的征税对象是房产（房屋，下同）。所谓房产，是指有屋面和围护结构（有墙或两边有柱），能够遮风避雨，可供人们在其中学习、工作、娱乐、居住或储藏物资的场所。我国房产税的征税对象，按照《房产税暂行条例》的规定实际上只针对在我国境内用于生产经营的房屋，对个人所有非营业用的房产免征房产税（《房产税暂行条例》第5条规定）。

房产税的具体征税范围是建在城市、县城、建制镇和工矿区范围内的房屋。所谓城市是指经国务院批准设立的市，其征税范围为市区、郊区和市辖县县城，不包括农村；县城是指未设立建制镇的县人民政府所在地；建制镇是指经省、自治区、直辖市人民政府批准设立的建制镇，其征税范围为镇人民政府所在地，不包括所辖的行政村；工矿区是指工商业比较发达、人口比较集中、符合国务院规定的建制镇标准但尚未设立建制镇的大中型工矿企业所在地，开征房产税的工矿区须经省、自治区、直辖市人民政府批准。可见，我国房产税的征税范围目前不包括农村房屋。

在此，需要特别指出的是，为了调控房地产市场、调节收入分配、引导社会住房合理消费，同时也为了完善地方税收体系，根据国务院第136次常务会议有关精神，2011年1月27日，上海、重庆发布了关于对部分个人住房征收房产税改革试点的暂行办法，决定从1月28日起在本地进行个人非营业用房（即个人居住用房）征收房产税的试点（具体内容详见本节“八、上海、重庆房产税试点的基本内容”）。从长远看，我国将在全国范围内普遍开征个人居住用房的房产税。

四、房产税的计税依据和税率

（一）计税依据

房产税的计税依据是房产的计税价值或房产的租金收入。按照房产计税价值征税的，称为“从价计征”；按照房产租金收入计征的，称为“从租计征”。

1. 从价计征

从价计征房产税时，要按照房产原值一次减除10%～30%后的余值计算缴纳。各地的具体减除幅度，由省、自治区、直辖市人民政府确定。

所谓房产原值，是指纳税人按照会计制度规定，在账簿“固定资产”科目中记载的房屋造价（或原价）。对纳税人未按会计制度规定记载原值的，在计征房产税时，应按规定调整房产原值；对房产原值明显不合理的，应重新予以评估；对没有房产原值的，应由房屋所在地的税务机关参考同类房屋的价值核定。

所谓房产余值是房产的原值减除规定比例后的余额。

在确定房产税的计税依据时，还需要特别注意以下几个特殊规定：

（1）对以房产投资联营，投资者参与投资利润分红，共担风险的，按房产余值作为计税依据计征房产税；对只收取固定收入，不承担联营风险的，应按租金收入计征房产税。

（2）对融资租赁的房屋计征房产税时，应以房产余值计算征收房产税。至于租赁期内房产税的纳税人，由当地税务机关根据实际情况确定。

2. 从租计征

从租计征房产税时，以房产租金收入为计税依据计算缴纳。

所谓房产租金收入，是指房屋产权所有人出租房屋使用权所得的报酬，包括货币收入和实物收入。如果是以劳务或其他形式为报酬抵付房租收入的，应根据当地同类房屋的租金水平，确定一个标准租金额从租计征。

（二）税率

我国现行房产税采用的是比例税率，主要有两种税率：一是实行从价计征的，税率为1.2%；二是实行从租计征的，税率为12%。另外，从2001年起，对个人按市场价格出租的居民用房，可暂减按4%的税率从租征收房产税。从2008年3月1日起，对企事业单位、社会团体以及其他组织按市场价格向个人出租用于居住的住房，减按4%的税率征收房产税。

五、房产税的计算

房产税有以下两种计算方式：

（1）从价计征的计算，是按照房产的原值减除一定比例后的余额来计算征收房产税。其计算公式为：

应纳税额＝应税房产原值×(1－扣除比例)×1.2%

（2）从租计征的计算，是按房产出租的租金收入来计算征收房产税。其计算公式为：

应纳税额＝租金收入×12%（或4%）

【例8—1】

一栋办公楼由某国家机关与一保险公司的分支机构各出一半资金合建，两单位各使用一半分别作为办公用房，其房产原值为1.8亿元。当地规定允许减除房产原值的15%，请计算纳税人应缴纳的房产税。

解析：

由于国家机关自用的房产免纳房产税，而保险公司的房产则应按规定缴纳房产税。故该栋办公楼应纳的房产税为：

保险公司应纳的房产税＝180 000 000×50%×（1－15%）×1.2%＝918 000（元）

【例8—2】

某先生2009年度将临街的房屋出租，租金每月1 500元。该先生2009年度应纳多少房产税？

解析：

该先生2009年度应纳房产税＝月租金收入×12×12%＝1 500×12×12%＝2 160（元）

六、房产税的减免规定

按照房产税法的规定，房产税的税收优惠规定主要有：

（1）国家机关、人民团体、军队自用的房产（是指办公用房和公务用房）免征房产税。但前述免税单位的出租用房以及非自身业务使用的生产、营业用房，不属于免税范围。

（2）由国家财政部门拨付事业经费的单位，如学校、医疗卫生单位、托儿所、幼儿园、文化、体育、艺术等实行全额或差额预算管理的事业单位所有的，其本身业务范围内使用的房产免征房产税。

为鼓励事业单位经济自立，对由国家财政部门拨付事业经费的单位，其经费来源实行自收自支后，从事业单位经费实行自收自支的年度起，免征房产税 3 年。

（3）宗教寺庙、公园、名胜古迹自用的房产免征房产税。宗教寺庙自用的房产，是指举行宗教仪式等的房屋和宗教人员使用的生活用房屋。公园、名胜古迹自用的房产，是指供公共参观游览的房屋及管理单位的办公用房屋。

但宗教寺庙、公园、名胜古迹出租的房产及附设的营业单位（如影剧院、饮食部、照相馆）所使用的房产，不属于免税范围，应依法纳税。

（4）个人所有非营业用的房产免征房产税。非营业用房，主要是指居民居住用房，无论多大面积，一律免征房产税。但个人拥有的营业用房或出租用房，应依法纳税。

（5）经财政部批准免税的其他房产。这类规定较多，如老年服务机构、非营利性卫生机构、高校后勤实体等的房产免征房产税。

（6）自 2007 年 8 月 1 日起，对廉租住房经营管理单位按照政府规定价格向规定保障对象出租廉租住房的租金收入，免征房产税。

（7）除前述规定的免税情形外，纳税人纳税确有困难的，可由省、自治区、直辖市人民政府确定，定期减征或者免征房产税。

七、房产税的征收管理

（一）纳税义务发生时间

纳税人将原有房产用于生产经营的，从生产经营之月起缴纳房产税；纳税人自行新建房屋用于生产经营的，自建成之次月起缴纳房产税；纳税人委托施工企业建设的房屋，从办理验收手续之次月起缴纳房产税；纳税人在办理验收手续前，即已使用或出租、出借的新建房屋，应从使用或出租、出借的当月起缴纳房产税。

（二）纳税期限与纳税申报

房产税实行按年征收、分期缴纳的征收方法。各地具体纳税期限由省、自治区、直辖市人民政府规定。

房产税的纳税人应当按照主管税务机关的规定，将现有房屋的坐落地点、数量、价值等情况，据实向房产所在地的税务机关申报纳税。

（三）房产税的纳税地点

房产税由房产所在地的税务机关征收。房产不在一地的纳税人，应按房产的坐落地点，分别向房产所在地的税务机关缴纳房产税。

八、上海、重庆房产税试点的基本内容

（一）上海市房产税试点的基本内容

按照上海市人民政府2011年1月27日发布、自同月28日起实施的《上海市开展对部分个人住房征收房产税试点的暂行办法》和2011年1月30日发布的《上海市地方税务局关于本市个人住房房产税征收管理有关事项的公告》的规定，上海市对部分个人住房征收房产税试点的基本内容规定如下：

1. 试点范围和征收对象

试点范围为上海市行政区域。征收对象是指《上海市开展对部分个人住房征收房产税试点的暂行办法》施行之日起本市居民家庭在本市新购且属于该居民家庭第二套及以上的住房（包括新购的二手存量住房和新建商品住房，下同）和非本市居民家庭在本市新购的住房（以下统称应税住房）。

除上述征收对象以外的其他个人住房，按国家制定的有关个人住房房产税规定执行。

新购住房的购房时间，以购房合同网上备案的日期为准。居民家庭住房套数根据居民家庭（包括夫妻双方及其未成年子女，下同）在本市拥有的住房情况确定。

2. 纳税人

纳税人为应税住房产权所有人。产权所有人为未成年人的，由其法定监护人代为纳税。

3. 计税依据

计税依据为参照应税住房的房地产市场价格确定的评估值，评估值按规定周期进行重估。试点初期，暂以应税住房的市场交易价格作为计税依据。房产税暂按应税住房市场交易价格的70%计算缴纳。

4. 适用税率

适用税率暂定为0.6%。应税住房每平方米市场交易价格低于本市上年度新建商品住房平均销售价格2倍（含2倍）的，税率暂减为0.4%。上述本市上年度新建商品住房平均销售价格，由市统计局每年公布。

5. 税收减免

（1）本市居民家庭在本市新购且属于该居民家庭第二套及以上住房的，合并计算的家庭全部住房面积（指住房建筑面积，下同）人均不超过60平方米（即免税住房面积，含60平方米）的，其新购的住房暂免征收房产税；人均超过60平方米的，对属新购住房超出部分的面积，按本暂行办法规定计算征收房产税。

合并计算的家庭全部住房面积为居民家庭新购住房面积和其他住房面积的总和。本市居民家庭中有无住房的成年子女共同居住的，经核定可计入该居民家庭计算免税住房面积；对有其他特殊情形的居民家庭，免税住房面积计算办法另行制定。

（2）本市居民家庭在新购一套住房后的一年内出售该居民家庭原有唯一住房的，其新购住房已按本暂行办法规定计算征收的房产税，可予退还。

（3）本市居民家庭中的子女成年后，因婚姻等需要而首次新购住房、且该住房属于成年子女家庭唯一住房的，暂免征收房产税。

（4）符合国家和本市有关规定引进的高层次人才、重点产业紧缺急需人才，持有本市居住证并在本市工作生活的，其在本市新购住房、且该住房属于家庭唯一住房的，暂免征收房产税。

（5）持有本市居住证满3年并在本市工作生活的购房人，其在本市新购住房、且该住房属于家庭唯一住房的，暂免征收房产税；持有本市居住证但不满3年的购房人，其上述住房先按本暂行办法规定计算征收房产税，持有本市居住证满3年并在本市工作生活的，其上述住房已征收的房产税，可予退还。

（6）其他需要减税或免税的住房，由市政府决定。

6. 收入用途

对房产税试点征收的收入，用于保障性住房建设等方面的支出。

7. 征收管理

（1）房产税由应税住房所在地的地方税务机关负责征收。

（2）房产税税款自纳税人取得应税住房产权的次月起计算，按年计征，不足一年的按月计算应纳房产税税额。

（3）凡新购住房的，购房人在办理房地产登记前，应按地方税务机关的要求，主动提供家庭成员情况和由市房屋状况信息中心出具的其在本市拥有住房相关信息的查询结果。地方税务机关根据需要，会同有关部门对新购住房是否应缴纳房产税予以审核认定，并将认定结果书面告知购房人。应税住房发生权属转移的，原产权人应缴清房产税税款。交易当事人须凭地方税务机关出具的认定结果文书，向登记机构办理房地产登记；不能提供的，登记机构不予办理房地产登记。

（4）纳税人应按规定如实申报纳税并提供相关信息，对所提供的信息资料承担法律责任。纳税人未按规定期限申报纳税的，由地方税务机关向其追缴税款、滞纳金，并按规定处以罚款。

（5）应税住房房产税的征收管理除本暂行办法规定外，按《中华人民共和国税收征收管理法》等有关规定执行。具体征收管理办法，由市地税局负责制定。

8. 其他规定

市住房保障房屋管理、建设交通、规划国土资源、财政、公安、民政、人力资源社会保障、统计等部门要积极配合地方税务机关建立应税住房房产税征收控管机制，根据本市对部分个人住房征收房产税试点的需要，提供相关信息，共同做好应税住房的认定工作。

（二）重庆市房产税试点的基本内容

按照2011年1月27日重庆市人民政府发布的《重庆市人民政府关于进行对部分个人住房征收房产税改革试点的暂行办法》（以下简称《暂行办法》）和《重庆市个人住房房产税征收管理实施细则》的规定，决定自2011年1月28日起在重庆市主城九区范围内实施对部分个人住房征收房产税试点的工作。其内容规定如下：

1. 试点区域

试点区域为重庆市的渝中区、江北区、沙坪坝区、九龙坡区、大渡口区、南岸区、北碚区、渝北区、巴南区（以下简称主城九区）。

2. 征收对象

重庆市试点采取分步实施的方式。首批纳入征收对象的住房为：（1）个人拥有的独栋商品住宅。(2) 个人新购的高档住房。高档住房是指建筑面积交易单价达到上两年主城九区新建商品住房成交建筑面积均价 2 倍（含 2 倍）以上的住房。(3) 在重庆市同时无户籍、无企业、无工作的个人新购的第二套（含第二套）以上的普通住房。

新购住房是指《暂行办法》施行之日起购买的住房（包括新建商品住房和存量住房）。新建商品住房购买时间以签订购房合同并提交房屋所在地房地产交易与权属登记中心的时间为准，存量住房购买时间以办理房屋权属转移、变更登记手续时间为准。

未列入征税范围的个人高档住房、多套普通住房，将适时纳入征税范围。

3. 纳税人

纳税人为应税住房产权所有人。产权人为未成年人的，由其法定监护人纳税。产权出典的，由承典人纳税。产权所有人、监护人、承典人不在房产所在地的，或者产权未确定及租典纠纷未解决的，由代管人或使用人纳税。

应税住房产权共有的，共有人应主动约定纳税人，未约定的，由税务机关指定纳税人。

4. 计税依据

应税住房的计税价值为房产交易价。条件成熟时，以房产评估值作为计税依据。独栋商品住宅和高档住房一经纳入应税范围，如无新的规定，无论是否出现产权变动均属纳税对象，其计税交易价和适用的税率均不再变动。

属于本办法规定的应税住房用于出租的，按本办法的规定征收房产税，不再按租金收入征收房产税。

5. 税率

(1) 独栋商品住宅和高档住房建筑面积交易单价在上两年主城九区新建商品住房成交建筑面积均价 3 倍以下的住房，税率为 0.5%；3 倍（含 3 倍）至 4 倍的，税率为 1%；4 倍（含 4 倍）以上的税率为 1.2%。

(2) 在重庆市同时无户籍、无企业、无工作的个人新购第二套（含第二套）以上的普通住房，税率为 0.5%。

6. 应纳税额的计算

(1) 个人住房房产税应纳税额的计算。

应纳税额＝应税建筑面积×建筑面积交易单价×税率

其中，应税建筑面积是指纳税人应税住房的建筑面积扣除免税面积后的面积。

(2) 免税面积的计算。

扣除免税面积以家庭为单位，一个家庭只能对一套应税住房扣除免税面积。

纳税人在本办法施行前拥有的独栋商品住宅，免税面积为 180 平方米；新购的独栋商品住宅、高档住房，免税面积为 100 平方米。纳税人家庭拥有多套新购应税住房的，按时间顺序对先购的应税住房计算扣除免税面积。

在重庆市同时无户籍、无企业、无工作的个人的应税住房均不扣除免税面积。

7. 税收减免与缓缴税款

(1) 对农民在宅基地上建造的自有住房，暂免征收房产税。

(2) 在重庆市同时无户籍、无企业、无工作的个人拥有的普通应税住房，如纳税人在重庆市具备有户籍、有企业、有工作任一条件的，从当年起免征税，如已缴纳税款的，退还当年已缴税款。

（3）因自然灾害等不可抗力因素，纳税人纳税确有困难的，可向地方税务机关申请减免税和缓缴税款。

8. 征收管理

（1）个人住房房产税的纳税义务发生时间为取得住房的次月。税款按年计征不足一年的按月计算应纳税额。

（2）个人住房房产税由应税住房所在地的地方税务机关负责征收。

（3）纳税人应按规定如实申报纳税并提供相关信息。

（4）个人住房房产税的征收管理依照《中华人民共和国税收征收管理法》的规定执行。

9. 收入使用

个人住房房产税收入全部用于公共租赁房的建设和维护。

10. 配套措施

（1）上两年主城九区新建商品住房成交建筑面积均价按照政府职能部门发布的年度均价计算确定。

（2）有关部门要配合征收机关应用房地产评估技术建立存量住房交易价格比对系统，对各类存量个人住房进行评估，并作为计税参考值。对存量住房交易价明显偏低且无正当理由的，按计税参考值计税。

（3）财政、税务、国土房管、户籍、工商、民政、人力社保等主管部门要共同搭建房地产信息平台，抓紧建设个人住房信息系统。

（4）各相关管理部门要积极配合税务部门建立个人住房房产税征收控管机制。对个人转让应税住房不能提供完税凭证的，不予办理产权过户等相关手续。

（5）纳税人在规定期限内不缴或少缴应纳税款的，由地方税务机关责令限期缴纳，逾期仍未缴纳的，地方税务机关可以书面通知纳税人开户银行或者其他金融机构从其存款中扣缴税款、滞纳金及罚款。

（6）欠税公告后仍不缴纳的，纳税人欠缴个人住房房产税情况纳入个人征信系统管理。

第三节　契税法的基本内容

一、契税法概述

契税是以财产所有权发生转移变动时的不动产的价值为征税对象，对产权承受人征收的一种财产税。具体到我国，契税是对在我国境内办理国有土地使用权、房屋所有权权属转移登记时，对不动产承受的单位和个人征收的一种税。

契税法是调整契税征纳关系的法律规范的总称。通过契税的征收，有利于以法律形式确认产权转移，减少或避免产权纠纷。我国早在东晋时期就开始征收契税，新中国成立以后，政务院曾于1950年3月发布了第一部《中华人民共和国契税暂行条例》，规定凡土地、房屋的买卖、典当、赠与、交换，都要缴纳契税。1954 年 6 月，经政务院批准，财政部对该暂行条例进行了修订。1956 年随着社会主义改造的完成，契税的征收基本上处于停止状态。改革开放以后，财政部曾于 1981 年 11 月发布《关于改进和加强契税征收管理工作的通知》，要求各地加强契税的征收管理工作。为进一步规范契税的征收管理，国务院于 1997 年 7 月 7 日发布了新的《中华人民共和国契税暂行条例》，该条例自 1997 年 10 月 1 日起施行。

二、契税的征税范围与纳税人

（一）契税的征税范围

契税的征税对象是在中国境内转移土地使用权、房屋所有权权属。具体征税范围包括：

（1）国有土地使用权出让。这是指土地使用者向国家交付土地使用权出让金（费用），国家将国有土地使用权在一定年限内让与土地使用者的行为。

对承受国有土地使用权所应支付的土地出让金，要计征契税，并不得因减免土地出让金而减免契税。

（2）土地使用权转让。这是指土地使用者以出售、赠与、交换或者其他方式将土地使用权转移给其他单位和个人的行为，包括土地使用权出售、赠与和交换。但不包括农村集体土地承包经营权的转移。

前述所称“土地使用权出售”，是指土地使用者以土地使用权作为交易条件，取得货币、实物、无形资产或者其他经济利益的行为；所称“土地使用权赠与”，是指土地使用者将其土地使用权无偿转让给受赠者的行为；所称“土地使用权交换”，是指土地使用者之间相互交换土地使用权的行为。

（3）房屋买卖。这是指房屋所有者将其房屋出售，由承受者交付货币、实物、无形资产或者其他经济利益的行为。

（4）房屋赠与。这是指房屋所有者将其房屋无偿转让给受赠者的行为。

（5）房屋交换。这是指房屋所有者之间相互交换房屋的行为。

土地、房屋权属以下列方式转移的，视同土地使用权转让、房屋买卖或者房屋赠与征收契税：以土地、房屋权属作价投资、入股；以土地、房屋权属抵债；以获奖方式承受土地、房屋权属；以预购方式或者预付集资建房款方式承受土地、房屋权属。

此外，随着我国市场经济的深入发展，财政部、国家税务总局还就公司制改造，企业合并、分立，股权重组，企业破产等特殊情况下的权属转移是否属于契税的征税范围作了进一步的规定。

（二）契税的纳税人

契税的纳税人是在我国境内转移土地、房屋权属过程中的产权承受单位和个人。具体是指国有土地使用权出让或转让中的受让人、房屋的买主、房屋的受赠人、房屋交换中多交付货币或实物的交换方。

前述所称“单位”，是指企业单位、事业单位、国家机关、军事单位和社会团体以及其他组织。所称“个人”，是指个体经营者及其他个人，包括中国公民和外籍人员。

三、契税的税率与计税依据

契税实行3%～5%的幅度税率。各地契税的具体适用税率，由省、自治区、直辖市人民政府在3%～5%的幅度内按照本地区的实际情况确定，并报财政部和国家税务总局备案。另外，为应对美国次贷危机对我国的影响及改善低收入者的住房状况，财政部、国家税务总局于2008年10月22日发布《关于调整房地产交易环节税收政策的通知》，决定自2008年11月1日起，对个人首次购买90平方米及以下普通住房的，契税税率暂统一下调到1%。

契税的计税依据为不动产价格。具体分为以下几种情况：

（1）国有土地使用权出让、土地使用权出售、房屋买卖，以成交价格为计税依据。所谓成交价格，是指土地、房屋权属转移合同确定的价格，包括承受者应交付的货币、实物、无形资产或者其他经济利益。

（2）土地使用权赠与、房屋赠与，由征收机关参照土地使用权出售、房屋买卖的市场价格核定。个人无偿赠与不动产行为，应对受赠人全额征收契税。

（3）土地使用权交换、房屋交换，以所交换的土地使用权、房屋的价格的差额为计税依据。也就是说，交换价格不相等的，由多交付货币、实物、无形资产或者其他经济利益的一方缴纳税款；交换价格相等的，免征契税。

（4）以划拨方式取得土地使用权的，经批准转让房地产时，应由房地产转让者补缴契税。其计税依据为补交的土地使用权出让费用或者土地收益。

（5）对房屋附属设施征收契税，包括：1）采取分期付款方式购买房屋附属设施土地使用权、房屋所有权的，应按合同规定的总价款计征契税。2）承受的房屋附属设施如为单独计价的，按照当地确定的适用税率征收契税；如与房屋统一计价的，适用与房屋相同的税率。

为防止瞒价逃税，税法规定，对于成交价格明显低于市场价格并且无正当理由的，或者所交换土地使用权、房屋的价格的差额明显不合理并且无正当理由的，由征收机关参照市场价格核定计税依据。

四、契税应纳税额的计算

契税的应纳税额依据契税的计税依据和税率计算征收。计税公式为：

应纳税额＝计税依据×税率

【例8—3】

某体育明星购买一套公寓住房，成交价格为110万元，因参加国际重大比赛获奖，国家奖励其一套住宅，其市场价格为60万元。请问该体育明星应缴纳多少契税（当地政府规定契税税率为5%）？

解析：

根据税法规定，该体育明星购买公寓应缴纳契税，接受奖励住宅也应缴纳契税。

其应纳税额＝110×5％＋60×5％＝5.5＋3＝8.5（万元）

五、契税的减免规定

按现行有关契税法规的规定，契税的减免优惠主要有：

（1）国家机关、事业单位、社会团体、军事单位承受土地、房屋用于办公、教学、医疗、科研和军事设施的，免征契税。

（2）城镇职工按规定第一次购买公有住房的，免征契税。所谓城镇职工按规定第一次购买公有住房，是指经县以上人民政府批准，在国家规定标准面积以内购买的公有住房。城镇职工享受免征契税，仅限于第一次购买的公有住房。超过国家规定标准面积的部分，仍应按照规定缴纳契税。

此外，财政部、国家税务总局规定，从2000年11月29日起，对各类公有制单位为解决职工住房而采取集资方式建成的普通住房，或由单位购买的普通商品住房，经当地县级以上人民政府房改部门批准，按照国家房改政策出售给本单位职工的，如属职工首次购买住房，均可免征契税。

（3）因不可抗力灭失住房而重新购买住房的，酌情准予减征或者免征契税。

（4）土地、房屋被县级以上人民政府征用、占用后，重新承受土地、房屋权属的，是否减征或者免征契税，由省、自治区、直辖市人民政府确定。

（5）纳税人承受荒山、荒沟、荒丘、荒滩土地使用权，用于农、林、牧、渔业生产的，免征契税。

（6）依照我国有关法律规定以及我国缔结或参加的双边和多边条约或协定的规定应当予以免税的外国驻华使馆、领事馆、联合国驻华机构及其外交代表、领事官员和其他外交人员承受土地、房屋权属的，经外交部确认，可以免征契税。

（7）企业公司制改造的免税规定，包括：1）非公司制企业，按照《中华人民共和国公司法》的规定，整体改建为有限责任公司（含国有独资公司）或股份有限公司，或者有限责任公司整体改建为股份有限公司的，对改建后的公司承受原企业土地、房屋权属，免征契税。2）非公司制国有企业或国有独资有限责任公司，以其部分资产与他人组建新公司，且该国有独资企业（公司）在新设公司中所占股份超过50％的，对新设公司承受该国有独资企业（公司）的土地、房屋权属，免征契税。

（8）企业股权重组的免税规定。在股权转让中，单位、个人承受企业股权，企业土地、房屋权属不发生转移，不征收契税。国有、集体企业实施“企业股份合作制改造”，由职工买断企业产权，或向其职工转让部分产权，或者通过其职工投资增资扩股，将原企业改造为股份合作制企业的，对改造后的股份合作制企业承受原企业的土地、房屋权属，免征契税。

（9）企业合并的免税规定。两个或两个以上的企业依据法律规定、合同约定，合并改建为一个企业，对其合并后的企业承受原合并各方的土地、房屋权属，免征契税。

（10）企业分立的免税规定。企业依照法律规定、合同约定分设为两个或两个以上投资主体相同的企业，对派生方、新设方承受原企业土地、房屋权属，不征收契税。

（11）企业出售的免税规定。国有、集体企业出售，被出售企业法人予以注销，并且买受人妥善安置原企业30%以上职工的，对其承受所购企业的土地、房屋权属，减半征收契税；全部安置原企业职工的，免征契税。

(12) 企业关闭、破产的减免税规定。企业依照有关法律、法规的规定实施关闭、破产后，债权人（包括关闭、破产企业职工）承受关闭、破产企业土地、房屋权属以抵偿债务的，免征契税；对非债权人承受关闭、破产企业土地、房屋权属，凡妥善安置原企业30%以上职工的，减半征收契税；全部安置原企业职工的，免征契税。

(13) 房屋的附属设施的征免税规定。对于承受与房屋相关的附属设施（包括停车位、汽车库、自行车库、顶层阁楼以及储藏室，下同）所有权或土地使用权的行为，按照契税法律、法规的规定征收契税；对于不涉及土地使用权和房屋所有权转移变动的，不征收契税。

(14) 继承土地、房屋权属的征免税规定。对于《中华人民共和国继承法》规定的法定继承人（包括配偶、子女、父母、兄弟姐妹、祖父母、外祖父母）继承土地、房屋权属，不征契税。按照《中华人民共和国继承法》规定，非法定继承人根据遗嘱承受死者生前的土地、房屋权属，属于赠与行为，应征收契税。

(15) 对拆迁居民因拆迁重新购置住房的，对购房成交价格中相当于拆迁补偿款的部分免征契税，成交价格超过拆迁补偿款的，对超过部分征收契税。

纳税人符合减征或者免征契税规定的，应当在签订土地、房屋权属转移合同后10日内，向土地、房屋所在地的契税征收机关办理减征或者免征契税手续。

以上经批准减免契税的纳税人改变有关土地、房屋的用途，不再属于规定的减免范围的，应当补缴已经减征、免征的契税税款。

六、契税的征收管理

契税的纳税义务发生时间，为纳税人签订土地、房屋权属转移合同的当天，或者纳税人取得其他具有土地、房屋权属转移合同性质凭证的当天；纳税人因改变土地、房屋用途应当补缴已经减征、免征契税的，其纳税义务发生时间为改变有关土地、房屋用途的当天。

纳税人应当自纳税义务发生之日起10日内，向土地、房屋所在地的契税征收机关办理纳税申报，并在契税征收机关核定的期限内缴纳税款。

纳税人办理纳税事宜后，契税征收机关应当向纳税人开具契税完税凭证。纳税人应当持契税完税凭证和其他规定的文件材料，依法向土地管理部门、房产管理部门办理有关土地、房屋的权属变更登记手续。纳税人未出具契税完税凭证的，土地管理部门、房产管理部门不予办理有关土地、房屋的权属变更登记手续。

契税征收机关为土地、房屋所在地的财政机关或者地方税务机关。具体征收机关由省、自治区、直辖市人民政府确定。征收机关可以根据征收管理的需要，委托有关单位代征契税，具体代征单位由省、自治区、直辖市人民政府确定。土地管理部门、房产管理部门应当向契税征收机关提供有关资料，并协助契税征收机关依法征收契税。

第四节　车船税法的基本内容

一、车船税法概述

车船税是对在中国境内依法应当在车船登记管理部门登记的机动车辆和船舶，或者依法不需要在车船登记管理部门登记的在单位内部场所行驶或者作业的机动车辆和船舶（以下简称车船）的所有人或者管理人，就其所有或管理的车船依法征收的一种税。车辆和船舶作为一种有形动产，对其征收的税是一种财产税。但是，如果只就使用的车船征税、不使用的车船不征税，则可以将其归入行为税一类。车船税法是调整车船税征纳关系的法律规范的总称。

车船税是国际上普遍征收的一种财产税。早在古罗马时期就曾对个人拥有的舟车征税。现代各国也对车辆、船舶等有形动产征收财产税，只不过征收的税名与征管的具体制度不同而已。

新中国成立之初，我国就开始对车船的使用行为征税。1951 年 9 月政务院发布的《中华人民共和国车船使用牌照税暂行条例》规定：凡在开征车船使用牌照税之地区行驶车、船者，均依本条例之规定，向税务机关缴纳车船使用牌照税。1973 年工商税制改革时，将对企业征收的车船使用牌照税并入了工商税之中，但对个人、华侨和外资企业仍然按照原规定征收车船使用牌照税。1977 年以后，一些省、自治区、直辖市对个人已停止征收车船使用牌照税。改革开放以后，鉴于单位和个人拥有的车船数量急剧增加，为防止盲目购车，加强对车船的管理，增加地方财政收入，国务院在 1984 年工商税制改革时决定恢复对车船使用的征税。为做到名副其实，将原税种中的“牌照”二字去掉，于 1986 年 9 月发布《中华人民共和国车船使用税暂行条例》，规定自同年 10 月 1 日起，在全国范围内对拥有和使用车船的单位和个人征收车船税，但对外商投资企业、外国企业和外籍人员不征此税，而仍按 1951 年 9 月政务院发布的《中华人民共和国车船使用牌照税暂行条例》征税。这样，就形成了我国特有的内外两套车船税法律制度。

为简化税制、构建公平的税收环境，拓宽税基、增加地方财政收入，强化征管、实现对车船税的源泉控管，2006 年 12 月 29 日，国务院公布了《中华人民共和国车船税暂行条例》，自 2007 年 1 月 1 日起施行，相应废止了 1951 年 9 月 13 日政务院发布的《中华人民共和国车船使用牌照税暂行条例》和 1986 年 9 月 15 日国务院发布的《中华人民共和国车船使用税暂行条例》。2007 年 2 月 1 日，财政部、国家税务总局联合公布《中华人民共和国车船税暂行条例实施细则》（以下简称《车船税暂行条例实施细则》），就有关车船税的征收管理问题作了进一步详细的规定。

按财政体制，车船税属于地方税。所以，除《车船税暂行条例》、《车船税暂行条例实施细则》的规定外，各省、自治区、直辖市人民政府需要根据条例和实施细则的有关规定制定各地的具体实施办法，并报财政部和国家税务总局备案。总之，通过征收车船税，可以促使纳税人提高车船使用效益，通过税收手段开辟地方财源，缓解发展交通运输事业资金短缺的矛盾，加强对车船的管理。

《中华人民共和国车船税暂行条例》自 2007 年 1 月 1 日施行以来，取得了较好的实施效果。为了贯彻税收法定原则，提高车船税征管的立法层次，进一步完善车船税的征税范围和计税依据，调整应税车船的税负结构，规范其税收优惠、强化征管手段，2011 年 2 月 25 日第十一届全国人民代表大会常务委员会第十九次会议通过并公布了《中华人民共和国车船税法》(以下简称《车船税法》)，自 2012 年 1 月 1 日起施行，相应废止了 2006 年 12 月 27 日国务院公布的《中华人民共和国车船税暂行条例》。

二、车船税的纳税人

车船税的纳税人是在中国境内依法应当在车船登记管理部门登记的机动车辆和船舶，或者依法不需要在车船登记管理部门登记的在单位内部场所行驶或者作业的机动车辆和船舶（以下简称车船）的所有人或者管理人。

三、车船税的征税对象和范围

（一）征税对象

凡依法应当在车船登记管理部门登记的机动车辆和船舶，或者依法不需要在车船登记管理部门登记的在单位内部场所行驶或者作业的机动车辆和船舶，除依法免征车船税者外，都是车船税的征税对象。

（二）征税范围

1. 车辆

车辆包括乘用车、商用车（包括客车、货车）、挂车、其他车辆（包括专用作业车、轮式专用机械车，不含拖拉机）、摩托车。

（1）乘用车是指在设计和技术特性上主要用于载运乘客及随身行李，核定载客人数包括驾驶员在内不超过 9 人的汽车。

（2）商用车是指除乘用车外，在设计和技术特性上用于载运乘客、货物的汽车，可划分为商用车客车（核定载客人数 9 人以上，包括电车）和商用车货车（包括半挂牵引车、三轮汽车和低速载货汽车等）。其中，半挂牵引车是指装备有特殊装置用于牵引半挂车的商用车。三轮汽车是指最高设计车速不超过每小时 50 公里、具有三个车轮的货车。低速载货汽车是指以柴油机为动力、最高设计车速不超过每小时 70 公里、具有四个车轮的货车。

（3）挂车是指其设计和技术特性需由汽车或者拖拉机牵引才能正常使用的一种无动力的道路车辆。

（4）其他车辆包括专用作业车和轮式专用机械车，不包括拖拉机。专用作业车是指在设计和技术特性上用于特殊工作的车辆。轮式专用机械车是指有特殊结构和专门功能，装有橡胶车轮可以自行行驶，最高设计车速大于每小时 20 公里的轮式工程机械车。

（5）摩托车是指无论采用何种驱动方式，最高设计车速大于每小时 50 公里，或者使用内燃机，其排量大于 50 毫升的两轮或者三轮车辆。

2. 船舶

船舶是指各类机动、非机动船舶以及其他水上移动装置，但是船舶上装备的救生艇筏和长度小于 5 米的艇筏除外。包括机动船舶、拖船、非机动驳船和游艇。其中，机动船舶是指用机器推进的船舶；拖船是指专门用于拖（推）动运输船舶的专业作业船舶；非机动驳船是指在船舶登记管理部门登记为驳船的非机动船舶；游艇是指具备内置机械推进动力装置，长度在 90 米以下，主要用于游览观光、休闲娱乐、水上体育运动等活动，并应当具有船舶检验证书和适航证书的船舶。

四、车船税的计税依据和税率

车船税以纳税人所有或者管理的车船单位"每辆"、"每吨"或"每米"为计征依据，实行从量定额征收。其中，在对车辆征税时，对乘用车、商用车中的客车、摩托车按每辆计征，而对商用车中的货车（包括半挂牵引车、三轮汽车和低速载货汽车等）、挂车、其他车辆（专用作业车、轮式专用机械车等）按车辆整备质量每吨计征；对船舶中的机动船舶征税时，按净吨位每吨计征。对船舶中的游艇征税时，按艇身长度每米计征。

我国对应税车辆、船舶适用有幅度的定额税率，即给各类车辆、船舶分别规定一个最低到最高限度的年基准税额（详见表 8—1 车船税税目税额表）。同时，《车船税法》第 2 条第 2 款、第 3 款规定：车辆的具体适用税额由省、自治区、直辖市人民政府依照本法所附《车船税税目税额表》规定的税额幅度和国务院的规定确定。船舶的具体适用税额由国务院在本法所附《车船税税目税额表》规定的税额幅度内确定。

表 8—1 车船税税目税额表

税目		计税单位	年基准税额	备注
乘用车［按发动机汽缸容量（排气量）分档］	1.0 升（含）以下的	每辆	60 元至 360 元	核定载客人数 9 人（含）以下
	1.0 升以上至 1.6 升（含）的		300 元至 540 元	
	1.6 升以上至 2.0 升（含）的		360 元至 660 元	
	2.0 升以上至 2.5 升（含）的		660 元至 1 200 元	
	2.5 升以上至 3.0 升（含）的		1 200 元至 2 400 元	
	3.0 升以上至 4.0 升（含）的		2 400 元至 3 600 元	
	4.0 升以上的		3 600 元至 5 400 元	
商用车	客车	每辆	480 元至 1 440 元	核定载客人数 9 人以上，包括电车
	货车	整备质量每吨	16 元至 120 元	包括半挂牵引车、三轮汽车和低速载货汽车等
挂车		整备质量每吨	按照货车税额的 50%计算	

续前表

税目		计税单位	年基准税额	备注
其他车辆	专用作业车	整备质量每吨	16 元至 120 元	不包括拖拉机
	轮式专用机械车		16 元至 120 元	
摩托车		每辆	36 元至 180 元	
船舶	机动船舶	净吨位每吨	3 元至 6 元	拖船、非机动驳船分别按照机动船舶税额的 50%计算
	游艇	艇身长度每米	600 元至 2 000 元	

国务院依据《车船税法》的规定，在《中华人民共和国车船税法实施条例》（以下简称《车船税法实施条例》）中就各省、自治区、直辖市车辆适用税额的确定原则和机动船舶、游艇的具体适用税额做了以下规定。

（一）各省、自治区、直辖市车辆适用税额的确定原则

2011 年 12 月 5 日国务院发布的《车船税法实施条例》明确规定：省、自治区、直辖市人民政府根据《车船税法》所附《车船税税目税额表》确定车辆具体适用税额，应当遵循以下原则：（1）乘用车依排气量从小到大递增税额；（2）客车按照核定载客人数 20 人以下和 20 人（含）以上两档划分，递增税额。省、自治区、直辖市人民政府确定的车辆具体适用税额，应当报国务院备案。

（二）机动船舶的具体适用税额

机动船舶的具体适用税额规定为：（1）净吨位不超过 200 吨的，每吨 3 元；（2）净吨位超过 200 吨但不超过 2 000 吨的，每吨 4 元；（3）净吨位超过 2 000 吨但不超过 10 000 吨的，每吨 5 元；（4）净吨位超过 10 000 吨的，每吨 6 元。拖船按照发动机功率每 1 千瓦折合净吨位 0.67 吨计算征收车船税。

（三）游艇的具体适用税额

游艇的具体适用税额规定为：（1）艇身长度不超过 10 米的，每米 600 元；（2）艇身长度超过 10 米但不超过 18 米的，每米 900 元；（3）艇身长度超过 18 米但不超过 30 米的，每米 1 300 元；（4）艇身长度超过 30 米的，每米 2 000 元；（5）辅助动力帆艇，每米 600 元。

《车船税法》和《车船税法实施条例》中所涉及的排气量、整备质量、核定载客人数、净吨位、千瓦、艇身长度，以车船登记管理部门核发的车船登记证书或者行驶证所载数据为准。依法不需要办理登记的车船和依法应当登记而未办理登记或者不能提供车船登记证书、行驶证的车船，以车船出厂合格证明或者进口凭证标注的技术参数、数据为准；不能提供车船出厂合格证明或者进口凭证的，由主管税务机关参照国家相关标准核定，没有国家相关标准的参照同类车船核定。

五、车船税的计算

车船税应纳税额的计算公式如下：

乘用车、商用车客车、摩托车的应纳税额＝车辆数×适用单位税额

商用车货车（包括半挂牵引车、三轮汽车和低速载货汽车等）、挂车、其他车辆（专用作业车、轮式专用机械车等，不包括拖拉机）的应纳税额＝车辆整备质量吨位数×适用单位税额

机动船舶的应纳税额＝船舶净吨位数×适用单位税额

拖船和非机动驳船的应纳税额＝（折合的）机动船舶净吨位数×适用单位税额×50%

游艇的应纳税额＝艇身长度数（米）×适用单位税额

购置的新车船，购置当年的应纳税额自纳税义务发生的当月起按月计算。

$$其应纳税额=\frac{车船的年应纳税额}{12}\times 应纳税月份数$$

六、车船税的减免规定

按照《车船税法》及《车船税法实施条例》的规定，下列车船免征车船税：

（1）捕捞、养殖渔船。是指在渔业船舶登记管理部门登记为捕捞船或者养殖船的船舶。

（2）军队、武装警察部队专用的车船。是指按照规定在军队、武装警察部队车船登记管理部门登记，并领取军队、武警牌照的车船。

（3）警用车船。是指公安机关、国家安全机关、监狱、劳动教养管理机关和人民法院、人民检察院领取警用牌照的车辆和执行警务的专用船舶。

（4）依照法律规定应当予以免税的外国驻华使领馆、国际组织驻华代表机构及其有关人员的车船。

按照《车船税法》及《车船税实施条例》的规定，下列车船可以减免车船税：

（1）对节约能源、使用新能源的车船可以减半征收或者免征车船税，免征或者减半征收车船税的车船的范围，由国务院财政、税务主管部门商国务院有关部门制订，报国务院批准。对受严重自然灾害影响纳税困难以及有其他特殊原因确需减税、免税的，可以在一定期限内减征或者免征车船税。具体减免期限和数额由省、自治区、直辖市人民政府确定，报国务院备案。

（2）省、自治区、直辖市人民政府根据当地实际情况，可以对公共交通车船，农村居民拥有并主要在农村地区使用的摩托车、三轮汽车和低速载货汽车定期减征或者免征车船税。

（3）临时入境的外国车船和香港特别行政区、澳门特别行政区、台湾地区的车船，不征收车船税。

（4）按照规定缴纳船舶吨税的机动船舶，自《车船税法》实施之日起 5 年内免征车船税。

（5）依法不需要在车船登记管理部门登记的机场、港口、铁路站场内部行驶或者作业的车船，自《车船税法》实施之日起 5 年内免征车船税。

七、车船税的征收管理

按照《车船税法》及《车船税法实施条例》的规定，车船税的征收管理包括以下

内容：

（1）车船税由地方税务机关负责征收。车船税的征收管理依照《车船税法》和《中华人民共和国税收征收管理法》的规定执行。

（2）车船税的纳税地点为车船的登记地或者车船税扣缴义务人所在地。依法不需要办理登记的车船，车船税的纳税地点为车船的所有人或者管理人所在地。

（3）车船税纳税义务发生时间为取得车船所有权或者管理权的当月。具体应当以购买车船的发票或者其他证明文件所载日期的当月为准。车船税按年申报，分月计算，一次性缴纳。纳税年度为公历1月1日至12月31日。具体申报纳税期限由省级、自治区、直辖市人民政府规定。

（4）从事机动车第三者责任强制保险业务的保险机构为机动车车船税的扣缴义务人，应当在收取保险费时依法代收车船税，并出具代收款凭证。机动车车船税扣缴义务人在代收车船税时，应当在机动车交通事故责任强制保险的保险单以及保费发票上注明已收税款的信息，作为代收税款凭证。

已完税或者依法减免税的车辆，纳税人应当向扣缴义务人提供登记地的主管税务机关出具的完税凭证或者减免税证明。纳税人没有按照规定期限缴纳车船税的，扣缴义务人在代收代缴税款时，可以一并代收代缴欠缴税款的滞纳金。扣缴义务人已代收代缴车船税的，纳税人不再向车辆登记地的主管税务机关申报缴纳车船税。没有扣缴义务人的，纳税人应当向主管税务机关自行申报缴纳车船税。

纳税人缴纳车船税时，应当提供反映排气量、整备质量、核定载客人数、净吨位、千瓦、艇身长度等与纳税相关信息的相应凭证以及税务机关根据实际需要要求提供的其他资料。

纳税人以前年度已经提供前款所列资料信息的，可以不再提供。

（5）车辆车船税的纳税人按照纳税地点所在的省、自治区、直辖市人民政府确定的具体适用税额缴纳车船税。扣缴义务人应当及时解缴代收代缴的税款和滞纳金，并向主管税务机关申报。扣缴义务人向税务机关解缴税款和滞纳金时，应当同时报送明细的税款和滞纳金扣缴报告。扣缴义务人解缴税款和滞纳金的具体期限，由省、自治区、直辖市地方税务机关依照法律、行政法规的规定确定。

（6）在一个纳税年度内，已完税的车船被盗抢、报废、灭失的，纳税人可以凭有关管理机关出具的证明和完税凭证，向纳税所在地的主管税务机关申请退还自被盗抢、报废、灭失月份起至该纳税年度终了期间的税款。已办理退税的被盗抢车船失而复得的，纳税人应当从公安机关出具相关证明的当月起计算缴纳车船税。已缴纳车船税的车船在同一纳税年度内办理转让过户的，不另纳税，也不退税。

（7）税务机关可以在车船登记管理部门、车船检验机构的办公场所集中办理车船税征收事宜。公安、交通运输、农业、渔业等车船登记管理部门、船舶检验机构和车船税扣缴义务人的行业主管部门应当在提供车船有关信息等方面，协助税务机关加强车船税的征收管理。

车辆所有人或者管理人在申请办理车辆相关登记、定期检验手续时，应当向公安机关交通管理部门提交依法纳税或者免税证明。公安机关交通管理部门核查后办理相关手续。

经核查，对没有提供依法纳税或者免税证明的，不予办理相关手续。

第五节　车辆购置税法的基本内容

一、车辆购置税法概述

车辆购置税是对在我国境内购置应税车辆的单位和个人，按其所购车辆价格的一定比例一次性征收的一种财产税。课征这一税收，一方面可以通过税收杠杆，增加购置车辆的经济成本，在全社会范围内调控购置车辆的比例，抑制盲目购车行为；另一方面，还可借此组织国家财力，满足公共道路和基础设施建设的资金需求。此外，还可以在一定程度上调节个人财富分配。

车辆购置税法是调整车辆购置税征纳关系的法律规范的总称。我国目前调整车辆购置税征纳关系的基本法规是 2000 年 10 月 22 日国务院公布的《中华人民共和国车辆购置税暂行条例》（以下简称《车辆购置税暂行条例》），自 2001 年 1 月 1 日起施行。

二、车辆购置税的纳税人

在中华人民共和国境内购置应税车辆的单位和个人为车辆购置税的纳税人，应当依照《车辆购置税暂行条例》的规定缴纳车辆购置税。这里所称的单位，包括国有企业、集体企业、私营企业、股份制企业、外商投资企业、外国企业以及其他企业和事业单位、社会团体、国家机关、部队以及其他单位；所称个人，包括个体工商户以及其他个人。

三、车辆购置税的征税对象及范围

车辆购置税的征税对象是在中国境内购置应税车辆的行为，包括购买、进口、自产、受赠、获奖或者以其他方式取得并自用应税车辆等行为。

车辆购置税的征税范围包括汽车、摩托车、电车、挂车、农用运输车。具体征收应税车辆的范围包括：

（1）汽车。包括各类汽车。

（2）摩托车。包括：1）轻便摩托车：最高设计时速不大于 50 千米/小时，发动机汽缸总排量不大于 50 立方厘米的两个或者三个车轮的机动车；2）二轮摩托车：最高设计车速大于 50 千米/小时，或者发动机汽缸总排量大于 50 立方厘米的两个车轮的机动车；3）三轮摩托车：最高设计车速大于 50 千米/小时，或者发动机汽缸总排量大于 50 立方厘米，空车重量不大于 400 千克的三个车轮的机动车。

（3）电车。包括：1）无轨电车：以电能为动力，由专用输电电缆线供电的轮式公共车辆；2）有轨电车：以电能为动力，在轨道上行驶的公共车辆。

（4）挂车。包括：1）全挂车：无动力设备，独立承载，由牵引车辆牵引行驶的车辆；2）半挂车：无动力设备，与牵引车辆共同承载，由牵引车辆牵引行驶的车辆。

（5）农用运输车。包括：1）三轮农用运输车：柴油发动机，功率不大于运输车 7.4

千瓦，载重量不大于 500 千克，最高车速不大于 40 千米/小时的三个车轮的机动车；2）四轮农用运输车：柴油发动机，功率不大于运输车 28 千瓦，载重量不大于1 500千克，最高车速不大于 50 千米/小时的四个车轮的机动车。

四、车辆购置税的计税依据和税率

车辆购置税的计税依据是纳税人所购置的应税车辆的价格。其具体计税价格根据下列不同情况确定：

（1）纳税人购买自用的应税车辆的计税价格，为纳税人购买应税车辆而支付给销售者的全部价款和价外费用，但不包括增值税税款。

（2）纳税人进口自用的应税车辆的计税价格的计算公式为：

计税价格＝关税完税价格＋关税＋消费税

（3）纳税人自产、受赠、获奖或者以其他方式取得并自用的应税车辆的计税价格，由主管税务机关参照国家税务总局规定的各类车辆的最低计税价格核定。

国家税务总局应参照应税车辆市场平均交易价格，规定不同类型应税车辆的最低计税价格。纳税人购买自用或者进口自用应税车辆，申报的计税价格低于同类型应税车辆的最低计税价格，又无正当理由的，按照最低计税价格征收车辆购置税。

车辆购置税实行从价定率的方法计算应纳税额，其税率为10％的比例税率。应纳税额的计算公式为：

应纳税额＝计税价格×税率

五、车辆购置税的减免规定

关于车辆购置税的免税、减税，主要有以下规定：

（1）外国驻华使馆、领事馆和国际组织驻华机构及其外交人员自用的车辆，免税。

（2）中国人民解放军和中国人民武装警察部队列入军队武器装备订货计划的车辆，免税。

（3）设有固定装置的非运输车辆，免税。

（4）防汛专用车、森林消防专用车，免税。

（5）国内服务的在外留学人员用现汇购买自用的国产小汽车（限 1 辆），免税。

（6）长期来华定居专家出口自用的小汽车（限 1 辆），免税。

（7）有国务院规定予以免税或者减税的其他情形的，按照规定免税或者减税。

免税、减税车辆因转让、改变用途等原因不再属于免税、减税范围的，应当在办理车辆过户手续前或者办理变更车辆登记注册手续前缴纳车辆购置税。

六、车辆购置税的征收管理

车辆购置税由国家税务局征收。其征收管理，依照《税收征收管理法》及《车辆购置税暂行条例》的有关规定执行。

纳税人购置应税车辆，应当向车辆登记注册地的主管税务机关申报纳税；购置不需要办理车辆登记注册手续的应税车辆，应当向纳税人所在地的主管税务机关申报纳税。

车辆购置税实行一次征收制度。凡购置已征车辆购置税的车辆，不再征收车辆购置税。纳税人购买自用应税车辆的，应当自购买之日起 60 日内申报纳税；进口自用应税车辆的，应当自进口之日起 60 日内申报纳税；自产、受赠、获奖或者以其他方式取得并自用应税车辆的，应当自取得之日起 60 日内申报纳税。

车辆购置税税款应当一次缴清。纳税人应当在向公安机关车辆管理机构办理车辆登记注册前，缴纳车辆购置税。

纳税人应当持主管税务机关出具的完税证明或者免税证明，向公安机关车辆管理机构办理车辆登记注册手续；没有完税证明或者免税证明的，公安机关车辆管理机构不得办理车辆登记注册手续。

税务机关应当及时向公安机关车辆管理机构通报纳税人缴纳车辆购置税的情况。公安机关车辆管理机构应当定期向税务机关通报车辆登记注册的情况。税务机关发现纳税人未按照规定缴纳车辆购置税的，有权责令其补缴；纳税人拒绝缴纳的，税务机关可以通知公安机关车辆管理机构暂扣纳税人的车辆牌照。

第六节　遗产及赠与税法的基本内容

一、遗产及赠与税法概述

遗产税是以被继承人或财产所有人死亡时所遗留的财产为课征对象，向遗产的继承人一次性征收的一种动态财产税。赠与税是对财产所有人赠送他人的财产征收的一种税，其征收目的是防止财产所有人为逃避遗产税纳税义务，而在生前有计划地将自己的财产赠给亲友或他人。所以，赠与税实际上是与遗产税相配合的一个辅助税种。遗产及赠与税法是调整遗产税及赠与税征纳关系的法律规范的总称。

遗产税是一个古老的税种。据考证，早在古埃及、古罗马、古希腊时期就开始了对遗产征收的比例税。近代遗产税于 1598 年起源于荷兰，其后欧美诸国相继建立了遗产税制度，并多实行累进税制。迄今为止，世界上有 100 多个国家和地区通过立法开征了遗产税(或含赠与税)。在我国，遗产税法的起草始于北洋政府时期，但未正式颁行。1929 年国民党政府也曾拟定《遗产税条例》及其实施细则，但直到 1940 年才正式开征遗产税，并于 1946 年制定和颁布了我国历史上第一部遗产税法。新中国成立以后，政务院于 1950 年 1 月发布了《全国税政实施要则》，其中就规定有遗产税。后来由于经济发展水平和分配制度等诸多原因，一直没有实际开征。

改革开放以后，由于经济发展与分配制度的改变，个人积累的财产已大为增加，贫富差别也日渐增大。为此，党的十四届二中全会提出：“适时开征遗产税和赠与税。要通过分配政策和税收调节，避免由于少数人收入畸高形成两极分化。”1994 年税制改革设计时，明确提出要重新设置遗产税，选择适当的时机开征，并规定将其收入作为地方固定财政收入。在我国现阶段，开征遗产税具有重大意义：一是补充所得税和流转税的不足，发挥税收对高收入的调节作用；二是有利于减少社会浪费，限制不劳而获；三是能够适当增加财政收入，促进地方经济发展；四是有利于发展社会公益事业，鼓励高收入者向公益事业捐赠；五是有利于按国际通行准则完善我国的税法税制，增强公民税法观念。

二、遗产税的类型

按照遗产税纳税义务人和具体征税制度的不同，目前世界各国对遗产税的课征模式，主要有以下三种类型：

（一）综合课征的“总遗产税制”

“总遗产税制”即一般所讲的“遗产税制”或称“死亡税制”。这种税制是以死亡人为名义纳税人，以遗嘱执行人或遗产管理人为实际纳税人，就死亡人所遗留的全部遗产净额（即遗产总额减去各项扣除项目后的余额），采行累进税率一次性课税。其主要特征是在遗产税设计上不考虑遗产的去向，税率设计依据遗产净额，而不考虑继承人的多少及继承人与被继承人的亲疏关系，先征税后继承。其理论上是以死亡人为纳税义务人，具有税制简单、税源有保证、征收管理比较方便、征税成本低等优点。其缺点是有失公平和合理。目前实行总遗产税制的国家有美国、英国、韩国、新加坡等。

（二）分别课征的“分遗产税制”

“分遗产税制”又称“继承税制”，是在被继承人死亡后，先将其遗产分给各继承人，然后以各继承人为纳税义务人，就其所分得的遗产分别征收遗产税。这种模式以各继承人为纳税义务人，税率一般采行累进税率，税负高低考虑继承人与被继承人的亲疏关系。其主要特征是在遗产处理上表现为“先分后税”。分遗产税制比总遗产税制征管手续复杂，征收成本高，但较为公平、合理。目前实行分遗产税制的国家主要有德国、日本、波兰、荷兰、保加利亚等。

（三）混合遗产税制

混合遗产税制是指先对被继承人的遗产征收总遗产税，再以各继承人为纳税义务人，就其所继承的财产征收继承税。这种模式是对前述两种课征模式的综合运用，不但有利于源泉控制，而且体现了税收公平，但实务操作颇为不易。其主要特征是在遗产处理上采取“先税后分再税”。目前，采用混合遗产税制的国家有意大利、加拿大、菲律宾、伊朗等。

从我国的现实情况出发，考虑我国有关财产继承、财产登记、财产评估等方面的法律制度尚不健全，税收征管水平较低等因素，我国的遗产税宜采用总遗产税制。这样，才有利于监控税源，便于征管，防止偷漏税。同时，因为遗产税和赠与税是密切相关的两个税种，所以应同时开征，配套实施，以求实效。与总遗产税制相对应，我国的赠与税也宜采用总赠与税制，这样才能达到既简便易行，又能有效防止逃税避税的课征效果。

三、我国遗产税及赠与税立法的制度设计

立足于我国国情，借鉴国外先进的遗产税、赠与税税制的成功经验，我国遗产税和赠与税的立法设计如下：

（一）遗产税及赠与税的纳税义务人

我国遗产税及赠与税宜采取总遗赠税制。遗产税的理论（名义）纳税义务人为遗留遗

产的财产所有人，即死亡人。在界定纳税义务人应纳税财产的范围时，应采取属人主义与属地主义相结合的原则来确定，具体可参照个人所得税的判定纳税义务人是居民还是非居民的标准。对于居民纳税人应就其境内外的全部遗产征收遗产税，对于非居民纳税人应就其在中国境内的遗产征收遗产税。但同时，须注意与《中华人民共和国继承法》第 36 条的规定相协调。该法第 36 条规定：动产适用被继承人住所地法律，不动产适用不动产所在地法律。

遗产税的具体纳税义务人可按下列顺序确定：（1）有遗嘱执行人的，为遗嘱执行人；（2）无遗嘱执行人的，为继承人及受遗赠人；（3）无上述两类人的，为依法选定的遗产管理人。

赠与税的纳税义务人为赠与人。

（二）遗产税及赠与税的征税对象

遗产税应以被继承人死亡时遗留的财产为征税对象。具体包括一切有价值的动产、不动产和无形财产。赠与税的征税对象是赠与人在纳税年度内赠与他人的财产。

（三）遗产税及赠与税的税率

遗产税和赠与税的税率均宜采用超额累进税率，级次不宜过多，以 5 级左右为宜，税率应略高于个人所得税的税率。其中，赠与税的税率又应略高于遗产税的税率，以防止财产所有者利用税率低的便利在生前有计划地将财产多次分散赠与，从而少缴或不缴遗产税。

（四）遗产税及赠与税的计税依据

遗产税的计税依据是遗产总额减除法定扣除额和减免额后的余额，赠与税的计税依据是赠与人在纳税年度内所有赠与他人的财产价额减去一定的法定扣除项目后的余额。

借鉴国际上多数国家的做法，我国遗产税和赠与税应纳税额的计征应考虑以下扣除项目：

（1）被继承人死亡前、赠与人赠送前依法应缴纳的各项税款、罚款和滞纳金。

（2）被继承人死亡时的丧葬费用，赠与双方因赠与行为而发生的有关费用。

（3）执行遗嘱及管理遗产的费用。

（4）给予公益、慈善机构不超过一定数额限制的捐赠。

（5）在职公务员死亡后，其继承人领取的死亡抚恤金等。

（6）被继承人死亡前其配偶、子女、父母共同居住不可分割的住房及其他财产。

（7）对于有残疾或生活困难的人或受赠人给予一定的特别扣除额。

（8）对与被继承人血缘关系远近不同的继承人规定不同的免税额。

（9）已缴纳的境外遗产税和赠与税。

（10）法律规定的其他扣除项目。

另外，还可以规定起征点。

（五）遗产及赠与税的征收管理

征收遗产税和赠与税，应当建立、健全以下制度：

（1）实施公民收入申报和财产登记制。公民收入宜实行“双向申报”，一是公民个人主动向税务部门申报收入，二是向个人支付薪金报酬的单位、个人也应向税务部门申报支付的数额。采取“双向申报”有利于税务机关掌握个人收入及财产状况，避免税源流失。同时，还应更新传统的财产观念，逐步实行个人财产实名登记制，以防止逃税避税情况的发生。

(2) 健全和完善各类财产评估制度和体系。科学、合理地评估各种不动产、重要动产以及其他财产权利，正确确定应税遗产、赠与财产的价值，是课征遗产税和赠与税的关键。税务机关应充分利用现存的有关部门和社会中介评估力量，着手建立一个高水平、精干、不以营利为目的专门的财产评估机构，以便从总体上降低财产评估费用，并保持评估结果的科学性、权威性和公正性，为遗产税、赠与税等税收的规范征管奠定基础。

(3) 建立和完善与有关部门的相互配合与协调制度。遗产税的纳税人在被继承人死亡后应在法定期限内向税务机关申报纳税，赠与税的纳税人（赠与人）应按年申报纳税。任何与管理个人财产有关的部门，没有税务机关开具的遗产税、赠与税完税证明或免税证明，不得办理相应的转让财产的手续。

(4) 其他制度规定。遗产税和赠与税应由纳税人所在地或不动产所在地的地方税务机关负责征收管理，纳税义务人应在继承遗产开始之日或赠与事实发生之日起的法定期限内，向当地主管税务机关申报纳税。遗产税和赠与税原则上应以货币形式一次性缴纳，纳税人以货币形式缴纳或一次性缴纳确有困难的，可以以实物形式缴纳或分次缴纳。

本章小结

财产税是一个历史悠久的税种，也是现今世界众多国家普遍开征的一种税。我国自改革开放以来，先后恢复开征了房产税、城市房地产税、车船税、车船使用牌照税、契税等财产税，新开征了车辆购置税。1994 年的税制改革方案又提出了要开征遗产税、赠与税，调节财富分配。相信经过一定时间的努力，我国将建立较为完善的财产税体系，进而为地方财政收入奠定较为坚实的基础。

第一节是财产税法概述。首先介绍了财产税的概念及特点，其次重点介绍了财产税的四种分类，这部分内容对于我们学习和掌握财产税的体系与财产税法的一般原理意义重大，最后阐述了我国财产税法在立法课征中应遵循的五个原则。

第二节是房产税法的基本内容。房产税是以房屋为征税对象，以房产的计税余值或者房产的租金收入为计税依据，向房产的所有者或者使用者课征的一种财产税。它是一种古老的特别财产税。房产税法是调整房产税征纳关系的法律规范的总称。

第三节是契税法的基本内容。契税是以财产所有权发生转移变动时的不动产的价值为征税对象，向产权承受人征收的一种财产税。具体到我国，契税是对在我国境内办理国有土地使用权、房屋所有权权属转移登记时，向不动产承受的单位和个人一次性征收的一种税。契税实行 3%～5%的幅度税率。各地契税的具体适用税率，由省、自治区、直辖市人民政府在 3%～5%的幅度内按照本地区的实际情况确定，并报财政部和国家税务总局备案。契税法是调整契税征纳关系的法律规范的总称。

第四节是车船税法的基本内容。车船税是对在中国境内依法应当在车船登记管理部门登记的机动车辆和船舶，或者依法不需要在车船登记管理部门登记的在单位内部场所行驶或者作业的机动车辆和船舶的所有人或者管理人，就其所有或管理的车船依法征收的一种税。车辆和船舶作为一种有形动产，对其征收的税是一种财产税。车船税是一种地方税。

第五节是车辆购置税法的基本内容。车辆购置税是对在我国境内购置应税车辆的单位和个人，按其所购车辆价格的一定比例一次性征收的一种财产税。课征这一税收，一方面可以通过税收杠杆抑制盲目购车行为；另一方面还可借此组织国家财力，满足公共道路和基础设施建设的资金需求。此外，还可以在一定程度上调节个人财富分配。车辆购置税法是调整车辆购置税征纳关系的法律规范的总称。

第六节是遗产及赠与税法。遗产税是以被继承人或财产所有人死亡时所遗留的财产为课征对象，向遗产的继承人一次性征收的一种动态财产税。遗产税的课征模式有总遗产税制、分遗产税制、混合遗产税制三种模式。赠与税是对财产所有人赠送他人的财产征收的一种税，其征收目的是防止财产所有人为逃避遗产税纳税义务，而在生前有计划地将自己的财产赠给亲友或他人。所以，赠与税实际上是遗产税的辅助税种。遗产及赠与税法是调整遗产税及赠与税征纳关系的法律规范的总称。我国目前正在研究制定《遗产税及赠与税条例》。

关键概念

财产税　特别财产税　动态财产税　临时财产税　契税　车船税　车辆购置税　遗产税　分遗产税制　赠与税

思考题

1. 什么是财产税？财产税的课征有何特点？
2. 财产税的分类及立法原则有哪些内容？
3. 税法关于房产税的纳税人、征税对象和征税范围有哪些规定？
4. 房产税的计税依据是什么？如何计算房产税的应纳税额？
5. 房产税的减免优惠包括哪些内容？如何缴纳房产税？
6. 契税的纳税人及征税范围有哪些规定？
7. 契税的税率与计税依据有哪些规定？如何计算及缴纳契税？
8. 关于车船税的纳税人及征税对象和范围有哪些法律规定？
9. 车船税的计税依据和税率有什么特点？其应纳税额如何计算？
10. 如何确定车辆购置税的纳税人？车辆购置税的征税对象是什么？
11. 怎样计算缴纳车辆购置税？
12. 什么是遗产税？什么是赠与税？遗产及赠与税课征模式有哪几种？

第九章

资源税法制度

资源税，是对在我国境内从事资源开发、利用的单位和个人，就其资源生产、开发条件的差异而形成的级差收入征收的一类税。征收资源税，有利于保护和合理使用自然资源，有利于企业在平等的基础上开展竞争，也可以增加一定的财政收入。资源税有广义、狭义之分。狭义资源税仅指依《中华人民共和国资源税暂行条例》的规定，对矿产资源和盐资源的开采所征收的税收；而广义资源税除狭义资源税外，尚包括城镇土地使用税、耕地占用税和土地增值税。另外，由于资源本身也属于财产的范畴，故对资源的课税从理论上讲也属于财产类课税。

资源税法是调整资源税征纳关系的法律规范的总称。我国目前征收资源税方面的法律依据主要有：1993 年 12 月国务院发布、2011 年 9 月 30 日修订自同年 11 月 1 日起施行的《中华人民共和国资源税暂行条例》，1987 年 4 月 1 日国务院发布、2007 年 12 月 1 日修订的《中华人民共和国耕地占用税暂行条例》，1988 年 9 月 27 日国务院发布、2006 年 12 月 31 日修订的《中华人民共和国城镇土地使用税暂行条例》，1993 年 12 月国务院发布的《中华人民共和国土地增值税暂行条例》及财政部 1995 年 1 月发布的《中华人民共和国土地增值税暂行条例实施细则》等。

重点问题

- 资源税的概念、种类、特点及立法原则。
- 资源税的概念及纳税人的确定。
- 资源税的征税范围、税率与应纳税额的计算。
- 耕地占用税的概念及纳税人的确定。
- 耕地占用税的征税范围、税率与征收管理。
- 城镇土地使用税的概念及纳税人的确定。
- 城镇土地使用税的征税范围、税率与征收管理。

- 土地增值税的概念及纳税人的确定。
- 土地增值税的征税范围与计税依据。
- 土地增值税的税率与应纳税额的计算。

第一节　资源税法概述

一、资源税的概念、特点及种类

（一）资源税的概念及特点

资源税是指国家对在我国境内从事资源开发、利用的单位和个人，就其资源生产和开发条件的差异而形成的级差收入征收的一类税。资源税有广义和狭义之分。狭义的资源税仅指依照《中华人民共和国资源税暂行条例》的规定，对矿产资源和盐资源的开采和生产者所征收的税收；而广义的资源税除了狭义的资源税外，尚包括城镇土地使用税、耕地占用税和土地增值税在内。另外，由于资源本身也属于财产的范畴，对资源的课税从理论上讲属于财产类课税，所以，亦有的学者把有关上述资源税的税法制度放在财产税法中进行介绍。但考虑到资源税的征收在我国毕竟年代较长且自成体系，所以，本书仍将资源税法单独成章，加以介绍。

所谓资源，是指在自然界存在的、能为人类所利用的物质财富，具体包括土地资源、矿产资源、森林资源、草原资源、海洋资源、水资源、风力资源、生物资源、太阳能资源等。而且，随着人类社会的进步和科学技术的发展，人类开发、利用资源的广度和深度都将日益提高。不过，资源税并非是针对所有资源课征，而只是把某些特殊的资源列入征税范围予以征收，从而增加财政收入，实现国家在某些方面的特定政策目的。

资源税法是调整资源税征纳关系的法律规范的总称。我国目前征收资源税方面的法律依据主要有：1993 年 12 月国务院发布、2011 年 9 月 30 日修订的《中华人民共和国资源税暂行条例》(以下简称《资源税暂行条例》)，财政部、国家税务总局 2011 年 10 月 28 日发布、自 2011 年 11 月 1 日起施行的《中华人民共和国资源税暂行条例实施细则》（以下简称《资源税暂行条例实施细则》)；1987 年 4 月 1 日国务院发布、2007 年 12 月 1 日修订的《中华人民共和国耕地占用税暂行条例》，财政部、国家税务总局 2008 年 2 月 26 日公布并从公布日起实施的《中华人民共和国耕地占用税暂行条例实施细则》；1988 年 9 月 27 日国务院发布、2006 年 12 月 31 日修订的《中华人民共和国城镇土地使用税暂行条例》；1993 年 12 月国务院发布的《中华人民共和国土地增值税暂行条例》及财政部 1995 年 1 月发布的《中华人民共和国土地增值税暂行条例实施细则》等。各类资源税法的实施，对资源的开发、利用能起到较好的调节作用。主要表现在：第一，可以调节开发主体的资源级差收入，促进企业在市场上的公平竞争。第二，严格土地、矿产资源等的开发管理，防止掠夺性开采和资源的浪费，促进资源的合理开发和利用。第三，改变资源产业是国民经济薄弱环节的状况，有利于资源产业的发展。

概括起来目前我国资源税课征有以下特点：

（1）课征资源税的主要目的在于调节因资源差别而形成的级差收入。一般而言，征收资源税可以发挥诸多作用，如筹集国家财政收入，加强对现有资源开发、利用的引导和监督，充分实现国有资源的有偿使用，避免对资源的掠夺性开采和浪费等。不过，现行资源税立法的主要目的在于调节资源开采企业因资源开采条件的差异所形成的级差收入，从而为资源开采企业之间开展公平竞争创造条件。

（2）主要实行差别税额、从量定额征收。目前，世界多数国家征收资源税的方法主要有三类：一是从价定率征收，二是从量定额征收，三是以矿产资源的净收入为计税依据按率征收。我国资源税法，除土地增值税以净收入（增值额）为计税依据、从价累进征收外，其他资源税均以应税资源产品的销售量或者土地面积为计税依据，实行从量定额计税，差别课征。这便于计征和缴纳，也是调节级差收入立法主旨的必然延伸。

（3）课税范围较窄、调节力度不够。目前，世界上多数国家征收资源税的范围都比较广。而我国的资源税的征收对象只限于土地资源和一些有限的矿产资源、盐资源，其他的一些资源如森林资源、草原资源、水资源以及为数众多的矿产资源等，目前并未列入征税范围。随着经济的发展与资源保护意识的提高，有必要将更多的资源产品逐步纳入征税范围，以增强国家财力，实现对资源的保护和永续利用。

（4）共享税与地方税并存。从世界各国资源税的课征实践来看，在资源税的征收管理权限和收入归属上，存在三种类型，即中央税、地方税、中央和地方共享税。我国现行狭义资源税属于共享税，并按资源种类划分归属；而有关土地资源方面的征税，则作为地方税。

（二）资源税的种类

资源税，是对从事应税资源开发、利用的单位和个人，以其所开发的资源数量或价值征收的一种税，属于财产税的性质。

资源税课征一般可以分为一般资源税和级差资源税两大类。

（1）一般资源税。是对使用某种资源的单位和个人就其资源的数量或价值征收，而不考虑其所使用资源的贫富状况和开采利用条件，也不考虑其因开发利用资源所取得收入的多少。

（2）级差资源税。是按资源的级差收入分别征税，纳税人应纳税额的多少与其所使用资源的贫富状况和开采利用条件有关。

从世界上多数国家资源税的立法情况来看，由于级差资源税考虑了资源差异的不同而给纳税人所带来的收入区别，税制较为合理和公平，因而具有较为广泛的适用性和针对性。故各国征收的资源税大多为级差资源税。

二、资源税法制度的历史沿革

资源税在我国赋税史上可谓源远流长。早在奴隶制时期的周朝，就对在山上伐木、采矿、狩猎、煮盐、捕鱼等行为征税，史称“山泽之赋”。尽管有学者对此持有异议，认为这属于行为税性质，但从另一角度来看，仍然可以认定是对开发、利用森林资源、矿产资源、动物资源等征收的一种税，可归属于资源税的范围。战国时期，秦国曾对盐的生产、远销征收“盐课”，也属于资源税。明朝实行的“坑冶之课”，就是指矿税，其征收范围包括铜、铝、银、铁、朱砂等矿产品。国民党政府时期也曾对盐、铁课税。

新中国成立后，我国在颁行的《全国税政实施要则》中明确规定对盐的生产、远销征收盐税。1973 年税制改革时，盐税被并入工商税的范围之列。1984 年 9 月税制改革时期，国务院发布了《中华人民共和国资源税条例（草案）》（以下简称《资源税条例（草案）》），正式在全国范围内征收以资源税命名的税收。资源税的设立，对于调节企业之间的盈利分布，促进国有资源的合理开发和利用，完善和健全统一的税收制度起到了良好的作用。但由于《资源税条例（草案）》征税范围过窄，仅限定对原油、天然气、煤炭三种资源征税，并未把金属矿产品、非金属矿产品等其他资源纳入征税范围，因而难以充分体现国家对自然资源在经济上的所有权，也未能全面体现对国有资源实行有偿开采的原则。并且，《资源税条例（草案）》规定以企业销售利润为参照，按超额累进税率计算应纳税额，使企业缴纳的税收与其实际利润成正比例关系，即企业的利润增加，税负随之增大；反之，税负也随之减少。这实际上是惩罚利润水平高的企业，挫伤其加强经营管理、降低成本、增加利润的积极性，甚至诱使企业人为地降低利润率，以减轻税收负担。为克服此种弊端，财政部在 1986 年发布通知将超额累进计征办法改为从量定额方式计征税收。此举虽然克服了课征方式上的弊端，但是由此却形成了立法形式的不规范问题。并且，1984 年的税制改革，将理论上同属于资源类课税的盐税单独制定了《中华人民共和国盐税条例（草案）》（以下简称《盐税条例（草案）》）征税，形成资源税和盐税并立的资源税制格局，既浪费了立法资源，也不具有合理性和科学性。

为解决上述问题，1993 年进行全面税制改革时，国务院根据“普遍征收、级差调节”的原则，对资源税制加以调整与改革，主要内容是扩大资源税应税矿产品的征税范围，适度提高单位税额，并将原单独征收的盐税并入资源税中作为一个税目。1993 年 12 月国务院发布了《中华人民共和国资源税暂行条例》，自 1994 年 1 月 1 日起施行，原《资源税条例（草案）》和《盐税条例（草案）》相应废止。

在此期间，国务院还先后于 1987 年 4 月、1988 年 9 月、1993 年 12 月发布《中华人民共和国耕地占用税暂行条例》、《中华人民共和国城镇土地使用税暂行条例》和《中华人民共和国土地增值税暂行条例》，开征相应税收，以加强对农用耕地、城镇土地等土地资源的开发、利用的管理和保护，合理调节土地级差收入。

其后，国务院根据形势发展需要，又相应对《中华人民共和国资源税暂行条例》（最新修订时间为 2011 年 9 月 30 日）、《中华人民共和国耕地占用税暂行条例》（最新修订时间为 2007 年 12 月 1 日）、《中华人民共和国城镇土地使用税暂行条例》（最新修订时间为 2013 年 12 月 7 日）进行了修订，进一步完善了我国的资源税法制度。

三、我国资源税的立法原则

考察我国现行资源税法制度的立法课征原则主要有下述三个。

（一）普遍征收原则

资源税法普遍征收的原则有两个方面的意思：一是现行《资源税暂行条例》规定的资源税课税范围较原《资源税条例（草案）》的规定有了较大范围的拓展，征税的税目较为普遍和完全；二是取消了原来按从价定率征税和起征点的规定，实行从量定额征税，使得凡在中国境内从事应税矿产品和盐资源开发的单位和个人，无论其成本高低、利润多少都要依法缴纳资源税，向国家提供资源的价值补偿，从而使资源税的有偿开采、普遍征收的原则有了更进一步的贯彻和体现。

（二）级差调节原则

所谓级差调节，是指运用资源税对因资源条件差异而产生的资源级差收入进行调节。众所周知，各个地区的自然资源的储存状况、开采条件及分布的地理位置，在客观上存在很大差别，加上某些自然资源的有限性，尤其是优等资源的有限性，使得其只能被少数企业所占有，而其他企业和经营者只能占有和开采中等或劣等的自然资源。由于社会对资源的巨大需求，使得资源产品的价格通常按劣等资源开发者的经营水平来确定。这样，占有、开发中、优等资源的企业在销售资源产品时，势必就会获得一部分级差收入，从而导致企业之间的利润水平相差悬殊。而这种悬殊，并非生产经营效率提高所致。因此，通过征收资源税，在对应税产品普遍征税的同时，对各种不同资源产品及同一产品各矿山的不同资源状况，确定高低不同的差别税额，可以调节不同纳税人的级差收入，将国有资源的级差收入以税收的形式收归国有。

（三）便利征收原则

1994 年税制改革以前，资源税一律是按应税产品销售利润超率累进计征的，这种计征方式征收管理非常复杂。而现行的《资源税暂行条例》规定资源税以应税资源产品的销售量为计税依据，实行从量定额征收，基本统一于开采地缴纳。这样，既简化了计算，又统一和便利了资源税的征管。同时，将原来作为独立税种的盐税取消，作为一个税目纳入资源税的征收范围，大大地简化和规范了我国的税法税制。

第二节　资源税法的基本内容

一、资源税的纳税人

本节所讲的资源税是狭义的资源税，是指国家对在中华人民共和国领域及管辖海域开采应税矿产品或者生产盐的单位和个人，就其销售应税产品的销售数量或者销售额，从量定额或从价定率征收的一种税。资源税属于中央和地方共享税。

资源税的纳税义务人，为在中国领域或管辖海域开采应税矿产品或者生产盐（以下简称开采或者生产应税产品）的单位和个人。单位是指企业、行政单位、事业单位、军事单位、社会团体及其他单位。个人是指个体工商户和其他个人。

此外，为加强资源税的征管，《资源税暂行条例》还规定：收购未税矿产品的独立矿山、联合企业及其他收购未税矿产品的单位，为资源税的扣缴义务人。

二、资源税的征税范围

从理论上讲，资源税的征税范围应当包括一切可供开发和利用的国有资源，但考虑到我国开征资源税还缺乏经验，1993 年 12 月发布的《资源税暂行条例》只将具有商品属性的矿产资源和盐资源列入了征税范围，水资源等资源由于价格及征管经验等因素，暂未列入征税范围。所以，我国资源税征税范围的资源目前主要有下述两大类。

（一）矿产品

矿产品包括原油、天然气、煤炭、其他非金属矿原矿、黑色金属矿原矿、有色金属矿原矿。具体而言：

（1）原油是指开采的天然原油，不包括人造石油。

（2）天然气是指专门开采或与原油同时开采的天然气。

（3）煤炭是指原煤，不包括洗煤、选煤及其他煤炭制品。

（4）其他非金属矿原矿是指上列产品和井矿盐以外的非金属矿原矿。

（5）黑色金属矿原矿、有色金属矿原矿是指纳税人开采后自用、销售的，用于直接入炉冶炼或作为主产品先入选精矿、制造人工矿，再最终入炉冶炼的金属矿石原矿。

（二）盐

盐一般包括固体盐和液体盐。固体盐是指海盐原盐、湖盐原盐和井矿盐，液体盐是指卤水。

三、资源税的税目、税率

资源税的税目、税率依照《资源税暂行条例》所附《资源税税目税率表》（见表 9—1）及财政部的有关规定执行。其税目、税率的部分调整由国务院决定。纳税人具体适用的税率在《资源税税目税率表》规定的税率幅度内，根据纳税人所开采或者生产应税产品的资源品位、开采条件等情况，由财政部商国务院有关部门确定。

表 9—1　　资源税税目税率表

税目		税率
一、原油		销售额的 5%～10%
二、天然气		销售额的 5%～10%
三、煤炭	焦煤	每吨 8～20 元
	其他煤炭	每吨 0.3～5 元
四、其他非金属矿原矿	普通非金属矿原矿	每吨或者每立方米 0.5～20 元
	贵重非金属矿原矿	每千克或者每克拉 0.5～20 元
五、黑色金属矿原矿		每吨 2～30 元
六、有色金属矿原矿	稀土矿	每吨 0.4～60 元
	其他有色金属矿原矿	每吨 0.4～30 元
七、盐	固体盐	每吨 10～60 元
	液体盐	每吨 2～10 元

在征管实践中，纳税人资源税应税产品的具体适用税率，应根据其开采的矿产品等级划分，按照财政部、国家税务总局 2011 年 10 月 28 日发布、自 2011 年 11 月 1 日起施行的《资源税暂行条例实施细则》所附的《资源税税目税率明细表》和《几个主要品种的矿山资源等级表》确定、执行。

对于划分资源等级的应税产品，其《几个主要品种的矿山资源等级表》中未列举名称的纳税人适用的税率，由省、自治区、直辖市人民政府根据纳税人的资源状况，参照《资源税税目税率明细表》和《几个主要品种的矿山资源等级表》中确定的邻近矿山或者资源状况、开采条件相近矿山的税率标准，在浮动30%的幅度内核定，并报财政部和国家税务总局备案。

四、资源税的计税依据和计算

我国资源税的应纳税额，按照从价定率或者从量定额的办法，分别以应税产品的销售额乘以纳税人具体适用的比例税率或者以应税产品的销售数量乘以纳税人具体适用的定额税率计算征税。

（一）从价定率计征的资源税

我国对于原油和天然气实行从价定率计征资源税，其具体计算公式为：

应纳税额＝销售额×比例税率

公式中的销售额为纳税人销售应税产品向购买方收取的全部价款和价外费用，但不包括收取的增值税销项税额。价外费用包括价外向购买方收取的手续费、补贴、基金、集资费、返还利润、奖励费、违约金、滞纳金、延期付款利息、赔偿金、代收款项、代垫款项、包装费、包装物租金、储备费、优质费、运输装卸费以及其他各种性质的价外收费。但下列项目不包括在内：

1. 同时符合以下条件的代垫运输费用

（1）承运部门的运输费用发票开具给购买方的；

（2）纳税人将该项发票转交给购买方的。

2. 同时符合以下条件代为收取的政府性基金或者行政事业性收费

（1）由国务院或者财政部批准设立的政府性基金，由国务院或者省级人民政府及其财政、价格主管部门批准设立的行政事业性收费；

（2）收取时开具省级以上财政部门印制的财政票据；

（3）所收款项全额上缴财政。

纳税人以人民币以外的货币结算销售额的，应当折合成人民币计算。其销售额的人民币折合率可以选择销售额发生的当天或者当月1日的人民币汇率中间价。纳税人应在事先确定采用何种折合率计算方法，确定后1年内不得变更。

纳税人申报的应税产品销售额明显偏低并且无正当理由的、有视同销售应税产品行为而无销售额的，除财政部、国家税务总局另有规定外，按下列顺序确定销售额：

（1）按纳税人最近时期同类产品的平均销售价格确定；

（2）按其他纳税人最近时期同类产品的平均销售价格确定；

（3）按组成计税价格确定。组成计税价格为：

组成计税价格＝成本×（1＋成本利润率）÷（1－税率）

公式中的成本是指应税产品的实际生产成本。公式中的成本利润率由省、自治区、直辖市税务机关确定。

（二）从量定额计征的资源税

我国对于煤炭、其他非金属矿原矿、黑色金属矿原矿、有色金属矿原矿和盐等税目实行从量定额计征资源税，其具体计算公式为：

应纳税额＝销售数量×单位税额

公式中的销售数量包括纳税人开采或者生产应税产品的实际销售数量和视同销售的自用数量。纳税人不能准确提供应税产品销售数量的，以应税产品的产量或者主管税务机关确定的折算比换算成的数量为计征资源税的销售数量。

（三）特别规定

另外，在计算资源税应纳税额时，还应注意以下特别规定：

(1) 纳税人开采或者生产不同税目应税产品的，应当分别核算不同税目应税产品的销售额或者销售数量；未分别核算或者不能准确提供不同税目应税产品的销售额或者销售数量的，从高适用税率。

(2) 纳税人开采或者生产应税产品，自用于连续生产应税产品的，不缴纳资源税；自用于其他方面的，视同销售，依照规定缴纳资源税。

【例 9—1】

某油田 2012 年 5 月份生产销售原油 100 万元，自用 20 万元原油，其中 10 万元原油用于修井，设原油适用税率为 5%，该油田 5 月份应缴纳多少资源税?

解析：

先计算出应纳税的原油销售额。由于用于修井的原油免税，因此，

5 月份应纳税销售额＝1 000 000＋200 000－100 000＝1 100 000（元）

资源税应纳税公式为：

应纳税额＝销售额×比例税率

该油田按规定适用 5%的比例税率，故其

应纳资源税额＝1 100 000×5%＝55 000（元）

五、资源税的减免规定

按照《资源税暂行条例》及《资源税暂行条例实施细则》等的规定，有下列情形之一的可以免征或者减征资源税：

(1) 开采原油过程中用于加热、修井的原油，免税。

(2) 纳税人开采或者生产应税产品过程中，因意外事故或者自然灾害等原因遭受重大损失的，由省、自治区、直辖市人民政府酌情决定减税或者免税。

(3) 国务院规定的其他减税、免税项目。

纳税人的减税、免税项目，应当单独核算销售额或者销售数量；未单独核算或者不能准确提供销售额或者销售数量的，不予减税或者免税。

六、资源税的征收管理

（一）资源税的纳税义务发生时间

(1) 纳税人销售应税产品，其纳税义务发生时间是：1）纳税人采取分期收款结算方

式的，其纳税义务发生时间为销售合同规定的收款日期的当天；2）纳税人采取预收货款结算方式的，其纳税义务发生时间为发出应税产品的当天；3）纳税人采取其他结算方式的，其纳税义务发生时间为收讫销售款或者取得索取销售款凭据的当天。

（2）纳税人自产自用应税产品的纳税义务发生时间为移送使用应税产品的当天。

（3）扣缴义务人代扣代缴税款的纳税义务发生时间为支付货款的当天。

（二）资源税的纳税地点

资源税由税务机关征收。纳税人应纳的资源税，应当向应税产品的开采或者生产所在地主管税务机关缴纳。扣缴义务人代扣代缴的资源税，应当向收购地主管税务机关缴纳。

纳税人在本省、自治区、直辖市范围内开采或者生产应税产品，其纳税地点需要调整的，由省、自治区、直辖市税务机关决定。对于跨省、自治区、直辖市开采或者生产资源税应税产品的纳税人，其下属生产单位与核算单位不在同一省、自治区、直辖市的，对其开采或者生产的应税产品，一律在开采地或者生产地纳税。实行从量计征的应税产品，其应纳税款一律由独立核算的单位按照每个开采地或者生产地的销售量及适用税率计算划拨；实行从价计征的应税产品，其应纳税款一律由独立核算的单位按照每个开采地或者生产地的销售量、单位销售价格及适用税率计算划拨。

（三）资源税的纳税期限

资源税纳税人的纳税期限，由主管税务机关根据实际情况具体核定为 1 日、3 日、5 日、10 日、15 日或者 1 个月。不能按固定期限计算纳税的，可以按次计算纳税。

纳税人以 1 个月为一期纳税的，自期满之日起 10 日内申报纳税；以 1 日、3 日、5 日、10 日或者 15 日为一期纳税的，自期满之日起 5 日内预缴税款，于次月 1 日起 10 日内申报纳税并结清上月税款。

扣缴义务人的解缴税款期限，比照以上规定执行。

第三节　耕地占用税法的基本内容

一、耕地占用税的概念及纳税人

耕地占用税是对占用耕地建房或者从事非农业建设的单位和个人，按其实际占用耕地面积依规定的适用税额一次性征收的一种税收。征收耕地占用税的目的是合理利用土地资源，加强土地管理，保护农用耕地。

耕地占用税法是调整耕地占用税征纳关系的法律规范的总称，我国目前征收耕地占用税的法律依据主要是国务院于 1987 年 4 月 1 日发布、2007 年 12 月 1 日修订公布、自 2008 年 1 月 1 日起施行的《中华人民共和国耕地占用税暂行条例》（以下简称《耕地占用税暂行条例》），以及财政部、国家税务总局于 2008 年 2 月 26 日联合发布的《中华人民共和国耕地占用税暂行条例实施细则》（以下简称《耕地占用税暂行条例实施细则》）。耕地占用税属于地方税，其具体实施办法由各省、自治区、直辖市人民政府根据《耕地占用税暂行条例》的规定，结合本地区的实际情况制定。各省、自治区、直辖市人民政府财政、税务主管部门应当将本省、自治区、直辖市人民政府制定的耕地占用税具体实施办法报送财政部和国家税务总局。

耕地占用税的纳税人是在我国境内占用耕地建房（包括建设建筑物和构筑物）或从事非农业建设的单位或者个人。具体而言：经申请批准占用耕地的，纳税人为农用地转用审批文件中标明的建设用地人；农用地转用审批文件中未标明建设用地人的，纳税人为用地申请人。未经批准占用耕地的，纳税人为实际用地人。

前述所称“单位”，包括国有企业、集体企业、私营企业、股份制企业、外商投资企业、外国企业以及其他企业和事业单位、社会团体、国家机关、部队以及其他单位；所称“个人”，包括个体工商户以及其他个人。

二、耕地占用税的征税范围

耕地占用税的征税对象是占用耕地从事建房及其他非农业建设的行为。耕地是指用于种植农作物的土地。但农田水利占用耕地的，不征收耕地占用税。

此外，有关耕地占用税的征税范围尚有以下特别规定：

（1）占用园地建房或者从事非农业建设的，视同占用耕地征收耕地占用税。

（2）纳税人临时占用耕地，应当依照规定缴纳耕地占用税。纳税人在批准临时占用耕地的期限内恢复所占用耕地原状的，全额退还已经缴纳的耕地占用税。

所谓临时占用耕地，是指纳税人因建设项目施工、地质勘察等需要，在一般不超过2年内临时使用耕地并且没有修建永久性建筑物的行为。

因污染、取土、采矿塌陷等损毁耕地的，比照临时占用耕地的情况，由造成损毁的单位或者个人缴纳耕地占用税。超过2年未恢复耕地原状的，已征税款不予退还。

（3）占用林地、牧草地、农田水利用地、养殖水面以及渔业水域滩涂等其他农用地建房或者从事非农业建设的，比照《耕地占用税暂行条例》的规定征收耕地占用税。但其适用税额可以适当低于当地占用耕地的适用税额，具体适用税额按照各省、自治区、直辖市人民政府的规定执行。

这里所称“林地”，包括有林地、灌木林地、疏林地、未成林地、迹地、苗圃等，不包括居民点内部的绿化林木用地，铁路、公路征地范围内的林木用地，以及河流、沟渠的护堤林用地。所称“牧草地”，包括天然牧草地、人工牧草地。所称“农田水利用地”，包括农田排灌沟渠及相应附属设施用地。所称“养殖水面”，包括人工开挖或者天然形成的用于水产养殖的河流水面、湖泊水面、水库水面、坑塘水面及相应附属设施用地。所称“渔业水域滩涂”，包括专门用于种植或者养殖水生动植物的海水潮浸地带和滩地。

但建设直接为农业生产服务的生产设施（亦即直接为农业生产服务而建设的建筑物和构筑物）占用农用地的，不征收耕地占用税。具体包括：储存农用机具和种子、苗木、木材等农业产品的仓储设施；培育、生产种子、种苗的设施；畜禽养殖设施；木材集材道、运材道；农业科研、试验、示范基地；野生动植物保护、护林、森林病虫害防治、森林防火、木材检疫的设施；专为农业生产服务的灌溉排水、供水、供电、供热、供气、通信基础设施；农业生产者从事农业生产必需的食宿和管理设施；其他直接为农业生产服务的生产设施。

三、耕地占用税的税率

我国的耕地占用税以纳税人实际占用的耕地面积（包括经批准占用的耕地面积和未经批准占用的耕地面积）为计税依据，按照规定的适用税额一次性征收。耕地占用税的税率采用地区差别固定税额，其适用的单位税额是根据以县为单位计算的人均耕地面积的多少分别确定的。《耕地占用税暂行条例》规定的耕地占用税税额幅度如下：

(1) 人均耕地不超过1亩的地区（以县级行政区域为单位，下同），每平方米为10元至50元；

(2) 人均耕地超过1亩但不超过2亩的地区，每平方米为8元至40元；

(3) 人均耕地超过2亩但不超过3亩的地区，每平方米为6元至30元；

(4) 人均耕地超过3亩的地区，每平方米为5元至25元。

国务院财政、税务主管部门根据人均耕地面积和经济发展情况确定各省、自治区、直辖市的平均税额，现行平均税额规定见表9—2。

表9—2　省、自治区、直辖市耕地占用税平均税额表

地区	每平方米平均税额（元）
上海	45
北京	40
天津	35
江苏、浙江、福建、广东	30
辽宁、湖北、湖南	25
河北、安徽、江西、山东、河南、重庆、四川	22.5
广西、海南、贵州、云南、陕西	20
山西、吉林、黑龙江	17.5
内蒙古、西藏、甘肃、青海、宁夏、新疆	12.5

各地（县级行政区域）适用税额，由省、自治区、直辖市人民政府在前述规定的税额幅度内，根据本地区情况核定。但：(1) 各省、自治区、直辖市人民政府核定的适用税额的平均水平，不得低于《耕地占用税暂行条例》第5条第2款规定的平均税额；(2) 经济特区、经济技术开发区和经济发达且人均耕地特别少的地区，适用税额可以适当提高，但是提高的部分最高不得超过《耕地占用税暂行条例》第5条第3款规定的当地适用税额的50%；(3) 占用基本农田（指依据《基本农田保护条例》划定的基本农田保护区范围内的耕地）的，适用税额应当在《耕地占用税暂行条例》第5条第3款、第6条规定的当地适用税额的基础上提高50%。

四、耕地占用税的减免规定

（一）免征耕地占用税的规定

按《耕地占用税暂行条例》及《耕地占用税暂行条例实施细则》规定，下列情形免征耕地占用税：

（1）军事设施占用耕地免税。军事设施的具体范围包括：1）地上、地下的军事指挥、作战工程；2）军用机场、港口、码头；3）营区、训练场、试验场；4）军用洞库、仓库；5）军用通信、侦察、导航、观测台站和测量、导航、助航标志；6）军用公路、铁路专用线，军用通讯、输电线路，军用输油、输水管道；7）其他直接用于军事用途的设施。

（2）学校、幼儿园、养老院、医院占用耕地免税。1）免税的学校，具体范围包括县级以上人民政府教育行政部门批准成立的大学、中学、小学、学历性职业教育学校以及特殊教育学校。学校内经营性场所和教职工住房占用耕地的，按照当地适用税额缴纳耕地占用税。2）免税的幼儿园，具体范围限于县级人民政府教育行政部门登记注册或者备案的幼儿园内专门用于幼儿保育、教育的场所。3）免税的养老院，具体范围限于经批准设立的养老院内专门为老年人提供生活照顾的场所。4）免税的医院，具体范围限于县级以上人民政府卫生行政部门批准设立的医院内专门用于提供医护服务的场所及其配套设施。医院内职工住房占用耕地的，按照当地适用税额缴纳耕地占用税。

（二）减征耕地占用税的规定

（1）铁路线路、公路线路、飞机场跑道、停机坪、港口、航道占用耕地，减按每平方米2元的税额征收耕地占用税。根据实际需要，国务院财政、税务主管部门商国务院有关部门并报国务院批准后，可以对前述规定的情形免征或减征耕地占用税。

1）减税的铁路线路，具体范围限于铁路路基、桥梁、涵洞、隧道及按照规定两侧留地。专用铁路和铁路专用线占用耕地的，按照当地适用税额缴纳耕地占用税。2）减税的公路线路，具体范围限于经批准建设的国道、省道、县道、乡道和属于农村公路的村道的主体工程以及两侧边沟或者截水沟。专用公路和城区内机动车道占用耕地的，按照当地适用税额缴纳耕地占用税。3）减税的飞机场跑道、停机坪，具体范围限于经批准建设的民用机场专门用于民用航空器起降、滑行、停放的场所。4）减税的港口，具体范围限于经批准建设的港口内供船舶进出、停靠以及旅客上下、货物装卸的场所。5）减税的航道，具体范围限于在江、河、湖泊、港湾等水域内供船舶安全航行的通道。

（2）农村居民占用耕地新建住宅（指经批准在户口所在地按照规定标准占用耕地建设自用住宅），按照当地适用税额减半征收耕地占用税。农村居民经批准搬迁，原宅基地恢复耕种，凡新建住宅占用耕地不超过原宅基地面积的，不征收耕地占用税；超过原宅基地面积的，对超过部分按照当地适用税额减半征收耕地占用税。

农村烈士家属（包括农村烈士的父母、配偶和子女）、残疾军人、鳏寡孤独以及革命老根据地、少数民族聚居区和边远贫困山区生活困难的农村居民，在规定用地标准以内新建住宅缴纳耕地占用税确有困难的，经所在地乡（镇）人民政府审核，报经县级人民政府批准后，可以免征或减征耕地占用税。

（3）按前（1）和（2）的规定免征或减征耕地占用税后，纳税人改变原占地用途，不再属于免征或减征耕地占用税情形的，应自改变用途之日起30日内按改变用途的实际占用耕地面积和当地适用税额补缴耕地占用税税款。

五、耕地占用税的征收管理

《耕地占用税暂行条例》及其实施细则就耕地占用税的征收管理作出了下列规定：

（一）征管机关及依据

耕地占用税是地方税，由地方税务机关负责征收。其征收管理依照《税收征收管理法》和《耕地占用税暂行条例》的有关规定执行。

（二）纳税地点、纳税义务发生时间与税款的缴纳

纳税人占用耕地或其他农用地，应当在耕地或其他农用地所在地申报纳税。

经批准占用耕地的，耕地占用税纳税义务发生时间为纳税人收到土地管理部门办理占用农用地手续通知的当天。未经批准占用耕地的，耕地占用税纳税义务发生时间为纳税人实际占用耕地的当天。

土地管理部门在通知单位或个人办理占用耕地手续时，应同时通知耕地所在地同级地方税务机关。获准占用耕地的单位或个人应在收到土地管理部门的通知之日起 30 日内缴纳耕地占用税。土地管理部门凭耕地占用税完税凭证或者免税凭证和其他有关文件发放建设用地批准书。

第四节　城镇土地使用税法的基本内容

一、城镇土地使用税的概念及纳税人

城镇土地使用税是对在城市、县城、建制镇和工矿区范围内使用土地的单位和个人，按其实际占用的土地面积和规定的土地等级征收的一种级差资源税。城镇土地使用税属于地方税，其收入应纳入财政预算管理。开征城镇土地使用税的目的是合理利用城镇土地，调节土地级差收入，提高土地使用效益，加强土地管理。

城镇土地使用税法是调整城镇土地使用税征纳关系的法律规范的总称。目前，我国课征城镇土地使用税的法律依据主要是 1988 年 9 月 27 日国务院发布、2006 年 12 月 31 日修订、自 2007 年 1 月 1 日施行的《中华人民共和国城镇土地使用税暂行条例》（以下简称《城镇土地使用税暂行条例》），以及 1988 年 10 月 24 日国家税务总局发布的《关于土地使用税若干具体问题的解释和暂行规定》。《城镇土地使用税暂行条例》的实施办法由省、自治区、直辖市人民政府制定。

城镇土地使用税的纳税人，是在城市、县城、建制镇、工矿区范围内使用土地的国有企业、集体企业、私营企业、股份制企业、外商投资企业、外国企业以及其他企业和事业单位、社会团体、国家机关、军队以及其他单位、个体工商户以及其他个人。

城镇土地使用税一般由拥有土地使用权的单位或个人缴纳。拥有土地使用权的纳税人不在土地所在地的，由代管人或实际使用人纳税；土地使用权未确定或权属纠纷未解决的，由实际使用人纳税；土地使用权共有的，由共有各方按其实际使用的土地面积占总面积的比例，分别计算缴纳土地使用税。

二、城镇土地使用税的征税范围

城镇土地使用税的征税范围，是在城市、县城、建制镇和工矿区范围内使用的属于国

家所有和集体所有的土地。

城市是指经国务院批准设立的市；县城是指县人民政府所在地；建制镇是指经省、自治区、直辖市人民政府批准设立的建制镇；工矿区是指工商业比较发达，人口比较集中，符合国务院规定的建制镇标准，但尚未设立建制镇的大中型工矿企业所在地。工矿区须经省、自治区、直辖市人民政府批准。

上述城镇土地使用税的征税范围中，城市的土地包括市区和郊区的土地；县城的土地是指县人民政府所在的城镇的土地；建制镇的土地是指镇人民政府所在地的土地。

城市、县城、建制镇、工矿区的具体征税范围，由各省、自治区、直辖市人民政府划定。

三、城镇土地使用税的计税依据和税率

城镇土地使用税以纳税人实际占用的土地面积为计税依据，按照规定税额计算征收应纳税额。

纳税人实际占用的土地面积，按下列办法确定：

（1）凡有由省、自治区、直辖市人民政府确定的单位组织测定的土地面积的，以测定的面积为计税依据。

（2）尚未组织测量，但纳税人持有政府部门核发的土地使用证书的，以证书确认的土地面积为计税依据。

（3）尚未核发土地使用证书的，应由纳税人据实申报土地面积，据以计算纳税。

城镇土地使用税根据各地经济发展状况实行等级幅度税额标准，以每平方米为计税单位，按大、中、小城市和县城、建制镇、工矿区分别规定年幅度差别税额。土地使用税每平方米年税额如下：（1）大城市 1.5 元～30 元；（2）中等城市 1.2 元～24 元；（3）小城市 0.9 元～18 元；（4）县城、建制镇、工矿区 0.6 元～12 元。

大、中、小城市的划分是：市区及郊区非农业人口总计在 50 万以上的，为大城市；市区及郊区非农业人口总计在 20 万至 50 万的，为中等城市；市区及郊区非农业人口总计在 20 万以下的，为小城市。

各省、自治区、直辖市人民政府，应当在规定税额幅度内，根据市政建设状况、经济繁荣程度等条件，确定所辖地区的适用税额幅度；市、县人民政府应当根据实际情况，将本地区土地划分为若干等级，在省、自治区、直辖市人民政府确定的税额幅度内，制定相应的适用税额标准，报省、自治区、直辖市人民政府批准执行。

经省、自治区、直辖市人民政府批准，经济落后地区土地使用税的适用税额标准可以适当降低，但降低额不得超过前述规定最低税额的 30%。经济发达地区土地使用税的适用税额标准可以适当提高，但须报经财政部批准。

城镇土地使用税应纳税额计算公式为：

应纳税额＝纳税人实际占用的土地面积×适用税额标准

四、城镇土地使用税的减免规定

（一）免征土地使用税的土地

按有关规定，下列土地免缴土地使用税：

（1）国家机关、人民团体、军队自用的土地（指这些单位本身的办公用地和公务用地）。

（2）由国家财政部门拨付事业经费的单位自用的土地（指这些单位本身的业务用地）。

（3）宗教寺庙、公园、名胜古迹自用的土地。宗教寺庙自用的土地是指举行宗教仪式等的用地和寺庙内的宗教人员生活用地。公园、名胜古迹自用的土地是指供公共参观游览的用地及管理单位的办公用地。

（4）市政街道、广场、绿化地带等公共用地。

（5）直接用于农、林、牧、渔业的生产用地。这些生产用地是指直接从事种植、养殖、饲养的专业用地，不包括农副产品加工场地和生活、办公用地。

（6）经批准开山填海整治的土地和改造的废弃土地，从使用的月份起免缴土地使用税5～10年。

（7）对非营利性医疗机构、疾病控制机构和妇幼保健机构等卫生机构自用的土地，免征土地使用税。对营利性医疗机构自用的土地自2000年起免征城镇土地使用税3年。

（8）企业办的学校、医院、托儿所、幼儿园，其用地能与企业其他用地明确区分的，免征城镇土地使用税。

（9）免税单位无偿使用纳税单位的土地，免征土地使用税。纳税单位无偿使用免税单位的土地，纳税单位应依法缴纳城镇土地使用税。纳税单位和免税单位共同使用、共有使用权土地上的多层建筑，对纳税单位可按其占用的建筑面积占建筑总面积的比例计征土地使用税。

（10）为体现国家政策，支持重点产业的发展，我国还对石油、电力、煤炭等能源用地，民用港口、铁路等交通用地和水利设施用地，三线调整企业、盐场、采石场、邮电、高校后勤集团等特殊用地给予免税优惠。

（二）由省级地方税务局确定减免税的土地

下列土地的征免税，由省、自治区、直辖市地方税务局确定：

（1）个人所有的居住房屋及院落用地。

（2）房产管理部门在房租调整改革前经租的居民住房用地。

（3）免税单位职工家属的宿舍用地。

（4）民政部门举办的安置残疾人占一定比例的福利工厂用地。

（5）集体和个人办的各类学校、医院、托儿所、幼儿园用地。

五、城镇土地使用税的征收管理

城镇土地使用税按年计算，分期缴纳。具体缴纳期限由省、自治区、直辖市人民政府确定。目前，各地一般规定为每个季度缴纳一次或者每半年缴纳一次，每次征期为15天或者1个月。现行有关纳税义务发生时间的规定是：

（1）纳税人购置新建商品房，自房屋交付使用之次月起，缴纳城镇土地使用税。

（2）纳税人购置存量房，自办理房屋权属转移、变更登记手续，房地产权属登记机关签发房屋权属证书之次月起，缴纳城镇土地使用税。

（3）纳税人出租、出借房产，自交付出租、出借房产之次月起，缴纳城镇土地使用税。

(4) 房地产开发企业自用、出租、出借本企业建造的商品房，自房屋使用或交付之次月起，缴纳城镇土地使用税。

(5) 纳税人新征用的耕地，自批准征用之日起满 1 年时开始缴纳土地使用税。

(6) 纳税人新征用的非耕地，自批准征用次月起缴纳土地使用税。

城镇土地使用税由土地所在地的主管税务机关征收。土地管理机关应当向土地所在地的税务机关提供土地使用权属资料。纳税人使用的土地不属于同一省（自治区、直辖市）管辖范围的，应由纳税人分别向土地所在地的主管税务机关缴纳土地使用税；在同一省（自治区、直辖市）管辖范围内，纳税人跨地区使用的土地，其纳税地点由各省、自治区、直辖市地方税务局确定。

第五节　土地增值税法的基本内容

一、土地增值税的概念及纳税人

土地增值税是对在我国境内转让国有土地使用权、地上建筑物及其附着物的单位和个人，以其转让房地产所取得的增值额为课税对象而征收的一种税。土地增值税具有对资源课税和对收益课税的双重性质，其特点是：增值多的多征税，增值少的少征税，无增值的不征税。在我国，开征土地增值税的目的是规范土地、房地产市场交易秩序，合理调节土地增值收益，维护国家权益。其课征依据是 1993 年 12 月 13 日国务院发布、自 1994 年 1 月 1 日起施行的《中华人民共和国土地增值税暂行条例》（以下简称《土地增值税暂行条例》），以及财政部于 1995 年 1 月 27 日发布并自同日起施行的《中华人民共和国土地增值税暂行条例实施细则》（以下简称《土地增值税暂行条例实施细则》）。

土地增值税的纳税人为转让国有土地使用权、地上的建筑物及其附着物（以下简称转让房地产）并取得收入的单位和个人。具体包括：国家机关、社会团体、部队、各类企业、事业单位、个体经营者及国内其他单位和个人；外商投资企业、外国企业及外国机构、华侨、港澳台同胞及外国公民等。

二、土地增值税的征税范围

按照《土地增值税暂行条例》及其细则的规定，凡有偿转让国有土地使用权、地上的建筑物及其附着物并取得收入的单位和个人，都属于土地增值税的征税范围。

在界定土地增值税的征税范围时应注意以下三点：

(1) 只有转让国有土地（指按照法律规定属于国家所有的土地）的使用权，才属于土地增值税的征税范围，集体所有的土地只有在征用后转为国有土地时才能转让。

(2) 只有有偿转让（指出售或以其他方式有偿转让）房地产，才属于征税范围，房地产的继承、赠与等无偿转让行为不是土地增值税的征税对象。此外，国有土地使用权的出让行为也不是土地增值税的征税对象。

（3）地上的建筑物及其附着物是指建于地上的一切建筑物、构筑物，地上地下的各种附属设施及附着于该土地上的不能移动、一经移动即遭损坏的种植物、养殖物及其他物品。

三、土地增值税的计税依据

土地增值税的计税依据为纳税人转让房地产所取得的增值额。

（一）增值额的计算

增值额是指纳税人转让房地产取得的收入减除规定扣除项目金额之后的余额。如果纳税人转让房地产收入减除规定的扣除项目后没有余额，则不需要缴纳土地增值税。

增值额的计算公式为：

增值额＝转让房地产取得的收入－扣除项目

但纳税人如果有以下情形之一的，其土地增值税要按照房地产评估价格计算征收：（1）隐瞒、虚报房地产成交价格的；（2）提供扣除项目金额不实的；（3）转让房地产的成交价格低于房地产评估价格，又无正当理由的。

所谓“隐瞒、虚报房地产成交价格”，是指纳税人不报或有意低报转让土地使用权、地上建筑物及其附着物价款的行为。对该种情形，应由评估机构参照同类房地产的市场交易价格进行评估。税务机关根据评估价格确定转让房地产的收入。

所谓“提供扣除项目金额不实”，是指纳税人在纳税申报时不据实提供扣除项目金额的行为。对该种情形，应由评估机构按照房屋重置成本价乘以成新度折扣率计算的房屋成本价和取得土地使用权时的基准地价进行评估。税务机关根据评估价格确定扣除项目金额。

所谓“转让房地产的成交价格低于房地产评估价格，又无正当理由”，是指纳税人申报的转让房地产的实际成交价低于房地产评估机构评定的交易价，纳税人又不能提供凭据或无正当理由的行为。对该种情形，由税务机关参照房地产评估价格确定转让房地产的收入。

（二）转让房地产取得的收入

纳税人取得的转让房地产的收入，包括转让房地产而取得的全部价款及有关的经济收益。从收入形态看，包括货币收入、实物收入和其他收入。

（三）扣除项目

在计算转让房地产的增值额时，允许扣除的项目包括：

（1）取得土地使用权所支付的金额。这是指纳税人为取得土地使用权所支付的地价款（指土地出让金、土地转让金）和按国家统一规定缴纳的有关费用（登记费、过户费等）。

（2）房地产开发成本。这是指纳税人房地产开发项目实际发生的成本。具体包括以下费用：

1）土地征用及拆迁补偿费，包括土地征用费、耕地占用税、劳动力安置费及有关地上、地下附着物拆迁补偿的净支出、安置动迁用房支出等。

2）前期工程费，包括规划、设计、项目可行性研究和水文、地质、勘察、测绘、“三通一平”等支出。

3）建筑安装工程费，是指以出包方式支付给承包单位的建筑安装工程费，以自营方式发生的建筑安装工程费。

4）基础设施费，包括开发小区内道路、供水、供电、供气、排污、排洪、通讯、照明、环卫、绿化等工程发生的支出。

5）公共配套设施费，包括不能有偿转让的开发小区内公共配套设施发生的支出。

6）开发间接费用，是指直接组织、管理开发项目发生的费用，包括工资、职工福利费、折旧费、修理费、办公费、水电费、劳动保护费、周转房摊销等。

（3）房地产开发费用。这是指与纳税人开发房地产项目有关的销售费用、管理费用和财务费用。但这三项费用不是按照纳税人开发房地产项目实际发生的费用进行扣除，而是按照《土地增值税暂行条例实施细则》规定的标准进行扣除。

《土地增值税暂行条例实施细则》规定，财务费用中的利息支出，凡能够按转让房地产项目计算分摊并提供金融机构证明的，允许据实扣除，但最高不能超过按商业银行同类同期贷款利率计算的金额。其他房地产开发费用，按前（1）、（2）项计算的金额之和的5%以内计算扣除。即此种情况下允许扣除的房地产开发费为不超过：利息+（取得土地使用权所支付的金额+房地产开发成本）×5%。

凡不能按转让房地产项目计算分摊利息支出或不能提供金融机构证明的，房地产开发费用按前（1）、（2）项计算的金额之和的10%以内计算扣除。即此种情况下允许扣除的房地产开发费为不超过：（取得土地使用权所支付的金额+房地产开发成本）×10%。

前述计算扣除的具体比例，由各省、自治区、直辖市人民政府规定。

（4）旧房及建筑物的评估价格。这是指在转让已使用的房屋及建筑物时，由政府批准设立的房地产评估机构评定的重置成本价乘以成新度折扣率后的价格。评估价格须经当地税务机关确认。

（5）与转让房地产有关的税金。这是指在转让房地产时缴纳的营业税、城市维护建设税、印花税。因转让房地产缴纳的教育费附加，也可视同税金予以扣除。

（6）财政部规定的其他扣除项目。如对从事房地产开发的纳税人可按其取得土地使用权所支付的金额加房地产开发成本计算的金额之和，再加计20%的扣除；纳税人成片受让土地使用权后，分期分批开发、转让房地产的，其扣除项目金额的确定，可按转让土地使用权的面积占总面积的比例计算分摊，或按建筑面积计算分摊，也可按税务机关确认的其他方式计算分摊。

四、土地增值税的税率与计算

（一）土地增值税的税率

按《土地增值税暂行条例》的规定，土地增值税实行四级超率累进税率，具体税率如下：

（1）增值额未超过扣除项目金额50%的部分，税率为30%。

（2）增值额超过扣除项目金额50%、未超过扣除项目金额100%的部分，税率为40%。

（3）增值额超过扣除项目金额100%、未超过扣除项目金额200%的部分，税率为 50%。

（4）增值额超过扣除项目金额 200%的部分，税率为 60%。

前述四级超率累进税率，每级“增值额未超过扣除项目金额”的比例，均包括本比例数。

（二）土地增值税的计算

土地增值税按照纳税人转让房地产所取得的增值额规定的四级超率累进税率计算征收。因此，在转让房地产的增值额确定后，按照规定的四级超率累进税率，以增值额中属于每一税率级距的部分的金额，乘以该级的税率，再将由此得出的每一级的应纳税额相加，其总数即为应纳增值税税额。

土地增值税的计算公式为：

应纳税额＝∑（每级距的土地增值额×适用税率）

实务中，往往采用速算扣除法计算。即以总的增值额乘以适用税率，减除扣除项目金额乘以速算扣除系数，直接得出土地增值税的应纳税额。具体公式如下：

（1）增值额未超过扣除项目金额 50%的：

土地增值税税额＝增值额×30%

（2）增值额超过扣除项目金额 50%，未超过 100%的：

土地增值税税额＝增值额×40%－扣除项目金额×5%

（3）增值额超过扣除项目金额 100%，未超过 200%的：

土地增值税税额＝增值额×50%－扣除项目金额×15%

（4）增值额超过扣除项目金额 200%的：

土地增值税税额＝增值额×60%－扣除项目金额×35%

以上公式中的 5%、15%、35%为相应级距的速算扣除系数。

【例 9—2】

某房地产开发公司新建一幢办公大楼，出售给某实业开发公司，售价为4 000万元，按照房地产开发公司账面提供的有关资料，支付土地征用费1 000万元，支付拆迁补偿费200 万元，支付前期工程费用 100 万元，支付建筑安装工程费1 000万元，支付基础设施费200 万元，支付开发间接费用 100 万元，支付银行利息 50 万元，支付有关税金 20 万元。请计算该企业应纳土地增值税税额。

解析：

该企业应纳土地增值税的计算步骤为：

增值税的扣除项目＝1 000＋200＋100＋1 000＋200＋100＋50＋20

＝2 670（万元）

转让房地产的增值额＝转让房地产收入－增值税扣除项目

＝4 000－2 670＝1 330（万元）

由于增值额未超过扣除项目金额的 50%，故适用税率为 30%。因此，

该公司应纳土地增值税税额＝土地增值额×30%＝1 330×30%＝399（万元）

五、土地增值税的减免规定

按照《土地增值税暂行条例》等相关规定，有下列情形之一的，免征土地增值税：

（1）纳税人建造普通标准住宅出售，增值额未超过扣除项目金额之和20%的，免征土地增值税；增值额超过扣除项目金额之和20%的，应就其全部增值额按规定计税。

（2）因国家建设需要依法征用、收回的房地产（指因城市规划、国家建设的需要而被政府批准征用的房产或收回的土地使用权）。

（3）因城市规划、国家建设的需要而搬迁，由纳税人自行转让原房地产的，比照前（2）免征土地增值税。

（4）个人因工作调动或改善居住条件而转让原自用住房，经向税务机关申报核准，凡居住满5年或5年以上的，免予征收土地增值税；居住满3年未满5年的，减半征收土地增值税。居住未满3年的，按规定计征土地增值税。

（5）个人之间互换自有居住房地产的。

（6）对涉及土地增值税减免税的一些特殊问题，由财政部、国家税务总局制定专门规定。

六、土地增值税的征收管理

（一）纳税申报

纳税人应当自转让房地产合同签订之日起7日内向房地产所在地主管税务机关办理纳税申报。纳税人因经常发生房地产转让而难以在每次转让后申报的，经税务机关审核同意后，可以定期进行纳税申报，具体期限由税务机关根据情况确定。房地产所在地是指房地产的坐落地。纳税人转让的房地产坐落在两个或两个以上地区的，应按房地产所在地分别申报纳税。

纳税人在办理纳税申报时，应如实填写《土地增值税纳税申报表》，并向税务机关提交房屋及建筑物产权、土地使用权证书，土地转让、房产买卖合同，房地产评估报告及其他与转让房地产有关的资料。

土地增值税纳税人未按规定提供前述有关资料，或不如实申报房地产交易额及规定扣除项目金额造成少缴或未缴税款的，按《土地增值税暂行条例》的规定进行处理。

（二）税款缴纳

土地增值税纳税申报表经税务机关审核确认无误后，纳税人应按照税务机关核定的税额及规定的期限缴纳土地增值税。土地增值税以人民币为计算单位。转让房地产所取得的收入为外国货币的，以取得收入当天或当月1日国家公布的市场汇价折合成人民币，据以计算缴纳土地增值税。以分期收款形式取得外币收入的，也应按实际收款日或者收款当月1日国家公布的市场汇价折合成人民币，计缴土地增值税。

纳税人在项目全部竣工结算前转让房地产取得的收入，由于涉及成本确定或其他原因，而无法据以计算土地增值税的，可以预缴土地增值税，待该项目全部竣工、办理结算后再进行清算，多退少补。该具体办法由各省、自治区、直辖市地方税务局根据当地情况制定，一般情况是：对纳税人预售房地产所取得的收入，当地税务机关规定预征土地增值税的，纳税人应当到主管税务机关办理纳税申报，并按规定比例预缴；当地税务机关规定不预征土地增值税的，纳税人也应在取得收入时先到主管税务机关登记或者备案。

本章小结

资源税，是对在我国境内从事资源开发、利用的单位和个人，就其资源生产、开发条件的差异而形成的级差收入征收的一类税。资源税法是调整资源税征纳关系的法律规范的总称。在整个税法体系中，资源税法属于辅助税法。国家通过各类资源税法的实施，能对资源的开发、利用起到较好的调节作用。

第一节是资源税法概述。本节主要阐述了资源税的概念、种类及特点，资源税法的历史发展，资源税法的立法原则等内容。通过本节的学习，旨在把握我国增值税法的发展脉络及立法原则，了解增值税的具体类别及增值税课征的四大特点。

第二节是狭义资源税法的基本内容。该部分依据《资源税暂行条例》的规定，就狭义资源税的概念及纳税人的确定、资源税的征税范围与税率、资源税的计税依据和应纳税额的计算、资源税的征收管理等内容进行了介绍。狭义资源税是指国家对在中华人民共和国领域及管辖海域开采应税矿产品或者生产盐的单位和个人，就其销售应税产品的销售数量或者销售额，从量定额或从价定率征收的一种税。狭义资源税属于中央和地方共享税。

第三节是耕地占用税法的基本内容。耕地占用税是国家对占用耕地建房或者从事其他非农业建设的单位和个人，按其实际占用耕地面积依固定税额一次性征收的一种税收。耕地占用税属于地方税。

第四节是城镇土地使用税法的基本内容。城镇土地使用税是对在城市、县城、建制镇和工矿区范围内使用土地的单位和个人，按其实际占用的土地面积和规定的土地等级征收的一种级差资源税。开征城镇土地使用税的目的是合理利用城镇土地，调节土地级差收入，提高土地使用效益，加强土地管理。

第五节是土地增值税法的基本内容。土地增值税是对在我国境内转让国有土地使用权、地上建筑物及其附着物的单位和个人，以其转让房地产所取得的增值额为课税对象，依四级超率累进税率而征收的一种税。土地增值税具有对资源课税和对收益课税的双重性质，在我国，开征土地增值税的目的是规范土地、房地产市场交易秩序，合理调节土地增值收益，维护国家权益。土地增值税也属于地方税。

关键概念

资源税　耕地占用税　城镇土地使用税　土地增值税

思|考|题|

1. 什么是资源税？它有什么特点？它的立法原则有哪些？
2. 资源税纳税人及征税范围有哪些法律规定？
3. 资源税的税率有何特点？其计税依据是什么？
4. 耕地占用税的纳税人如何确定？耕地占用税与土地使用税如何协调征收？
5. 耕地占用税的征税范围及税率规定有哪些内容？
6. 城镇土地使用税的纳税人如何确定？其征税范围是什么？
7. 城镇土地使用税的计税依据和税率有何特点？怎样计算及缴纳城镇土地使用税？
8. 土地增值税的纳税人如何确定？为什么要开征土地增值税？
9. 如何正确理解土地增值税的征税范围？
10. 土地增值税的计税依据是什么？如何准确确定土地增值税的计税依据？
11. 土地增值税的税率有何特点？其应纳税额如何计算？
12. 土地增值税的减免优惠有哪些法律规定？

第十章

行为税法制度

行为税，亦称特定目的税，是指以某些特定行为为征税对象的一类税。课征行为税的目的，主要是为了实现特定的政策意图，对某些行为和方面实施特殊调节。行为税一般为辅助税、地方税、临时税。目前，世界上不少国家基于不同的目的都有对行为征税的税种，我国也不例外。在我国现行税收体系中，属于行为税类的税种有印花税、城市维护建设税和证券交易（印花）税。

行为税法是调整行为税征纳关系的法律规范的总称。目前，我国课征行为税的法律依据主要包括：1985 年 2 月 8 日国务院发布、自同年 1 月 1 日起实施的《中华人民共和国城市维护建设税暂行条例》，1988 年 8 月 6 日国务院发布、自同年 10 月 1 日起实施的《中华人民共和国印花税暂行条例》，1988 年 9 月 29 日财政部发布的《印花税暂行条例实施细则》，1988 年 12 月 12 日国家税务局发布的《关于印花税若干具体问题的规定》等法律、法规和规章。

重点问题

- 行为税的概念、特点及立法原则。
- 印花税的征税范围和纳税人。
- 印花税的税目、税率与应纳税额的计算。
- 城市维护建设税的征税范围和纳税人。
- 城市维护建设税的计税依据与税率。
- 开征证券交易税的意义。

第一节 行为税法概述

一、行为税的概念及特点

（一）行为税的概念

行为税，亦称特定目的税，是指为了实现特定的政策目的，而以某些特定行为为征税对象的一类税。行为税法是调整行为税征纳关系的法律规范的总称。

行为税是一个泛指的集合概念。从广义而言，几乎所有的税种都是对应纳税行为征税，因而都可以归入行为税类。例如，对所得额、流转额、财产的征税均可以理解为对营利行为、商品制造和营业行为、财产的占有和转移行为征税。但行为税法中所讲的行为，只能作狭义的理解。一般说来，这类行为往往是非常特定的行为，国家法律规定对这些行为征税，往往带有非常强的政策目的性，是国家试图通过征税而对这些行为实施一定程度的限制、监督或达成其他特定的目的。

目前，世界上不少国家基于不同的目的都有对行为征税的税种，如博彩税、赌博税、赛马税、印花税、狩猎税、犬税、娱乐税、工商登记税等。我国也不例外，目前征收的属于行为税类的税种主要有印花税、城市维护建设税和证券交易（印花）税。

（二）行为税的特点

与其他税类相比，行为税主要具有以下三个特点：

（1）行为税的征收具有极强的、明确的政策目的性。对特定行为征收行为税首先是为了体现某种政策意图，调节某种社会经济行为，取得财政收入往往不是开征该类税收的主要目的。而且，典型的行为税的征税目的在于“寓禁于征”，即通过征税来限制甚至禁止某种行为。

（2）行为税的征收具有临时性、偶然性。由政策目的性的特点所决定，当社会环境、经济环境发生变迁，国家政策不得不因此而调整的时候，作为特定政策工具的行为税的具体税种也必然相应地、不断地发生变化。这使得行为税往往具有临时性、偶然性的特点，而缺乏如其他税类具有的相对稳定性。

（3）行为税一般为辅助税、地方税。由于这类税收税源分散、税收收入小且不稳定，因而在各国税制结构中一般只能作为辅助税、地方税，发挥拾遗补阙的作用。

二、行为税的立法原则

行为税立法的基本原则是制定和修正行为税法规范的指导思想。一般来说，行为税法的立法应遵循以下原则：

（1）寓禁于征的原则。行为税是对纳税人的某些特定行为的征税，而人们在社会生活中的行为是各式各样的，有的是积极的，有的是消极的。行为税应对消极的、应受到限制和约束的行为征税或征重税；而对积极的、应受鼓励的行为不征税或征轻税，以体现国家的产业政策，实现宏观调控的目的。

（2）灵活性原则。行为税征税具有很大的灵活性。国家开征行为税，一般都是为了配合贯彻特定时期的国家政策。时代变了、环境变了、地点变了，行为税法的税种、立法形式、立法内容等也应作相应的变化，做到因地制宜、因时制宜、因事制宜，真正使行为税的征收符合时代发展的需要。

（3）谨慎适度原则。在市场经济条件下，人们的行为主要应由市场来调节，另外，某些行为市场调节不了，也非税收所能调节，而应采取其他的调节手段、管理方法予以解决。因此，在决定设置行为税税种、设计具体的行为税税收制度的时候，应恰当地认识该类税收的作用，避免步入“税收万能”的误区，避免因行为税的开征而对人们行为的过度干预和扭曲。

三、行为税法制度的产生和发展

古今中外，各国都有对某些特定行为征税的税种。如 1624 年荷兰就开始征收印花税，以后逐渐推广到世界许多国家和地区。在我国，新中国成立后就开征了印花税、屠宰税、特种消费行为税、车船使用牌照税 4 种行为税。1958 年税制改革时，印花税被并入工商统一税中，1973 年税制改革后，行为税进一步减至屠宰税和车船使用牌照税两种。改革开放以后，随着经济的快速发展、税收作用的增强，税制改革和调整不断进行，行为税的征税范围亦不断扩大，税种不断增加，到 1993 年年底，我国共开征了固定资产投资方向调节税、燃油特别税、印花税等 13 种行为税。1994 年全国工商税制改革时，根据市场经济发展的需要，针对包括行为税在内的原有税收体制，又进行了重大调整。目前，我国行为税体系主要包括印花税、城市维护建设税等。工商税制改革方案中设计的证券交易税，尚未单独立法课征。

1994 年税制改革后的新税制，对于发挥税收的功能，理顺中央与地方的分配关系，加强和完善宏观调控产生了积极的作用。但随着经济形势的发展和改革开放的进一步深入，现行税制的弊端也逐步暴露。行为税法也不例外，也需要随形势发展而兴废。主要体现在下述几个方面。

（一）应予立法课征以下三税

1. 应予立法开征环境保护税

随着经济的发展和技术水平的提高，人们改造自然、征服自然的能力逐步提高，对自然和环境的损害和破坏亦随之加大，相应地人们的环保意识也不断增强。以前，人们通过环境保护法规定排污收费制度，对排放污染物超过标准的单位或个人收取费用，从而保护环境。但随着环境污染越来越严重，该制度的不适应性日益明显。因此，有必要开征环境保护税，从更大的范围以更大的力度实现对污染和破坏环境的行为实行监督管理，同时，为治理污染提供财力支持。

2. 应予立法开征广告税

随着市场经济的发展，广告宣传越来越受到经营者的青睐，加强对虚假广告和广告泛滥现象的治理，变得越来越迫切。通过对刊登广告的行为按其广告费的一定比例征税，不仅可增加国家财政收入，而且可加强对广告的监督和管理，实现对消费者利益的保护。

3. 应予立法开征证券交易税

目前我国对证券交易行为征收印花税，课征实践中已暴露出很多弊端，诸如征税依据缺乏、征税范围狭窄、税率设计不科学、征收管理不规范等。因此，应尽快制定证券交易税法，对证券交易行为开征证券交易税，发挥该税的积极调节作用，引导证券市场的资金流向和调整证券市场的投资结构，并为国家提供一定的财政收入。

（二）城市维护建设税宜更名为城乡维护建设税

我国的城市维护建设税宜更名为城乡维护建设税，该项税收的维护建设面及征收范围应扩大至农村地区，其纳税人的范围、计税依据的确定等都应加以修改，从而为我国的城乡建设提供更广泛的资金来源。

第二节　印花税法的基本内容

一、印花税法概述

印花税是对在经济活动和经济交往中书立、领受具有法律效力的凭证的行为征收的一种税。其因采用在应税凭证上粘贴印花税票作为完税的标志而得名。印花税法是调整印花税征纳关系的法律规范的总称。

印花税是一个古老的税种。据考证，该税最早于1624年起源于荷兰，以后逐步推广到世界众多国家，目前有90多个国家和地区开征了该税。在我国，清朝末年曾立有《印花税法》，但未及施行。1912年10月，北洋政府颁布《印花税法》，自1913年1月1日正式开征。国民党统治时期，于1927年颁布《印花税暂行条例》，并将该税纳入中央税。1934年又颁布实施《印花税法》。新中国成立以后，一些地区曾短暂沿用国民党时期的旧印花税法征收印花税。1950年12月，政务院发布《印花税暂行条例》，在全国范围内统一开征印花税。1958年税制改革时，印花税被并入工商统一税，不再单独征收，《印花税暂行条例》及其相关规定也同时停止执行。

改革开放以后，我国商品经济有了较大发展，书立和领受各种凭证的现象和行为越来越普遍。为规范经济行为、保护各种凭证的效力、加强政府对凭证的监督和管理，同时也为增加国家财政收入，国务院于1988年8月6日重新发布了《中华人民共和国印花税暂行条例》（以下简称《印花税暂行条例》），① 并规定自同年10月1日起在全国开征印花税。同年9月29日财政部发布《中华人民共和国印花税暂行条例实施细则》，12月12日国家税务局发布《关于印花税若干具体问题的规定》，就印花税的征管问题作了进一步的规定。此后，财政部、国家税务总局对印花税的征管作了一系列的规定，如1998年8月6日发布的《关于证券投资基金税收问题的通知》、2006年7月27日发布的《关于证券投资者保护基金有关印花税政策的通知》、2006年11月27日发布的《关于印花税若干政策的通

① 依据国务院2011年1月8日发布实施的《关于废止和修改部分行政法规的决定》，将《印花税暂行条例》第14条中的“《中华人民共和国税收征收管理暂行条例》”修改为“《中华人民共和国税收征收管理法》”。

知》、2008 年 3 月 3 日发布的《关于廉租住房经济适用住房和住房租赁有关税收政策的通知》、2008 年 10 月 22 日发布的《关于调整房地产交易环节税收政策的通知》等。

二、印花税的征税范围和纳税人

（一）征税范围

印花税的征税范围是在我国境内书立或领受的各种应纳税凭证。它是通过印花税税目体现的，凡列入税目的属于征税范围，未列入的则不征税。具体包括以下几种：

（1）各类合同或具有合同性质的凭证。包括购销、加工承揽、建筑工程承包、财产租赁、货物运输、仓储保管、借款、财产保险、技术合同或者其他具有合同性质的凭证。具有合同性质的凭证，是指具有合同效力的协议、契约、合约、单据、确认书及其他各种名称的凭证。

（2）产权转移书据。是指单位和个人产权的买卖、继承、赠与、交换、分割等所立的书据。具体包括财产所有权、著作权、商标权、专利权、专有技术权等转移书据。

另外，对土地使用权出让合同、土地使用权转让合同、商品房销售合同按产权转移书据征收印花税。

（3）营业账簿。是指单位或者个人记载生产、经营活动的财务会计核算账簿。营业账簿按其反映的内容可分为记载资金的账簿和其他账簿。记载资金的账簿，是指载有固定资产原值和自有流动资金的总分类账簿，或者专门设置的记载固定资产原值和自有流动资金的账簿。其他账簿，是指除上述账簿以外的账簿，包括日记账簿和各种明细分类账簿。

（4）权利、许可证照。包括政府部门发给的房屋产权证、工商营业执照、商标注册证、专利证、土地使用证等。

（5）经财政部确定征税的其他凭证。如纳税人以电子形式签订的各类应税凭证。

根据税收管辖的属地原则，印花税的征税范围，不仅限于在我国境内书立、领受的凭证，而且包括在境外书立、领受但在我国境内使用，在我国境内具有法律效力，受我国法律保护的凭证。

（二）纳税人

印花税的纳税人是指在我国境内书立、领受《印花税暂行条例》所列举凭证的单位和个人。具体包括国内各类企业、事业单位、机关、团体、部队以及中外合资企业、中外合作企业、外资企业、外国公司（企业）和其他经济组织及其在华机构等单位和个人。

根据书立、领受应税凭证的不同，印花税的纳税人分为立合同人、立据人、立账簿人、领受人和使用人等。

（1）立合同人。是指书立各类合同的当事人，即对合同有直接权利义务关系的单位和个人，但不包括合同的担保人、证人、鉴定人。当事人的代理人有代理纳税义务。如果某一合同由两个或两个以上当事人共同签订，签订合同的各方都是纳税人，应各就其所持合同凭证的计税金额履行纳税义务。

（2）立据人。是指产权转移书据的立据人，所立书据如果是以合同形式签订的，则合同双方均为纳税人。

（3）立账簿人。是指设置并使用营业账簿的单位和个人。

（4）领受人。是指领取或者接受权利、许可证照的单位和个人。

（5）使用人。在境外书立、领受，但在境内使用的应税凭证，其使用人是纳税人。

（6）各类电子应税凭证的签订人。即以电子形式签订的各类应税凭证的当事人。

三、印花税的税目和税率

印花税按照凭证的不同种类共设置了 13 个税目。包括购销合同、加工承揽合同、建设工程勘察设计合同、建筑安装工程承包合同、财产租赁合同、货物运输合同、仓储保管合同、借款合同、财产保险合同、技术合同、产权转移书据、营业账簿和权利、许可证照。

印花税的税率有两种形式，即定额税率和比例税率。对于权利、许可证照和营业账簿中的其他账簿，适用定额税率，按件贴花，税额为 5 元每件。对于各类合同以及具有合同性质的凭证、产权转移书据以及营业账簿中记载金额的账簿，适用比例税率。现行印花税的比例税率分为以下五档：

（1）财产保险合同、财产租赁合同、仓储保管合同的税率为 1‰；

（2）购销（买卖）合同、建筑安装工程承包合同、技术合同的税率为 0.3‰；

（3）加工承揽合同、建设工程勘察设计合同、货物运输合同、产权转移书据和记载金额的账簿的税率为 0.5‰；

（4）借款合同的税率为 0.05‰；

（5）对股票买卖、继承、赠与所书立的 A 股、B 股股权转让书据，只对转让方单边征收税率为 1‰的证券交易印花税，对受让方则不征收。

知识链接

中国调整证券交易印花税的历史

经国务院批准，财政部、国家税务总局决定从 2008 年 9 月 19 日起，调整证券（股票）交易印花税征收方式，将现行的对买卖、继承、赠与所书立的 A 股、B 股股权转让书据按 1‰的税率对双方当事人征收证券（股票）交易印花税，调整为单边征税，即对买卖、继承、赠与所书立的 A 股、B 股股权转让书据的出让按 1‰的税率征收证券（股票）交易印花税，对受让方不再征税。

这是继 2008 年 4 月 24 日下调证券交易印花税税率后，中国又一次对该税率进行大的调整。这也是自 1991 年以来中国股市首次单边征收证券交易印花税。

证券交易印花税是从普通印花税发展而来的，专门针对股票交易发生额征收的一种税。证券交易印花税是政府调控股市的重要工具之一。

过去 18 年来，中国股市印花税税率曾经有过数次调整。

证券交易印花税自 1990 年首先在深圳开征，当时主要是为了稳定初创的股市及适度调节炒股收益，由卖出股票者按成交金额的 6‰缴纳。同年 11 月，深圳市对股票买方也开征 6‰的印花税，内地双边征收印花税的历史开始。

1991 年 10 月，深圳市将印花税税率调整到 3‰，上海也开始对股票买卖实行双向征收，税率为 3‰。

1992 年 6 月，国家税务总局和国家体改委联合发文，明确规定股票交易双方按 3‰缴纳印花税。

1997 年 5 月，证券交易印花税税率从 3‰提高到 5‰。

1998 年 6 月，证券交易印花税税率从 5‰下调至 4‰。

1999 年 6 月，B 股交易印花税税率降低为 3‰。

2001 年 11 月，财政部决定将 A 股、B 股交易印花税税率统一降至 2‰。

2005 年 1 月，财政部又将证券交易印花税税率由 2‰下调为 1‰。

2007 年 5 月 30 日起，财政部将证券交易印花税税率由 1‰调整为 3‰。

2008 年 4 月 24 日起，财政部将证券交易印花税税率由 3‰调整为 1‰。

（资料来源：韩洁、罗沙：《新闻背景：中国调整证券交易印花税的历史》，载新华网，2008-09-18。）

四、印花税的计税依据及应纳税额的计算

（一）印花税的计税依据

印花税的计税依据采取按金额计税和按数量计税两种形式。凡采用比例税率的凭证，应以凭证所载金额为计税依据；凡采用定额税率的凭证，应以凭证件数为计税依据。具体又分为以下三种情况：

（1）合同和具有合同性质的凭证，以凭证所载金额为计税依据。具体包括买卖合同金额、加工或承揽收入、收取费用、承包金额、租赁金额、运输费用、仓储保管费用、借款金额、保险费收入等。

载有两个或者两个以上经济事项而适用不同税目税率的同一凭证，如分别记载金额的，应分别计算应纳税额，相加后按合计税额贴花；如未分别记载金额的，按税率高的计税贴花。

（2）营业账簿中记载资金的账簿，以“实收资本”与“资本公积”两项的合计金额为其计税依据。

（3）不记载金额的房屋产权证、工商营业执照、专利证等权利、许可证照，以及企业的日记账簿和各种明细分类账簿等辅助性账簿，以凭证或账簿的件数作为计税依据。

（二）应纳税额的计算

（1）实行比例税率的凭证，其印花税应纳税额的计算公式为：

应纳税额＝应税凭证计税金额×适用的比例税率

（2）实行定额税率的凭证，其印花税应纳税额的计算公式为：

应纳税额＝应税凭证件数×定额税率

（3）营业账簿中记载资金的账簿，其印花税应纳税额的计算公式为：

应纳税额＝（实收资本＋资本公积）×0.5‰

其他账簿按件贴花，每件 5 元。

【例 10—1】

某企业 2002 年 1 月开业，当年发生了以下业务：领取房屋产权证、工商营业执照、

专利证、土地使用证各一件；与其他企业签订买卖合同一份，所载金额100万元；与其他企业订立转移专用技术使用权书据一份，所载金额50万元；企业记载资金的账簿，“实收资本”400万元、“资本公积”为100万元，其他营业账簿8本。试计算该企业本年度应纳的印花税税额。

解析：

（1）企业领受权利、许可证照的应纳印花税税额为：

应纳税额＝4×5＝20（元）

（2）企业签订买卖合同的应纳印花税税额为：

应纳税额＝1 000 000×0.3‰＝300（元）

（3）企业订立产权转移书据应纳印花税税额为：

应纳税额＝500 000×0.5‰＝250（元）

（4）企业记载资金的账簿的应纳印花税税额为：

应纳税额＝（4 000 000＋1 000 000）×0.5‰＝2 500（元）

（5）其他营业账簿的应纳印花税税额为：

应纳税额＝8×5＝40（元）

故该企业本年度应纳的印花税总额＝20＋300＋250＋2 500＋40＝3 110（元）

五、印花税的减免规定

现行印花税的减免规定主要有：

（1）已缴纳印花税的凭证的副本或抄本免征印花税，但以副本或抄本视同正本使用的，应另贴印花税票。

（2）财产所有人将财产赠给政府、社会福利单位、学校所立的书据，免征印花税。

（3）国家指定的收购部门与村民委员会、农民个人所书立的农副产品收购合同，免征印花税。

（4）无息、贴息贷款合同，免征印花税。

（5）外国政府或者国际金融机构向我国政府及国家金融机构提供优惠贷款所书立的合同，免征印花税。

（6）农林作物、牧业畜类保险合同免征印花税。

（7）出版合同免征印花税。

（8）书、报、刊发行单位之间，发行单位与订阅人之间书立的凭证，免征印花税。

（9）房地产管理部门与个人签订的用于生活居住的租赁合同，免征印花税。

（10）特殊货运凭证，如军事物资运输凭证、抢险救灾物资运输凭证、新建铁路的工程临管线运输凭证等，免征印花税。

（11）自2008年11月1日起对个人销售或购买住房暂免征收印花税。

（12）对农民专业合作社与本社成员签订的农业产品和农业生产资料购销合同，免征印花税。

（13）自2007年8月1日起对廉租住房、经济适用住房经营管理单位与廉租住房、经济适用住房相关的印花税以及廉租住房承租人、经济适用住房购买人涉及的印花税予以免征。

开发商在经济适用住房、商品住房项目中配套建造廉租住房，在商品住房项目中配套建造经济适用住房，如能提供政府部门出具的相关材料，可按廉租住房、经济适用住房建筑面积占总建筑面积的比例免征开发商应缴纳的印花税。

（14）自 2008 年 3 月 1 日起，对个人出租、承租住房签订的租赁合同，免征印花税。

（15）对与高校学生签订的学生公寓租赁合同，免征印花税。

（16）对证券投资者保护基金的免税。包括：1）证券投资者保护基金公司新设立的资金账簿免征印花税。2）证券投资者保护基金公司与中国人民银行签订的再贷款合同、与证券公司行政清算机构签订的借款合同，免征印花税。3）证券投资者保护基金公司接收被处置证券公司财产签订的产权转移书据，免征印花税。4）证券投资者保护基金公司以保护基金自有财产和接收的受偿资产与保险公司签订的财产保险合同，免征印花税。但对与证券投资者保护基金公司签订上述应税合同或产权转移书据的其他当事人照章征收印花税。

（17）对经国务院和省级人民政府决定或批准进行政企脱钩、对企业（集团）进行改组和改变管理体制、变更企业隶属关系，以及国有企业改制、盘活国有企业资产，而发生的国有股权无偿划转行为，暂不征收证券交易印花税。对不属于前述情况的国有股权无偿转让行为，仍应征收证券交易印花税。

六、印花税的征收管理

（一）印花税的纳税环节

在我国境内书立或者领受的应税凭证，应在书立或领受时贴花。具体是：合同在签订时贴花；产权转移书据在立据时贴花；营业账簿在启用时贴花；股权买卖在交割时代扣代缴；权利、许可证照在领受时贴花。在国外签订合同，在我国境内履行的，应在使用时贴花。

对于在书立时无法确定计税金额的凭证（如技术转让合同中的转让收入，是按销售收入的一定比例收取或是按实现利润分成的，财产租赁合同只是规定了月或日租金标准而却无租赁期限的），可在签订合同时先按定额 5 元贴花，以后结算时再按实际金额计税，补贴印花。

（二）印花税的缴纳方式

按照《印花税暂行条例》及其实施细则的规定，印花税的缴纳方式主要有以下三种：

（1）自行贴花缴纳。俗称“三自纳税”，指纳税人在书立、领受应税凭证时，按照凭证的种类和适用税率，自行计算应纳税额、自行购买印花税票、自行粘贴印花税票，并按规定加以注销（或画销）的缴纳方法。

按照有关规定，已经贴花的应税凭证，凡修改后所载合同金额增加的，应补贴印花税票；凡多贴印花税票者，不得申请退税或者抵用。我国印花税票的票面金额以人民币为单位，分为 1 角、2 角、5 角、1 元、2 元、5 元、10 元、50 元、100 元 9 种。

（2）汇贴或汇缴。为简化贴花手续，如果一份凭证应纳税额较大（超过500元的）或者贴花次数频繁的纳税人，可向税务机关提出申请，经核准后可采取以缴款书代替贴花或者按期汇总缴纳的办法。

对按期汇总纳税的凭证，纳税人应在核准的汇缴期限内（一般不超过1个月），自行汇总金额计算纳税。

（3）委托代征。凡通过国家有关部门发放、鉴证、公证或仲裁的应税凭证，可由税务机关委托有关部门代征。

（三）印花税的处罚规定

根据国家税务总局2004年1月29日发布实施的《关于印花税违章处罚有关问题的通知》的规定，印花税纳税人有下列行为之一的，由税务机关根据情节轻重予以处罚：

（1）在应纳税凭证上未贴或少贴印花税票的或已粘贴在应税凭证上的印花税票未注销或未画销的，适用《税收征管法》第64条的处罚规定。

（2）已贴用的印花税票揭下重用造成未缴或少缴印花税的，适用《税收征管法》第63条的处罚规定。

（3）伪造印花税票的，适用《税收征管法实施细则》第91条的处罚规定。

（4）按期汇总缴纳印花税的纳税人，超过税务机关核定的纳税期限，未缴或少缴印花税款的，视其违章性质，适用《税收征管法》第63条或第64条的处罚规定，情节严重的，同时撤销其汇缴许可证。

（5）纳税人违反以下规定的，适用《税收征管法》第60条的处罚规定：1）违反《印花税条例施行细则》第23条的规定：凡汇总缴纳印花税的凭证，应加注税务机关指定的汇缴戳记、编号并装订成册，将已贴印花或者缴款书的一联粘附册后，盖章注销，保存备查；2）违反《印花税条例施行细则》第25条的规定：纳税人对纳税凭证应妥善保存。凭证的保存期限，凡国家已有明确规定的，按规定办；没有明确规定的其余凭证均应在履行完毕后保存一年。

第三节　城市维护建设税法的基本内容

一、城市维护建设税法概述

城市维护建设税是对从事工商业经营，缴纳增值税、消费税、营业税的单位和个人，以其实际缴纳的增值税、营业税、消费税税额为计税依据，分别与“三税”同时缴纳的一种税。国家开征该税的目的，是为了加强城市的维护建设，扩大和稳定城市维护建设资金的来源。

城市维护建设税法是调整城市维护建设税征纳关系的法律规范的总称。1985年2月8日国务院发布《中华人民共和国城市维护建设税暂行条例》，规定自同年1月1日起在全国范围内就缴纳增值税、营业税、产品税的单位和个人以其所缴的“三税”税额为计税依据附加征收城市维护建设税。1994年的税制改革，拟定要修改该暂行条例，扩大征收范围并将该税种更名为“城乡维护建设税”，但因种种原因新的《城乡维护建设税条例》未能出台。而在税收实践中，因产品税于 1994 年取消，相应新开征了消费税，故目前我国城市维护建设税实际上是以纳税人缴纳的增值税、营业税、消费税为计税依据，附加征收的。

总的来看，我国城市维护建设税的课税特点是：

（1）属于特定行为目的税，税款专门用于城市的公用事业和公共设施的维护建设；

（2）以“三税”税额为计税依据，本身没有独立的、特定的征税对象，属于一种附加税；

（3）根据城镇规模设计差别税率，贯彻受益课税原则。

二、城市维护建设税的征税范围和纳税人

城市维护建设税的征税范围包括全国范围内的城市、县城、建制镇及以外的地区。即凡缴纳增值税、营业税、消费税的单位和个人，除税法另有规定者外，无论在城市、县城、建制镇或者以外的地区，都属于城市维护建设税的征税范围。

城市维护建设税的纳税人是从事工商业经营，缴纳增值税、消费税、营业税的单位和个人。对外商投资企业、外国企业和外籍个人缴纳的增值税、营业税、消费税，我国过去在相当长的时间内是不征收城市维护建设税的。但后来国务院根据 1993 年 12 月 29 日第八届全国人民代表大会常务委员会第五次会议通过的《全国人民代表大会常务委员会关于外商投资企业和外国企业适用增值税、消费税、营业税等税收暂行条例的决定》，于 2010 年 10 月 18 日发布《关于统一内外资企业和个人城市维护建设税和教育费附加制度的通知》，决定统一内外资企业和个人城市维护建设税和教育费附加制度。规定自 2010 年 12 月 1 日起外商投资企业、外国企业及外籍个人也应适用国务院 1985 年发布的《中华人民共和国城市维护建设税暂行条例》及相关法规、规章政策，也即自此之后，外商投资企业、外国企业及外籍个人也是城市维护建设税的纳税人。另外，货物进口者在向海关报关缴纳进口环节的增值税、消费税时，不需要附加缴纳城市维护建设税。因此，货物进口者不是城市维护建设税的纳税人。

三、城市维护建设税的计税依据与税率

城市维护建设税的计税依据是纳税人实际缴纳的增值税、营业税和消费税的税额。作为计税依据的“三税”税额，仅指“三税”的正税，不包括对纳税人加收的滞纳金、罚款等非税收款项。不过，纳税人在被查补消费税、增值税、营业税和被处以罚款时，应同时对其偷漏的城市维护建设税进行补税和罚款。

城市维护建设税采行地区差别比例税率。即根据纳税人所在地区的不同，分别按下列规定税率纳税：

（1）纳税人所在地在市区的，税率为 7%。

（2）纳税人所在地在县城、建制镇的，税率为 5%。

（3）纳税人所在地不在市区、县城或建制镇的，税率为 1%。纳税人所在地为工矿区的，应根据行政区划分别按照 7%、5%、1%的税率缴纳城市维护建设税。

城市维护建设税的税率设计，体现了受益课税原则的要求。因为纳税人在市区，其享受市政提供的服务相对较多，故其适用税率高。至于市区、县城、建制镇的范围的确定，应严格按行政区划的划分标准执行，不得任意扩大或缩小各自行政区域的范围。

纳税人缴纳城市维护建设税时，其适用税率一律按纳税人纳税所在地的规定税率执行。县政府设在城市市区的，其在市区办的企业，按市区的规定税率计算纳税。即其所属的企业如位于市区，则应按市区7%的税率而不是按5%的税率纳税。但以下两种情况，可按缴纳“三税”所在地的规定税率就地缴纳城市维护建设税：

（1）由受托方代征代扣消费税、增值税、营业税的单位和个人，其代征代扣的城市维护建设税按照受托方所在地的适用税率执行；

（2）流动经营等无固定纳税地点的单位和个人，其城市维护建设税按照经营地适用税率执行。

【例10—2】

某县城一企业2002年5月份实际缴纳增值税50 000元，缴纳消费税15 000元，缴纳营业税5 000元，计算其应纳的城市维护建设税税额。

解析：

$$\begin{array}{c}\text{应纳城市维护}\\\text{建设税税额}\end{array}=\left(\begin{array}{c}\text{实际缴纳的}\\\text{增值税}\end{array}+\begin{array}{c}\text{实际缴纳的}\\\text{消费税}\end{array}+\begin{array}{c}\text{实际缴纳的}\\\text{营业税}\end{array}\right)\times\text{适用税率}$$

$$=(50\ 000+15\ 000+5\ 000)\times5\%=3\ 500\ (\text{元})$$

四、城市维护建设税的退税和减免税规定

城市维护建设税的退税，是指由于对纳税人减免增值税、营业税和消费税而发生退税时，应同时退还其已纳的城市维护建设税。但是，对出口产品退还产品税、增值税时，不退还已纳的城市维护建设税。

城市维护建设税是以增值税、营业税、消费税的纳税额作为计税依据并同时征收的，属于附加税，故没有单独的减免税规定。但对个别纳税确有困难的，可由省、市、自治区人民政府酌情予以减免税照顾。另外，个体商贩及个人在集市上出售商品，对其征收临时经营营业税或增值税、消费税，是否同时按其实缴税额征收城市维护建设税，由各省、自治区、直辖市人民政府根据实际情况确定。

五、城市维护建设税的征收管理

（一）纳税环节

城市维护建设税的纳税环节同纳税人缴纳增值税、营业税、消费税的纳税环节完全相同，纳税人只要发生“三税”的纳税行为，就要在缴纳“三税”的同时缴纳城市维护建设税。

（二）纳税期限

城市维护建设税的纳税期限同税务机关核定的纳税人缴纳“三税”的纳税期限完全一致。

（三）纳税地点

在一般情况下，纳税人缴纳“三税”的地点，即为城市维护建设税的纳税地点。以代扣代缴方式缴纳“三税”的，城市维护建设税由代扣代缴方在扣缴所在地缴纳。

本章小结

行为税，是指以某些特定行为为征税对象课征的一类税。课征行为税的目的主要是实现特定的政策意图，对某些行为实施限制和特殊调节。行为税一般属于辅助税、地方税、临时税。目前，我国税种中有印花税、城市维护建设税和证券交易（印花）税属于行为税。

第一节行为税法概述对行为税的概念及特点、行为税的立法原则、行为税法制度的产生和发展等问题作了概要的介绍和阐释，借此使大家对行为税法的基本原理和我国现行行为税法制度有一个初步的了解。

第二节是印花税法的基本内容。印花税是对在经济活动和经济交往中书立、领受具有法律效力的凭证的行为征收的一种税。其因采用在应税凭证上粘贴印花税票作为完税的标志而得名。印花税是一个古老的税种，在我国亦有较长的课征历史。我国目前课征该税的法律依据主要有 1988 年 8 月 6 日国务院发布、自同年 10 月 1 日起实施的《中华人民共和国印花税暂行条例》，同年 9 月 29 日财政部发布的《中华人民共和国印花税暂行条例实施细则》，同年 12 月 12 日国家税务局发布的《关于印花税若干具体问题的规定》等。

第三节是城市维护建设税法的基本内容。城市维护建设税是对从事工商业经营，缴纳增值税、消费税、营业税的单位和个人，以其实际缴纳的增值税、营业税、消费税税额为计税依据，分别与“三税”同时缴纳的一种税，具有附加税的性质，但对进口环节缴纳增值税、消费税的商品不征收城市维护建设税。我国开征该税的目的，是为了加强城市的维护建设，扩大和稳定城市维护建设资金的来源。其课征依据主要是 1985 年 2 月 8 日国务院发布的《中华人民共和国城市维护建设税暂行条例》。

关键概念

行为税　行为税法　印花税　城市维护建设税　自行贴花缴纳

思考题

1. 什么是行为税？行为税的特点有哪些？

2. 如何理解行为税的立法原则？
3. 我国为什么要废止固定资产投资方向调节税？
4. 什么是印花税？其征税范围和纳税人有哪些规定？
5. 印花税的税目有哪些？其税率有什么特点？
6. 印花税的征收管理有什么特点？
7. 城市维护建设税的征税范围和纳税人有哪些规定？
8. 城市维护建设税的计税依据与税率规定有何特点？

程序税法篇

第十一章

税收征收管理法

税收征收管理是指国家税务机关行使征税职能，指导纳税人和其他税务当事人履行法定义务，依法对税收活动进行组织、管理、监督、检查的活动。税收征收管理法是规定税收征纳程序的法律规范的总称，是确保纳税人依法纳税、征税机关依法征税的重要依据，属于程序税法的范畴。

目前，我国调整税收征纳程序关系的法律规范主要是《中华人民共和国税收征收管理法》。此外，其他法律、法规、规章中也有关于税收征收管理的相关规定。这些法律规范包括：《中华人民共和国刑法》及其修正案、《中华人民共和国税收征收管理法实施细则》、《中华人民共和国发票管理办法》、《中华人民共和国发票管理办法实施细则》、《税务行政处罚听证程序实施办法（试行）》、《税务案件调查取证与处罚决定分开制度实施办法（试行）》、《税务登记管理办法》、《纳税评估管理办法（试行）》、《纳税担保试行办法》、《税收减免管理办法（试行）》等。

重点问题

- 税收征收管理法的概念、立法目的和适用范围。
- 税收征收管理法的遵守主体及权力（权利）、义务的界定。
- 税务登记管理的内容。
- 账簿、凭证管理的内容。
- 纳税申报管理的内容。
- 税款征收的概念及原则。
- 税款征收的具体制度和措施。
- 税务检查的内容。
- 税务行政处罚的概念、特征及程序。
- 违反税法的法律责任。

第一节　税收征收管理法概述

一、税收征收管理法的概念

税收征收管理是指国家税务机关行使征税职能，指导纳税人和其他税务当事人履行法定义务，依法对税收活动进行组织、管理、监督、检查的活动。税收征收管理法是规定国家税务机关、纳税义务人及其他税务当事人在税收征纳活动中的权力（权利）、义务、责任以及征纳程序的法律规范的总称，属于程序税法的范畴。

税收征收管理法有广义和狭义之分。狭义的税收征收管理法仅指 1992 年 9 月 4 日第七届全国人大常委会第 27 次会议通过，并于 1995 年 2 月 28 日的第八届全国人大常委会第 12 次会议、2001 年 4 月 28 日第九届全国人大常委会第 21 次会议和 2013 年 6 月 29 日第十二届全国人大常委会第 3 次会议先后修正的《中华人民共和国税收征收管理法》（以下简称《征管法》）；而广义的税收征收管理法除此之外，还包括其他法律、法规、规章中有关税收征收管理的法律规范。这些法律规范主要包括：1997 年 3 月 14 日第八届全国人民代表大会第五次会议修订公布的《中华人民共和国刑法》（2011 年 2 月 25 日新修订发布），该法列有专节规定“危害税收征管罪”；2002 年 9 月 7 日国务院颁布、2013 年 7 月 18 日第二次修订的《中华人民共和国税收征收管理法实施细则》（以下简称《实施细则》）；1993 年 12 月 12 日经国务院批准、财政部于 12 月 23 日发布的《中华人民共和国发票管理办法》（2010 年 12 月 20 日《国务院关于修改〈中华人民共和国发票管理办法〉的决定》修订发布）；国家税务总局先后发布的《中华人民共和国发票管理办法实施细则》（1993 年 12 月 28 日发布、2011 年 2 月 14 日重新发布）、《税务行政处罚听证程序实施办法（试行）》（1996 年 9 月 28 日）、《税务案件调查取证与处罚决定分开制度实施办法（试行）》（1996 年 9 月 28 日）、《税务登记管理办法》（2003 年 12 月 17 日）、《关于完善税务登记管理若干问题的通知》（2006 年 3 月 16 日）、《纳税评估管理办法（试行）》（2005 年 3 月 11 日）、《纳税担保试行办法》（2005 年 5 月 24 日）、《税收减免管理办法（试行）》（2005 年 8 月 3 日）等。

二、税收征收管理法的立法目的和适用范围

（一）税收征收管理法的立法目的

《征管法》第 1 条规定：为了加强税收征收管理，规范税收征收和缴纳行为，保障国家税收收入，保护纳税人的合法权益，促进经济和社会发展，制定本法。据此，我国《征管法》的立法目的有以下五个方面：

（1）加强税收征收管理；

（2）规范税收征收和缴纳行为；

（3）保障国家财政收入；

（4）保护纳税人的合法权益；

（5）促进经济和社会发展。

（二）税收征收管理法的适用范围

《征管法》及其实施细则规定，凡依法由税务机关征收的各种税收的征收管理，均适用《征管法》及《实施细则》；《征管法》及《实施细则》没有规定的，依照其他有关税收法律、行政法规的规定执行。这是对税收征收管理法适用范围的界定。

按我国现行体制，在我国负有税收征收管理职责的国家机关有税务机关、财政机关、海关等部门。其中，税务机关负责征收各种工商税收；海关负责征收关税；农业税在部分地区由税务机关征收，部分地区由财政机关征收。而前述规定表明，《征管法》及其实施细则只适用于由税务机关征收的各种税收的征收管理。

具体地说，凡依法由税务机关征收管理的各种税收，依照《征管法》及《实施细则》的规定执行；财政机关主管的税收的征收管理，按照国务院另行规定的有关规定执行；海关主管的关税、船舶吨税及代征税收（进口货物的增值税、消费税）的征收管理，依照其他相关法律、行政法规的规定执行；我国同外国缔结的有关税收的条约、协定同《征管法》有不同规定的，除声明保留者外，依照条约、协定的规定办理。

三、税收征收管理法的遵守主体

（一）税务行政主体——税务机关

《征管法》第5条第1款规定：国务院税务主管部门主管全国税收征收管理工作。各地国家税务局和地方税务局应当按照国务院规定的税收征收管理范围分别进行征收管理。第14条规定：税务机关是指各级税务局、税务分局、税务所和按照国务院规定设立的并向社会公告的税务机构。《实施细则》第9条进一步明确规定：按照国务院规定设立的并向社会公告的税务机构，是指省以下税务局的稽查局。稽查局专司偷税、逃避追缴欠税、骗税、抗税案件的查处。国家税务总局应当明确划分税务局和稽查局的职责，避免职责交叉。

上述规定既明确了税收征收管理的行政主体（执法主体），也明确了《征管法》的遵守主体。

（二）税务行政管理相对人——纳税人、扣缴义务人及其他有关单位

《征管法》第4条规定：法律、行政法规规定负有纳税义务的单位和个人为纳税人。法律、行政法规规定负有代扣代缴、代收代缴税款义务的单位和个人为扣缴义务人。纳税人、扣缴义务人必须依照法律、行政法规的规定缴纳税款、代扣代缴、代收代缴税款。第6条第2款规定：纳税人、扣缴义务人和其他有关单位应当按照国家有关规定如实向税务机关提供与纳税和代扣代缴、代收代缴税款有关的信息。

上述规定表明：纳税人、扣缴义务人及其他有关单位是税务行政管理的相对人，也是《征管法》的遵守主体，应当（或必须）按照《征管法》的有关规定接受税务管理，并依法享受法定权益。

（三）地方政府等有关单位、部门和个人

根据《征管法》第5条的规定，地方各级人民政府应当依法加强对本行政区域内税收

征收管理工作的领导或者协调，支持税务机关依法执行职务，依照法定税率计算税额，依法征收税款。各有关部门和单位应当支持、协助税务机关依法执行职务。税务机关依法执行职务，任何单位和个人不得阻挠。这一规定说明包括地方人民政府在内的各有关部门、单位和个人同样是《征管法》的遵守主体，必须遵守《征管法》的有关规定。

四、税收征收管理权力（利）、义务的界定

《征管法》对税务行政主体、税收行政管理相对人及其他单位、部门和个人的权力（利）、义务进行了明确的界定。

（一）税务行政主体的权力与义务

1. 税务机关和税务人员的权力

（1）依法负责税收征收管理工作。

（2）依法执行职务时，任何单位和个人不得阻挠。

2. 税务机关和税务人员的义务

（1）税务机关应当广泛宣传税收法律、行政法规，普及纳税知识，无偿地为纳税人提供纳税咨询服务。

（2）税务机关应当加强队伍建设，提高税务人员的政治业务素质。

（3）税务机关、税务人员必须秉公执法，忠于职守，清正廉洁，礼貌待人，文明服务，尊重和保护纳税人、扣缴义务人的权利，依法接受监督。

（4）税务机关负责征收、管理、稽查、行政复议的人员的职责应当明确，并相互分离、相互制约。

（5）税务机关应当为检举人保密，并按照规定对检举人给予奖励。

（6）各级税务机关应当建立、健全内部制约和监督管理制度，应当对其工作人员执行法律、行政法规和廉洁自律准则的情况进行监督检查。

（7）上级税务机关应当对下级税务机关的执法活动依法进行监督。

（8）税务人员征收税款和查处税收违法案件，与纳税人、扣缴义务人或者税收违法案件有利害关系的，应当回避。

（9）税务人员不得索贿受贿、徇私舞弊、玩忽职守、不征或者少征应征税款；不得滥用职权多征税款或者故意刁难纳税人和扣缴义务人。

（二）税务行政管理相对人的权利与义务

1. 纳税人、扣缴义务人的权利

（1）纳税人、扣缴义务人有权向税务机关了解国家税收法律、行政法规的规定以及与纳税程序有关的情况。

（2）纳税人、扣缴义务人有权要求税务机关为纳税人、扣缴义务人的情况保密。

（3）纳税人依法享有申请减税、免税、退税的权利。

（4）纳税人、扣缴义务人对税务机关作出的决定，享有陈述权、申辩权；依法享有申请行政复议、提起行政诉讼、请求国家赔偿等权利。

（5）纳税人、扣缴义务人有权控告和检举税务机关、税务人员的违法违纪行为。

2. 纳税人、扣缴义务人等的义务

（1）纳税人、扣缴义务人必须依照法律、行政法规的规定缴纳税款、代扣代缴、代收代缴税款。

（2）纳税人、扣缴义务人和其他有关单位应当按照国家有关规定如实向税务机关提供与纳税和代扣代缴、代收代缴税款有关的信息。

（3）纳税人、扣缴义务人和其他有关单位应当接受税务机关依法进行的税务检查，如实反映情况，提供有关资料，不得拒绝、隐瞒。

（三）地方政府等有关单位、部门和个人的权力（利）与义务

1. 单位和个人的权力（利）

任何单位和个人都有权检举违反税收法律、行政法规的行为。

2. 地方各级政府等有关单位、部门和个人的义务

（1）地方各级人民政府应当依法加强对本行政区域内税收征收管理工作的领导或者协调，支持税务机关依法执行职务，依照法定税率计算税额，依法征收税款。

（2）任何机关、单位和个人不得违反法律、行政法规的规定，擅自作出税收开征、停征以及减税、免税、退税、补税和与其他税收法律、行政法规相抵触的决定。

（3）收到检举违反税收法律、行政法规的行为的机关和负责查处的机关应当为检举人保密。

（4）各有关部门和单位应当支持、协助税务机关依法执行职务。

第二节 税务管理

税务管理是税务机关在税收征收管理中对征纳过程实施的基础性的管理制度和管理行为。我国《征管法》、《实施细则》、《税务登记管理办法》及国家税务总局《关于完善税务登记管理若干问题的通知》等就税务登记，账簿、凭证管理，纳税申报等税务管理内容作了规定。

一、税务登记管理

税务登记是指纳税义务人依法向税务机关申请履行纳税义务，税务机关接受申请，经审核登记后发给税务登记证的行为。这是税收征收管理的基础性工作，包括开业登记、外出经营报验登记、变更登记和注销登记、登记证的管理、银行账户管理等内容。

（一）开业税务登记的对象及期限

（1）企业、企业在外地设立的分支机构和从事生产、经营的场所，个体工商户和从事生产、经营的事业单位（以下统称从事生产、经营的纳税人）自领取营业执照之日起30日内，持有关证件，向税务机关申报办理税务登记。税务机关应当于收到申报的当日办理税务登记并发给税务登记证件。税务登记证件的式样，由国家税务总局制定。

（2）上述规定以外的纳税人，除国家机关、个人（自然人）和无固定生产、经营场所

的流动性农村小商贩外，应当自纳税义务发生之日起 30 日内，持有关证件向所在地的主管税务机关申报办理税务登记。国家机关所属事业单位有经营行为，取得应税收入、财产、所得的，也应当办理税务登记。但个人所得税的纳税人办理税务登记的办法由国务院另行规定。

（3）扣缴义务人应当自扣缴义务发生之日起 30 日内，向所在地的主管税务机关申报办理扣缴税款登记，领取扣缴税款登记证件；税务机关对已办理税务登记的扣缴义务人，可以只在其税务登记证件上登记扣缴税款事项，不再发给扣缴税款登记证件。

另外，从事生产、经营的纳税人外出经营，在同一地累计超过 180 天的，应当在营业地办理税务登记手续。

（二）外出经营报验登记

从事生产、经营的纳税人到外县（市）临时从事生产、经营活动的，应当持税务登记证副本和所在地税务机关填开的外出经营活动税收管理证明，向经营地税务机关报验登记，接受税务管理。

（三）变更登记

（1）纳税人税务登记内容发生变化的，应当自工商行政管理机关或者其他机关办理变更登记之日起 30 日内，持有关证件向原税务登记机关申报办理变更税务登记。

（2）纳税人税务登记内容发生变化，不需要到工商行政管理机关或者其他机关办理变更登记的，应当自发生变化之日起 30 日内，持有关证件向原税务登记机关申报办理变更税务登记。

（四）注销登记

（1）纳税人发生解散、破产、撤销以及其他情形，依法终止纳税义务的，应当在向工商行政管理机关或者其他机关办理注销登记前，持有关证件向原税务登记机关申报办理注销税务登记。按照规定不需要在工商行政管理机关或者其他机关办理注册登记的，应当自有关机关批准或者宣告终止之日起 15 日内，持有关证件向原税务登记机关申报办理注销税务登记。

（2）纳税人因住所、经营地点变动，涉及改变税务登记机关的，应当在向工商行政管理机关或者其他机关申请办理变更或者注销登记前或者住所、经营地点变动前，向原税务登记机关申报办理注销税务登记，并在 30 日内向迁达地税务机关申报办理税务登记。

（3）纳税人被工商行政管理机关吊销营业执照或者被其他机关予以撤销登记的，应当自营业执照被吊销或者被撤销登记之日起 15 日内，向原税务登记机关申报办理注销税务登记。

（4）纳税人在办理注销税务登记前，应当向税务机关结清应纳税款、滞纳金、罚款，缴销发票、税务登记证件和其他税务证件。

（五）税务登记证的管理

（1）税务机关对税务登记证件实行定期验证和换证制度。纳税人应当在规定的期限内持有关证件到主管税务机关办理验证或者换证手续。

（2）纳税人按照国务院税务主管部门的规定使用税务登记证件。除按照规定不需要发给税务登记证件外，纳税人办理下列事项时，必须持税务登记证件：1）开立银行账户；2）申请减税、免税、退税；3）申请办理延期申报、延期缴纳税款；4）领购发票；5）申请开具外出经营活动税收管理证明；6）办理停业、歇业；7）其他有关税务事项。

（3）纳税人应当将税务登记证件正本在其生产、经营场所或者办公场所公开悬挂，接受税务机关检查。税务登记证件不得转借、涂改、损毁、买卖或者伪造。纳税人遗失税务登记证件的，应当在 15 日内书面报告主管税务机关，并登报声明作废。

（六）银行账户管理

从事生产、经营的纳税人应当按照国家有关规定，持税务登记证件，在银行或者其他金融机构开立基本存款账户和其他存款账户，并将其全部账号向税务机关报告。

二、账簿、凭证管理

账簿是纳税人、扣缴义务人连续地记录各种经济业务的账册和簿籍；凭证是纳税人用以记录经济业务、明确经济责任，并据以登记账簿的书面证明。两者均是依法征税的重要依据。《征管法》及《实施细则》对账簿、凭证的管理作了以下规定：

（一）账簿、凭证管理的一般规定

1. 账簿设置管理

从事生产、经营的纳税人应当自领取营业执照或者发生纳税义务之日起 15 日内，扣缴义务人应当自扣缴义务发生之日起 10 日内，设置相应账簿，并根据合法、有效凭证记账，进行核算；生产、经营规模小又确无建账能力的纳税人，可以聘请经批准从事会计代理记账业务的专业机构或者财会人员代为建账和办理账务；聘请上述机构或者人员有实际困难的，经县以上税务机关批准，可以按照税务机关的规定，建立收支凭证粘贴簿、进货销货登记簿或者使用税控装置。

2. 财会制度的报备与管理

（1）从事生产、经营的纳税人应当自领取税务登记证件之日起 15 日内，将其财务、会计制度或者财务、会计处理办法报送主管税务机关备案；使用计算机记账的，应当在使用前将会计电算化系统的会计核算软件、使用说明书及有关资料报送主管税务机关备案。

（2）纳税人、扣缴义务人的财务、会计制度或者财务、会计处理办法与国务院或者国务院财政、税务主管部门有关税收的规定抵触的，应依照国务院或者国务院财政、税务主管部门有关税收的规定计算应纳税款、代扣代缴和代收代缴税款。

（3）纳税人建立的会计电算化系统应当符合国家有关规定，并能正确、完整核算其收入或者所得。

纳税人、扣缴义务人会计制度健全，能够通过计算机正确、完整计算其收入和所得或者代扣代缴、代收代缴税款情况的，其计算机输出的完整的书面会计记录，可视同会计账簿；会计制度不健全，不能通过计算机正确、完整计算其收入和所得或者代扣代缴、代收代缴税款情况的，应当建立总账及与纳税或者代扣代缴、代收代缴税款有关的其他账簿。

（4）账簿、会计凭证和报表，应当使用中文。民族自治地方可以同时使用当地通用的一种民族文字。外商投资企业和外国企业可以同时使用一种外国文字。

（二）发票管理

发票是指在购销商品、提供或接受劳务和其他经营活动中，开具、收取的收付款凭证，是征纳税的重要凭据。

我国历来非常重视发票的管理工作，1993 年 12 月经国务院批准、财政部发布的《中华人民共和国发票管理办法》，以及同月 28 日国家税务总局发布的《中华人民共和国发票管理办法实施细则》，就我国发票的管理工作的主管机关及其职责划分，发票的种类、联次、内容、印制、领购、开具、使用及管理等作了较为详细的规定。2001 年 4 月第二次修订的《征管法》根据情况的变化作了以下规定：

（1）税务机关是发票的主管机关，负责发票印制、领购、开具、取得、保管、缴销的管理和监督。

（2）增值税专用发票由国务院税务主管部门指定的企业印制；其他发票，按照国务院税务主管部门的规定，分别由省、自治区、直辖市国家税务局、地方税务局指定企业印制。未经上述规定的税务机关指定，不得印制发票。

（3）单位、个人在购销商品，提供或者接受经营服务以及从事其他经营活动中，应当按照规定开具、使用、取得发票。

《征管法》规定，发票的管理办法由国务院规定。为落实《征管法》的规定，经过较长时期的调查研究，国务院于 2010 年 12 月 20 日发布了《关于修改〈中华人民共和国发票管理办法〉的决定》，相应修改 1993 年 12 月 23 日财政部发布的《中华人民共和国发票管理办法》，自 2011 年 2 月 1 日起施行。国家税务总局也据此于 2011 年 2 月 14 日重新发布了《中华人民共和国发票管理办法实施细则》，从而进一步完善了我国的发票管理制度。

（三）税控管理

税控管理是国家税收征收管理的一个重要组成部分，它主要是指税务机关利用现代化税控装置对纳税人的生产经营活动进行监督和管理，目的是防止税款流失、提高征收管理的效能。

《征管法》规定：国家根据税收征收管理的需要，积极推广使用税控装置。纳税人应当按照税务机关的要求安装、使用税控装置，不得损毁或者擅自改动税控装置。

对未按照规定安装、使用税控装置；或者损毁或擅自改动税控装置的，由税务机关责令限期改正，可以处2 000元以下的罚款；情节严重的，处2 000元以上 1 万元以下的罚款。

（四）涉税资料的管理

《征管法》规定：账簿、记账凭证、报表、完税凭证、发票、出口凭证以及其他有关涉税资料应当合法、真实、完整，不得伪造、变造或者擅自损毁。这些涉税资料，除法律、行政法规另有规定者外，应保存 10 年。

三、纳税申报管理

纳税申报是纳税人、扣缴义务人按照税法规定的期限和内容，向税务机关提交有关纳税事项的书面报告的法律行为，是其履行纳税（或扣缴）义务、界定其法律责任的重要依据，是税务机关征管信息的重要来源。

（一）纳税申报的对象

根据《征管法》第25条、《实施细则》第32条的规定，纳税申报的对象为纳税人（包括纳税期内没有应纳税款的纳税人和在减税、免税期内的纳税人）和扣缴义务人。

（二）纳税申报的内容

纳税申报的内容，主要在各税种的纳税申报表和代扣代缴、代收代缴税款报告表中体现，还有的是在随这些表附报的有关证件、资料中体现。包括：

（1）财务会计报表及其说明材料；

（2）与纳税有关的合同、协议书及凭证；

（3）税控装置的电子报税资料；

（4）外出经营活动税收管理证明和异地完税凭证；

（5）境内或者境外公证机构出具的有关证明文件；

（6）税务机关规定应当报送的其他有关证件、资料。

纳税人和扣缴义务人的纳税申报和代扣代缴、代收代缴税款报告表的主要内容包括：税种、税目，应纳税项目或者应代扣代缴、代收代缴税款项目，计税依据，扣除项目及标准，适用税率或者单位税额，应退税项目及税额、应减免税项目及税额，应纳税额或者应代扣代缴、代收代缴税额，税款所属期限、延期缴纳税款、欠税、滞纳金等。

（三）纳税申报的期限和要求

《征管法》第25条规定：纳税人、扣缴义务人都必须依照法定的期限办理纳税申报。申报期限有两种情况：一是法律、法规明确规定的期限；二是税务机关依照法律、行政法规的规定，结合纳税人实际情况确定的申报期限。申报的要求主要是如实申报。

（四）纳税申报的方式

《征管法》第26条规定：纳税人、扣缴义务人可以直接到税务机关办理纳税申报或者报送代扣代缴、代收代缴税款报告表，也可以按照规定采取邮寄、数据电文或者其他方式办理上述申报、报送事项。《实施细则》将申报方式加以明细化：

（1）直接申报，指纳税人亲自直接到税务机关办理纳税申报。

（2）邮寄申报，指经税务机关批准的纳税人采取邮寄方式办理纳税申报。该申报应当使用统一的纳税申报专用信封，并以邮政部门收据作为申报凭据。邮寄申报以寄出的邮戳日期为实际申报日期。

（3）数据电文，是指经批准的纳税人采取税务机关确定的电话语音、电子数据交换和网络传输等电子方式办理纳税申报。纳税人采取电子方式办理纳税申报的，应当按照税务机关规定的期限和要求保存有关资料，并定期书面报送主管税务机关。

（4）其他方式。实行定期定额缴纳税款的纳税人，可以实行简易申报、简并征期等申报纳税方式。

（五）延期申报管理

纳税人、扣缴义务人确有困难，不能按期办理纳税申报或者报送代扣代缴、代收代缴税款报告表的，应提出书面延期申请，经税务机关核准，可以延期申报。

经核准延期办理上述规定的申报、报送事项的，应当在纳税期内按照上期实际缴纳的税额或者税务机关核定的税额预缴税款，并在核准的延期内办理税款结算。

第三节 税款征收

一、税款征收的概念及原则

税款征收是税务机关依法对纳税人应纳税额进行征收的活动。它是税收征收管理工作的目的和归宿，是税收征管工作的中心环节，在整个税收工作中占据极为重要的地位。按《征管法》的规定，税收征管工作应贯彻以下原则：

（一）税务机关是征税的唯一行政主体原则

《征管法》第 29 条规定：除税务机关、税务人员以及经税务机关依照法律、行政法规委托的单位和人员外，任何单位和个人不得进行税款征收活动。第 41 条规定：本法第 37 条、第 38 条和第 40 条规定的采取税收保全措施、强制执行措施的权力，不得由法定的税务机关以外的单位和个人行使。这体现了税务机关是征税的唯一行政主体原则。

（二）依法征税原则

按《征管法》的有关规定，税务机关依法征税的原则体现在以下四个方面：

（1）只能依据法律、行政法规的规定征收税款。

（2）不得违反法律、行政法规的规定开征、停征、多征、少征、提前征收、延缓征收或者摊派税款。

（3）征收税款必须遵守法定权限和法定程序。

（4）征收税款或者扣押、查封商品、货物或其他财产时，必须向纳税人开具完税凭证或开付扣押、查封的收据或清单。

（三）税款优先原则

《征管法》第 45 条规定：税务机关征收税款，税收优先于无担保债权，法律另有规定的除外；纳税人欠缴的税款发生在纳税人以其财产设定抵押、质押或者纳税人的财产被留置之前的，税收应当先于抵押权、质权、留置权执行。纳税人欠缴税款，同时又被行政机关决定处以罚款、没收违法所得的，税收优先于罚款、没收违法所得。这一条文首次规定了税收优先权，从法律上确定了税款优先原则，确立了税款征收在纳税人支付各种款项和偿还债务时的顺序，从而增强了税法的刚性和操作性，有利于确保国家税收收入的实现。

（四）税款按规定入库原则

《征管法》第 53 条规定：国家税务局和地方税务局应当按照国家的税收征收管理范围和税款入库预算级次，将征收的税款缴入国库。对审计机关、财政机关依法查出的税收违法行为，税务机关应当根据有关机关的决定、意见书，依法将应收的税款、滞纳金按照税款入库预算级次缴入国库，并将结果及时回复有关机关。《实施细则》第 39 条进一步明确规定：税务机关应当将各种税收的税款、滞纳金、罚款，按照国家规定的预算科目和预算级次及时缴入国库，税务机关不得占压、挪用、截留，不得缴入国库以外或者国家规定的税款账户以外的任何账户。已缴入国库的税款、滞纳金、罚款，任何单位和个人不得擅自变更预算科目和预算级次。

二、税款征收的方式

税务机关征收税款时，可根据纳税人的不同情况采取以下征收方式：

（1）查账征收；

（2）查定征收；

（3）查验征收；

（4）定期定额征收；

（5）委托代征；

（6）邮寄纳税；

（7）其他方式征收。

三、税款征收制度和措施

为规范税收征纳、便民利课、确保税款征收的实现，我国《征管法》及《实施细则》确立了一系列的征收制度和措施。这些制度和措施主要包括：

（一）代扣代缴、代收代缴税款制度

该制度的内容包括：

（1）扣缴义务人应依照法律、行政法规的规定履行代扣、代收税款的义务，否则要承担相应的法律责任。

（2）扣缴义务人依法履行代扣、代收税款义务时，纳税人不得拒绝。纳税人拒绝的，扣缴义务人应当及时报告税务机关处理。

（3）对法律、行政法规没有规定负有代扣、代收税款义务的单位和个人，税务机关不得要求其履行代扣、代收税款义务。

（4）税务机关按照规定付给扣缴义务人代扣、代收手续费。

（二）委托代征制度

《实施细则》第 44 条规定：税务机关根据有利于税收控管和方便纳税的原则，可以按照国家有关规定委托有关单位和人员代征零星分散和异地缴纳的税收，并发给委托代征证书。受托单位和人员按照代征证书的要求，以税务机关的名义依法征收税款，纳税人不得拒绝；纳税人拒绝的，受托代征单位和人员应当及时报告税务机关。

（三）延期缴税制度

纳税人、扣缴义务人必须在税法规定的期限内缴纳、解缴税款，否则要加收滞纳金。但考虑到纳税人在缴纳税款过程中的特殊困难，《征管法》第 31 条第 2 款规定：纳税人因有特殊困难，不能按期缴纳税款的，经省、自治区、直辖市国家税务局、地方税务局批准，可以延期缴纳税款，但是最长不得超过 3 个月。纳税人在申请延期纳税时应注意以下几点：

（1）纳税人必须存在特殊困难，即下列情形之一：1）因不可抗力，导致纳税人发生较大损失，正常生产经营活动受到较大影响的；2）当期货币资金在扣除应付职工工资、社会保险费后，不足以缴纳税款的。

（2）应当在期限届满前以书面提出，并报送有关材料。

（3）延期缴税，须经省、自治区、直辖市（包括计划单列市）国家税务局、地方税务局批准，方为有效。前述税务机关应在接到延期纳税报告之日起 20 日内作出批准与否的决定。

（4）延期期限最长不得超过 3 个月，同一笔税款不得滚动审批。

（5）批准延期缴税期限内免予加收滞纳金。

（四）征收税收滞纳金制度

《征管法》第 32 条规定：纳税人未按照规定期限缴纳税款的，扣缴义务人未按照规定期限解缴税款的，税务机关除责令限期缴纳外，从滞纳税款之日起，按日加收滞纳税款万分之五的滞纳金。

（五）减免税制度

按照《征管法》第 33 条、《实施细则》第 43 条的规定，减免税制度包括以下内容：

（1）减税、免税必须有法律、行政法规的明确规定（具体规定在税收实体法中体现）。地方各级人民政府、各级人民政府主管部门、单位和个人违反法律、行政法规规定，擅自作出的减税、免税决定无效，税务机关不得执行，并向上级税务机关报告。

（2）法律、行政法规规定或者经法定的审批机关批准减税、免税的纳税人，应当提出书面申请，并持有关文件到主管税务机关办理减税、免税手续。

（3）减税、免税的申请须经法律、行政法规规定的减税、免税审查批准机关审批。

（4）纳税人在享受减免税待遇期间，仍应按规定办理纳税申报。

（5）享受减税、免税优惠的纳税人，减税、免税条件发生变化的，应当自发生变化之日起 15 日内向税务机关报告；不再符合减税、免税条件的，应当依法履行纳税义务；未依法纳税的，税务机关应当予以追缴。

（6）减税、免税期满，应当自期满次日起恢复纳税。

（六）税额核定与税收调整制度

1. 税额核定制度

（1）实行税额核定的情形。根据《征管法》第 35 条的规定，纳税人有下列情形之一的，税务机关有权核定其应纳税额：1）依照法律、行政法规的规定可以不设置账簿的；2）依照法律、行政法规的规定应当设置账簿但未设置的；3）擅自销毁账簿或者拒不提供纳税资料的；4）虽设置账簿，但账簿混乱或者成本资料、收入凭证、费用凭证残缺不全，难以查账的；5）发生纳税义务，未按照规定的期限办理纳税申报，经税务机关责令限期申报，逾期仍不申报的；6）纳税人申报的计税依据明显偏低，又无正当理由的。

《征管法》第 37 条亦规定：对未按照规定办理税务登记的从事生产、经营的纳税人以及临时从事经营的纳税人，由税务机关核定其应纳税额，责令缴纳；不缴纳的，税务机关可以扣押其价值相当于应纳税额的商品、货物。扣押后缴纳应纳税款的，税务机关必须立即解除扣押，并归还所扣押的商品、货物；扣押后仍不缴纳应纳税款的，经县以上税务局（分局）局长批准，依法拍卖或者变卖所扣押的商品、货物，以拍卖或者变卖所得抵缴税款。

（2）核定应纳税额的方法。对纳税人有前述规定情形之一的，税务机关有权采用下列任何一种方法核定其应纳税额：1）参照当地同类行业或者类似行业中经营规模和收入水平相近的纳税人的税负水平核定；2）按照营业收入或者成本加合理的费用和利润的方法核定；3）按照耗用的原材料、燃料、动力等推算或者测算核定；4）按照其他合理方法核定。采用前列一种方法不足以正确核定应纳税额时，可以同时采用两种以上的方法核定。

纳税人对税务机关采取上述规定的方法核定的应纳税额有异议的，应当提供相关证据，经税务机关认定后，调整应纳税额。

2. 税收调整制度

税收调整制度主要是指关联企业的税收调整制度。《征管法》第 36 条规定：企业或者外国企业在中国境内设立的从事生产、经营的机构、场所与其关联企业之间的业务往来，应当按照独立企业之间的业务往来收取或者支付价款、费用；不按照独立企业之间的业务往来收取或者支付价款、费用，而减少其应纳税的收入或者所得额的，税务机关有权进行合理调整。

（1）关联企业的认定。《征管法》规定：关联企业是指有下列关系之一的公司、企业和其他经济组织：1）在资金、经营、购销等方面，存在直接或者间接的拥有或者控制关系；2）直接或者间接地同为第三者所拥有或者控制；3）在利益上具有相关联的其他关系。这里所称“独立企业之间的业务往来”是指没有关联关系的企业之间按照公平成交价格和营业常规所进行的业务往来。

（2）可以调整应纳税额的情形。纳税人与其关联企业之间的业务往来有下列情形之一的，税务机关可以调整其应纳税额：1）购销业务未按照独立企业之间的业务往来作价；2）融通资金所支付或者收取的利息超过或者低于没有关联关系的企业之间所能同意的数额，或者利率超过或者低于同类业务的正常利率；3）提供劳务，未按照独立企业之间业务往来收取或者支付劳务费用；4）转让财产、提供财产使用权等业务往来，未按照独立企业之间业务往来作价或者收取、支付费用；5）未按照独立企业之间业务往来作价的其他情形。

（3）关联企业应纳税额的调整方法。纳税人有前列情形之一的，税务机关可以按照下列方法调整计税收入额或者所得额：1）按照独立企业之间进行的相同或者类似业务活动的价格；2）按照再销售给无关联关系的第三者的价格所应取得的收入和利润水平；3）按照成本加合理的费用和利润；4）按照其他合理的方法。

纳税人有义务就其与关联企业之间的业务往来，向当地税务机关提供有关的价格、费用标准等资料。纳税人可以向主管税务机关提出与其关联企业之间业务往来的定价原则和计算方法，主管税务机关审核、批准后，与纳税人预先约定有关定价事项，监督纳税人执行。

纳税人与其关联企业未按照独立企业之间的业务往来支付价款、费用的，税务机关自该业务往来发生的纳税年度起 3 年内进行调整；有特殊情况的，可以自该业务往来发生的纳税年度起10年内进行调整。

（七）税收保全措施

税收保全措施是指税务机关对可能因为纳税人的行为，致使以后税款不能保证或难以保证的情形下，依法在纳税期到来之前采取的一系列保全税款征收的措施。

《征管法》第38条规定：税务机关有根据认为从事生产、经营的纳税人有逃避纳税义务行为的，可以在规定的纳税期之前，责令限期缴纳应纳税款；在限期内发现纳税人有明显的转移、隐匿其应纳税的商品、货物以及其他财产或者应纳税的收入的迹象的，税务机关可以责成纳税人提供纳税担保①。如果纳税人不能提供纳税担保，经县以上税务局（分局）局长批准，税务机关可以采取下列税收保全措施：

（1）书面通知纳税人开户银行或者其他金融机构冻结纳税人的金额相当于应纳税额的存款；

（2）扣押、查封纳税人的价值相当于应纳税款的商品、货物或者其他财产（此处所称其他财产，包括纳税人的房地产、现金、有价证券等不动产和动产，但税务机关对单价5 000元以下的其他生活用品，不采取税收保全措施）。

纳税人在规定的限期内缴纳税款的，税务机关必须立即解除税收保全措施；限期期满仍未缴纳税款的，经县以上税务局（分局）局长批准，税务机关可以书面通知纳税人开户银行或者其他金融机构从其冻结的存款中扣缴税款，或者依法拍卖或者变卖所扣押、查封的商品、货物或者其他财产，以拍卖或者变卖所得抵缴税款。

个人及其所扶养家属维持生活必需的住宅和用品，不在税收保全措施的范围之内。在这方面，《实施细则》明确规定：机动车辆、金银饰品、古玩字画、豪华住宅或者一处以外的住房不属于《征管法》所称个人及其所扶养家属维持生活必需的住房和用品。也即可以对这些物品实施税收保全措施。

为保护纳税人的利益，《征管法》第39条规定：纳税人在限期内已缴纳税款，税务机关未立即解除税收保全措施，使纳税人的合法利益遭受损失的，税务机关应当承担赔偿责任。

（八）税收强制执行措施

税收强制执行措施是指税收当事人不履行法律、行政法规规定的义务，有关国家税务机关采取法定的强制手段，强制当事人履行相应义务的行为。

《征管法》第40条规定：从事生产、经营的纳税人、扣缴义务人未按照规定的期限缴纳或者解缴税款，纳税担保人未按照规定的期限缴纳所担保的税款，由税务机关责令限期缴纳，逾期仍未缴纳的，经县以上税务局（分局）局长批准，税务机关可以采取下列强制执行措施：

（1）书面通知其开户银行或者其他金融机构从其存款中扣缴税款；

（2）扣押、查封、依法拍卖或者变卖其价值相当于应纳税款的商品、货物或者其他财

---

① 纳税担保是指经税务机关同意或确认，纳税人或其他自然人、法人、经济组织以保证、抵押、质押的方式，为纳税人应当缴纳的税款及滞纳金提供担保的行为。国家税务总局2005年5月24日发布、自2005年7月1日起施行的《纳税担保试行办法》就有关纳税担保的相关问题作了明确规定。

产（此处所称其他财产，包括纳税人的房地产、现金、有价证券等不动产和动产，但税务机关对单价5 000元以下的其他生活用品，不采取强制执行措施），以拍卖或者变卖所得抵缴税款。

税务机关采取强制执行措施时，对上述所列纳税人、扣缴义务人、纳税担保人未缴纳的滞纳金同时强制执行。但个人及其所扶养家属维持生活必需的住房和用品①，不在强制执行措施的范围之内。

采取税收保全措施、强制执行措施的权力，不得由法定的税务机关以外的单位和个人行使。

税务机关采取税收保全措施和强制执行措施必须依照法定权限和法定程序，不得查封、扣押纳税人个人及其所扶养家属维持生活必需的住房和用品。

税务机关滥用职权违法采取税收保全措施、强制执行措施，或者采取税收保全措施、强制执行措施不当，使纳税人、扣缴义务人或者纳税担保人合法权益遭受损失的，应当依法承担赔偿责任。

（九）欠税清缴制度

欠税是指纳税人未按规定期限纳税、扣缴义务人未按规定期限解缴税款的行为。为清缴欠税，2001 年修订《征管法》时，除确立税收优先原则、集中延期纳税审批权限至省级税务机关外，还建立了以下五个方面的欠税清缴制度：

（1）离境清税制度。《征管法》第 44 条规定：欠缴税款的纳税人或者他的法定代表人需要出境的，应当在出境前向税务机关结清应纳税款、滞纳金或者提供担保。未结清税款、滞纳金，又不提供担保的，税务机关可以通知出境管理机关阻止其出境。

（2）改制纳税人的欠税清缴制度。《征管法》第 48 条规定：纳税人有合并、分立情形的，应当向税务机关报告，并依法缴清税款。纳税人合并时未缴清税款的，应当由合并后的纳税人继续履行未履行的纳税义务；纳税人分立时未缴清税款的，分立后的纳税人对未履行的纳税义务应当承担连带责任。

（3）欠税大户处分财产报告制度。《征管法》第 49 条规定：欠缴税款数额较大的纳税人在处分其不动产或者大额资产之前，应当向税务机关报告。所谓欠缴税款数额较大，是指欠缴税款在 5 万元以上。

（4）代位权、撤销权制度。根据《征管法》第 50 条的规定，欠缴税款的纳税人因怠于行使到期债权，或者放弃到期债权，或者无偿转让财产，或者以明显不合理的低价转让财产而受让人知道该情形，对国家税收造成损害的，税务机关可以依照《中华人民共和国合同法》第 73 条、第 74 条的规定行使代位权、撤销权。税务机关依照上述规定行使代位权、撤销权的，不免除欠缴税款的纳税人尚未履行的纳税义务和应承担的法律责任。

（5）欠税公告制度。《征管法》第 45 条第 3 款规定：税务机关应当对纳税人欠缴税款的情况定期予以公告。《实施细则》第 76 条进一步规定：县级以上各级税务机关应当将纳税人的欠税情况，在办税场所或者广播、电视、报纸、期刊、网络等新闻媒体上定期

---

① 在这方面，《实施细则》明确规定：机动车辆、金银饰品、古玩字画、豪华住宅或者一处以外的住房不属于《征管法》所称的个人及其所扶养家属维持生活必需的住房和用品，也即对这些物品可以实施税收强制执行措施。

公告。

（十）税款退还与追征制度

1. 税款的退还

《征管法》第 51 条规定：纳税人超过应纳税额缴纳的税款，税务机关发现后应当立即退还；纳税人自结算缴纳税款之日起 3 年内发现的，可以向税务机关要求退还多缴的税款并加算银行同期存款利息，税务机关及时查实后应当立即退还；涉及从国库中退库的，依照法律、行政法规有关国库管理的规定退还。

具体操作是：税务机关发现纳税人多缴税款的，应当自发现之日起 10 日内办理退还手续；纳税人发现多缴税款，要求退还的，税务机关应当自接到纳税人退还申请之日起 30 日内查实并办理退还手续。当纳税人既有应退税款又有欠缴税款的，税务机关可以将应退税款和利息先抵扣欠缴税款；抵扣后有余额的，退还纳税人。

这里的“加算银行同期存款利息的多缴税款退税”，不包括依法预缴税款形成的结算退税、出口退税和各种减免退税。退税利息按照税务机关办理退税手续当天中国人民银行规定的活期存款利率计算。

2. 税款的追征

《征管法》第 52 条规定：因税务机关的责任，致使纳税人、扣缴义务人未缴或者少缴税款的，税务机关在 3 年内可以要求纳税人、扣缴义务人补缴税款，但是不得加收滞纳金。因纳税人、扣缴义务人计算错误等失误，未缴或者少缴税款的，税务机关在 3 年内可以追征税款、滞纳金；有特殊情况的，追征期可以延长到 5 年。对偷税、抗税、骗税的，税务机关追征其未缴或者少缴的税款、滞纳金或者所骗取的税款，不受前款规定期限的限制。

第 52 条所称“税务机关的责任”，是指税务机关适用税收法律、行政法规不当或者执法行为违法；所称“纳税人、扣缴义务人计算错误等失误”，是指非主观故意的计算公式运用错误以及明显的笔误；所称“特殊情况”，是指纳税人或者扣缴义务人因计算错误等失误，未缴或者少缴、未扣或者少扣、未收或者少收税款，累计数额在 10 万元以上的；所规定的“补缴和追征税款、滞纳金的期限”，自纳税人、扣缴义务人应缴未缴或者少缴税款之日起计算。

第四节　税务检查

一、税务检查的概念

税务检查是国家税务机关依照税法的规定对纳税人履行纳税义务进行监督检查的活动。依照《征管法》的规定，纳税人、扣缴义务人必须接受税务机关依法进行的税务检查，如实反映情况，提供有关资料，不得拒绝、隐瞒。有关单位和个人也有义务向税务机关如实提供有关纳税人、扣缴义务人和其他当事人与纳税或扣缴税款有关情况的资料及证明材料。

二、税务检查的制度和方法

为维护纳税人、扣缴义务人的合法权益，规范检查工作的进行，《实施细则》第 85 条规定：税务机关应当建立科学的检查制度，统筹安排检查工作，严格控制对纳税人、扣缴义务人的检查次数。税务机关应当制定合理的税务稽查工作规程，负责选案、检查、审理、执行的人员的职责应当明确，并相互分离、相互制约，规范选案程序和检查行为。税务检查工作的具体办法，由国家税务总局制定。

1995 年 12 月 1 日国家税务总局发布、2009 年 12 月 24 日修订的《税务稽查工作规程》，就对相关问题作了规定。但总体来看，我国目前关于税务检查的具体制度、稽查规程、检查的具体办法还很不完备，还有待于进一步完善。

三、税务机关税务检查的职权

（1）税务机关有权进行下列税务检查：

1）检查纳税人的账簿、记账凭证、报表和有关资料，检查扣缴义务人代扣代缴、代收代缴税款账簿、记账凭证和有关资料。

税务机关行使该项职权时，可以在纳税人、扣缴义务人的业务场所进行；必要时，经县以上税务局（分局）局长批准，可以将纳税人、扣缴义务人以前会计年度的账簿、记账凭证、报表和其他有关资料调回税务机关检查，但是税务机关必须向纳税人、扣缴义务人开付清单，并在 3 个月内完整退还；有特殊情况的，经设区的市、自治州以上税务局局长批准，税务机关可以将纳税人、扣缴义务人当年的账簿、记账凭证、报表和其他有关资料调回检查，但是税务机关必须在 30 日内退还。

2）到纳税人的生产、经营场所和货物存放地检查纳税人应纳税的商品、货物或者其他财产，检查扣缴义务人与代扣代缴、代收代缴税款有关的经营情况。

3）责成纳税人、扣缴义务人提供与纳税或者代扣代缴、代收代缴税款有关的文件、证明材料和有关资料。

4）询问纳税人、扣缴义务人与纳税或者代扣代缴、代收代缴税款有关的问题和情况。

5）到车站、码头、机场、邮政企业及其分支机构检查纳税人托运、邮寄应纳税商品、货物或者其他财产的有关单据、凭证和有关资料。

6）经县以上税务局（分局）局长批准，凭全国统一格式的检查存款账户许可证明，查询从事生产、经营的纳税人、扣缴义务人在银行或者其他金融机构的存款账户。税务机关在调查税收违法案件时，经设区的市、自治州以上税务局（分局）局长批准，可以查询案件涉嫌人员的储蓄存款。查询的内容包括纳税人存款账户余额和资金往来情况。税务机关查询所获得的资料，不得用于税收以外的用途。

税务机关在行使该项职权时，应当指定专人负责，凭全国统一格式的检查存款账户许可证明进行，并有责任为被检查人保守秘密。

（2）对从事生产、经营的纳税人以前纳税期的纳税情况依法进行税务检查时，发现纳税人有逃避纳税义务行为，并有明显的转移、隐匿其应纳税的商品、货物以及其他财产或者应纳税的收入的迹象的，可以经县级以上税务局（分局）局长批准采取税收保全措施或者强制执行措施。

采取税收保全措施的期限一般不得超过 6 个月；重大案件需要延长的，应当报国家税务总局批准。

（3）依法进行税务检查时，有权向有关单位和个人调查纳税人、扣缴义务人和其他当事人与纳税或者代扣代缴、代收代缴税款有关的情况，有关单位和个人有义务向税务机关如实提供有关资料及证明材料。

（4）调查税务违法案件时，对与案件有关的情况和资料，可以记录、录音、录像、照相和复制。

四、税务机关税务检查的责任（义务）

税务人员进行税务检查时，应当出示税务检查证和税务检查通知书；无税务检查证和税务检查通知书的，纳税人、扣缴义务人及其他当事人有权拒绝检查。税务机关对集贸市场及集中经营业户进行检查时，可以使用统一的税务检查通知书。

第五节 税务行政处罚

一、税务行政处罚的概念及特征

税务行政处罚，是指国家税务机关在税收征收管理活动中，对公民、法人或者其他组织违反税收法律规范、侵害税收征收管理秩序、尚未构成犯罪的税收违法行为，依法给予一定的行政制裁的措施。税务行政处罚的特征如下：

（1）当事人的行为违反了税收法律规范，侵犯的客体是税收征收管理秩序，依法应当承担税务行政责任。这里的"当事人"，既可以是公民也可以是法人，还可以是其他组织，它包括税收法律关系中的纳税人、扣缴义务人和其他税务行政管理的相对人。

（2）当事人只要有税收违法行为存在，并有法定依据应给予行政处罚的，就要承担行政责任，依法给予税务行政处罚。而不区分其是否具有主观故意或者过失。

（3）当事人的税收违法行为一般是尚未构成犯罪，但依法应当给予行政处罚的行为。在此，应特别注意两点：一是应区分税收违法与税收犯罪的界限。应予税务行政处罚的行为一般是尚不构成税收犯罪的行为，如果构成了危害税收征管罪，就应当依《刑法》规定追究刑事责任。对此，2001 年修订的《征管法》和 1997 年修订的《刑法》就已经作了界定。二是应区分税收违法行为是不是轻微。并不是对所有的税收违法行为都一定要处罚，如果税收违法行为显著轻微，没有造成危害后果，只要予以纠正，经过批评、教育后可以不必给予处罚。

（4）实施税务行政处罚权的主体只能是税务机关，而不能是其他单位或者个人。

税务行政处罚是行政处罚的重要组成部分。赋予税务机关以税务行政处罚权，目的是确保税务机关税收征收管理的权威，加强税收的征收管理，维护正常的税收征收管理秩序。同时，税务机关行使税务行政处罚权，必须依法进行，以切实维护纳税人和其他税务当事人的合法权益。目前，我国还没有制定专门的税务行政处罚法，有关税务行政处罚的基本法律依据是 1996 年 3 月 17 日第八届全国人大第四次会议通过的《中华人民共和国行政处罚法》，而有关税务行政处罚的具体办法则有 1996 年 9 月 28 日国家税务总局发布的《税务案件调查取证与处罚决定分开制度实施办法（试行）》和《税务行政听证程序实施办法（试行）》，这两个试行办法均于 1996 年 10 月 1 日起施行。

二、税务行政处罚的原则

按我国现行法律的有关规定，税务行政处罚应当遵循以下六大原则：

（1）法定原则。具体包括：1）对公民、法人和其他组织实施税务行政处罚必须有法定依据，法无明文规定不得处罚；2）税务行政处罚必须由法定的国家机关在其职权范围内设定；3）税务行政处罚必须由法定的税务机关在其职权范围内按照法定程序实施。

（2）以事实为根据原则。指税务行政处罚应当以当事人税收违法行为的客观事实及其性质、情节为依据。

（3）公正、公开原则。公正就是要防止偏听偏信，要使当事人了解其违法行为的性质，并给予其以申辩的机会。公开是指税务机关应将需要公开的法律规范事先公布；同时处罚程序要公开，如依法举行听证会等。

（4）过罚相当原则。指在税务行政处罚的设定和实施方面，应根据税收违法行为的性质、情节、社会危害性的大小而定，做到罚当其过。

（5）处罚与教育相结合原则。税务行政处罚只是手段，而不是目的。处罚的目的是要纠正税收违法行为，教育公民自觉守法。因此，税务机关在实施税务行政处罚时，要责令当事人改正或限期改正违法行为，对情节轻微的违法行为不一定都要给予处罚。

（6）监督、制约原则。包括内部的监督制约和外部的监督制约两个方面，如税务行政处罚的职能分离、上级税务机关对下级税务机关的监督（税务行政复议）、司法监督（税收行政诉讼）等。

三、税务行政处罚的设定及种类

（一）税务行政处罚的设定

税务行政处罚的设定，是指由特定的国家机关通过一定的立法形式首次独立规定公民、法人或者其他组织的行为规范，并规定违反该行为规范的行政制裁措施。目前，我国税收法制的立法现状是税权高度集中，税收的立法权主要在中央。

具体就税务行政处罚的设定而言：全国人民代表大会及其常务委员会可以通过法律的形式设定各种税务行政处罚；国务院可以通过行政法规的形式设定除限制人身自由以外的税务行政处罚；国家税务总局可以通过行政规章的形式设定警告和罚款。

应特别说明的是，省、自治区、直辖市和计划单列市国家税务局、地方税务局及其以下各级税务相关部门制定的税收法律、法规、规章以外的规范性文件，在税收法律、法规、规章规定给予行政处罚的行为、种类和幅度的范围内作出具体规定，仅是一种执行税收法律、法规、规章的行为，而不是对税务行政处罚的设定。因此，这类规范性文件，如果没有超出法律、法规、规章规定的范围，是有效的，是可以执行的。

（二）税务行政处罚的种类

税务行政处罚的种类不是固定不变的，它随着税收法律、法规、规章设定的变化而变化。按现行税法规定，我国目前的税务行政处罚种类主要有罚款、没收非法所得、停止出口退税权、收缴发票和暂停供应发票。

四、税务行政处罚的实施主体与管辖

（一）税务行政处罚的实施主体

按有关规定，我国税务行政处罚的实施主体是县以上的税务机关，具体包括国家税务总局，省、自治区、直辖市国家税务局和地方税务局，地（市、州、盟）国家税务局和地方税务局，县（市、旗）国家税务局和地方税务局四级。这些税务机关都具有税务行政处罚的主体资格。

各级税务机关的内设机构、派出机构不具有税务行政处罚的主体资格，不能以自己的名义实施税务行政处罚。但是税务所可以实施罚款额在 2 000 元以下的税务行政处罚，这一点在《征管法》第 74 条有明文规定。

（二）税务行政处罚的管辖

按照有关规定，税务行政处罚实行行为发生地原则，即由当事人税收违法行为发生地的县（市、旗）以上税务机关管辖。

五、税务行政处罚的程序

税务行政处罚的程序分为简易程序和一般程序。

（一）税务行政处罚的简易程序

税务行政处罚的简易程序是指税务机关及其执法人员对于公民、法人或者其他组织违反税收管理秩序的行为，当场作出税务行政处罚决定的行政处罚程序。简易程序的适用条件是：（1）案情简单，事实清楚，违法后果比较轻微且有法定依据应当给予处罚的违法行为；（2）给予的处罚较轻，仅适用于对公民处以 50 元以下和对法人或者其他组织处以 1 000元以下罚款的违法案件。

对符合前述条件的，税务行政执法人员可按照下列程序当场作出税务行政处罚决定：

（1）向当事人出示税务行政执法身份证件；

（2）告知当事人受到税务行政处罚的违法事实、依据和陈述申辩权；

（3）听取当事人的陈述申辩意见；

（4）填写具有预定格式、编有号码的税务行政处罚决定书，并当场交付当事人。

税务行政执法人员当场制作的税务行政处罚决定书，应当报所属税务机关备案。

（二）税务行政处罚的一般程序

税务行政处罚的一般程序，是指税务机关行政处罚案件普遍适用的正常程序。适用一般程序的案件往往是情节比较复杂、处罚比较重的案件。对于这类案件，税务机关在作出处罚决定之前应经过立案、调查取证（有的案件还要举行听证）、审查等程序，然后作出决定，交付执行。

1. 调查取证

对税务违法案件的调查取证由税务机关内部设立的调查机构（如管理、检查机构）负责。调查机构调查取证后，对依法应当给予行政处罚的，应及时提出处罚建议，以税务机关的名义制作《税务行政处罚事项告知书》并送达当事人，告知当事人作出处罚建议的事实、理由和依据，以及当事人依法享有的陈述申辩或要求听证的权利。调查终结，调查机构应当制作调查报告，并及时将调查报告连同所有案卷材料移交审查机构审查。

2. 审查

对税务违法案件的审查由税务机关内部设立的比较超脱的机构（如法制机构）负责。审查机构收到调查机构移交的案卷后，应对案卷材料进行登记，填写《税务案件审查登记簿》。

审查机构应对：调查机构认定的事实、证据和处罚建议适用的处罚种类、依据是否正确；调查取证是否符合法定程序；当事人陈述申辩的事实、证据是否成立；听证人、当事人听证申辩的事实、证据是否成立等事项进行审查，并应自收到调查机构移交案卷之日起10日内审查终结，制作审查报告，连同案卷材料报送税务机关负责人审批。

3. 作出处罚决定

审查机构作出审查意见并报送税务机关负责人审批后，应当在收到审批意见之日起3日内，根据不同情况分别制作以下处理决定书再报税务机关负责人签发：

（1）有应受行政处罚的违法行为的，根据情节轻重及具体情况予以处罚；

（2）违法行为轻微，依法可以不予行政处罚的不予行政处罚；

（3）违法事实不能成立，不得予以行政处罚；

（4）违法行为已构成犯罪的，移送公安机关处理。

如果税务机关作出罚款决定的，该行政处罚决定书应当载明罚款代收机构的名称、地址和当事人应当缴纳罚款的数额、期限等，并明确当事人逾期缴纳是否加处罚款。

（三）听证程序

听证程序不是与简易程序、一般程序并列的独立处罚程序，而是一般程序中的一个非必经的阶段性程序。它是指在一般程序案件中，税务机关在对当事人的某些税收违法行为作出处罚决定前，按照一定形式听取调查人员和当事人意见的程序。

按国家税务总局发布的《税务行政处罚听证程序实施办法（试行）》的规定，税务行政处罚听证的范围是对公民作出2 000元以上，或者对法人或其他组织作出10 000元以上罚款的案件。对应当进行听证的案件，税务机关不组织听证的，税务行政处罚决定不能成立，但当事人放弃听证权利或者被正当取消听证权利的除外。

税务行政处罚听证，其主持人应由税务机关内设的非本案调查机构的人员（如法制机构工作人员）担任。税务行政处罚听证程序大致如下：

1. 听证程序的启动

凡属听证范围的案件，在作出处罚决定之前，应首先向当事人送达《税务行政处罚事项告知书》，告知当事人已经查明的违法事实、证据、处罚的法律依据和拟给予的处罚，并告知当事人有要求举行听证的权利。

要求听证的当事人，应当在收到《税务行政处罚事项告知书》后 3 日内向税务机关书面提出听证要求，逾期不提出的，视为放弃听证权利。

2. 听证事宜的通知与公告

税务机关应当自当事人提出听证要求后 15 日内举行听证，并在举行听证的 7 日前将《税务行政处罚听证通知书》送达当事人，通知当事人举行听证的时间、地点、主持人的情况。

除涉及国家秘密、商业秘密或者个人隐私不公开听证的外，对于公开听证的案件，应先期公告案情和听证的时间、地点并允许公众旁听。

3. 听证的进行

听证会开始时，主持人应首先声明并出示税务机关负责人授权主持听证的决定，然后查明当事人或其代理人、调查人员及其他人员是否到场；宣布案由和听证会的组成人员名单；告知当事人有关的权利义务；记录员宣读听证会纪律。

听证会开始后，先由调查人员就当事人的违法行为进行指控，并出示事实证据材料，提出处罚建议，再由当事人或其代理人就所指控的事实及相关问题进行申辩和质证，然后控辩双方辩论；辩论终结，当事人进行最后陈述。

听证的全部活动，应由记录员制作笔录并交当事人阅核、签章。

4. 听证的终结

完成听证任务，或者有听证终止的情形发生时，主持人宣布终止听证。听证结束后，主持人应当制作听证报告并连同听证笔录附卷移交审查机构审查。

六、税务行政处罚的执行

税务行政处罚的执行，是指履行税务机关依法作出的行政处罚决定的活动。税务机关作出行政处罚决定后，应当依法送达当事人执行。当事人收到处罚决定后，应当在行政处罚决定规定的期限内予以履行。当事人在法定期限内不申请复议又不起诉，并且在规定期限内又不履行的，税务机关可以依法强制执行或者申请法院强制执行。

税务机关对当事人作出罚款行政处罚决定的，当事人应当在收到行政处罚决定书之日起 15 日内缴纳罚款，到期不缴纳的，税务机关可以对当事人每日按罚款数额的 3%加处罚款。

需特别指出的是，除税务机关行政执法人员依法可以当场收缴罚款的特定情形（指给予 20 元以下的罚款或者不当场收缴罚款事后难以执行的情形）以外，税务机关作出罚款的行政处罚决定的执行，自 1998 年 1 月 1 日起，应当按照国务院制定的《罚款决定与罚款收缴分离实施办法》的规定，实行作出罚款决定的税务机关与收缴罚款的机构相分离。

第六节　违反税法的法律责任

法律责任是指行为人因其违法行为所应承担的法律后果。在税收法律关系中，税收违法主体（行为人）既可能是纳税人、扣缴义务人，也可能是税务机关及税务人员，还可能是其他主体（如金融机构、税收代理人以及其他税收管理的不特定主体）。税收违法主体违反税法所需承担的法律责任主要是行政责任和刑事责任。其中，行政责任是由税务机关对税收违法行为所追究的法律责任；刑事责任是由国家司法机关对触犯刑律的税收犯罪行为所追究的法律责任。有关税收犯罪行为的刑事责任在《中华人民共和国刑法》第二编第三章“破坏社会主义市场经济秩序罪”中有专节（第六节“危害税收征管罪”）予以规定。下面依据这些规定，介绍行为人违反税收法律、法规的行为所需承担的法律责任。

一、纳税人违反税法行为的法律责任

（一）纳税人违反税收管理行为的法律责任

（1）纳税人有下列行为之一的，由税务机关责令限期改正，可以处2 000元以下的罚款；情节严重的，处2 000元以上1万元以下的罚款：

1）未按照规定的期限申报办理税务登记、变更或者注销登记的；

2）未按照规定设置、保管账簿或者保管记账凭证和有关资料的；

3）未按照规定将财务、会计制度或者财务、会计处理办法和会计核算软件报送税务机关备查的；

4）未按照规定将其全部银行账号向税务机关报告的；

5）未按照规定安装、使用税控装置，或者损毁或者擅自改动税控装置的。

（2）纳税人不办理税务登记的，由税务机关责令限期改正；逾期不改正的，经税务机关提请，由工商行政管理机关吊销其营业执照。

（3）纳税人未按照规定办理税务登记证件验证或者换证手续的，由税务机关责令限期改正，可以处 2 000 元以下的罚款；情节严重的，处 2 000 元以上 1 万元以下的罚款。

（4）纳税人未按照规定使用税务登记证件，或者转借、涂改、损毁、买卖、伪造税务登记证件的，处 2 000 元以上 1 万元以下的罚款；情节严重的，处 1 万元以上 5 万元以下的罚款。

（5）纳税人拒绝代扣、代收税款的，扣缴义务人应当向税务机关报告，由税务机关直接向纳税人追缴税款、滞纳金；纳税人拒不缴纳的，依照《征管法》第 68 条的规定执行。

（6）从事生产、经营的纳税人有《征管法》规定的税收违法行为，拒不接受税务机关处理的，税务机关可以收缴其发票或者停止向其发售发票。

（7）纳税人逃避、拒绝或者以其他方式阻挠税务机关检查的，由税务机关责令改正，可以处 1 万元以下的罚款；情节严重的，处 1 万元以上 5 万元以下的罚款。这类违法行为主要包括：1）提供虚假资料，不如实反映情况，或者拒绝提供有关资料的；2）拒绝或者阻止税务机关记录、录音、录像、照相和复制与案件有关的情况和资料的；3）在检查期间，纳税人、扣缴义务人转移、隐匿、销毁有关资料的；4）有不依法接受税务检查的其他情形的。

（二）纳税人违反纳税申报规定行为的法律责任

（1）纳税人未按照规定的期限办理纳税申报和报送纳税资料的，由税务机关责令限期改正，可以处 2 000 元以下的罚款；情节严重的，可以处 2 000 元以上 1 万元以下的罚款。

（2）纳税人编造虚假计税依据的，由税务机关责令限期改正，并处 5 万元以下的罚款。

（3）纳税人不进行纳税申报，不缴或者少缴应纳税款的，由税务机关追缴其不缴或者少缴的税款、滞纳金，并处不缴或者少缴的税款 50%以上 5 倍以下的罚款。

（三）纳税人偷税行为的法律责任

《征管法》的第 63 条第 1 款规定：纳税人伪造、变造、隐匿、擅自销毁账簿、记账凭证，或者在账簿上多列支出或者不列、少列收入，或者经税务机关通知申报而拒不申报或者进行虚假的纳税申报，不缴或者少缴应纳税款的，是偷税。对纳税人偷税款，由税务机关追缴其不缴或者少缴的税款、滞纳金，并处不缴或者少缴的税款 50%以上 5 倍以下的罚款；构成犯罪的，依法追究刑事责任。

对此，《刑法》第 201 条曾就偷税罪作了专条规定：纳税人采取伪造、变造、隐匿、擅自销毁账簿、记账凭证，在账簿上多列支出或者不列、少列收入，经税务机关通知申报而拒不申报或者进行虚假的纳税申报的手段，不缴或者少缴应纳税款，偷税数额占应纳税额的 10%以上不满 30%并且偷税数额在 1 万元以上不满 10 万元的，或者因偷税被税务机关给予二次行政处罚又偷税的，处 3 年以下有期徒刑或者拘役，并处偷税数额 1 倍以上 5 倍以下罚金；偷税数额占应纳税额的 30%以上并且偷税数额在 10 万元以上的，处 3 年以上 7 年以下有期徒刑，并处偷税数额 1 倍以上 5 倍以下罚金。对多次犯有偷税行为，未经处理的，按照累计数额计算。

而 2009 年 2 月 28 日第十一届全国人大常委会第七次会议通过的《刑法修正案（七）》之三对前述《刑法》第 201 条作了重大修改，规定：纳税人采取欺骗、隐瞒手段进行虚假纳税申报或者不申报，逃避缴纳税款数额较大并且占应纳税额 10%以上的，处 3 年以下有期徒刑或者拘役，并处罚金；数额巨大并且占应纳税额 30%以上的，处 3 年以上 7 年以下有期徒刑，并处罚金。扣缴义务人采取前款所列手段，不缴或者少缴已扣、已收税款，数额较大的，依照前款的规定处罚。对多次实施前两款行为，未经处理的，按照累计数额计算。有第 1 款行为，经税务机关依法下达追缴通知后，补缴应纳税款，缴纳滞纳金，已受行政处罚的，不予追究刑事责任；但是，5 年内因逃避缴纳税款受过刑事处罚或者被税务机关给予二次以上行政处罚的除外。据此修改，“偷税罪”实际上已为“逃避缴纳税款罪”所取代。

【案例分析】

2001 年某上海企业投资于西部某贫困地区，在年终进行利润结算时，有较多的利益，颇引起当地民众的“眼红”。为了缓和与地方的矛盾，该公司决定向当地养老院捐赠应纳税所得的 1.5%。因其年度应纳税所得为 2 000 万元，故应捐赠 30 万元，但是该公司觉得这部分捐赠不能白捐，于是与当地民政部门商量，希望民政机关协助，把公司的捐赠说成是 3%，即 60 万元。当地民政部门碍于企业向其捐款的情面，决定满足其要求，出具假证明，以证明其通过当地民政部门向当地养老院捐赠了 60 万元。仅此举动，该公司将应纳税所得额缩小了 30 万元，少交所得税 9.9 万元。试分析该公司的行为及应负的责任。

分析：

根据《中华人民共和国企业所得税暂行条例》第 6 条第 2 款第 4 项的规定，纳税人用于公益、救济性的捐赠，在年度应纳税所得额 3%以内的部分，准予从应纳税所得额中扣除。该公司通过民政部门向养老院捐赠的 30 万元从计税所得额中扣除符合规定，但是其余 30 万元属于虚构的捐赠，显然，违反了《征管法》第 63 条的规定，其性质已构成偷税。对此，税务机关可以责令该公司补缴少缴的税款 9.9 万元，并对其处所偷税款 50%以上 5 倍以下的罚款，亦即不少于 4.95 万元不超过 49.5 万元的罚款。

（四）纳税人逃避追缴欠税行为的法律责任

《征管法》第 65 条规定：纳税人欠缴应纳税款，采取转移或者隐匿财产的手段，妨碍税务机关追缴欠缴的税款的，由税务机关追缴欠缴的税款、滞纳金，并处欠缴税款 50%以上 5 倍以下的罚款；构成犯罪的，依法追究刑事责任。

《刑法》第 203 条规定：纳税人欠缴应纳税款，采取转移或者隐匿财产的手段，致使税务机关无法追缴欠缴的税款，数额在 1 万元以上不满 10 万元的，处 3 年以下有期徒刑或者拘役，并处或者单处欠缴税款 1 倍以上 5 倍以下罚金；数额在 10 万元以上的，处 3 年以上 7 年以下有期徒刑，并处欠缴税款 1 倍以上 5 倍以下罚金。

（五）纳税人拖欠税款的法律责任

纳税人在规定期限内不缴或者少缴应纳税款，经税务机关责令限期缴纳，逾期仍未缴纳的，税务机关依照《征管法》第 40 条的规定采取强制执行措施追缴其不缴或者少缴的税款外，可以处不缴或者少缴的税款 50%以上 5 倍以下的罚款。

（六）骗取出口退税行为的法律责任

《征管法》第 66 条规定：以假报出口或者其他欺骗手段，骗取国家出口退税款，由税务机关追缴其骗取的退税款，并处骗取税款 1 倍以上 5 倍以下的罚款；构成犯罪的，依法追究刑事责任。对骗取国家出口退税款的，税务机关可以在规定期间内停止为其办理出口退税。

《刑法》第 204 条规定：以假报出口或者其他欺骗手段，骗取国家出口退税款，数额较大的，处 5 年以下有期徒刑或者拘役，并处骗取税款 1 倍以上 5 倍以下罚金；数额巨大或者有其他严重情节的，处 5 年以上 10 年以下有期徒刑，并处骗取税款 1 倍以上 5 倍以下罚金；数额特别巨大或者有其他特别严重情节的，处 10 年以上有期徒刑或者无期徒刑，并处骗取税款 1 倍以上 5 倍以下罚金或者没收财产。纳税人缴纳税款后，采取前款规定的欺骗方法，骗取所缴纳的税款的，依照有关偷税罪的规定定罪处罚；骗取税款超过所缴纳的税款部分，依照前款的规定处罚。

典型案例

国企葆祥集团骗取出口退税 1.9 亿　张葆祥被判无期

2003 年 5 月 22 日，我国迄今发现的国有企业最大骗取出口退税案——葆祥河北进出口集团公司骗税案经河北省石家庄市中级人民法院审理并作出一审判决，该公司因犯骗取出口退税罪，被判处罚金 4.8 亿元，其法定代表人张葆祥因犯骗取出口退税罪、偷税罪，数罪并罚被判处无期徒刑，剥夺政治权利终身。同时宣判的还有葆祥集团下属的河北冀驰裘革皮制品有限公司、河北葆意羊绒制品有限公司及高晓杰等 5 名被告人。

法院经审理查明：1997 年 4 月至 2000 年 2 月间，葆祥公司为了骗取国家出口退税款，假借一般贸易方式和委托加工方式假报出口，共计骗取国家税款 1.93 亿元。其中，葆祥公司在总经理张葆祥的策划、组织、指挥下，通过张葆祥控制的葆祥广东进出口有限公司与广东潮汕地区不法人员互相勾结，利用“换票、埋单”的方式获取退税的必需单证，假报出口，骗取退税。据统计，葆祥公司在此期间共接受潮阳市富兴行皮革服装厂等 69 户企业虚开的增值税专用发票1 545份，并利用这些发票骗取出口退税款 1.64 亿元。与此同时，葆祥公司在张葆祥授意下，利用其控制的冀驰公司，委托潮汕地区企业做虚假购买原材料和虚假加工业务，最终由冀驰公司虚开给葆祥公司增值税专用发票 310 份并提供相应的退税单证，造成货物销售给葆祥公司并由其以一般贸易形式出口的假象，骗取出口退税款 2 867.65 万元。此外，葆祥集团下属的冀驰公司和葆意公司为了享受合资企业税收优惠政策，在外资没有到位，不具备成立合资企业条件的情况下，由董事长张葆祥指使，使用虚假手段制造外资注入的假象，造成两公司分别偷税 975.42 万元和 209.55 万元。

河北省石家庄市中级人民法院依法判决：葆祥公司犯骗取出口退税罪，判处罚金 4.8 亿元；冀驰公司犯偷税罪，判处罚金 2 700 万元；葆意公司犯偷税罪，判处罚金 600 万元；张葆祥犯骗取出口退税罪、偷税罪，判处无期徒刑、剥夺政治权利终身。与本案有关的高晓杰、周文斌、武秀海、冀慧 4 名被告人犯骗取出口退税罪，分别被判处 5 年以下有期徒刑。

国家税务总局有关人士指出：葆祥公司骗税案，是国务院打击骗取出口退税工作组在查处广东潮汕地区系列骗税案时发现并重点查处的案件，也是新中国成立以来查处的涉案金额最大的国有企业骗取出口退税个案。经过税务机关、公安机关以及河北省有关部门长期细致的调查，经过有关司法机关的认真审理，此案终于水落石出。这充分显示了国家整顿和规范市场经济秩序，严厉打击骗取出口退税犯罪的决心。

（资料来源：国家税务总局网站，2003-12-01。）

（七）抗税行为的法律责任

《征管法》第 67 条规定：以暴力、威胁方法拒不缴纳税款的，是抗税，除由税务机关追缴其拒缴的税款、滞纳金外，依法追究刑事责任。情节轻微，未构成犯罪的，由税务机关追缴其拒缴的税款、滞纳金，并处拒缴税款 1 倍以上 5 倍以下的罚款。

《刑法》第 202 条规定：以暴力、威胁方法拒不缴纳税款的，处 3 年以下有期徒刑或者拘役，并处拒缴税款 1 倍以上 5 倍以下罚金；情节严重的，处 3 年以上 7 年以下有期徒刑，并处拒缴税款 1 倍以上 5 倍以下罚金。

二、扣缴义务人违反税法的法律责任

（1）扣缴义务人未按照规定设置、保管代扣代缴、代收代缴税款账簿或者保管代扣代缴、代收代缴税款记账凭证及有关资料的，由税务机关责令限期改正，可以处 2 000 元以下的罚款；情节严重的，处 2 000 元以上 5 000 元以下的罚款。

（2）扣缴义务人未按照规定的期限向税务机关报送代扣代缴、代收代缴税款报告表和有关资料的，由税务机关责令限期改正，可以处 2 000 元以下的罚款；情节严重的，可以处 2 000 元以上 1 万元以下的罚款。

（3）扣缴义务人伪造、变造、隐匿、擅自销毁账簿、记账凭证，或者在账簿上多列支出或者不列、少列收入，或者经税务机关通知申报而拒不申报或者进行虚假的纳税申报，不缴或者少缴已扣、已收税款，是偷税。应由税务机关追缴其不缴或者少缴的税款、滞纳金，并处不缴或者少缴的税款 50%以上 5 倍以下的罚款；构成犯罪的，按偷税罪的有关规定依法追究刑事责任。

（4）扣缴义务人编造虚假计税依据的，由税务机关责令限期改正，并处 5 万元以下的罚款。

（5）扣缴义务人在规定期限内不缴或者少缴应解缴的税款，经税务机关责令限期缴纳，逾期仍未缴纳的，税务机关除依照《征管法》第 40 条的规定采取强制执行措施追缴其不缴或者少缴的税款外，可以处不缴或者少缴的税款 50%以上 5 倍以下的罚款。

（6）扣缴义务人应扣未扣、应收而不收税款的，由税务机关向纳税人追缴税款，对扣缴义务人处应扣未扣、应收未收税款 50%以上 3 倍以下的罚款。

（7）扣缴义务人逃避、拒绝或者以其他方式阻挠税务机关检查的，由税务机关责令改正，可以处 1 万元以下的罚款；情节严重的，处 1 万元以上 5 万元以下的罚款。这类行为主要包括：1）提供虚假资料，不如实反映情况，或者拒绝提供有关资料的；2）拒绝或者阻止税务机关记录、录音、录像、照相和复制与案件有关的情况和资料的；3）在检查期间，纳税人、扣缴义务人转移、隐匿、销毁有关资料的；4）有不依法接受税务检查的其他情形的。

（8）扣缴义务人有《征管法》规定的税收违法行为，拒不接受税务机关处理的，税务机关可以收缴其发票或者停止向其发售发票。

三、金融机构违反税法行为的法律责任

纳税人、扣缴义务人的开户银行或者其他金融机构拒绝接受税务机关依法检查纳税人、扣缴义务人存款账户，或者拒绝执行税务机关作出的冻结存款或者扣缴税款的决定，或者在接到税务机关的书面通知后帮助纳税人、扣缴义务人转移存款，造成税款流失的，由税务机关处 10 万元以上 50 万元以下的罚款，对直接负责的主管人员和其他直接责任人员处 1 000 元以上 1 万元以下的罚款。

银行和其他金融机构未依照《征管法》的规定在从事生产、经营的纳税人的账户中登录税务登记证件号码，或者未按规定在税务登记证件中登录从事生产、经营的纳税人的账户账号的，由税务机关责令其限期改正，处 2 000 元以上 2 万元以下的罚款；情节严重的，处 2 万元以上 5 万元以下的罚款。

四、税务机关及税务人员违反税法行为的法律责任

（1）税务机关违反规定擅自改变税收征收管理范围和税款入库预算级次的，责令限期

改正，对直接负责的主管人员和其他直接责任人员依法给予降级或者撤职的行政处分。

（2）税务人员徇私舞弊，对纳税人、扣缴义务人违反《征管法》第 63 条、第 65 条、第 66 条、第 67 条、第 71 条的规定涉嫌犯罪，依法应当移交司法机关追究刑事责任而不移交，情节严重的，依法追究刑事责任。

（3）税务机关、税务人员查封、扣押纳税人个人及其所扶养家属维持生活必需的住房和用品的，责令退还，依法给予行政处分；构成犯罪的，依法追究刑事责任。

（4）税务人员与纳税人、扣缴义务人勾结，唆使或者协助纳税人、扣缴义务人有《征管法》第 63 条、第 65 条、第 66 条规定的行为，构成犯罪的，按照《刑法》关于共同犯罪的规定追究刑事责任；尚不构成犯罪的，依法给予行政处分。

（5）税务人员利用职务上的便利，收受或者索取纳税人、扣缴义务人财物或者谋取其他不正当利益，构成犯罪的，依法追究刑事责任；尚不构成犯罪的，依法给予行政处分。

（6）税务人员徇私舞弊或者玩忽职守，不征或者少征应征税款，致使国家税收遭受重大损失，构成犯罪的，依法追究刑事责任；尚不构成犯罪的，依法给予行政处分。

（7）税务人员滥用职权，故意刁难纳税人、扣缴义务人的，调离税收工作岗位，并依法给予行政处分。

（8）税务人员对控告、检举税收违法违纪行为的纳税人、扣缴义务人以及其他检举人进行打击报复的，依法给予行政处分；构成犯罪的，依法追究刑事责任。

（9）税务人员违反法律、行政法规的规定，故意高估或者低估农业税计税产量，致使多征或者少征税款，侵犯农民合法权益或者损害国家利益，构成犯罪的，依法追究刑事责任；尚不构成犯罪的，依法给予行政处分。

（10）违反法律、行政法规的规定提前征收、延缓征收或者摊派税款的，由其上级机关或者行政监察机关责令改正，对直接负责的主管人员和其他直接责任人员依法给予行政处分。

（11）违反法律、行政法规的规定，擅自作出税收的开征、停征或者减税、免税、退税、补税以及其他同税收法律、行政法规相抵触的决定的，除依照《征管法》规定撤销其擅自作出的决定外，补征应征未征税款，退还不应征收而征收的税款，并由上级机关追究直接负责的主管人员和其他直接责任人员的行政责任；构成犯罪的，依法追究刑事责任。

（12）税务人员在征收税款或者查处税收违法案件时，未按照《征管法》规定进行回避的，对直接负责的主管人员和其他直接责任人员，依法给予行政处分。

（13）未按照《征管法》规定为纳税人、扣缴义务人、检举人保密的，对直接负责的主管人员和其他直接责任人员，由所在单位或者有关单位依法给予行政处分。

（14）税务人员私分扣押、查封的商品、货物或者其他财产，情节严重，构成犯罪的，依法追究刑事责任；尚不构成犯罪的，依法给予行政处分。

五、税务代理人违反税法行为的法律责任

税务代理人违反税收法律、行政法规，造成纳税人未缴或者少缴税款的，除由纳税人缴纳或者补缴应纳税款、滞纳金外，对税务代理人处纳税人未缴或者少缴税款 50%以上 3 倍以下的罚款。

六、不特定主体违反税法行为的法律责任

这里的“违法行为的主体”是不特定的，既可以是纳税人、扣缴义务人，也可以是其他单位或者个人。

（1）非法印制发票的法律责任。《征管法》第 71 条规定：违反本法第 22 条规定，非法印制发票的，由税务机关销毁非法印制的发票，没收违法所得和作案工具，并处 1 万元以上 5 万元以下的罚款；构成犯罪的，依法追究刑事责任。

《刑法》第 206 条规定：伪造或者出售伪造的增值税专用发票的，处 3 年以下有期徒刑、拘役或者管制，并处 2 万元以上 20 万元以下罚金；数量较大或者有其他严重情节的，处 3 年以上 10 年以下有期徒刑，并处 5 万元以上 50 万元以下罚金；数量巨大或者有其他特别严重情节的，处 10 年以上有期徒刑或者无期徒刑，并处 5 万元以上 50 万元以下罚金或者没收财产。单位犯本条规定之罪的，对单位判处罚金，并对其直接负责的主管人员和其他直接责任人员，处 3 年以下有期徒刑、拘役或者管制；数量较大或者有其他严重情节的，处 3 年以上 10 年以下有期徒刑；数量巨大或者有其他特别严重情节的，处 10 年以上有期徒刑或者无期徒刑。

《刑法》第 209 条规定：伪造、擅自制造或者出售伪造、擅自制造的可以用于骗取出口退税、抵扣税款的其他发票的，处 3 年以下有期徒刑、拘役或者管制，并处 2 万元以上 20 万元以下罚金；数量巨大的，处 3 年以上 7 年以下有期徒刑，并处 5 万元以上 50 万元以下罚金；数量特别巨大的，处 7 年以上有期徒刑，并处 5 万元以上 50 万元以下罚金或者没收财产。伪造、擅自制造或者出售伪造、擅自制造的前款规定以外的其他发票的，处 2 年以下有期徒刑、拘役或者管制，并处或者单处 1 万元以上 5 万元以下罚金；情节严重的，处 2 年以上 7 年以下有期徒刑，并处 5 万元以上 50 万元以下罚金。非法出售可以用于骗取出口退税、抵扣税款的其他发票的，依照第 1 款的规定处罚。非法出售第 3 款规定以外的其他发票的，依照第 2 款的规定处罚。

（2）为纳税人、扣缴义务人非法提供银行账户、发票、证明或者其他方便，导致未缴、少缴税款或者骗取国家出口退税款的，税务机关除没收其违法所得外，可以处未缴、少缴或者骗取的税款 1 倍以下的罚款。

（3）税务机关依照《征管法》的有关规定，到车站、码头、机场、邮政企业及其分支机构检查纳税人有关情况时，有关单位拒绝的，由税务机关责令改正，可以处 1 万元以下的罚款；情节严重的，处 1 万元以上 5 万元以下的罚款。

（4）未经税务机关依法委托征收税款的，责令退还收取的财物，依法给予行政处分或者行政处罚；致使他人合法权益受到损失的，依法承担赔偿责任；构成犯罪的，依法追究刑事责任。

七、其他责任规定

（1）违反税收法律、行政法规应当给予行政处罚的行为，在 5 年内未被发现的，不再给予行政处罚。

（2）《征管法》规定的行政处罚，罚款额在 2 000 元以下的，可以由税务所决定。

本|章|小|结

本章是关于税收征收管理法律制度的介绍，属于程序税法的内容。税收程序法是实现税收实体法规定的权力(利)、义务的制度保障。本章的学习，要求大家掌握税收征收管理法的立法目的及适用范围，税务行政处罚的主体、原则及程序，违反税收征收管理法的法律责任等，特别要重点把握有关税务管理和税款征收的具体法律制度的有关规定。

第一节是税收征收管理法概述。本节主要探讨了税收征收管理法的概念、立法目的和适用范围，税收征收管理法的遵守主体，税收征收管理权力(利)、义务的界定等内容。2001 年 5 月 1 日实施的《征管法》是我国关于税收征管程序的基本法律，其立法目的包括加强税收征收管理、规范税收征纳行为、保障国家财政收入等五个方面；其适用范围是依法由税务机关征收管理的各种税收。税收征收管理法的遵守主体包括税务机关，税务行政管理相对人（含纳税人、扣缴义务人等），地方政府等有关单位、部门和个人等三个方面，各遵守主体依法享有税收征收管理权力(利)，并应履行相应的税法义务。

第二节是税务管理。本节依据《征管法》的规定，对税务登记管理，账簿、凭证管理，发票管理，税控装置与涉税资料管理，纳税申报管理等内容进行了系统介绍。通过本节内容的学习，大家应对我国税收征收管理工作中的日常性、基础性制度有一个较为完整的认识。

第三节是税款征收。本节探讨了税款征收的概念及课征的四大原则，全面系统地介绍了税款征收的具体制度和措施，如扣缴与委托代征制度、延期缴税制度、减免税制度、税额核定制度、税收调整制度、税收保全措施、税收强制执行措施、欠税清缴制度、税款退还与追征制度等。这些制度和措施，对规范和加强税收征收管理十分重要。

第四节是税务检查。税务检查是国家税务机关依照税法的规定对纳税人履行纳税义务进行监督检查的活动。依照《征管法》的规定，纳税人、扣缴义务人必须接受税务机关依法进行的税务检查，如实反映情况，提供有关资料，不得拒绝、隐瞒。有关单位和个人也有义务向税务机关如实提供有关纳税人、扣缴义务人和其他当事人与纳税或扣缴税款有关情况的资料及证明材料。税务机关进行税务检查时依法享有一系列职权，并应承担相应的法定义务。

第五节是税务行政处罚。税务行政处罚是指国家税务机关在税收征收管理活动中，对公民、法人或者其他组织违反税法、侵害税收征收管理秩序、尚未构成犯罪的税收违法行为，依法给予一定的行政制裁的措施。税务行政处罚应遵循六大原则，税务行政处罚的设定应由法定机关以法定的方式进行，税务行政处罚的实施主体是县级以上的税务机关，税务行政处罚的程序包括简易程序和一般程序两种，对于案情比较复杂的一般程序还有可能启动听证程序。税务行政处罚程序既有利于确保税务机关的权威，也有利于维护纳税人等税收管理相对人的合法权益。

第六节是违反税法的法律责任。法律责任是指行为人因其违法行为所应承担的法律后果。在税收法律关系中，税收违法主体（行为人）既可能是纳税人、扣缴义务人，也可能是税务机关及税务人员，还可能是其他主体（如金融机构、税收代理人，以及其他税收管理的不特定主体）。税收违法主体违反税法所需承担的法律责任主要是行政责任和刑事责任。其中，行政责任是由税务机关对税收违法行为所追究的法律责任；刑事责任是由国家司法机关对触犯刑律的税收犯罪行为所追究的法律责任。有关税收违法行为应承担的行政责任主要规定在《征管法》第五章中，而有关税收犯罪行为的刑事责任则在《中华人民共和国刑法》第二编第三章“破坏社会主义市场经济秩序罪”中有专节（第六节“危害税收征管罪”）予以规定。

关键概念

税收征收管理　税收征收管理法　税务登记　发票　纳税申报　税款征收　税收保全措施　税收强制执行措施　税务检查　税务行政处罚

思考题

1. 什么是税收征收管理法？它的立法目的和适用范围分别是什么？
2. 税收征收管理法的遵守主体包括哪些？其权力(利)、义务规定有哪些内容？
3. 税务登记管理的内容有哪些？
4. 账簿、凭证管理的内容有哪些？
5. 纳税申报管理的内容有哪些？
6. 什么是税款征收？税款征收的原则有哪些？
7. 税款征收的具体制度和措施包括哪些内容？
8. 什么是税收优先权？确立税收优先权有何意义和作用？
9. 税务机关在采取税收保全措施和税收强制执行措施时应注意哪些问题？
10. 简述税务行政处罚的概念、特征及具体程序。
11. 违反税法的法律责任规定包括哪些内容？

第十二章

税收救济法

税收救济法是调整税收救济关系的法律规范的总称，属于程序税法。税收救济是纳税人、扣缴义务人和其他税务当事人依法维护自己的合法权益的有效途径和机制，在我国主要包括税务行政复议、税务行政诉讼和税务行政赔偿三种形式。随着我国“依法治税”的深入发展，税收救济法将得到进一步完善，并将在我国的税收实践中发挥越来越重要的作用。

目前，我国调整税收救济关系的现行有效法律规范主要包括：1989 年 4 月 4 日第七届全国人民代表大会第二次会议通过、自 1990 年 10 月 1 日起施行的《中华人民共和国行政诉讼法》，1992 年 9 月第七届全国人大常委会第二十七次会议通过并于 1995 年 2 月、2001 年 4 月和 2013 年 6 月三度修正的《中华人民共和国税收征收管理法》，1994 年 5 月 12 日第八届全国人民代表大会常务委员会第七次会议通过、并于 2010 年 4 月和 2012 年 10 月两度修正的《中华人民共和国国家赔偿法》，1999 年 4 月 29 日第九届全国人大常委会第九次会议通过、自同年 10 月 1 日起实施的《中华人民共和国行政复议法》，国务院 2002 年 9 月 7 日发布、根据 2012 年 11 月 9 日《国务院关于修改和废止部分行政法规的决定》修订的《中华人民共和国税收征收管理法实施细则》，国务院 2007 年 5 月 29 日发布、自同年 8 月 1 日起实施的《中华人民共和国行政复议法实施条例》，国家税务总局于 2010 年 2 月 10 日发布、自同年 4 月 1 日起施行的《税务行政复议规则》，海关总署于 2007 年 9 月 24 日发布、自同年 11 月 1 日起施行的《中华人民共和国海关行政复议办法》等。

重点问题

- 税收救济法的概念及内容。
- 税务行政复议的概念及特点。
- 税务行政复议的管辖、复议机关及其职责。
- 税务行政复议的范围与复议程序。

- 税务行政诉讼的概念、主要特征及原则。
- 税务行政诉讼的受案范围与管辖。
- 税务行政诉讼的程序。
- 税务行政赔偿的概念、归责原则及构成要件。
- 税务行政赔偿的请求人与赔偿义务机关。
- 税务行政赔偿的赔偿范围与程序。
- 税务行政赔偿的赔偿方式与赔偿费用标准。

第一节　税务行政复议

一、税务行政复议法概述

(一) 税务行政复议的概念及特点

税务行政复议，是指纳税人、扣缴义务人、纳税担保人及其他税务当事人（以下简称当事人）认为税务机关及其工作人员的具体行政行为侵犯其合法权益，依法向法定的行政复议机关提出申请，由复议机关受理、审查并依法对原税务机关的具体行政行为作出维持、变更、撤销等决定的活动。简言之，税务行政复议是法定的行政复议机关适用一定程序处理税务行政争议的活动，它是我国行政复议制度的重要组成部分之一。

税务行政复议具有以下四个方面的特点：

(1) 税务行政复议以当事人认为税务机关及其工作人员的具体行政行为侵犯其合法权益，不服其作出的税务具体行政行为为前提，即存在税务行政争议。这是由行政复议对当事人进行行政救济的目的所决定的。如果当事人认为税务机关在有关涉税事项的处理上合法、适当，或税务机关还没有作出任何处理，当事人的合法权益没有受到侵害，就不存在提起税务行政复议的前提。

(2) 税务行政复议因当事人的申请而产生，而不基于职权主动采取。也就是说，当事人提出申请是引起税务行政复议的必要条件之一。如果当事人不申请，就不可能通过行政复议这种形式获得救济。

(3) 税务行政复议的主体是法定的行政复议机关。法定的税务行政复议机关一定要符合两个条件：一是必须是具有独立行政主体资格的国家行政机关；二是必须具备相应的税务行政复议权，这种复议权应源于国家法律的规定。按我国现行法律、法规的相关规定，税务行政复议案件的审理一般由原作出税务具体行政行为的税务机关的上一级税务机关进行，但少数情况下也可以是作出税务具体行政行为的税务机关的同级政府。

(4) 税务行政复议程序是一种准司法程序，税务行政复议行为是准司法行为。所谓准司法，是指具有类似于普通司法的性质，但又不完全等同于普通司法，而是兼有行政、司法的某些性质。税务行政复议的准司法性质表现在：它不是具体的税务行政管理行为，而是解决税务争议的居中裁决行为；其程序的启动是基于税务行政相对人的申请而引起，而不是依职权主动进行，类似于司法程序的“不告不理”；具有法定的相对严格的申请、受理、审查、裁决程序。但税务行政复议毕竟具有行政性，表现在：复议机关是法定的行政机关（而非司法机关），复议的程序不如司法程序那么严格，复议裁决的效力要受司法监督。

（二）税务行政复议制度的沿革及意义

税务行政复议法是调整税务行政复议关系的法律规范的总称。税务行政复议法律制度作为解决税务行政争议的一项重要的行政法律制度，是近代民主政治的产物。在我国，早在新中国成立之初，政务院曾经于 1950 年 12 月 15 日通过了《税务复议委员会组织通则》，对税务行政复议的内容和办法作了比较详细的规定，这标志着我国税务行政复议制度的建立。此后，政务院还陆续通过《印花税暂行条例》等一系列有关税收条例，对税务行政争议进行程度不等的规定。1958 年工商税制改革时颁发的《中华人民共和国工商统一税条例实施细则（草案）》对税务行政复议制度进行了较大调整。“文化大革命”期间，由于受到“非税论”和“法律虚无主义”思想的影响，我国的税收法制遭到严重破坏，税务行政复议制度也被停止实行。改革开放以后，随着整个法制建设的恢复和发展，税收法制和税务行政复议工作才逐步恢复。特别是步入 20 世纪 90 年代以后，随着 1990 年 10 月《中华人民共和国行政诉讼法》和 1991 年 1 月《行政复议条例》的施行，我国统一的行政复议制度得以基本确立，国家税务总局也据此于 1993 年 11 月 6 日发布《税务行政复议规则》，税务行政复议制度在全国重新建立，并在解决税收争议的实践中发挥着越来越重要的作用。

此后，伴随着 1999 年《中华人民共和国行政复议法》的颁行，海关总署、国家税务总局据此于同年 8 月 30 日、9 月 23 日先后发布了《中华人民共和国海关实施〈行政复议法〉办法》和《税务行政复议规则（试行）》等规章，进一步探索税务行政复议工作的经验，取得了一定的进步。

目前，我国现行有效的关于税务行政争议的法律、法规和规章主要有：1992 年 9 月第七届全国人大常委会第二十七次会议通过并于 1995 年 2 月、2001 年 4 月和 2013 年 6 月三度修正的《中华人民共和国税收征收管理法》，1999 年 4 月 29 日第九届全国人大常委会第九次会议通过、自同年 10 月 1 日起实施的《中华人民共和国行政复议法》，国务院 2002 年 9 月 7 日发布、根据 2012 年 11 月 9 日《国务院关于修改和废止部分行政法规的决定》修订的《中华人民共和国税收征收管理法实施细则》，国务院 2007 年 5 月 29 日发布、自同年 8 月 1 日起实施的《中华人民共和国行政复议法实施条例》，国家税务总局于 2010 年 2 月 10 日发布、自同年 4 月 1 日起施行的《税务行政复议规则》，海关总署于 2007 年 9 月 24 日发布、自同年 11 月 1 日起施行的《中华人民共和国海关行政复议办法》等。

按照前述法律、法规、规章的规定，在我国建立税务行政复议制度，目的是防止和纠正违法的或不当的税务具体行政行为、保护纳税人及其他税务当事人的合法权益、保障和监督税务机关依法行使职权。具体而言，建立税务行政复议制度，具有以下两个方面的积极意义：

（1）税务行政复议是一种行政救济机制，是税务行政管理相对人依法维护自己合法权益的有力武器。通过提起行政复议纠正违法或不当的税务具体行政行为，可以使纳税人等税务行政管理的相对人对自己的财产权或其他权益遭到的侵害加以补救，保护私权、私益，确保稳定的社会经济基础。

（2）税务行政复议也是一种监督制约机制，是确保税务机关及其工作人员依法行使职权的有效手段。通过税务行政复议制度的贯彻和实施，可以在税务系统内部最大限度地解决自身的执法问题，确保税收行政执法权的合法性、合理性，建立征纳双方的互信，实现依法治税。

二、税务行政复议的范围

税务行政复议的范围，即税务行政复议的受案范围。它既是纳税人、扣缴义务人等税务行政当事人可以申请税务行政复议的范围，也是行政复议机关有复议审查权的税务行政行为的范围或受理税务行政复议案件的范围。这一范围是由法律直接规定的。按照现行《中华人民共和国行政复议法》（以下简称《行政复议法》）、《征管法》和《税务行政复议规则》的规定，税务行政复议的范围包括以下两个大的方面：

（一）税务机关及其工作人员作出的税务具体行政行为

税务具体行政行为是指税务机关及其工作人员在税务行政管理活动中行使行政职权，针对特定的公民、法人或者其他组织，就特定的具体事项，作出的决定该公民、法人或者其他组织的义务（或权利）的单方行为。具体包括：

（1）征税行为，包括确认纳税主体、征税对象、征税范围、减税、免税、退税、抵扣税款、适用税率、计税依据、纳税环节、纳税期限、纳税地点和税款征收方式等具体行政行为，征收税款、加收滞纳金，扣缴义务人、受税务机关委托的单位和个人作出的代扣代缴、代收代缴、代征行为等。

（2）行政许可、行政审批行为。

（3）发票管理行为，包括发售、收缴、代开发票等。

（4）税收保全措施、强制执行措施。

（5）行政处罚行为，包括：1）罚款；2）没收财物和违法所得；3）停止出口退税权。

（6）不依法履行下列职责的行为：1）颁发税务登记；2）开具、出具完税凭证、外出经营活动税收管理证明；3）行政赔偿；4）行政奖励；5）其他不依法履行职责的行为。

（7）资格认定行为。

（8）不依法确认纳税担保行为。

（9）政府信息公开工作中的具体行政行为。

（10）纳税信用等级评定行为。

（11）通知出入境管理机关阻止出境行为。

（12）其他具体行政行为。这实际上是一个兜底条款。据此，不管现行税法有无明文规定，只要是税务机关作出的具体行政行为侵犯了税务行政相对人的合法权益，相对人均可以申请税务行政复议。

（二）可一并申请审查的税务抽象行政行为

依据《行政复议法》第 7 条的规定，《税务行政复议规则》第 15 条规定：申请人认为税务机关的具体行政行为所依据的下列规定不合法，对具体行政行为申请行政复议时，可以一并向行政复议机关提出对有关规定的审查申请；申请人对具体行政行为提出行政复议申请时不知道该具体行政行为所依据的规定的，可以在行政复议机关作出行政复议决定以前提出对该规定的审查申请：

（1）国家税务总局和国务院其他部门的规定；

（2）其他各级税务机关的规定；

（3）地方各级人民政府的规定；

（4）地方人民政府工作部门的规定。

但以上规定不含国务院各部、委员会和地方人民政府制定的规章。

三、税务行政复议的管辖与复议机关

（一）税务行政复议的管辖

按照《行政复议法》和《税务行政复议规则》的规定，我国税务行政复议管辖的基本制度原则上是实行由上一级税务机关管辖的一级复议制度。其具体内容如下：

1. 一般管辖

一般管辖是指在一般情况下实施的管辖。具体包括以下三类情况：

（1）对各级国家税务局的具体行政行为不服的，向其上一级国家税务局申请行政复议。

（2）对各级地方税务局作出的具体行政行为不服的，可以选择向其上一级地方税务局或者该税务局的本级人民政府申请行政复议。省、自治区、直辖市人民代表大会及其常务委员会、人民政府对地方税务局的行政复议管辖另有规定的，从其规定。

（3）对国家税务总局作出的具体行政行为不服的，向国家税务总局申请行政复议。对行政复议决定不服，申请人可以向人民法院提起行政诉讼，也可以向国务院申请裁决，国务院的裁决为终局裁决。

应当指出的是，向国务院申请二级复议审理是特殊规定，只适用于纳税人不服由国家税务总局直接作出的具体税务行政行为的情况。对纳税人不服省级国税机关、地税机关具体作出的税务行政行为，而向国家税务总局申请复议，并且对国家税务总局的复议决定不服的，纳税人不能向国务院申请裁决，而只能向人民法院起诉，即仍按一级复议原则处理。

2. 特殊管辖

特殊管辖指对除前述税务机关以外的其他税务机关、组织等作出的税务具体行政行为不服时所实施的管辖。具体包括以下五种情况：

（1）对计划单列市税务局作出的具体行政行为不服的，向省税务局申请行政复议。

（2）对税务所（分局）、各级税务局的稽查局作出的具体行政行为不服的，向其主管税务局申请行政复议。

（3）对两个以上税务机关共同作出的具体行政行为不服的，向共同上一级税务机关申请行政复议；对税务机关与其他行政机关共同作出的具体行政行为不服的，向其共同上一级行政相关申请行政复议。

（4）对被撤销的税务机关在撤销前所作出的具体行政行为不服的，向继续行使其职权的税务机关的上一级税务机关申请行政复议。

（5）对税务机关作出逾期不缴纳罚款加处罚款的决定不服的，向作出行政处罚决定的税务机关申请行政复议。但是对已处罚款和加处罚款都不服的，一并向作出行政处罚决定的税务机关的上一级税务机关申请行政复议。

3. 转送管辖

转送管辖是指在前述特殊管辖的（2）、（3）、（4）、（5）项情形中，申请人不便提起行政复议申请时所采取的便民管辖措施。在这些特殊情况下，复议申请人也可以向具体行政行为发生地的县级地方人民政府提出行政复议申请，由接受申请的县级地方人民政府依法进行转送。

县级地方人民政府应当自接到该行政复议申请之日起 7 日内转送有关行政复议机关，并告知申请人。

（二）税务行政复议机关及其职责

按照《税务行政复议规则》的有关规定，公民、法人和其他组织（以下简称申请人）认为税务机关的具体行政行为侵犯其合法权益，可依法向税务行政复议机关申请复议。这里所称税务行政复议机关（以下简称复议机关），是指依法受理行政复议申请，对具体行政行为进行审查并作出行政复议决定的税务机关。

税务行政复议事项由设在税务复议机关内的负责税收法制工作的机构（以下简称行政复议机构）具体办理。该机构在进行税务行政复议时依法履行下列职责：

（1）受理行政复议申请；

（2）向有关组织和人员调查取证，查阅文件和资料；

（3）审查申请行政复议的具体行政行为是否合法与适当，起草行政复议决定；

（4）处理或者转送《税务行政复议规则》第 15 条所列有关规定的审查申请；

（5）对被申请人违反《行政复议法》及其实施条例和《税务行政复议规则》规定的行为，依规定的权限和程序向有关部门提出处理建议；

（6）研究行政复议工作中发现的问题，及时向有关机关或者部门提出改进建议，重大问题及时向行政复议机关报告；

（7）指导和监督下级税务机关的行政复议工作；

（9）办理或者组织办理行政诉讼案件应诉事项；

（9）办理行政复议案件的赔偿事项；

（10）办理行政复议、诉讼、赔偿等案件的统计、报告、归档工作和重大行政复议决定备案事项；

（11）其他与行政复议工作有关的事项。

税务行政复议机关必须强化责任意识和服务意识，树立依法行政观念，认真履行行政复议职责，忠于法律，确保法律正确实施，坚持有错必纠；其行政复议活动应当遵循合法、公正、公开、及时、便民的原则。

四、税务行政复议的程序

（一）税务行政复议申请

税务行政复议程序的启动，必须要有申请人的申请。按《行政复议法》、《行政复议法实施条例》、《税收征收管理法》和《税务行政复议规则》的有关规定，申请人提出税务行政复议申请，应当符合法定条件，并在法定期限内进行。

1. 法定条件

申请人的行政复议申请符合下列规定的，行政复议机关应当受理：

（1）属于《税务行政复议规则》规定的行政复议范围。

（2）在法定申请期限内提出。

（3）有明确的申请人和符合规定的被申请人。

（4）申请人与具体行政行为有利害关系。

（5）有具体的行政复议请求和理由。

（6）符合《税务行政复议规则》第 33 条和第 34 条规定的条件。

（7）属于收到行政复议申请的行政复议机关的职责范围。

（8）其他行政复议机关尚未受理同一行政复议申请，人民法院尚未受理同一主体就同一事实提起的行政诉讼。

2. 法定期限

按照《税务行政复议规则》第 32 条的规定，在一般情况下，申请人可以在知道税务机关作出具体行政行为之日起 60 日内提出行政复议申请。因不可抗力或者被申请人设置障碍等原因耽误法定申请期限的，申请期限的计算应当扣除被耽误时间。

但是，在对《税务行政复议规则》第 14 条第 1 项规定的行为不服提出行政复议申请时，必须依照税务机关根据法律、法规确定的税额、期限，先行缴纳或者解缴税款和滞纳金，或者提供相应的担保，才可以在缴清税款和滞纳金以后或者所提供的担保得到作出具体行政行为的税务机关确认之日起 60 日内提出行政复议申请。

申请人对税务机关作出逾期不缴纳罚款加处罚款的决定不服的，应当先缴纳罚款和加处罚款，再申请行政复议。

申请人申请行政复议，可以书面申请，也可以口头申请。申请人书面申请行政复议的，可以采取当面递交、邮寄或者传真等方式提出行政复议申请。申请人口头申请行政复议的，行政复议机构应当依照规定当场制作行政复议申请笔录，交申请人核对或者向申请人宣读，并由申请人确认。

（二）税务行政复议的受理

税务行政复议机关收到税务行政复议申请后，应当在 5 日内进行审查，并根据情况作出以下不同的处理：

1. 决定不予受理

经审查，对不符合规定的行政复议申请，决定不予受理，并书面告知申请人。

2. 告知向有关机关提出申请

经审查，对符合规定申请条件，但是不属于本机关受理的行政复议申请，应当告知申请人向有关行政复议机关提出申请。

3. 依法受理

对符合规定的行政复议申请，自行政复议机构收到之日起即为受理；受理行政复议申请，应当书面告知申请人。行政复议机关收到行政复议申请以后未按照规定期限审查并作出不予受理决定的，视为受理。

如果行政复议申请材料不齐全、表述不清楚的，行政复议机构可以自收到该行政复议申请之日起 5 日内书面通知申请人补正。补正通知应当载明需要补正的事项和合理的补正期限。无正当理由逾期不补正的，视为申请人放弃行政复议申请。补正申请材料所用时间不计入行政复议审理期限。

此外，为充分保障税务行政相对人的复议申请权与正当的诉讼权利，《税务行政复议规则》第 48 条和第 49 条规定：上级税务机关认为行政复议机关不予受理行政复议申请的理由不成立的，可以督促其受理；经督促仍然不受理的，责令其限期受理。上级税务机关认为行政复议申请不符合法定受理条件的，应当告知申请人。上级税务机关认为有必要的，可以直接受理或者提审由下级税务机关管辖的行政复议案件。第 50 条规定：对应当先向行政复议机关申请行政复议，对行政复议决定不服再向人民法院提起行政诉讼的具体行政行为，行政复议机关决定不予受理或者受理以后超过行政复议期限不作答复的，申请人可以自收到不予受理决定书之日起或者行政复议期满之日起 15 日内，依法向人民法院提起行政诉讼。依照《税务行政复议规则》第 83 条规定延长行政复议期限的，以延长以后的时间为行政复议期满时间。《税务行政复议规则》第 7 条规定：行政复议机关受理行政复议申请，不得向申请人收取任何费用。

为维护税务行政管理的权威，《税务行政复议规则》规定，除有下列情形之一可以停止执行外，在行政复议期间税务具体行政行为不停止执行：（1）被申请人认为需要停止执行的；（2）行政复议机关认为需要停止执行的；（3）申请人申请停止执行，行政复议机关认为其要求合理，决定停止执行的；（4）法律规定停止执行的。

（三）税务行政复议的中止与终止

1. 税务行政复议的中止

依据《税务行政复议规则》第 79 条的规定，行政复议期间有下列情形之一的，行政复议中止：（1）作为申请人的公民死亡，其近亲属尚未确定是否参加行政复议的。（2）作为申请人的公民丧失参加行政复议的能力，尚未确定法定代理人参加行政复议的。（3）作为申请人的法人或者其他组织终止，尚未确定权利义务承受人的。（4）作为申请人的公民下落不明或者被宣告失踪的。（5）申请人、被申请人因不可抗力，不能参加行政复议的。（6）行政复议机关因不可抗力原因暂时不能履行工作职责的。（7）案件涉及法律适用问题，需要有权机关作出解释或者确认的。（8）案件审理需要以其他案件的审理结果为依据，而其他案件尚未审结的。（9）其他需要中止行政复议的情形。

行政复议中止的原因消除以后，应当及时恢复行政复议案件的审理。行政复议机构中止、恢复行政复议案件的审理，应当告知申请人、被申请人、第三人。

2. 税务行政复议的终止

依据《税务行政复议规则》第 80 条的规定，行政复议期间，有下列情形之一的，行政复议终止：（1）申请人要求撤回行政复议申请，行政复议机构准予撤回的。（2）作为申请人的公民死亡，没有近亲属，或者其近亲属放弃行政复议权利的。（3）作为申请人的法人或者其他组织终止，其权利义务的承受人放弃行政复议权利的。（4）申请人与被申请人依照本规则第 87 条的规定，经行政复议机构准许达成和解的。（5）行政复议申请受理以后，发现其他行政复议机关已经先于本机关受理，或者人民法院已经受理的。

此外，依照《税务行政复议规则》第 79 条第 1 款第 1 项、第 2 项、第 3 项规定中止行政复议，满 60 日行政复议中止的原因未消除的，行政复议终止。

（四）税务行政复议的决定

1. 税务行政复议的方式与进行

税务行政复议原则上采用书面审查的办法，但是申请人提出要求或者行政复议机构认为有必要时，应当听取申请人、被申请人和第三人的意见，并可以向有关组织和人员调查了解情况。对于重大、复杂的案件，申请人提出要求或者行政复议机构认为有必要时，可以采取听证的方式审理。

行政复议机关应当全面审查被申请人的具体行政行为所依据的事实证据、法律程序、法律依据和设定的权利义务内容的合法性、适当性。

行政复议机构应当自受理行政复议申请之日起 7 日内，将行政复议申请书副本或者行政复议申请笔录复印件发送被申请人。被申请人应当自收到申请书副本或者申请笔录复印件之日起 10 日内提出书面答复，并提交当初作出具体行政行为的证据、依据和其他有关材料。

申请人和第三人可以查阅被申请人提出的书面答复、作出具体行政行为的证据、依据和其他有关材料，除涉及国家秘密、商业秘密或者个人隐私外，行政复议机关不得拒绝。

在行政复议过程中，被申请人不得自行向申请人和其他有关组织或者个人收集证据。行政复议机构依据规定职责向有关组织和人员调查取证、查阅文件和资料所取得的有关材料，不得作为支持被申请人具体行政行为的证据。

2. 复议申请的撤回与具体行政行为审查的中止

在税务行政复议决定作出前，申请人要求撤回行政复议申请的，可以撤回，但不得以同一基本事实或理由重新申请复议。

申请人在申请行政复议时，依据《税务行政复议规则》第 15 条的规定一并提出对有关规定的审查申请的，行政复议机关对该规定有权处理的，应当在 30 日内依法处理；无权处理的，应当在 7 日内按照法定程序逐级转送有权处理的行政机关依法处理，有权处理的行政机关应当在 60 日内依法处理。处理期间，中止对具体行政行为的审查。

行政复议机关在对被申请人作出的具体行政行为进行审查时，认为其依据不合法，本机关有权处理的，应当在 30 日内依法处理；无权处理的，应当在 7 日内按照法定程序逐级转送有权处理的国家机关依法处理。处理期间，中止对具体行政行为的审查。

3. 税务行政复议决定的种类

行政复议机构应当对被申请人作出的具体行政行为提出审查意见，经行政复议机关负责人批准，按照下列规定作出行政复议决定：

（1）具体行政行为认定事实清楚，证据确凿，适用依据正确，程序合法，内容适当的，决定维持。

（2）被申请人不履行法定职责的，决定其在一定期限内履行。

（3）具体行政行为有下列情形之一的，决定撤销、变更或者确认该具体行政行为违法；决定撤销或者确认该具体行政行为违法的，可以责令被申请人在一定期限内重新作出具体行政行为：1）主要事实不清、证据不足的；2）适用依据错误的；3）违反法定程序的；4）超越或者滥用职权的；5）具体行政行为明显不当的。

行政复议机关责令被申请人重新作出具体行政行为的，被申请人不得以同一事实和理由作出与原具体行政行为相同或者基本相同的具体行政行为；但是行政复议机关以原具体行政行为违反法定程序决定撤销的，被申请人重新作出具体行政行为的除外。行政复议机关责令被申请人重新作出具体行政行为的，被申请人不得作出对申请人更为不利的决定；但是行政复议机关以原具体行政行为主要事实不清、证据不足或适用依据错误决定撤销的，被申请人重新作出具体行政行为的除外。

(4) 被申请人不按照规定提出书面答复，提交当初作出具体行政行为的证据、依据和其他有关材料的，视为该具体行政行为没有证据、依据，决定撤销该具体行政行为。

此外，《税务行政复议规则》第 82 条还规定：申请人在申请行政复议时可以一并提出行政赔偿请求，行政复议机关对符合国家赔偿法的规定应当赔偿的，在决定撤销、变更具体行政行为或者确认具体行政行为违法时，应当同时决定被申请人依法赔偿。申请人在申请行政复议时没有提出行政赔偿请求的，行政复议机关在依法决定撤销、变更原具体行政行为确定的税款、滞纳金、罚款和对财产的扣押、查封等强制措施时，应当同时责令被申请人退还税款、滞纳金和罚款，解除对财产的扣押、查封等强制措施，或者赔偿相应的价款。

4. 作出税务行政复议决定的期限

为防止税务行政复议久拖不决，损害申请人的利益，《税务行政复议规则》第 83 条规定：行政复议机关应当自受理申请之日起 60 日内作出行政复议决定。情况复杂，不能在规定期限内作出行政复议决定的，经行政复议机关负责人批准，可以适当延期，并告知申请人和被申请人；但是延期不得超过 30 日。

5. 税务行政复议决定的效力

行政复议机关作出行政复议决定，应当制作行政复议决定书，并加盖行政复议机关印章。该行政复议决定书一经送达，即发生法律效力。

对于发生法律效力的行政复议决定，被申请人、申请人、第三人都必须履行。如果被申请人不履行或者无正当理由拖延履行行政复议决定的，行政复议机关或者有关上级税务机关应当责令其限期履行。如果申请人、第三人逾期不起诉又不履行行政复议决定的，或者不履行最终裁决的行政复议决定的，按照下列规定分别处理：

(1) 维持具体行政行为的行政复议决定，由作出具体行政行为的税务机关依法强制执行，或者申请人民法院强制执行；

(2) 变更具体行政行为的行政复议决定，由行政复议机关依法强制执行，或者申请人民法院强制执行。

五、法律责任

行政复议机关、行政复议机关工作人员和被申请人在税务行政复议活动中，违反《行政复议法》及其实施条例和《税务行政复议规则》规定的，应当依法处理。

第二节　税务行政诉讼

一、税务行政诉讼的概念及主要特征

税务行政诉讼是指公民、法人和其他组织认为税务机关及其工作人员的具体税务行政行为违法或者不当，侵犯了其合法权益，依法向人民法院提起行政诉讼，由人民法院对具体税务行政行为的合法性和适当性进行审理并作出裁决的司法活动。通过人民法院正确、及时审理税务行政案件，达到保护纳税人、扣缴义务人等当事人的合法权益，维护和监督税务机关依法行使税收行政职权的目的。

税务行政诉讼主要具有以下两大特征：

(1) 税务行政诉讼是由人民法院依法进行审理并作出裁决的一种司法活动。这是税务行政诉讼与税务行政复议的根本区别。税务行政复议和税务行政诉讼是解决税务行政争议的两条重要途径，是纳税人等税务行政管理相对人救济自己权益的两个主要手段。但税务行政复议，本质上仍是一种行政活动，它的全过程都是在税务行政系统内部进行的，是税务行政系统内部的一种监督制约机制，其程序具有行政特有的简便、迅速、高效的特点。而税务行政诉讼则是一种司法活动，是人民法院对税务争议案件进行受理、审理和裁判，是对具体税务行政行为（包括复议行为）所实施的一种外部司法监督和制约，其程序具有严格、规范、全面的特点。两者相比较，税务行政诉讼的保护更加客观、公正、全面，更具有最终法律权威性。

(2) 税务行政诉讼是以解决税务行政争议为目的的一种行政诉讼。它具有行政诉讼共有的一些特征，但又与其他类型的行政诉讼活动有着重大区别，具体表现在：1) 被告必须是税务机关，或经法律、法规授权的行使税务管理权的组织，而不能是其他行政机关或组织；2) 税务行政诉讼解决的争议必定发生在税务行政管理过程中；3) 因征税问题发生的争议，当事人在向人民法院提起行政诉讼前，必须先经税务行政复议程序，即复议前置。

目前，我国调整税务行政诉讼关系的法律依据主要有：1989 年 4 月 4 日第七届全国人民代表大会第二次会议通过、自 1990 年 10 月 1 日起施行的《中华人民共和国行政诉讼法》（以下简称《行政诉讼法》），《中华人民共和国税收征收管理法》及其他税收法律、法规、规章的相关规定等。

二、税务行政诉讼原则

税务行政诉讼和所有类型的诉讼一样，应遵循诉讼活动的一系列共有原则，如人民法院独立行使审判权；以事实为根据，以法律为准绳；依法实行合议、回避、公开审判和两审终审，当事人在诉讼中的法律地位平等。此外，税务行政诉讼还必须遵循以下特有原则：

(1) 人民法院特定主管原则。即人民法院对税务行政案件只有部分管辖权。根据《行

政诉讼法》第 11 条、第 12 条的规定，人民法院只能受理因具体行政行为引起的税务行政争议案，而对国防、外交等国家行为，行政法规、规章或者行政机关制定、发布的具有普遍约束力的决定、命令等抽象行政行为引起的行政争议则无管辖权。

（2）不适用调解原则。税收行政管理权是国家权力的重要组成部分，依法进行税收行政管理对税务机关而言，既是权力也是义务，税务机关无权依自己意愿随意进行处置。这也是税收法定原则的要求。而这一特点决定了人民法院在进行税务行政诉讼的审理过程中，不能如民事诉讼那样，对税务行政争讼的双方当事人进行调解。

（3）合法性审查原则。指除审查税务机关是否滥用权力、税务行政处罚是否显失公正外，人民法院一般只对具体税务行为是否合法予以审查。与此相适应，人民法院原则上不直接判决变更原税务处罚的内容。

（4）被告负举证责任原则。指在税务行政诉讼中（税务行政赔偿诉讼例外），由作为被告的税务机关负举证责任。如果税务机关不举证或不能举证，就应承担败诉的后果。这主要是因为税务行政行为是税务机关单方依一定事实和法律作出的，只有税务机关最了解作出该行为的事实与法律依据，因而具有较强的举证能力。

（5）诉讼期间不停止执行原则。除特殊情况外，当事人起诉后，在诉讼期间并不能停止执行税务机关所作出的具体行政行为。这对于稳定税收征管秩序，确保税收征收管理的权威和效率是很必要的。

三、税务行政诉讼的受案范围

税务行政诉讼的受案范围，是指人民法院对税务机关的哪些行为拥有司法审查权，换言之，公民、法人或者其他组织对税务机关的哪些行为不服可以向人民法院提起税务行政诉讼。界定税务行政诉讼的受案范围，便于明确人民法院、税务机关及其他国家机关间在解决税务行政争议方面的分工和权限。

根据我国《行政诉讼法》、《征管法》及其他税收法律、法规、规章以及《最高人民法院关于执行〈中华人民共和国行政诉讼法〉若干问题的解释》的规定，我国税务行政诉讼的受案范围大致包括：

（1）税务机关作出的征税行为，包括：征收税款、加收滞纳金；扣缴义务人、受税[illegible]机关委托的单位作出代扣缴、代收缴行为及代征行为。

（2）税务机关作出的责令纳税人提交纳税保证金或者纳税担保行为。

（3）税务机关作出的行政处罚行为，包括：罚款；没收违法所得；停[illegible]收缴发票和暂停供应发票。

（4）税务机关作出通知出境管理机关阻止出境行为。

（5）税务机关作出的税收保全措施，包括：书面通知银[illegible]存款；扣押、查封商品、货物或者其他财产。

（6）税务机关未及时解除税收保全措施，使纳税[illegible]

（7）税务机关作出的税收强制执行措施，[illegible]税款；拍卖所扣押、查封商品、货物或者[illegible]

（8）税务机关作出的取消增值税[illegible]

(9) 税务机关不予依法办理或者答复的行为，包括：不予颁发税务登记证、发售发票；不予审批减免税或出口退税；不予抵扣税款；不予退还税款；不予开具完税凭证；不予认定为增值税一般纳税人；不予核准延期申报、批准延期缴纳税款。

(10) 税务机关的复议行为，包括：复议机关改变了原具体行政行为；复议期限届满，税务机关不予答复的行为。

(11) 法律、法规规定可以提起诉讼的其他税务具体行政行为。此处的法律、法规是指各种有关税务活动的法律、行政法规、地方性法规、自治条例和单行条例。

依《行政诉讼法》、《征管法》、《税务行政复议规则》的有关规定，对于上述属于人民法院受案范围的税务行政案件，当事人可以先申请复议，对复议不服的，再向人民法院起诉；也可以直接向人民法院起诉。但纳税人、扣缴义务人及其他当事人对税务机关的征税行为①、不予审批减免税或者出口退税、不予抵扣税款、不予退还税款等行为不服的，则只有先经过行政复议，对行政复议决定不服，或行政复议机关逾期不作出决定，才能向人民法院起诉。

此外，对于税务机关的某些行为不服提起诉讼的，人民法院不能受理。这些事项包括：税务机关制定和发布的税收规章及其他具有普遍约束力的决定、命令；税务机关对其工作人员的奖惩、任免等内部行政行为；不具有强制力的税务行政指导行为；驳回当事人对税务行政行为提起申诉的重复处理行为；税务机关对公民、法人或者其他组织的权利义务不产生实际影响的行为。

四、税务行政诉讼的管辖

税务行政诉讼管辖是指在……理第一审税务行政案件的分工和权限。我国《行政诉讼……了行政诉讼管辖的种类和内容。这对税务……诉讼的管辖分为级别管辖、地域管辖和

……税务行政案件的分工和权限。我国
……级人民法院和基层人民法院。根据
……审税务行政诉讼案件；中级人民
……处理的税务案件，以及对国家税
……级人民法院管辖本辖区内重大、
……重大、复杂的税务行政诉讼

……件的分工和权限。分为一般

①……对象、征税范围、减税、免税及退
……政行为，征收税款、加收滞纳金，

地域管辖、特殊地域管辖和共同地域管辖。

1. 一般地域管辖

一般地域管辖，是指按“原告就被告”原则，由被告所在地的人民法院来管辖。按《行政诉讼法》的规定，凡是未经复议直接向人民法院提起诉讼的，或者经过复议，复议机关裁决维持原具体行政行为，当事人不服而向人民法院提起诉讼的，均由最初作出具体行政行为的税务机关所在地人民法院管辖；经过复议的案件，复议机关改变原具体行政行为的，由原告选择最初作出具体行政行为的税务机关所在地的人民法院，或复议机关所在地人民法院管辖。

2. 特殊地域管辖

特殊地域管辖是指根据特殊行政法律关系或特殊行政法律关系所指的对象来确定管辖法院。税务行政案件的特殊地域管辖主要是指：对税务机关通知出境管理机关阻止出境行为不服提起的诉讼，由该税务机关所在地或者原告所在地人民法院管辖；对因不动产提起的税务行政诉讼，由不动产所在地人民法院管辖。

3. 共同地域管辖

共同地域管辖是指两个以上人民法院对同一个税务行政案件都有管辖权的情况。对此，《行政诉讼法》第 20 条规定：两个以上人民法院都有管辖权的案件，原告可以选择其中一个人民法院提起诉讼。原告向两个以上有管辖权的人民法院提起诉讼的，由最先收到起诉状的人民法院管辖。

（三）裁定管辖

裁定管辖是指由人民法院作出一个裁定或者决定来确定案件管辖法院。包括移送管辖、指定管辖及管辖权的转移三种情况。

1. 移送管辖

移送管辖是指人民法院对已经受理的案件，发现不属于自己管辖而应该由其他法院管辖时，将案件移送给有管辖权的人民法院管辖。根据《行政诉讼法》第 21 条的规定，移送管辖必须具备三个条件：一是移送人民法院已经受理了该案件；二是移送法院发现自己对该案件没有管辖权；三是接受移送的人民法院必须对该案件确有管辖权。为避免推诿，《行政诉讼法》还规定：受移送的人民法院不得自行移送。

2. 指定管辖

指定管辖是指上级人民法院以裁定的方式，指定某一下级人民法院管辖某一案件。《行政诉讼法》第 22 条规定：有管辖权的人民法院由于特殊原因不能行使管辖权的，由上级人民法院指定管辖。人民法院对管辖权发生争议，由争议双方协商解决。协商不成的，报它们的共同上级人民法院指定管辖。

3. 管辖权的转移

根据《行政诉讼法》第 23 条的规定，上级人民法院有权审判下级人民法院管辖的第一审税务行政案件，也可以将自己管辖的第一审税务行政案件移交下级人民法院审判；下级人民法院对其管辖的第一审税务行政案件，认为需要由上级人民法院审判的，可以报请上级人民法院决定。

五、税务行政诉讼的起诉和受理

（一）税务行政诉讼的起诉

税务行政诉讼的起诉，是指公民、法人或者其他组织认为税务机关的具体行政行为侵害了自己的合法权益，依法向人民法院提出诉讼请求，要求人民法院行使国家审判权予以保护和救济的诉讼行为。起诉，是法律赋予税务行政管理相对人用以保护其合法权益的权利和手段。在税务行政诉讼中，起诉权是单向性的权利，税务机关不得享有；税务机关只能作被告，只有应诉权，并且，作为被告的税务机关不能反诉。

按《行政诉讼法》、《征管法》的有关规定，纳税人、扣缴义务人等税务管理相对人在提起税务行政诉讼时，必须符合下列条件：

(1) 原告是认为具体税务行为侵犯其合法权益的纳税人、扣缴义务人、纳税担保人等公民、法人或者其他组织；

(2) 有明确的被告；

(3) 有具体的诉讼请求和事实、法律根据；

(4) 属于人民法院的受案范围和受诉人民法院管辖。

此外，提起税务行政诉讼，还必须符合法定的期限和必经的程序。根据《征管法》第88条及其他相关规定，对税务机关征税行为、不予审批减免税或者出口退税、不予抵扣税款、不予退还税款等行为提起诉讼，必须先经过复议。对复议决定不服的，当事人可以在接到复议决定书之日起15日内向人民法院起诉；复议机关逾期不作决定的，当事人可以在复议期满之日起15日内向人民法院提起诉讼。对其他具体行政行为不服的，当事人可以在知道之日起3个月内直接向人民法院起诉。因不可抗力或者其他特殊情况耽误法定期限的，在障碍消除后的10日内，可以申请延长期限，由人民法院决定。

税务机关作出具体行政行为时未告知当事人诉权和起诉期限，或者复议决定未告知当事人诉权和起诉期限，致使当事人逾期向人民法院起诉的，其起诉期限从当事人知道或者应当知道诉权或者起诉期限之日起计算，但最长不得超过2年。

（二）税务行政诉讼的受理

受理是指人民法院接到诉讼请求后，经审查认为符合法定起诉条件，决定立案审理的行为。

对当事人的起诉，人民法院一般从以下几方面进行审查并作出是否受理的决定：一是审查是否属于法定的诉讼受案范围；二是审查是否具备法定的起诉条件；三是审查是否已经受理或者正在受理；四是审查本院是否有管辖权；五是审查是否符合法定的期限；六是对必须经过复议前置程序的案件，审查是否经过了必经的复议程序。

根据法律规定，人民法院接到诉状后，经过审查，应当在7日内立案或者作出裁定不予受理。原告对不予受理的裁定不服的，可以依法提起上诉。

六、税务行政诉讼案件的审理和判决

（一）税务行政诉讼案件的审理

人民法院审理行政诉讼案件实行合议、回避、公开审判和两审终审的审判制度。审理的核心是审查被诉具体行政行为是否合法，即作出该行为的税务机关是否依法享有该税务行政管理权；该具体行政行为是否依据一定的事实和法律作出；税务机关作出该行为是否遵守了必备的程序等。此外，对税务行政处罚行为显失公平的，可进行一定的合理性、适当性审查。

根据《行政诉讼法》第 52 条、第 53 条的规定，人民法院审查具体行政行为是否合法，应以法律、行政法规和地方性法规（民族自治地方的自治条例和单行条例）为依据；同时可参照部门规章和地方性规章。

（二）税务行政诉讼案件的判决

人民法院对受理的税务行政案件，经过调查、搜集证据、开庭审理之后，根据情况的不同，作出如下判决：

（1）维持判决。适用于税务具体行政行为证据确凿，适用法律、法规正确，符合法定程序的案件。

（2）撤销判决。被诉的税务具体行政行为主要证据不足，适用法律、法规错误，违反法定程序，超越职权，滥用职权，人民法院应判决撤销或部分撤销，同时可判决税务机关重新作出具体行政行为。

人民法院判决被告重新作出具体行政行为的，被告不得以同一事实和理由作出与原具体行政行为基本相同的具体行政行为。

（3）履行判决。税务机关不履行或拖延履行法定职责的，判决其在一定期限内履行。

（4）变更判决。税务行政处罚显失公正的，可以判决变更。

此外，根据最高人民法院的司法解释，人民法院对某些税务行政案件还可以作出驳回原告诉讼请求的判决，或确认被诉具体行政行为违法或无效的判决。

人民法院在审理行政案件中，认为行政机关的主管人员、直接责任人员违反政纪的，应当将有关材料移送该行政机关或者其上一级行政机关或者监察、人事机关；认为有犯罪行行为的，应当将有关材料移送公安、检察机关。

人民法院应当在立案之日起 3 个月内作出第一审判决。有特殊情况需要延长的，由高级人民法院批准，高级人民法院审理第一审案件需要延长的，由最高人民法院批准。当事人不服人民法院第一审判决的，有权在判决书送达之日起 15 内向上一级人民法院提起上诉。当事人不服人民法院第一审裁定的，有权在裁定书送达之日起 10 日内向上一级人民法院提起上诉。从而进入二审程序。逾期不提起上诉的，人民法院的第一审判决或者裁定即发生法律效力。

人民法院对税务上诉案件，认为事实清楚的，可以实行书面审理。人民法院审理上诉案件，应当在收到上诉状之日起 2 个月内作出终审判决。有特殊情况需要延长的，由高级人民法院批准，高级人民法院审理上诉案件需要延长的，由最高人民法院批准。人民法院审理税务上诉案件，按照下列情形，分别处理：

（1）原判决认定事实清楚，适用法律、法规正确的，判决驳回上诉，维持原判。

（2）原判决认定事实清楚，但适用法律、法规错误的，依法改判。

（3）原判决认定事实不清，证据不足，或者由于违反法定程序可能影响案件正确判决的，裁定撤销原判，发回原审人民法院重审，也可以在查清事实后改判。当事人对重审案件的判决、裁定，可以上诉。

另外，为切实保护税务行政相对人的利益，当事人、上级人民法院（或本院院长）、检察院等还可以依法启动再审程序（审判监督程序），对已经发生法律效力的判决、裁定依法进行重新审判。

七、税务行政诉讼判决的执行

根据《行政诉讼法》的规定，当事人必须履行人民法院发生法律效力的判决、裁定。原告拒绝履行判决、裁定的，行政机关可以向第一审人民法院申请强制执行，或者依法强制执行。作为被告的税务机关拒绝履行判决、裁定的，第一审人民法院可以采取以下措施：

（1）划拨款项。对应当归还的罚款或者应当给付的赔偿金，通知银行从该税务机关的账户内划拨。

（2）处以罚款。在规定期限内不履行的，从期满之日起，对该税务机关按日处 50 元至 100 元的罚款。

（3）提出司法建议。向该税务机关的上一级税务机关或者监察、人事机关提出司法建议。接受司法建议的机关，根据有关规定进行处理，并将处理情况告知人民法院。

（4）追究刑事责任。拒不履行判决、裁定，情节严重构成犯罪的，依法追究主管人员和直接责任人员的刑事责任。

典型案例

张某不服税务行政复议依法提起税务行政诉讼案

2001 年 8 月，S 县食品厂副厂长张某对该厂进行承包，双方签订了承包合同。合同约定：食品厂给张某提供一定的资金、银行账号以及经营管理所需要的证件；张某每年保证向厂方上缴利润 8 万元，超收利润双方按四六比例分成。

2002 年 11 月 11 日，S 县税务局所属的 A 税务所对张某承包的食品厂进行税务检查，认定张某有偷税行为。同月 26 日，A 税务所以本所名义对张某作出并送达了税务检查结果通知书，责令张某补缴增值税、城市维护建设税及教育费附加，并作为个体户缴纳个人所得税。张某在缴纳有关税款之后向 S 县税务局申请税务行政复议。S 县税务局经过复议后，维持了 A 税务所的决定。

张某收到 S 县税务局的复议决定书后，立即向 S 县人民法院提起诉讼，其理由是认为自己不具有纳税人主体资格。S 县人民法院经审理认为，由于张某和食品厂签订了合法有效的承包合同，且张某始终是以食品厂的名义开展业务，并且没有超出食品厂的经营范围，所以，张某的经营行为应视为食品厂的经营行为，而不是张某的个人行为。因此，法院认定 S 县税务局要求张某承担增值税、城市维护建设税及教育费附加的决定是错误的。同时，张某也不应当作为个体户缴纳个人所得税，而应按承包经营所得缴纳个人所得税。

第三节　税务行政赔偿

一、税务行政赔偿的概念、归责原则及构成要件

（一）税务行政赔偿的概念

税务行政赔偿是指税务机关及其工作人员违法行使职权，侵犯了纳税人、扣缴义务人或其他税务当事人的合法权益并造成损害，由该机关代表国家予以赔偿的制度。税务行政赔偿属于国家赔偿中的行政赔偿，而不是国家赔偿中的刑事赔偿，更不是一般的民事侵权、违约赔偿。

所谓国家赔偿，是指国家机关和国家机关工作人员违法行使职权，侵犯公民、法人和其他组织的合法权益并造成损害时，由国家承担赔偿责任的制度。换言之，国家赔偿就是以国家为赔偿主体的侵权损害赔偿。但国家是抽象的主体，国家赔偿的费用虽然由国家负担，但国家本身却无法具体履行赔偿义务，必须由机关代表国家履行赔偿义务。由于国家机关、部门众多，不可能确定一个机关专门代表国家履行赔偿义务，而只能按照"谁侵权，谁代表国家进行赔偿"的原则，确定履行国家赔偿义务的机关。此亦税务行政赔偿的由来。

（二）税务行政赔偿的归责原则和构成要件

税务行政赔偿的归责原则是判断税务机关应不应承担赔偿责任的最根本的依据和标准，它对于确定税务机关赔偿责任的构成及免责条件、举证责任以及责任程度等都具有重大意义。

我国采用的是违法归责原则，即以职务违法行为为归责的根本标准，而不问其有无过错。根据《中华人民共和国国家赔偿法》（以下简称《国家赔偿法》）的规定，只要税务机关及其工作人员在行使职权时，有《国家赔偿法》第 3 条、第 4 条规定的职务违法行为的，受害人就有取得税务行政赔偿的权利。

税务行政赔偿的构成要件由税务行政侵权主体、税务行政侵权行为、损害事实与因果关系四个部分构成。

（1）税务行政侵权主体。税务行政侵权主体是指在行使税务行政管理职权的过程中侵犯了纳税人、扣缴义务人或其他税务当事人的合法权益的税务机关及其工作人员。这里的"工作人员"的范围除了包括法律规定的税务人员、法律法规授权的组织中的工作人员外，还包括受税务机关委托执行税务公务的组织或者个人以及事实上在执行税务公务或自愿协助公务的人员。

（2）税务行政侵权行为。指税务机关或者其工作人员的职务违法行为，这是构成税务行政赔偿责任的核心要件，也是税务行政赔偿责任存在的前提。如果税务机关及其工作人员合法行使职权，对纳税人、扣缴义务人和其他税务当事人合法权益造成损害的，可以依法给予税务行政补偿，而不存在赔偿问题。

（3）损害事实。指存在对纳税人、扣缴义务人或其他税务当事人的合法权益造成损害的事实。这是构成税务行政赔偿责任的必备要件。如果税务机关及其工作人员违法行使职权没有侵犯纳税人和其他税务当事人合法权益，或者侵犯的是非法利益，均不发生税务行政赔偿。这里的损害事实指的是实际发生的损害，对尚未发生的损害，税务机关没有赔偿义务。

（4）税务机关及其工作人员的职务违法行为与现实发生的损害事实之间存在因果关系。如果税务机关及其工作人员在行使职权时虽有违法行为，纳税人、扣缴义务人或其他税务当事人的合法权益也存在受到损害的事实，但是这种损害却不是税务机关及其工作人员的职务违法行为造成的，税务机关就没有赔偿义务。

目前，我国税务行政管理相对人提起税务行政赔偿的法律依据主要是1994年5月12日第八届全国人民代表大会常务委员会第七次会议通过、于2012年10月26日第二次修正的《中华人民共和国国家赔偿法》。

二、税务行政赔偿的请求人与赔偿义务机关

（一）税务行政赔偿的请求人

税务行政赔偿的请求人是指有权对税务机关及其工作人员的职务违法行为造成的损害提出赔偿要求的人。按《国家赔偿法》规定，税务行政赔偿的请求人可分为以下几类：

（1）受害的纳税人、扣缴义务人和其他税务当事人。作为税务机关及其工作人员职务违法行为的直接受害者，他们当然有权利要求税务行政赔偿。

（2）受害公民的继承人或其他有扶养关系的亲属。当受害公民死亡后，其权利由其继承人或有扶养关系的亲属继承。

（3）承受原法人或其他组织的法人或其他组织。当受害法人或者其他组织终止后，其权利由其承受者继承。

（二）税务行政赔偿的赔偿义务机关

在一般情况下，哪个税务机关及其工作人员行使职权侵害公民、法人和其他组织合法权益，该税务机关就是履行赔偿义务的机关。如果两个以上税务机关或者其工作人员共同违法行使职权侵害纳税人和其他税务当事人的合法权益的，则共同行使职权的税务机关均为赔偿义务机关，赔偿请求人有权对其中任何一个提出行政赔偿请求。但以下四种情况特别处理：

（1）税收法律、法规授权的组织在行使授予的税收行政权力时，侵犯公民、法人和其他组织的合法权益造成损害的，被授权的组织为赔偿义务机关。

（2）受税务机关委托的组织或者个人在行使受委托的税收行政权力时，侵犯公民、法人和其他组织的合法权益造成损害的，委托的税务机关为赔偿义务机关。

（3）应当履行赔偿义务的税务机关被撤销的，继续行使其职权的税务机关是赔偿义务机关；如果没有继续行使其职权的机关的，则以撤销该赔偿义务机关的行政机关为赔偿义务机关。

（4）经过上级税务机关行政复议的，由最初造成侵权的税务机关为赔偿义务机关。但

如果上级税务机关的复议决定加重损害的，则由上级税务机关对加重损害部分履行赔偿义务。

三、税务行政赔偿的请求时效与特别保障

（一）请求时效

按照《国家赔偿法》第39条的规定，赔偿请求人请求国家赔偿的时效为2年，自其知道或者应当知道国家机关及其工作人员行使职权时的行为侵犯其人身权、财产权之日起计算，但被羁押等限制人身自由期间不计算在内。在申请行政复议或者提起行政诉讼时一并提出赔偿请求的，适用行政复议法、行政诉讼法有关时效的规定。赔偿请求人在赔偿请求时效的最后6个月内，因不可抗力或者其他障碍不能行使请求权的，时效中止。从中止时效的原因消除之日起，赔偿请求时效期间继续计算。

（二）特别保障

为切实保护赔偿请求人的合法权益，《国家赔偿法》规定：赔偿请求人要求赔偿的，税务赔偿义务机关、复议机关、人民法院不得向该赔偿请求人收取任何费用；对赔偿请求人取得的赔偿金不予征税。

四、税务行政赔偿的赔偿范围

税务行政赔偿的范围，是指税务机关对本机关及其工作人员在行使职权时给受害人造成的哪些损害应予以赔偿。

我国的《国家赔偿法》将损害赔偿的范围限于对财产权和人身权中的生命健康权、人身自由权的损害，而未将精神损害等列入赔偿范围。另外，《国家赔偿法》中规定的损害赔偿仅包括对直接损害进行赔偿，对间接损害则不予赔偿。

按照《国家赔偿法》第3条、第4条的规定，税务行政赔偿的范围包括侵犯人身权的赔偿和侵犯财产权的赔偿两个方面。

（一）侵犯人身权的赔偿

（1）税务机关及其工作人员非法拘禁纳税人和其他税务当事人，或者以其他方式剥夺纳税人和其他税务当事人人身自由的。

人身自由是公民非常重要的基本人权。剥夺、限制公民的人身自由，只能由公安、司法机关依法实施，任何其他单位或者个人无权剥夺、限制公民的人身自由。税务机关及其工作人员非法拘禁纳税人和其他税务当事人，或者以其他方式剥夺纳税人和其他税务当事人人身自由的行为，与公安机关的违法拘留或者违法限制公民的人身自由行为不同。“违法”是指法律规定了剥夺或者限制公民的人身自由的措施，公安机关有权依法实施，但在实施过程中违反了法律规定；而“非法”是指行政机关根本就无权采取剥夺、限制公民人身自由的措施，但却非法拘禁公民或者以其他方式剥夺公民的人身自由。

（2）税务机关及其工作人员以殴打等暴力行为，或者唆使他人以殴打等暴力行为造成纳税人或其他税务当事人身体伤害或者死亡的。

（3）税务机关及其工作人员造成纳税人或其他税务当事人身体伤害或者死亡的其他违

法行的。

（二）侵犯财产权的赔偿

（1）税务机关及其工作人员违法征收税款及加收滞纳金的。

（2）税务机关及其工作人员对当事人违法实施罚款、没收非法所得等行政处罚的。

（3）税务机关及其工作人员对当事人财产违法采取强制措施或者保全措施的。

（4）税务机关及其工作人员违反国家规定向当事人征收财物、摊派费用的。

（5）税务机关及其工作人员造成当事人财产损害的其他违法行为。

但属于下列情形之一的，国家不承担赔偿责任：（1）税务机关工作人员与行使职权无关的个人行为；（2）因纳税人或其他税务当事人自己的行为致使损害发生的；（3）法律规定的其他情形。

五、税务行政赔偿程序

税务行政赔偿程序由两部分构成：一是非诉讼程序，即税务机关内部处理税务行政赔偿的程序；二是税务行政赔偿诉讼程序，即通过法院主持而进行的税务行政赔偿司法程序。

（一）税务行政赔偿的非诉讼程序

1. 税务行政赔偿请求的提出

税务行政赔偿程序的启动，首先要有赔偿请求人提出请求。按照《国家赔偿法》的有关规定，税务行政赔偿请求人应当先向负有履行赔偿义务的税务机关提出赔偿要求。但如果税务行政赔偿请求人在要求税务行政赔偿同时，还要求上级税务复议机关或者人民法院确认致害的职务行为违法或者要求撤销该行为的，则请求人也可以在申请税务行政复议或者提起税务行政诉讼时，一并提出税务行政赔偿请求。

税务赔偿请求人请求赔偿的项数，可以是一项，也可是数项，这要视税务机关或者其工作人员职务侵权行为所造成损害后果的实际情况而定。如果税务职务行为侵权损害是由两个以上税务机关共同造成时，赔偿请求人有权向其中任何一个赔偿义务机关要求赔偿，该赔偿义务机关应当依法先予全部赔偿，而不是仅赔偿自己致害的那一部分。即共同致害的税务机关之间对赔偿义务要负无限连带责任。

2. 税务行政赔偿请求的形式

按照《国家赔偿法》的有关规定，税务行政赔偿请求人要求税务行政赔偿时应当递交申请书。该申请书应当载明下列事项：

（1）受害人的姓名、性别、年龄、工作单位和住所，法人或者其他组织的名称、住所和法定代表人或者主要负责人的姓名、职务。

（2）具体的赔偿要求、事实根据和理由。

（3）申请年、月、日。

如果税务行政赔偿请求人书写申请确有困难的，可以委托他人代书，也可以提出口头申请，由赔偿义务机关记入笔录。

3. 税务行政赔偿请求的处理

赔偿义务机关应当自收到申请之日起 2 个月内，作出是否赔偿的决定。赔偿义务机关作出赔偿决定，应当充分听取赔偿请求人的意见，并可以与赔偿请求人就赔偿方式、赔偿项目和赔偿数额依照《国家赔偿法》第四章的规定进行协商。

赔偿义务机关决定赔偿的，应当制作赔偿决定书，并自作出决定之日起 10 日内送达赔偿请求人。赔偿义务机关决定不予赔偿的，应当自作出决定之日起 10 日内书面通知赔偿请求人，并说明不予赔偿的理由。

赔偿义务机关在规定期限内未作出是否赔偿的决定，赔偿请求人可以自期限届满之日起 3 个月内，向人民法院提起诉讼。赔偿请求人对赔偿的方式、项目、数额有异议的，或者赔偿义务机关作出不予赔偿决定的，赔偿请求人可以自赔偿义务机关作出赔偿或者不予赔偿决定之日起 3 个月内，向人民法院提起诉讼。

（二）税务行政赔偿的诉讼程序

提出赔偿请求后，税务赔偿义务机关逾期不予赔偿或者税务行政赔偿请求人对赔偿数额有异议时，税务行政赔偿请求人可以在法定期间内向人民法院提起诉讼，此时就进入税务行政赔偿诉讼程序。

在此，应当特别注意，税务行政赔偿诉讼与税务行政诉讼的差别：

（1）纳税人或者其他税务当事人单独就损害赔偿提起税务行政赔偿诉讼必须以税务机关的先行处理为前提条件，否则不得提起。而在提起税务行政诉讼时一并提出赔偿请求的，无须经过先行处理程序。

（2）按照《行政诉讼法》第 67 条的规定，税务行政赔偿诉讼可以进行调解，而税务行政诉讼不适用调解。这是因为税务行政赔偿诉讼的核心是税务行政赔偿请求人的人身权、财产权受到的损害是否应当赔偿，应当赔偿多少。这些权利具有自由处分的性质，存在调解基础。

（3）按照《行政诉讼法》的规定，在税务行政诉讼中，实行举证责任倒置，由被告即税务机关承担举证责任；而在税务行政赔偿诉讼中，损害事实部分的举证责任不可能由税务机关承担，也不应由税务机关承担，应当由提出主张的赔偿请求人举证。

（三）税务行政赔偿的追偿制度

税务行政赔偿的追偿制度，是指违法行使职权给纳税人或其他税务当事人合法权益造成损害的税务机关的工作人员主观上有过错，如属故意或者重大过失时，税务机关在赔偿其所造成的损害以后，再追究其个人责任的制度。它解决的是税务机关与其工作人员之间的内部关系。

《国家赔偿法》第 16 条第 1 款规定：赔偿义务机关赔偿损失后，应当责令有故意或者重大过失的工作人员或者受委托的组织或者个人承担部分或者全部赔偿费用。据此，履行赔偿义务的税务机关在赔偿损失后，应当责令有故意或者重大过失的工作人员承担全部或者部分赔偿费用。这种税务行政赔偿的追偿制度，对税务机关的违法工作人员而言，实际上是多种制裁中的一种经济制裁手段，是对其违法行使职权的行为的惩罚。其目的是促使税务机关工作人员恪尽职守，防止其滥用职权。

此外，在我国还存在一个与此类似的针对赔偿义务机关的追偿制度。按《国家赔偿费用管理办法》的规定，如果赔偿义务机关因故意或者重大过失造成国家赔偿的，或者超出

《国家赔偿法》规定的范围和标准赔偿的，同级人民政府可以责令该赔偿义务机关自行承担部分或者全部赔偿费用。

六、税务行政赔偿的赔偿方式与赔偿费用标准

（一）税务行政赔偿的方式

赔偿方式是指国家承担赔偿责任的各种形式。依据《国家赔偿法》第32条的规定，国家赔偿以支付赔偿金为主要方式，如果赔偿义务机关能够通过返还财产或者恢复原状实施国家赔偿的，应当返还财产或者恢复原状。

1. 支付赔偿金

这是最主要的赔偿形式。因为与其他方式相比，支付赔偿金简便易行，适用范围广，它可以使受害人的赔偿要求迅速得到满足。

2. 返还财产

这是对财产权造成损害的赔偿方式。返还财产要求财产或者原物存在，只有这样才谈得上返还财产。返还的财产一般是指特定物，但也可以是种类物，如扣押的彩电、冰箱等物品。

3. 恢复原状

这是指对受到损害的财产进行修复，使之恢复到受损前的形状或者性能。使用这种赔偿方式的前提是受损害的财产确能恢复原状且容易进行。

（二）税务行政赔偿的赔偿费用标准

1. 侵害人身权的赔偿标准

按照《国家赔偿法》第四章的有关规定：

（1）侵犯公民人身自由的，每日赔偿金按照国家上年度职工日平均工资计算。

（2）侵犯公民生命健康权的，赔偿金按照下列规定计算：

1）造成身体伤害的，应当支付医疗费、护理费，以及赔偿因误工减少的收入。减少的收入每日的赔偿金按照国家上年度职工日平均工资计算，最高额为国家上年度职工年平均工资的5倍。

2）造成部分或者全部丧失劳动能力的，应当支付医疗费、护理费、残疾生活辅助具费、康复费等因残疾而增加的必要支出和继续治疗所必需的费用，以及残疾赔偿金。残疾赔偿金根据丧失劳动能力的程度，按照国家规定的伤残等级确定，最高不超过国家上年度职工年平均工资的20倍。造成全部丧失劳动能力的，对其扶养的无劳动能力的人，还应当支付生活费。

3）造成死亡的，应当支付死亡赔偿金、丧葬费，总额为国家上年度职工年平均工资的20倍。对死者生前扶养的无劳动能力的人，还应当支付生活费。

前述规定的生活费的发放标准参照当地最低生活保障标准执行。被扶养的人是未成年人的，生活费给付至18周岁止；其他无劳动能力的人，生活费给付至死亡时止。

2. 侵害财产权的赔偿标准

侵犯公民、法人和其他组织的财产权造成损害的，按照下列规定处理：

（1）处罚款、罚金、追缴、没收财产或者违法征收、征用财产的，返还财产；

（2）查封、扣押、冻结财产的，解除对财产的查封、扣押、冻结，造成财产损坏或者灭失的，应当恢复原状或者给付相应的赔偿金；

（3）应当返还的财产损坏的，能够恢复原状的恢复原状，不能恢复原状的，按照损害程度给付相应的赔偿金；

（4）应当返还的财产灭失的，给付相应的赔偿金；

（5）财产已经拍卖或者变卖的，给付拍卖或者变卖所得的价款；变卖的价款明显低于财产价值的，应当支付相应的赔偿金；

（6）吊销许可证和执照、责令停产停业的，赔偿停产停业期间必要的经常性费用开支；

（7）返还执行的罚款或者罚金、追缴或者没收的金钱，解除冻结的存款或者汇款的，应当支付银行同期存款利息；

（8）对财产权造成其他损害的，按照直接损失给予赔偿。

按照《国家赔偿法》第37条和《国家赔偿费用管理办法》的规定，税务行政赔偿费用列入各级财政预算。赔偿请求人凭生效的判决书、复议决定书、赔偿决定书或者调解书，向赔偿义务机关申请支付赔偿金。赔偿义务机关应当自收到支付赔偿金申请之日起7日内，依照预算管理权限向有关的财政部门提出支付申请。财政部门应当自收到支付申请之日起15日内支付赔偿金。赔偿费用预算与支付管理的具体办法由国务院规定。

此外，税务赔偿义务机关对非法拘禁或者以其他方法非法剥夺公民人身自由，致人精神损害的，应当在侵权行为影响的范围内，为受害人消除影响，恢复名誉，赔礼道歉；造成严重后果的，应当支付相应的精神损害抚慰金。

本章小结

税收救济法是调整税收救济关系的法律规范的总称，属于程序税法的内容。税收救济是纳税人、扣缴义务人和其他税务当事人，在自己的合法权益受到税务行政机关及其工作人员职务侵权、造成损害时，依法予以维护的有效途径和机制。它包括税务行政复议、税务行政诉讼和税务行政赔偿三种形式。通过本章的学习，大家应掌握这三种救济机制运行的基本程序和相关法律、法规规定，并自觉运用它们来解决税务争议，以维护征纳双方的合法权益，维护正常的税收征收管理秩序。

第一节是税务行政复议。税务行政复议是法定的行政复议机关适用一定程序处理税务行政争议的活动，它是我国行政复议制度的重要组成部分之一。税务行政复议具有四大特点，其适用范围包括两个大的方面。税务行政复议管辖的基本制度原则上是实行由上一级税务机关管辖的一级复议制度。税务行政复议的管辖与复议机关要依法确定，税务行政复议机关的法制机构依法履行九个方面的职责。税务行政复议的程序包括提起税务行政复议申请、依法受理税务行政复议、作出税务行政复议决定等。

第二节是税务行政诉讼。税务行政诉讼是指公民、法人和其他组织认为税务机关及其工作人员的具体税务行政行为违法或者不当，侵犯了其合法权益，依法向人民法院提起行政诉讼，由人民法院对具体税务行政行为的合法性和适当性进行审理并作出裁决的司法活动。税务行政诉讼与税务行政复议具有重大的差别，同时与其他诉讼程序相比也有明显的差异。

第三节是税务行政赔偿。税务行政赔偿是指税务机关及其工作人员违法行使职权，侵犯了纳税人、扣缴义务人或其他税务当事人的合法权益并造成损害，由该机关代表国家予以赔偿的制度。税务行政赔偿属于国家赔偿中的行政赔偿，它应遵循“谁侵权，谁代表国家进行赔偿”的原则，其赔偿范围、赔偿标准、赔偿义务机关、赔偿程序要依法确定。

关键概念

税收救济法　税务行政复议　税务行政复议机关　税务行政诉讼　税务行政诉讼管辖　税务行政诉讼的起诉　税务行政赔偿　税务行政赔偿的归责原则　税务行政赔偿的请求人　税务行政赔偿的追偿制度

思考题

1. 什么是税收救济？税收救济包括哪些方式？
2. 什么是税务行政复议？税务行政复议有何特点？
3. 税务行政复议的范围包括哪些方面？
4. 如何确定税务行政复议的管辖与复议机关？税务行政复议机关的职责有哪些？
5. 税务行政复议的程序包括哪些内容？
6. 简述税务行政诉讼的概念、特征及原则。
7. 税务行政诉讼的受案范围有哪些？如何确定税务行政诉讼的管辖？
8. 税务行政诉讼的程序包括哪些内容？
9. 税务行政复议与税务行政诉讼有哪些区别和联系？
10. 简述税务行政赔偿的概念、归责原则及构成要件。
11. 如何确定税务行政赔偿的请求人与赔偿义务机关？
12. 有关税务行政赔偿的请求时效与特别保障有哪些规定？
13. 怎样确定税务行政赔偿的赔偿范围？
14. 税务行政赔偿的非诉讼程序和诉讼程序有哪些区别与联系？
15. 什么是税务行政赔偿的追偿制度？它有什么意义和作用？

参考文献

一、主要参考著作

1. 徐孟洲等．财税法律制度改革与完善．北京：法律出版社，2009.

2. 徐孟洲．税法（第三版）．北京：中国人民大学出版社，2009.

3. 葛克昌，朱大旗，吴德丰．大陆企业所得税法释论．台北：元照出版公司，2009.

4. 史正保．税法原理与实务．北京：经济科学出版社，2008.

5. 张守文．税法原理（第四版）．北京：北京大学出版社，2007.

6. 陈清秀．税法总论（第四版）．台北：元照出版公司，2006.

7. 徐孟洲．税法（第二版）．北京：中国人民大学出版社，2006.

8. 张守文．财税法疏议．北京：北京大学出版社，2005.

9. 刘剑文，熊伟．税法基础理论．北京：北京大学出版社，2004.

10. 刘剑文．税法学（第二版）．北京：人民出版社，2003.

11. 刘剑文．财政税收法（第三版）．北京：法律出版社，2003.

12. 刘隆亨．中国税法概论（第四版）．北京：北京大学出版社，2003.

13. 国家税务总局注册税务师管理中心．税法．北京：中国税务出版社，2003.

14. 全国人大常委会法制工作委员会经济法室．中华人民共和国税收征收管理法释解．北京：中国税务出版社，2001.

15. 刘佐．中国税制概览．北京：经济科学出版社，2000.

16. 陈共．财政学．北京：中国人民大学出版社，1999.

17. 张文显．法理学．北京：高等教育出版社、北京大学出版社，1999.

18. 杨秀琴，钱晟．中国税制教程．北京：中国人民大学出版社，1999.

19. 曾繁正等．税收管理．北京：红旗出版社，1998.

20. 谢景开，王柳德，孟宗民．税务行政法制简论．北京：法律出版社，1997.

21. 吴金柱．租税法要论．台北：三民书局，1997.

22. 葛克昌．税法基本问题．台北：月旦出版社，1996.

23. 王书瑶等. 赋税导论. 北京：经济科学出版社，1995.
24. 王诚尧. 国家税收教程（上、下册）. 北京：中国财政经济出版社，1995.
25. 王传伦，高培勇. 当代西方财政理论. 北京：商务印书馆，1995.
26. 王建煊. 税务法规概要. 台北：文笙书局，1994.
27. ［日］金子宏著．日本税法原理．刘多田等，译．北京：中国财政经济出版社，1989.

二、主要浏览网站

1. 中国政府门户网站：http：//www. gov. cn.
2. 中国财政部网站：http：//www. mof. gov. cn.
3. 中国国家税务总局网站：http：//www. chinatax. gov. cn.
4. 中国海关总署网站：http：//www. customs. gov. cn.

新编 21 世纪远程教育精品教材

公共基础课系列

书　名	作　者
应用写作(第四版)("十一五"国家级规划教材)	孙秀秋
计算机应用基础	李　刚
马克思主义哲学原理(第二版)	霍福广
"毛泽东思想和中国特色社会主义理论体系概论"教学专题研究	王向明
全国高校网络教育大学英语词汇必备手册	王建华
全国高校网络教育大学英语学习与考试辅导	王建华
高等数学"学习包"(第二版)	张家琦　曹承宾
北京地区成人本科学士学位英语统一考试历年试题解析	常红梅
北京地区成人本科学士学位英语统一考试辅导(第三版)	常红梅
大学语文	黄　鹤
大学英语学习与考试辅导	常红梅
数据库基础教程	苏　俊
毛泽东思想概论	江长仁

经济与管理系列

书　名	作　者
西方经济学(第二版)(微观经济学部分)	刘凤良
西方经济学(第二版)(宏观经济学部分)	刘凤良
经济法概论(第三版)	宋立成
国际金融(第二版)	刘　震
税务管理	王秀芝
邮政储汇实务	周艳海
中国税制(第二版)	杨　虹
投资银行学教程(第二版)	胡海峰　等
金融学概论(第三版)	宋　玮
国际贸易实务(第二版)	王晓明
财政管理	王秀芝
保险学	戴稳胜
证券投资学(第二版)	赵锡军　李向科
统计学教程(第二版)	金勇进
财政学	安秀梅
中国政治制度史	侯　力
经济学原理	韦曙林
商务英语	王学文
国际贸易理论与政策	王亚星
国际投资	胡曙光
人力资源开发与管理(第四版)	姚裕群
项目管理(第三版)("十一五"国家级规划教材)	李　涛
物流管理(第三版)("十一五"国家级规划教材)	刘　刚
组织行为学(第二版)	徐建平
公共政策原理	谢　明
公共政策案例分析	谢　明

书　名	作　者
公共管理伦理学	李传军
公共政策导论(第二版)	谢　明
公共经济学导论	代　鹏
公共关系学	李兴国
领导力	祁凡骅
企业战略管理	邹昭晞
管理学原理	安　维
公务员管理	王甫银
秘书工作实务	张大成
人员选拔与聘用管理	苏　进　刘建华
绩效管理	徐　斌
质量管理学	李晓光
营销渠道决策与管理	吕一林
高级会计学(第二版)	张志凤　谢瑞峰
公司财务管理(第二版)	肖　万
财务管理学(第三版)	孙茂竹　范　歆
基础会计学(第三版)	徐　泓
管理会计	孙茂竹
审计学(第二版)	杨闻萍
财务会计学(第二版)	郭建华
成本会计	曹　伟
纳税筹划教程	张中秀
会计制度设计(第二版)	阎至刚
计算机会计理论与实务(第二版)	蔡立新
税务筹划教程	张中秀
国际税收(第二版)	杨志清

法学系列

书　名	作　者
刑事诉讼法(第三版)	王新清　李　蓉
民事诉讼法(第二版)	汤维建　等
行政法与行政诉讼法(第三版)	胡锦光　罗　杰
宪法学(第三版)	胡锦光　任端平
劳动法和社会保障法(第三版)	黎建飞
保险法(第三版)	贾林青
刑法学(第二版)	黄京平
中国法制史(第二版)	赵晓耕
企业和公司法学(第二版)	王欣新
税法(第三版)	朱大旗
海商法(第二版)	贾林青
刑法学	徐松林
继承法(第二版)	孙若军
破产法学(第二版)	王欣新
经济法(第二版)	吴宏伟
国际法(第二版)	白桂梅　朱利江

书　名	作　者
法理学(第二版)	张曙光
法律文书写作(第二版)	陈卫东　刘计划
民法学(第二版)	龙翼飞

汉语言文学系列

书　名	作　者
中国古代文学史(一)(先秦至魏晋南北朝)(第二版)	叶君远
中国古代文学史(二)(隋唐五代宋辽金)(第二版)	冷成金
中国古代文学史(三)(元明清及近代)(第二版)	张国风
现代汉语(第二版)	吴永焕
外国文学作品导读(第二版)	刘洪涛
中国民间文学概论(第二版)	黄　涛
美学概论(第二版)	牛宏宝
文学概论(第二版)	许　鹏
中国古代文学作品选读(一)	诸葛忆兵
中国古代文学作品选读(二)	王　燕
中国文学理论史简编	成复旺
中国现当代文学作品导读	姚　丹
影视文学教程	邹　红
电视剧批评与欣赏	刘晔原
中国现当代文学	刘　勇
语言学概论	岑运强
西方文论概要	杨慧林
新时期文学思潮	张永清
古代汉语(第二版)	殷国光
文艺心理学	金元浦

新闻与传播系列

书　名	作　者
新闻理论教程	陈力丹　张建中
中国新闻传播史	赵云泽　孙　萍
外国新闻传播史	陈力丹　钱　婕
新媒体实务	黄　河
广告学概论	王　菲
新闻采访与写作	张　征

图书在版编目（CIP）数据

税法/朱大旗编著．—3版．—北京：中国人民大学出版社，2014.10
新编21世纪远程教育精品教材·法学系列
ISBN 978-7-300-20188-7

Ⅰ.①税…　Ⅱ.①朱…　Ⅲ.①税法-中国-远程教育-教材　Ⅳ.①D922.22

中国版本图书馆CIP数据核字（2014）第240776号

新编21世纪远程教育精品教材·法学系列
税　法（第三版）
朱大旗　编著
Shuifa

出版发行	中国人民大学出版社		
社　　址	北京中关村大街31号	**邮政编码**	100080
电　　话	010－62511242（总编室）		010－62511770（质管部）
	010－82501766（邮购部）		010－62514148（门市部）
	010－62515195（发行公司）		010－62515275（盗版举报）
网　　址	http://www.crup.com.cn		
经　　销	新华书店		
印　　刷	北京七色印务有限公司	**版　　次**	2004年4月第1版
规　　格	185 mm×260 mm　16开本		2015年1月第3版
印　　张	24	**印　　次**	2019年6月第5次印刷
字　　数	530 000	**定　　价**	48.00元

教师信息反馈表

为了更好地为您服务，提高教学质量，中国人民大学出版社愿意为您提供全面的教学支持，期望与您建立更广泛的合作关系。请您填好下表后以电子邮件或信件的形式反馈给我们。

<table>
<tr><td>您使用过或正在使用的我社教材名称</td><td></td><td>版次</td><td></td></tr>
<tr><td>您希望获得哪些相关教学资料</td><td colspan="3"></td></tr>
<tr><td>您对本书的建议（可附页）</td><td colspan="3"></td></tr>
<tr><td>您的姓名</td><td colspan="3"></td></tr>
<tr><td>您所在的学校、院系</td><td colspan="3"></td></tr>
<tr><td>您所讲授课程的名称</td><td colspan="3"></td></tr>
<tr><td>学生人数</td><td colspan="3"></td></tr>
<tr><td>您的联系地址</td><td colspan="3"></td></tr>
<tr><td>邮政编码</td><td></td><td>联系电话</td><td></td></tr>
<tr><td>电子邮件（必填）</td><td colspan="3"></td></tr>
<tr><td>您是否为人大社教研网会员</td><td colspan="3">□ 是，会员卡号：____________
□ 不是，现在申请</td></tr>
<tr><td>您在相关专业是否有主编或参编教材意向</td><td colspan="3">□ 是　　□ 否
□ 不一定</td></tr>
<tr><td>您所希望参编或主编的教材的基本情况（包括内容、框架结构、特色等，可附页）</td><td colspan="3"></td></tr>
</table>

我们的联系方式：北京市海淀区中关村大街甲 59 号文化大厦 1508 室

人大出版社教育分社

邮政编码：100872

电话：010-62515905

网址：http：//www.crup.com.cn/jiaoyu/

E-mail：jyfs_2007@126.com